# "神话学文库"编委会

### 主 编

叶舒宪

### 编 委
（以姓氏笔画为序）

马昌仪　王孝廉　王明珂　王宪昭

户晓辉　邓　微　田兆元　冯晓立

吕　微　刘东风　齐　红　纪　盛

苏永前　李永平　李继凯　杨庆存

杨利慧　陈岗龙　陈建宪　顾　锋

徐新建　高有鹏　高莉芬　唐启翠

萧　兵　彭兆荣　朝戈金　谭　佳

# "神话学文库"学术支持

上海交通大学文学人类学研究中心

上海交通大学神话学研究院

中国社会科学院比较文学研究中心

上海市社会科学创新研究基地——中华创世神话研究

国家出版基金项目
NATIONAL PUBLICATION FOUNDATION

"十四五"国家重点出版物出版规划项目

神话学文库
叶舒宪 主编

刘雪瑽 著

日本《山海经》接受研究

RESEARCH ON THE RECEPTION OF
THE *SHAN HAI JING* IN JAPAN

陕西师范大学出版总社　西安

图书代号　SK24N2380

**图书在版编目（CIP）数据**

日本《山海经》接受研究 / 刘雪瑽著. -- 西安：陕西师范大学出版总社有限公司，2024.12. --（神话学文库）. -- ISBN 978-7-5695-4622-4

I. K928.631

中国国家版本馆CIP数据核字第2024U9C663号

### 日本《山海经》接受研究
RIBEN《SHANHAIJING》JIESHOU YANJIU

刘雪瑽　著

| | |
|---|---|
| 出 版 人 | 刘东风 |
| 责任编辑 | 张旭升 |
| 责任校对 | 刘存龙 |
| 出版发行 | 陕西师范大学出版总社 |
| | （西安市长安南路199号　邮编710062）|
| 网　　址 | http：//www.snupg.com |
| 印　　刷 | 中煤地西安地图制印有限公司 |
| 开　　本 | 720 mm×1020 mm　1/16 |
| 印　　张 | 25.5 |
| 插　　页 | 2 |
| 字　　数 | 331千 |
| 图　　幅 | 307 |
| 版　　次 | 2024年12月第1版 |
| 印　　次 | 2024年12月第1次印刷 |
| 书　　号 | ISBN 978-7-5695-4622-4 |
| 定　　价 | 116.00元 |

读者购书、书店添货或发现印刷装订问题，请与本公司营销部联系、调换。
电话：（029）85307864　85303629　传真：（029）85303879

# "神话学文库"总序

叶舒宪

神话是文学和文化的源头，也是人类群体的梦。

神话学是研究神话的新兴边缘学科，近一个世纪以来，获得了长足发展，并与哲学、文学、美学、民俗学、文化人类学、宗教学、心理学、精神分析、文化创意产业等领域形成了密切的互动关系。当代思想家中精研神话学知识的学者，如詹姆斯·乔治·弗雷泽、爱德华·泰勒、西格蒙德·弗洛伊德、卡尔·古斯塔夫·荣格、恩斯特·卡西尔、克劳德·列维－斯特劳斯、罗兰·巴特、约瑟夫·坎贝尔等，都对20世纪以来的世界人文学术产生了巨大影响，其研究著述给现代读者带来了深刻的启迪。

进入21世纪，自然资源逐渐枯竭，环境危机日益加剧，人类生活和思想正面临前所未有的大转型。在全球知识精英寻求转变发展方式的探索中，对文化资本的认识和开发正在形成一种国际新潮流。作为文化资本的神话思维和神话题材，成为当今的学术研究和文化产业共同关注的热点。经过《指环王》《哈利·波特》《达·芬奇密码》《纳尼亚传奇》《阿凡达》等一系列新神话作品的"洗礼"，越来越多的当代作家、编剧和导演意识到神话原型的巨大文化号召力和影响力。我们从学术上给这一方兴未艾的创作潮流起名叫"新神话主义"，将其思想背景概括为全球"文化寻根运动"。目前，"新神话主义"和"文化寻根运动"已经成为当代生活中不可缺少的内容，影响到文学艺术、影视、动漫、网络游戏、主题公园、品牌策划、物语营销等各个方面。现代人终于重新发现：在前现代乃至原始时代所产生的神话，原来就是人类生存不可或缺的文化之根和精神本源，是人之所以为人的独特遗产。

可以预期的是，神话在未来社会中还将发挥日益明显的积极作用。大体上讲，在学术价值之外，神话有两大方面的社会作用：

一是让精神紧张、心灵困顿的现代人重新体验灵性的召唤和幻想飞扬的奇妙乐趣；二是为符号经济时代的到来提供深层的文化资本矿藏。

前一方面的作用，可由约瑟夫·坎贝尔一部书的名字精辟概括——"我们赖以生存的神话"（Myths to live by）；后一方面的作用，可以套用布迪厄的一个书名，称为"文化炼金术"。

在21世纪迎接神话复兴大潮，首先需要了解世界范围神话学的发展及优秀成果，参悟神话资源在新的知识经济浪潮中所起到的重要符号催化剂作用。在这方面，现行的教育体制和教学内容并没有提供及时的系统知识。本着建设和发展中国神话学的初衷，以及引进神话学著述，拓展中国神话研究视野和领域，传承学术精品，积累丰富的文化成果之目标，上海交通大学文学人类学研究中心、中国社会科学院比较文学研究中心、中国民间文艺家协会神话学专业委员会（简称"中国神话学会"）、中国比较文学学会，与陕西师范大学出版总社达成合作意向，共同编辑出版"神话学文库"。

本文库内容包括：译介国际著名神话学研究成果（包括修订再版者）；推出中国神话学研究的新成果。尤其注重具有跨学科视角的前沿性神话学探索，希望给过去一个世纪中大体局限在民间文学范畴的中国神话研究带来变革和拓展，鼓励将神话作为思想资源和文化的原型编码，促进研究格局的转变，即从寻找和界定"中国神话"，到重新认识和解读"神话中国"的学术范式转变。同时让文献记载之外的材料，如考古文物的图像叙事和民间活态神话传承等，发挥重要作用。

本文库的编辑出版得到编委会同人的鼎力协助，也得到上述机构的大力支持，谨在此鸣谢。

是为序。

# 目　录

**绪　论** / 001

　　第一节　研究动机与目标 / 001
　　第二节　学术史述评 / 003
　　第三节　研究方法与角度 / 020

**第一章　上代日本：律令制国家形成时的《山海经》接受** / 025

　　第一节　《山海经》初传日本时代考证 / 025
　　第二节　中央集权的统治需要：《山海经》与《风土记》/ 038

**第二章　平安至安土桃山时代：仰慕中华文化及宗教影响下的《山海经》接受** / 054

　　第一节　知识的整理与普及：类书中的权威引用 / 054
　　第二节　崇尚汉魏六朝文风：典故的化用与创造 / 066
　　第三节　成为守护神：长臂人、长脚人形象的接受与变异 / 079

**第三章　江户时代：锁国背景下的《山海经》接受** / 093

　　第一节　理性主义的冲击：真实还是荒诞的论争 / 093
　　第二节　对异域的好奇：远国异人形象的接受与变异 / 115
　　第三节　早期民族主义的体现：从"诸夷门"到《唐物语》/ 144

第四节　博物学的热潮：《怪奇鸟兽图卷》/ 164
第五节　庶民的戏作图本：《姬国山海录》/ 182

**第四章　总结** / 198

**参考文献** / 206

**附录一**　《唐物语》与《三才图会》《文林妙锦》比对及异同分析 / 217

**附录二**　《怪奇鸟兽图卷》与《三才图会》《文林妙锦》比对及异同分析 / 267

**后记** / 395

# 绪　　论

## 第一节　研究动机与目标

本书关注《山海经》在日本的接受情况，尝试找出其接受行为背后的机制，并对其研究的动机与目标进行阐释。

首先，在广义上，本书可归类于东亚文化交流史研究。韩国、日本均属于东亚汉字文化圈，自古即受到中国文化的深远影响，而文化传播、接受的过程与书籍的流通是密不可分的。可以说，日韩接受中国文化的过程是在人口流动、书籍传播的基础上完成的。研究一部典籍的跨文化传播与接受，可以为东亚文化交流史的整体研究提供个案视角。

其次，对接受研究进行简要说明。一部典籍能够被异文化接受、产生跨文化的影响，是以跨文化的传播作为前提的。但从典籍交流的宏观视角来看，传播与接受行为虽有顺序先后之别，却是彼此交织、相辅相成的。另外，传播研究更偏重描述现象，更加关注研究对象在人与人之间的流传过程；接受研究则偏重研究对象在受众中产生的影响，关注人的主动接受行为，以及人对于研究对象的理解及使用。总之，一部典籍跨文化接受的方式以及接受的效果可以体现文化主体对待外来文化的态度，对接受行为进行研究可以进一步探索异质文化融入主体文化的机制。而接受行为是与具体的社会历史环境、文化语境、接受途径以及受众的情况密切相关的。

《山海经》大约在春秋战国甚至更早的西周时代即已成书①，它不仅在中国产生了较大的影响，而且很早就传入东亚其他地区并产生了一系列影响。由于其中的知识体系较为古老，因此历代知识分子对它的认识和评价都有所不同。先秦时期的《山海经》原本是真实的地理志，反映了当时人对于世界地理的认识与理解。而随着儒家思想逐渐占据统治地位，《山海经》因记载了大量"怪力乱神"之说而遭到主流文化贬斥，甚至连原本的"地理志"属性都受到怀疑。明代胡应麟（1551—1602）评价其为"古今语怪之祖"，清代的《四库全书》则彻底将其归于"子部"的"小说类"。儒家思想占据统治地位以来，《山海经》只有在魏晋时期得到了较高的评价。当时随着玄学思想的发展，经学的桎梏有所松动，文人一定程度上摆脱了儒家思想的禁锢，不仅对《山海经》的评价有所提升，而且兴起了阅读和研究它的热潮，民间还有相关的图像流传。其中影响最大的是郭璞（276—324）为《山海经》作的注，并撰写了《山海经图赞》两卷。郭璞在注书序言中为《山海经》的真实性作出辩护，认为众人对其"闳诞迂夸，多奇怪俶傥之言"②的诟病是出于少见多怪。③《山海经》传至东亚其他国家后，也引起当地知识分子和民众的兴趣，并引发一定的讨论。本书关注《山海经》在日本的接受情况，希望为完善《山海经》在汉字文化圈的传播与接受研究贡献绵薄之力。

　　虽然《山海经》很早就传入韩国和日本，但这两种文化对它的接受态度却迥然不同，比起韩国主流思想的排斥态度而言，日本文化几乎畅行无阻地接受了《山海经》。我们看到早在公元8世纪初的上代日本，就出现了《风土记》这样以《山海经》为参考资料的典籍，文人作品中也多见对其相关典故的化用。可以说，《山海经》广泛影响了日本的文学、艺术、信仰以及民众知识构成。

---

① 关于《山海经》的具体成书年代，学界持有不同意见。如陈连山认为成书于西周中后期；茅盾认为《山经》作于东周；古汉语学家洪诚认为《山经》成书在战国时期，但《海经》《大荒经》成书于春秋时期；历史地理学家谭其骧认为成书不早于战国晚期，很可能是在秦始皇统一六国后完成的；袁珂则认为除《海内经》四篇作于汉初之外，其余均作于战国时期。此外还有部分持夏说、殷商说、秦汉魏晋说的学者。总之，当前学界已大体达成的共识为，《山海经》的成书年代不早于西周，不晚于战国末年。当然，其中的部分内容可能来源于比西周更早时期的原始知识体系。
② 郭璞：《注山海经叙》，见袁珂：《山海经校注》，北京联合出版公司，2013年，第399页。
③ 郭璞的《注山海经叙》中有言："世之所谓异，未知其所以异；世之所谓不异，未知其所以不异。何者？物不自异，待我而后异，异果在我，非物异也。故胡人见布而疑麖，越人见罽而骇毦。夫玩所习见而奇所希闻，此人情之常蔽也。今略举可以明之者。阳火出于冰水，阴鼠生于炎山，而俗之论者，莫之或怪；及谈《山海经》所载，而咸невь之：是不怪所可怪而怪所不可怪也。不怪所可怪，则几于无怪矣；怪所不可怪，则未始有可怪也。夫能然所不可，不可所不然，则理无不然矣。"参见袁珂：《山海经校注》，北京联合出版公司，2013年，第399页。

日本人不仅选择性地学习、接受了其中的知识，而且在漫长的历史过程中对其进行了本土化，受典籍本身及相关次生文献的影响进行了大量文学、艺术创作。而且，日本文化在接受《山海经》的过程中对其中"怪力乱神"的部分尤为喜爱，其原因与日本文化的特殊属性有关。这也是本书试图处理的核心问题，即日本文化接受《山海经》的深层机制是什么。

所谓机制，原意为机械的构造及工作原理，后作为术语被广泛应用于各个学科。在人文社会科学领域，"机制"用来形容某系统中各因素之间相互作用的方式。一部典籍的跨文化接受是一个结构性的动态过程，研究它的跨文化接受机制即研究它在异文化的接受过程中，有哪些因素在相互发生作用，这些因素之间又是如何相互作用的。如果拆分成不同的时代来看，每个时代都有各自的主流思想，其历史、社会环境有差别，接受的方式也有所不同。可以说，每个时代不同的文化现象都有各自的接受机制。但从宏观视角而言，由于日本文化具有整体性，因此也具有整体上的接受机制。研究日本文化接受《山海经》的深层机制，是将《山海经》在日本的传播研究向纵深推进的尝试，即并非停留在现象研究，而是进一步探索现象发生背后的原因。

## 第二节　学术史述评

### 一、《山海经》在日本的传播与接受研究

学界关于《山海经》在日本的传播研究已经积累了丰富的成果。虽然目前专著仅有张西艳的《〈山海经〉在日本的传播和研究》问世，但单篇论文已经出现了数十篇，多集中于初传年代的考辨、传至日本的版本及卷数考辨、图像的传播等研究。相较传播研究而言，对《山海经》在日本的接受研究则较少，尚未见以专著形式呈现的系统研究，目前仅有单篇论文有所论及。如一些论文中提到日本类书对《山海经》内容的引用、古典文学中对其意象的使用、相关图像的接受等，其余论述则多在传播研究中有所涉及。近年伴随妖怪学研究的热潮，也出现了一系列涉及《山海经》中异兽、鬼怪形象对日本妖怪文化影响的研究，而且研究者多呈现出年轻化的特点。下文将分别对传播及接受研究做出述评。

1.《山海经》在日本的传播研究

（1）张西艳《〈山海经〉在日本的传播和研究》

截至2023年3月，关于《山海经》在日本传播相关问题的整体性研究仅有张西艳的《〈山海经〉在日本的传播和研究》[1]。张著主要关注《山海经》在日本的传播情况及日本学界对它的研究，分为上下编，分别探讨《山海经》在日本的传播轨迹和形式，以及日本学者对于《山海经》的研究。作为第一部论及日本《山海经》传播史的研究成果，张著从奈良时代梳理至当今时代，对《山海经》在日本的传播轨迹做出了清晰描述，颇具开创意义。其中上编共分四章，分别讨论了《山海经》在奈良时代传入日本的线索、平安时代至安土桃山时代的传播、江户时代的传播及明治维新时代以来的传播。上编按时代顺序编写，逻辑清晰，简要介绍了各个时代的相关文学典籍及艺术作品，文献材料十分丰富。下编四章则分别从文献学、神话学和民俗学、地理学和博物学、比较文学层面介绍及梳理了日本学者对《山海经》的研究成果，内容全面，层次分明，论述细致。张著上下两编各自独立又密切联系，使用了文献学、神话学、民俗学等方法进行论证，为读者勾勒了一幅《山海经》在日本传播及既有研究的清晰图式，是一部颇有价值的研究成果。

然而，上编作为传播史的研究，较多致力于现象的描述以及相关学界观点的总结与转述；下编介绍日本学者对《山海经》的研究成果，主要涉及明治维新以后的学者和相关研究，在此之前日本知识分子、文人对《山海经》的研究及评价仍待补足。

（2）《山海经》传入日本的年代考辨

不少学者曾考证《山海经》传入日本的年代，目前学界共有三种不同意见，可以依据时代先后顺序将其命名为：平安时代传入说、奈良时代传入说、古坟时代传入说。

认为《山海经》于平安时代（794—1185）传入日本是学界的传统观点，主要依据是《日本国见在书目录》（又名《本朝见在书目录》）中有关于《山海经》的记录，认为这可以证明当时典籍确实已经传入日本。严绍璗在《日藏汉籍善本书录》中，将《山海经》列在"子部"第十三"小说家类"之首，并提到藤原佐世撰写的《日本国见在书目录》是日本古文献关于《山海经》的最早著录。[2]

---

[1] 张西艳：《〈山海经〉在日本的传播和研究》，线装书局，2020年。
[2] 严绍璗编著：《日藏汉籍善本书录》（中），中华书局，2007年，第1248页。

虽然严先生未明确点出《山海经》是在平安时代传入日本的，但是此书中隐含着这层意思。可以认为至少在此书编辑出版时，严先生是持平安时代传入说之保守观点的代表。此外，还有一系列硕博士论文也持此观点。

奈良时代传入说的主要论据分为传世文献与出土文献两种。传世文献主要是奈良时代（710—794）官方编纂的《风土记》，武藤元信首次于1907年提出其有模仿《山海经》的痕迹，应该就是参照《山海经》所作。① 文中虽未言明，但论证较为隐晦地提出了奈良时代传入说的可能。此后，陆续有学者进一步补充《风土记》模仿《山海经》的相关证据，强化了《山海经》的奈良时代传入说。如小岛宪之在著作《上代日本文学与中国文学》中，从内容、结构及语言表达方面比较，认为《风土记》甚至还参考了《山海经》郭璞注的形式。②

出土文献作为论据始于20世纪末期，随着相关考古挖掘工作的不断深入，奈良时代的都城平城京长屋王宅邸遗址出土了一块写有"山□経目大"的木简，新潟县和岛村下之西遗址也出土了一块木板画，上面画有一被绑缚双手的跪姿人像以及一躺卧在旁的人像。这两个奈良时代的出土文物被作为《山海经》奈良时代传入说的重要出土文献证据。长屋王宅邸遗址相关木简的挖掘报告是于1990年面世的③，很快引起了学界的关注，并有研究者在媒体上提出这可能是《山海经》奈良时代即传入日本的证据。最早对此进行研究及论证的学者是桐本东太、长谷山彰以及伊藤清司。桐本东太与长谷山彰认为木简字迹虽缺损无法判断，但若有抄写《山海经》内容的习书的话，则可以证明奈良时代前半期《山海经》已传入日本。④ 伊藤清司则直接指出木简的背面写有墨书的《山海经》经文片段，这可以证明奈良时期的日本确有一部分人已经阅读过《山海经》了。⑤ 下之西遗址的相关出土材料于1998年公布⑥，次年即有桐本东太、长谷山彰的论文发表，认为被绑缚者是《山海经》中的贰负之臣，躺卧者则是怪兽窫窳，木板画上的

---

① 武藤元信：《風土記と山海経との類似》，载《东洋学艺杂志》1907年第24期306号，第82—87页。
② 小岛宪之：《上代日本文学と中国文学：出典論を中心とする比較文学的考察》（上），塙书房，1962年，第579—670页。
③ 奈良国立文化财研究所：《平城京長屋王邸宅と木簡》，吉川弘文馆，1991年。
④ 桐本东太、长谷山彰：《「山海経」と木簡：下ノ西遺跡出土の繪画板をめぐって》，载《史学》2001年第2期，第287—292页。
⑤ 伊藤清司：《日本的山海经图——关于〈怪奇鸟兽图卷〉的解说》，王汝澜译，载《中国历史文物》2002年第2期，第38—41页。日文版原文为伊藤清司为《怪奇鸟兽图卷》（工作舍2001年版）所撰前言，副标题为作者原题，现在题目为马昌仪所拟。
⑥ 和岛村教育委员会：《下ノ西遺跡：出土木簡を中心として》，见《和岛村埋藏文化财调查报告书》（第7集），和岛村教育委员会，1998年，第16—24页。

绪论 | 005

图案表现的正是《山海经》中的情节。[①]中国学者马昌仪、张西艳等接受了这一观点。[②]

除了传世文献与出土文献的证据之外,张西艳还发现了一条民俗资料,认为可作为奈良时代传入说的证据。传说建于奈良时代之前的冈山县津山市的中山神社,其寺名很可能是源自《山海经》中的《中山经》。[③]

古坟时代传入说则认为早在飞鸟时代之前的古坟时代(250—592),《山海经》已通过渡日的百济王使者阿直岐传入日本了。其主要文献依据是《和汉三才图会》中的一条记录:

> 应神天皇十五年[④],百济王遣使阿直岐者,贡《易经》《孝经》《论语》《山海经》及良马二匹。[⑤]

持此观点的有韩国学者闵宽东。他于1997年在《韩国中国古典小说的传入与研究》一文中提出"西纪284年前已有中国小说传入韩国的事实"。[⑥]此后,他在《中国古典小说在韩国之传播》《韩国所见中国古代小说史料》等一系列著作中均强调过这一观点。中国学者刘捷接受了闵宽东的观点,并在《驯服怪异:〈山海经〉接受史研究》中认为,《和汉三才图会》(又叫《倭汉三才图会》)中的记录可以说明284年《山海经》已传入日本。[⑦]持此观点的还有韩国神话学者郑在书。他在2019年出版的专著《山海经和韩国文化》中援引了此条资料并认为,早在古代朝鲜的三国时代(4世纪—7世纪),《山海经》就已经借由韩国传到日本,还进一步推测当时《山海经》已经在韩国被广泛接受。[⑧]

也有部分学者明确提出了对古坟时代传入说的质疑。如王勇在《汉籍东传诸说考辨——从文化交流的视角考察汉籍在东亚的流播》一文中认为,由于年代久远,日本开始用文字记录历史的年代很晚,第一部文学作品《古事记》成书于奈良时代(712),且其中神话居多而可信历史不足。因此在284年《山海经》

---

[①] 桐本东太、长谷山彰:《「山海経」と木简:下ノ西遗迹出土の绘画板をめぐって》,载《史学》2001年第2期,第287—292页。
[②] 马昌仪:《中日山海经古图之比较研究》,见《中国东方文化研究会学术研究年会论文集》,2005年,第37—60页;张西艳:《〈山海经〉在日本的传播和研究》,线装书局,2020年,第33—40页。
[③] 张西艳:《〈山海经〉在日本的传播和研究》,线装书局,2020年,第41—43页。
[④] 西纪284年,即中国晋朝太康五年。
[⑤] 寺岛良安:《和汉三才图会》,吉川弘文馆,1906年,第207页。
[⑥] 闵宽东:《韩国中国古典小说的传入与研究》,载《明清小说研究》1997年第4期,第60—74页。
[⑦] 刘捷:《驯服怪异:〈山海经〉接受史研究》,上海文化出版社,2017年,第108页。
[⑧] 郑在书:《〈山海经〉和韩国文化》,民音社,2019年,第82页。

即传入日本的资料并不可信,很可能是后人杜撰的。[1]

综上所述,《山海经》究竟于何时传入日本,不仅学界意见尚未统一,而且尚未见系统论述及综合性考辨,关于这一问题仍有可商讨的空间。

(3)日本《山海经》版本的研究

关于日本《山海经》的版本研究可分为传入的版本和刻本两方面。其中关于传入的版本,既有关于平安时代《日本国见在书目录》中版本的讨论,也有关于日本所藏汉籍《山海经》善本的相关讨论。

首先来看《日本国见在书目录》中的相关讨论,这是日本文献中对《山海经》的第一次明确记载。《日本国见在书目录》成书于平安时代宽平三年(891),书中的"土地家"一类中有如下记载:

《山海经》廿一卷。如本,郭璞注。见十八卷。《山海经赞》二卷。
郭璞注。《山海经抄》一卷。《山海经略》一卷。《山海经图赞》一卷。[2]

可见,在平安时代前期,日本已藏有郭璞注本《山海经》二十一卷,而中国典籍史上却从未出现过二十一卷本的《山海经》,故而学者们对此展开了研究。孙猛认为,由于具平亲王(964—1009)的《弘决外典钞·外典目》中亦提到了郭璞注的《山海经》二十一卷,因此可判断《日本国见在书目录》中此条注文中的"见十八卷"乃是出自"好事者"之手的可能性较大。[3]郑利锋则持不同意见,认为二十一卷可能是二十三卷本的残本,因为丢失了两卷,所以只剩二十一卷。此说的依据是贞观十七年(875)冷泉院遭大火,因此书籍有所损坏,甚至被遗失都是正常的。同时,郑利锋认为不能排除抄写错误的可能性。[4]

其次是日本所藏汉籍《山海经》善本的相关研究。大庭脩及严绍璗都关注到江户时代"唐船持渡书"目录中有关《山海经》传入日本的记录。大庭脩在著作《江户时代唐船持渡书的研究》的资料篇中收录,宝永六年(1709)、元文四年(1739)、宝历四年(1754)、宝历六年(1756)都有《山海经》及其注本传入的明确记录。[5]严绍璗则在此基础上更为详细地考证了运送典籍去日的

---

[1] 王勇:《汉籍东传诸说考辨——从文化交流的视角考察汉籍在东亚的流播》,见陆坚、王勇主编:《中国典籍在日本的流传与影响》,杭州大学出版社,1990年,第63—64页。
[2] 藤原佐世:《日本国见在书目录》,中华书局,1991年,第40页。
[3] 孙猛:《日本国见在书目录详考》(上册),上海古籍出版社,2015年,第868页。
[4] 郑利锋:《〈日本国见在书目录〉著录〈山海经〉卷数考辨》,载《山东图书馆季刊》2007年第3期,第103—107页。
[5] 大庭脩编著:《江戸時代における唐船持渡書の研究》,关西大学东西学术研究所,1967年,第343、713、736页。

商船为哪艘。①此外，严绍璗还在《日藏汉籍善本书录》中详细梳理了日本所藏的各版本《山海经》。其中，《山海经》十八卷分别有明嘉靖年间潘氏前山书屋覆宋刊本、明万历二十八年格古斋刊本、明中叶刊本、未署名明刊本四种。另外，还有明刊本《山海经图赞》一部、明嘉靖十七年（1538）《山海经释义》十八卷、明万历年间刊《山海经释义》十八卷附图一卷等。②

最后是和刻本《山海经》的相关研究。最早关注到这一问题的是日本著名文献学家长泽规矩也。他于1976年出版的著作《和刻本汉籍分类目录》中梳理了江户时代三个和刻本《山海经》，均附有蒋应镐版插图，但除了考证出一文化八年（1811）印本之外，其他版本的刊年均不详。③2011年，台湾东吴大学的博士生郭明芳考证了台湾所藏的三部和刻本《山海经》，认为台湾大学图书馆藏前川文荣堂版本应为长泽规矩也失收的版本，刊印时间应在宽文至天明年间（1661—1788）。④张西艳则通过"日本所藏中文古籍数据库"检索发现，目前日本各大图书馆至少藏有十部和刻本《山海经》，此外私人藏书中还有一些江户时代的和刻本及写本。⑤但目前尚未出现完整、系统的研究。

（4）图像的传播研究

学界对《山海经》图像的传播研究主要集中于对江户时期无名氏所绘《怪奇鸟兽图卷》的讨论，最早有日本学者伊藤清司关注到它与《山海经》的关系，认为母本应该是某个明清版本的"山海经图"。⑥随后引发学界讨论，日本学者枥尾武、尾崎勤，中国学者马昌仪、鹿忆鹿等均进行了相关研究。其中，枥尾武认为图卷的参考资料主要是《三才图会》⑦，马昌仪则在《山海经图的传承与流播》《明清山海经图版本述略》等一系列文章中提出图卷的母本是胡文焕版"山

---

① 严绍璗：《日藏汉籍善本书录》（中），中华书局，2007年，第1248页。
② 严绍璗：《日藏汉籍善本书录》（中），中华书局，2007年，第1248—1249页。
③ 长泽规矩也：《和刻本汉籍分类目录》，汲古书院，1976年，第146页。
④ 郭明芳：《明代蒋应镐〈山海经〉图流传研究》，见台湾政治大学中国文学系编：《道南论衡》，台湾政治大学，2012年，第1—24页。
⑤ 张西艳：《〈山海经〉在日本的传播和研究》，线装书局，2020年，第78—79页。
⑥ 伊藤清司：《日本的山海经图——关于〈怪奇鸟兽图卷〉的解说》，王汝澜译，载《中国历史文物》2002年第2期，第34—41页。
⑦ 枥尾武：《成城大学圖書館藏「怪奇鳥獸圖卷」における鳥獸人物圖の研究稿》，载《成城国文学论集》2002年第28辑，第59—169页。伊藤清司：《日本的山海经图——关于〈怪奇鸟兽图卷〉的解说》，王汝澜译，载《中国历史文物》2002年第2期，第38—41页。

海经图"①，尾崎勤认为应是晚明日用类书中的"诸夷门"②，鹿忆鹿则在尾崎勤观点的基础上进一步提出直接参考资料是《文林妙锦万宝全书》③。

此外，还有一些研究关注到日本妖怪图与"山海经图"的关系，主要集中在《百鬼夜行绘卷》及鸟山石燕妖怪画之上。但总体而言，这部分研究多是围绕"与《山海经》有相似性"为主题而进行细节描述，论述深度不足，多未能触及"为何有相似性"的问题，仍待进一步探索。

2.《山海经》在日本的接受研究

（1）刘捷《〈山海经〉接受史研究》

学者刘捷2015年的博士学位论文《〈山海经〉接受史研究》致力于还原《山海经》神话的本来面目及背后的知识体系，并对这些知识继承自哪里，后世又对书中的内容有怎样的吸收和排斥进行了探讨。论文围绕《山海经》的接受轨迹做了观念史的梳理，从受众及历史环境的变迁角度切入观察，采用文献学方法进行了相关论证。刘文认为《山海经》中蕴含了原本完整的知识体系，只是可能在从活态形式转化为文字形式时出现了知识的流失与断层，此后历朝历代不断对这些知识进行阐释、整合与重构，造成了典籍性质的嬗变。论文的研究范围上至先秦时期下至当代，论据充分，结论可靠。

虽然论文的主要研究对象是《山海经》在中国的接受情况，但也有个别章节涉及日本的接受情况。如第三章第四节探讨"文化地理的边缘"问题时，论及奈良时代的日本王公贵胄对《山海经》有所阅读及接受，并从下之西遗址的木板画谈到《风土记》，最后以江户时代《万国山海经》及昭和年代《土佐山海经》为例，得出《山海经》以地理书的身份对日本地理学产生了不容忽视的影响的结论。④论文的研究思路对于本书的研究具有一定的启发意义，促使我们思考《山海经》在日本的接受过程中，是否也存在书中内容被接受与被排斥的情况。那么，发生在日本的接受与排斥有什么特点？其原因又是什么？这些问题需要我们去寻找答案。

---

① 详见马昌仪：《山海经图的传承与流播》，载《广西民族学院学报》（哲学社会科学版）2004年第2期，第69—79页；马昌仪：《明清山海经图版本述略》，载《西北民族研究》2005年第3期，第81—91页。
② 尾崎勤：《「怪奇鸟兽图卷」と中国日用类书》，载《汲古》2004年总第45期，第68—75页。
③ 鹿忆鹿：《异域·异人·异兽：〈山海经〉在明代》，秀威经典，2021年，第185—217页。
④ 刘捷：《驯服怪异：〈山海经〉接受史研究》，上海文化出版社，2017年，第184—186页。

### (2)类书中的知识接受

关于《山海经》中内容在日本的本土化,学者关注到类书中对于相关知识的接受。受到关注的类书主要集中在平安时代和江户时代。如平安时代的《倭名类聚抄》,陈晨的硕士学位论文《日本辞书〈倭名类聚抄〉研究》中进行了统计,发现书中共有 9 处引自《山海经》,另有 9 处标为"郭璞曰",可见是引自郭璞注。陈晨认为由此可知,书中共有 18 处引自郭璞注版《山海经》,这个数字在所有被引用资料中的排序是较为靠前的,因此《山海经》可以被视为编纂《倭名类聚抄》时的重要参考资料。① 张西艳则关注到江户时代的《和汉三才图会》,认为其中不少对远国异人的记载最初源自《山海经》,"外夷人物"之后附录中还列举了一些《山海经》中的神兽。此外,《古今图书集成本书考》等一系列类书都有对《山海经》的直接引用。②

但学界既有的研究成果并不全面,《倭名类聚抄》并非日本第一部引用《山海经》内容的类书,中世时期也有不少类书有引用,这些都尚未被论及。江户时代随着本草学的兴盛,不少日本本草学著作中也引用了《山海经》中的内容,甚至有所质疑,这需要结合具体时代背景进行分析。

### (3)文学意象的接受

关于日本文学经典对于《山海经》中意象的接受,早在 1954 年就有日本学者新美保秀进行了关注。他在论文《日本文学中所见汉籍的统计研究》中,统计了包括日本上代、中古、中世、近世,即自古到明治维新以前的部分文学典籍中对汉籍的引用情况。新美氏共统计出 530 种汉籍,其中被引用最多的是《史记》,其次是《白氏文集》,分别是 1211 次与 885 次,而《山海经》与《游仙窟》并列第 41 位,均为被引用 31 次。③ 然而文章仅展示了统计结果,并未详细列出分别是何种典籍对《山海经》有所提及和引用,也未能展开分析。

1994 年,松田稔进行了更为全面的研究,他在博士论文《〈山海经〉的基础研究》第五章"《山海经》的接受"的第三节"日本文学主要作品中的《山海经》"中进行了详细的探讨。文中以岩波书店 1958 年至 1967 年出版的《日本古典文学大系》100 卷古典文学作品为对象,以"《山海经》"为关键词进行检索,发现正文及注释中对《山海经》内容有提及、引用之处共 59 例。松田稔简要列出

---

① 陈晨:《日本辞书〈倭名类聚抄〉研究》,硕士学位论文,山西大学,2014 年,第 20 页。
② 张西艳:《〈山海经〉在日本的传播和研究》,线装书局,2020 年,第 80—87 页。
③ 新美保秀:《日本文学中にあらわれた漢籍の統計的研究》,载《国语と国文学》1954 年第 6 期,第 20—31 页。

了这59例的出处,并得出结论:日本古典文学作品中对《山海经》的接受主要集中在长生不老主题、神话传说、海外事项、奇文异物这四点上。①

　　分析后不难发现,松田稔的这一统计存在一定的问题。第一,检索范围仅限《日本古典文学大系》中100卷古典文学作品,但大系收录的作品并不全,尚有大量的古典文学作品未被收录,因此不能将这一统计视为全面统计。第二,单纯设关键词"《山海经》"进行检索,实际检索出的词条都是明确出现了这三个字的词条,而其他可能出现了"《山经》""《海经》""《荒经》"等词的文本,或者出现了《山海经》中其他山名、鸟兽神祇名之处,或是化用典故之处,则很可能被遗漏。第三,由于检索中包含这些古典文学作品的注释,而且实际的检索结果也证明大多数是在注释部分出现了"《山海经》"的关键词,但这些注释者均为明治时代以后的学者。这些"《山海经》"的关键词,多为近现代学者所认为的古籍中典故的来源,而实际上是否与《山海经》确有关联,则部分存疑。

　　关于第三点将具体举例说明。如平安初期成书的和歌短篇故事集《伊势物语》中,第七十九段有"わが門に千尋ある影をうへつれば夏冬たれか隠れざるべき"②的和歌,林文月将它译成中文为:"庆皇子兮生吾门,犹若植竹千寻荫,夏冬得庇兮蒙泽恩。"③学者大津有一在注释中认为此典故来自《山海经·大荒北经》中的"有岳之山,寻竹生焉"④。但事实上,"千寻"一词并非出自《山海经》的典故,而是指长度。"寻"为中国古代的长度单位,八尺为一寻,"千寻"是一种夸张的说法,指极高或极长。《伊势物语》中"千寻"典故的直接来源最有可能是《昭明文选》中收录的晋代左思的《吴都赋》,其中有一句"擢本千寻,垂荫万亩"⑤。《昭明文选》是平安时代贵族阶级教育中的重点书目,其中所收篇章对当时日本文学的影响是极大的。而《吴都赋》中的"千寻"与《山海经》也并无直接联系。因此,不能说《伊势物语》中的"千寻"来自《山海经》。诸如此类的例子还有很多,如江户时代小说家、俳谐诗人井原西鹤(1642—1693)的短篇故事集《日本永代藏》中提到的"浅黄色なる猿"⑥,即"浅黄色

---

① 松田稔:《「山海経」の基礎的研究》,笠間書院,1995年,第478—506页。
② 大津有一校注:《伊勢物語》,岩波書店,1957年,第157页。
③ 佚名:《伊势物语》,林文月译,译林出版社,2011年,第152页。
④ 大津有一校注:《伊勢物語》,岩波書店,1957年,第200页。
⑤ 高步瀛著,曹道衡、沈玉成点校:《文选李注义疏》,中华书局,1985年,第1093页。
⑥ 井原西鶴著,野間光辰校注:《日本永代藏》(卷四),見《西鶴集》(下),岩波書店,1991年,第124页。

绪论 | 011

的猿"。学者野间光辰在注中提到，郭璞为《山海经》中的"青猿"作注为"水兽好为害"①，而此处强调浅黄色的猿，意为它是十分珍奇的动物。②一般猿猴为青色是常识，而不是从《山海经》才能得到的知识，因此此处野间光辰的注释不能作为《日本永代藏》引用《山海经》的例子。过度阐释的例子还有平安末期歌谣集《梁尘秘抄》中的"崑崙山の麓には、五色の波こそ立ち騒げ"③，可直译为"昆仑山麓，五色的波涛汹涌澎湃"。关于"五色波"，志田延义注为青黄赤白黑五色，并提到小西博士根据《山海经》认为这五种颜色分别来自赤水、洋水、黑水、羽水、青水的水流。④但这样的观点并未得到证实，将原文解释为使用《山海经》中几条水流的典故，有过度阐释的嫌疑。

由此可见，松田稔对于日本古典文学作品中《山海经》接受情况的统计存在不少问题。统计既不够全面，也不够准确，不仅有所遗漏，而且有不少记录是否受到《山海经》影响应存疑，同时存在注释者过度阐释的可能性。当然，由于目前日本典籍的电子化程度不高，因此第一点不足是难以避免的，松田先生的统计研究已经尽可能提供了丰富的研究材料，也在一定程度上反映了《山海经》对日本古典文学的影响，是具有相当高的学术价值的。

日本典籍对于《山海经》中文学意象的接受，中国学者也有所关注。如陈建梅《日本文学中的"蓬莱"意象及其流变》一文认为，最早在720年成书的《日本书纪》中就出现了可上溯至《山海经》的蓬莱意象，虽然未被称作"蓬莱"，但应该是接受了蓬莱所代表的神仙思想。⑤占才成也在论文《〈古事记〉序"化熊出爪"用典考释》中讨论了《古事记》中的"化熊出爪"，认为"爪"字可能是"穴"字的误写，此处是化用了来自《山海经·中山经》中关于熊穴"恒出神人，夏启而冬闭"的典故。⑥但总体来看，学界的既有研究多停留在现象的描述层面，而未结合具体的时代背景及文化思潮进行讨论。

---

① 原文并非出自《山海经》，而是李肇、赵璘《唐国史补》中的"刺史李阳大集人力引之。锁穷，有青猕猴跃出水，复沈而逝。后有验《山海经》云：'水兽好为害，禹锁于军山之下，其名曰无支奇。'"参见李肇、赵璘：《唐国史补 因话录》，上海古籍出版社，1979年，第23页。
② 井原西鹤著，野间光辰校注：《日本永代藏》（卷四），见《西鹤集》（下），岩波书店，1991年，第124页。
③ 川口久雄、志田延义校注：《梁尘秘抄》，岩波书店，1965年，第385页。
④ 川口久雄、志田延义校注：《梁尘秘抄》，岩波书店，1965年，第510页。
⑤ 陈建梅：《日本文学中的"蓬莱"意象及其流变》，载《日语学习与研究》2019年第2期，第102—110页。
⑥ 占才成：《〈古事记〉序"化熊出爪"用典考释——兼论"爪"字之辨》，载《日语学习与研究》2015年第1期，第113—120页。

(4)图像的接受

关于《山海经》图像的接受,学者们最早关注到的是平安时代京都御所清凉殿内的障壁画"荒海障子"。水野耕嗣认为"荒海障子"所绘的是日本最早的"手长足长图"。① 张西艳认为,其内容是源自《山海经》,而且与郭璞的注释极为相似,虽然目前藏品是江户时代绘制的,但结合《枕草子》的相关记载可知平安时代的原作与目前仿品是一致的。② 此外,形成于平安末期的《鸟兽人物戏画》与室町时代之前的《百鬼夜行绘卷》,也被学者认为是深受《山海经》的启发而作,其拟人化的手法很可能是受到了《山海经》中人面兽身形象的影响。③

学界的既有研究还有江户时代图像方面的接受情况。如鹿忆鹿关注到参考明代类书的异域图本《异国物语》、法国国家博物馆所藏的奈良绘本《唐物语》、明尼苏达州收藏的彩绘《异国人物图卷》、奈良绘卷屏风《异国访问物语》等,多收录了《山海经》中的远国异人形象。鹿教授认为在江户锁国的情况下,出现如此众多、精致的异域图本读物及相关画作,体现的是日本社会对于异国的憧憬与阅读者的追求奇异。④

学界关于《山海经》图像的接受方面已有较为全面的研究。尤其是鹿教授的研究,既对相关材料进行了系统梳理,又进行了细致比较,得出了不少具有独创性的结论。以此为线索,可供展开研究的材料仍有不少,在细节上也尚有可进一步商讨之处。

(5)妖怪学视野下的接受

自从日本的妖怪学于19世纪末兴起之后,学界一向将《山海经》视为学科发端,也认为伴随着典籍的东传日本,日本的妖怪文化逐渐兴盛。自20世纪以来,妖怪学逐渐被引入中国,陆续有叶春生、王鑫等学者发表文章介绍并进行相关研究。⑤ 自2016年以来,刘晓峰教授陆续发表了数篇文章,梳理了妖怪学的发展史,并对"妖怪"提出了独到见解,认为妖怪虽然是人类关于异界的想象,

---

① 水野耕嗣:《「手長足長」彫刻の発生とその展開——近世山車彫刻の図様に関する研究》,载《饭田市美术博物馆研究纪要》2010年第20卷,第39—40页。
② 张西艳:《〈山海经〉在日本的传播和研究》,线装书局,2020年,第48—51页。
③ 小松茂美编:《日本绘卷大成》(25),中央公论社,1979年,第137—138页;张西艳:《〈山海经〉在日本的传播和研究》,线装书局,2020年,第66—68页。
④ 鹿忆鹿:《异域·异人·异兽:〈山海经〉在明代》,秀威经典,2021年。
⑤ 叶春生:《日本的"妖怪学"》,载《民俗研究》2004年第1期,第153—155页;王鑫:《中国"妖怪学"研究的历史回顾》,载《日本学研究》2013年刊,第320—331页。

但依然是有秩序可循的。①刘教授认为在日本，妖怪学已经是十分成熟的学科，并呼吁中国学者能够更加关注该领域，并"认认真真做一些事情"②。在此倡导下，陆续有青年学者关注妖怪学，并在近年来涌现了一系列相关研究成果。2016年至2021年，有不少成果从妖怪学视野下讨论了《山海经》中怪兽、妖怪形象对日本文化的影响。如王昕宇在《东渡的〈山海经〉与日本的夜行百鬼关系考》一文中发现日本妖怪文化发展的重要时期几乎都有《山海经》传入的证据。③

日本学者伊藤清司在《中国的神兽与恶鬼：〈山海经〉的世界》一书中关注到九尾狐如何从中国传至日本并成为民间传说中妖女玉藻前的过程，认为《山海经》中的九尾狐本身就具有妖怪特征，故而并非传入日本后才发生形象的转变。④2014年，张西艳在文章《〈山海经〉中的"人鱼"形象在日本的变异》中讨论了日本文化对《山海经》中人鱼形象的接受，并认为日本本土的人鱼形象与《山海经》中的人鱼形象发生了融合，逐渐形成了后世的日本人鱼。⑤2019年，王鑫在专著《妖怪、妖怪学与天狗：中日思想的冲突与融合》中对天狗的历史流变做出了细致的梳理，认为最初在《日本书纪》中尚可看出有来自《山海经》的影响，但随后的发展则愈发与《山海经》产生割裂，逐渐形成了后世的形象。⑥

此外，近年一些硕博士论文及青年学者的单篇论文也关注到妖怪学视野下的日本《山海经》接受，如张帆的《〈山海经〉与〈怪奇鸟兽图卷〉中的异兽形象对比研究》⑦，潘宁、郑爽的《关于〈山海经〉与日本"妖怪文化"的对照研究》⑧，吴弋斐、于仰飞的《中国〈山海经〉与日本动漫妖怪文化研究》⑨等，

---

① 刘晓峰：《妖怪学研究》，载《民间文化论坛》2016年第6期，第125—128页；刘晓峰：《从中国四大传说看异界想象的魅力》，载《民族艺术》2017年第2期，第37—43页；吴新锋、刘晓峰：《妖怪学与秩序：〈从中国四大传说看异界想象的魅力〉问答、评议与讨论》，载《民族艺术》2017年第2期，第44—50页。
② 刘晓峰：《从中国四大传说看异界想象的魅力》，载《民族艺术》2017年第2期，第37—43页。
③ 王昕宇：《东渡的〈山海经〉与日本的夜行百鬼关系考》，载《艺苑》2018年第5期，第94—98页。
④ 伊藤清司：《中国的神兽与恶鬼：〈山海经〉的世界》（增补修订版），史习隽译，商务印书馆，2019年，第16—17页。
⑤ 张西艳：《〈山海经〉中的"人鱼"形象在日本的变异》，载《人文丛刊》2014年刊，第371—380页。
⑥ 王鑫：《妖怪、妖怪学与天狗：中日思想的冲突与融合》，社会科学文献出版社，2019年，第163—244页。
⑦ 张帆：《〈山海经〉与〈怪奇鸟兽图卷〉中的异兽形象对比研究》，硕士学位论文，北京服装学院，2015年。
⑧ 潘宁、郑爽：《关于〈山海经〉与日本"妖怪文化"的对照研究》，载《度假旅游》2019年第2期，第199—201页。
⑨ 吴弋斐、于仰飞：《中国〈山海经〉与日本动漫妖怪文化研究》，载《视听》2020年第12期，第223—224页。

这些研究多以介绍性的现象描述为主。

总体而言,关于《山海经》在日本的传播及接受研究已经积累了涉及文学、艺术、知识、民间信仰等多方面的研究成果,尤其是传播研究专著的出现,为该领域研究做出了开创性的贡献。但学界仍少见在现象描述基础上进一步探求日本文化接受《山海经》深层原因的研究,此外部分既有研究的结论及相关论述尚有进一步探讨、商榷之处。因此,本书主要讨论日本各时代对《山海经》及相关次生文献在不同层面的接受,并尝试在此基础上进一步厘清日本文化接受《山海经》的机制。

## 二、接受理论的相关研究

在国外的受众研究中,最著名的分类方式是克劳斯·布鲁恩·詹森、卡尔·埃里克·罗森格伦的五种分类,分别是效果研究、使用与满足研究、文学批评、文化研究和接受分析。[①]这五种研究取向可以按照学科属性分为三大类,前两类属于社会科学,中间两类属于人文科学,最后一类则兼具社会科学与人文科学的特点。其中,"效果研究"强调媒介对受众产生的效果;"使用与满足研究"关注人们使用媒介的方法及动机;"文学批评"倾向于研究经典文学作品;"文化研究"则倾向于以流行文化、大众文化作为研究对象;"接受分析"借鉴了人文科学和社会科学的理论优势,重点研究受众对文本的接受条件、接受过程和接受程度。[②]五种分类是打破学科界限,将所有接受理论融合在一起做出的整体性分类,如果以学科来进行分类,接受研究主要是传播学、美学史、文论史及文化社会学所关注的领域。我们将分学科进行理论的介绍与回顾,并结合五种分类进行整体的观照。

在国内的研究成果中,比较文学学科的跨文化典籍接受研究领域,有严绍璗先生于1985年提出了"文学变异"的学术概念,这一概念为相关研究提供了新的方法和视角。

1. 传播学的受众研究

在传播学学科领域中,受众指信息的接受者,传播学受众理论的发展经历了三个阶段,其中前两个阶段可视为五种研究取向中的"效果研究",第三阶

---

[①] 克劳斯·布鲁恩·詹森、卡尔·埃里克·罗森格伦:《受众研究的五种传统》,见奥利弗·博伊德-巴雷特、克里斯·纽博尔德编:《媒介研究的进路:经典文献读本》,汪凯、刘晓红译,新华出版社,2004年,第212—227页。

[②] 位迎苏:《伯明翰学派的受众理论研究》,中国传媒大学出版社,2011年,第7—8页。

段可视为"使用与满足研究"。

第一阶段出现在20世纪20年代，以"魔弹论"为主，约流行了二十年。该理论将受众视为只能被动接受一切信息的"靶子"，同时还被称为"皮下注射论"。该理论认为，面对强大的媒体，弱小而被动的受众完全丧失了主动性，只能任其摆布。该阶段的受众理论认为，当大众传媒把信息传送给受众时，受众就会不加筛选地接受一切，并产生和传播者一致的态度与思想。显然，这一观点忽略了受众作为人的辨别、筛选信息的能力以及主观能动性，也忽略了接受过程中传播者、接受者之间可能发生的互动行为。

第二阶段出现在20世纪40年代，以"有限效果论"为主。该理论最早于1944年在拉扎斯菲尔德的著作《人民的选择》中被提出。该理论认为外部的信息传播对于受众的影响并非绝对有效，其效果是有限的。尽管"有限效果论"挑战了"魔弹论"，但实际上却仍未脱离"魔弹论"的思维框架，学者们依然认为传播具有直接的效果。换言之，与"魔弹论"类似，"有限效果论"依然是把传播看作一个劝服的过程，该理论侧重于实现传播者的意图，重视传播对受众个体的影响，并关注受众个体产生的反应。

第三阶段出现在20世纪60年代，由于"有限效果论"逐渐走入死胡同，学界为摆脱学术困境必须拓宽研究领域并进行学术转向。这一时期的转向主要表现在由以传播者为中心转向以受众为中心，学者们摒弃了以往关注的"媒介对受众做了什么"，转而关注"受众如何处置媒介"的问题，理论使用的是"使用－满足"模式，可称为"使用与满足研究"。与"有限效果论"只考察具体传播活动的微观、短期的效果不同，第三阶段的研究关注更为宏观的、长期的、潜移默化的效果。[1]

2. 美学史、文论史的接受理论

美学史、文论史学科体系内的接受理论，最重要的理论奠基人是汉斯·罗伯特·姚斯，以及另一位重要的理论家沃尔夫冈·伊瑟尔。1969年，姚斯发表了《文学史作为向文学理论的挑战》，系统阐述了接受美学的基本原理，认为文学研究应以读者为中心。这一新理论有力抨击了当时文学理论研究中盛行的"本文批评学派"。伊瑟尔则于1970年发表了《本文的召唤结构》，从现象学的文本分析方法出发，将文本视为一种召唤结构，认为其中充满了不确定性和空白，可以启发读者并鼓励他们参与文本意义的创造性解读。《本文的召唤结构》

---

[1] 王敏:《思想政治教育接受论》，湖北人民出版社，2002年，第12页。

与《文学史作为向文学理论的挑战》一同被视为接受理论的奠基之作。姚文放认为,以往将德国康斯坦茨学派的理论学说称为"接受美学"并不准确,而应该将姚斯的接受美学与伊瑟尔的"审美反应理论"统称为"接受理论",并将二者视为接受理论的两条支流。[①]如果按照詹森和罗森格伦的五种分类,姚斯的理论偏向于关注高雅文化的"文学批评",而伊瑟尔则偏向于关注流行文化的"文化研究"。

姚斯的思想受到现代解释学的启发,认为在文本的接受过程中,读者的重新诠释赋予了文本新的意义。姚斯认为,接受过程是一个积极的参与过程,但因为在每一历史时期的社会环境下会形成不同的标准和范式,又因为接受者天赋、经历和个人文化修养有所差别,因此不同的接受者对作品意义的理解、领会有所不同。就算是同一作品,在不同的历史时期、不同的社会背景下,也会呈现不同的意义结构;哪怕在相同的社会背景中,不同的读者也会有不同的理解。[②]姚斯提出的"期待视野"(horizon of expectations)认为,读者并非对文本照单全收,而是会以自身所具有的"期待视野"来选择性地接受文本中的观点和内容,而这个"期待视野"是由当时的社会文化、读者自身的阅读经验及社会经验等元素构成的。在姚斯的理解中,文学史本质上是文学接受史,而文学接受史实现的是历时性与共时性的结合,弥合了美学与历史之间的断裂。

伊瑟尔"审美反应理论"的提出则受到了英加登对阅读意识过程现象学研究的启发,而与姚斯为代表的接受美学不属于同一路径。伊瑟尔十分重视文本与读者之间的互动关系,认为这种相互作用奠定了文学交流理论的基础,同时他的研究对象更偏向于现代文本及艺术作品。

姚文放认为,姚斯和伊瑟尔的接受理论,其要义并不只是肯定文学接受使文学创作得以完成,还认为通过反馈文学创作得以完善和提升,突破从创作到接受再从接受回馈创作的封闭式轮回,将文学接受进一步转换为新的"艺术生产"。[③]康斯坦茨学派的接受理论在文艺理论界影响极大并风靡全球,对整个世界的文艺理论走向影响深远,但接受理论在研究范围上仍然具有局限性,它并非一个独立自主、足以解决自身问题的学科,而只是作为一种理论提出了对于

---

[①] 姚文放:《重审接受美学:生产性批评范式的凝练》,载《社会科学战线》2020年第5期,第156—167页。

[②] Marc Silberman, Robert C. Holub," Reception Theory: A Critical Introduction", *New German Critique*, 1984(33):249-254;王敏:《思想政治教育接受论》,湖北人民出版社,2002年,第10页。

[③] 姚文放:《重审接受美学:生产性批评范式的凝练》,载《社会科学战线》2020年第5期,第156—167页。

方法问题的思考，仍然有赖于其他学科的合作。而且接受理论关注的是作者和读者之间的互动关系，这只是停留在文本层面，而并未涉及社会背景、传播媒介等综合因素，因此是不够全面的。

### 3. 文化社会学视野下的接受研究

由于接受理论尚存在不足之处，因此学界需要一种能够将人文学科、社会学科很好地结合起来的理论，文化社会学的接受研究应运而生，它类似但不完全属于五种研究取向中的"接受分析"。

该理论的代表人物是美国文化社会学家温迪·格里斯沃尔德，她认为以往的文化艺术品接受研究不是采用人文学科的方式，就是社会科学的研究方式。但前者倾向于将文化看作"档案"，对它采取"解释的"研究路径；后者则倾向于将文化看作"活动"，对它采取"组织的"研究路径。[①] 因此，她试图用"文化菱形"这一理论框架来弥合二者之间的鸿沟。"文化菱形"理论于1986年在其著作《文艺复兴之复兴：1576年到1980年伦敦剧院中的城市喜剧和复仇悲剧》中首次正式提出，这一理论最初应用于艺术研究，旨在囊括传统的"艺术与社会"框架之中容纳不下的因素。最初的"文化菱形"由世界（world）、文化客体（culture object）、艺术家（artist）和观众（audience）四种元素及其相互之间的关系构成，元素命名的狭窄造成了适用范围的不够广泛。于是，1994年，她在专著《变迁世界中的文化与社会》中对四个元素进行了重新命名（见图1）。

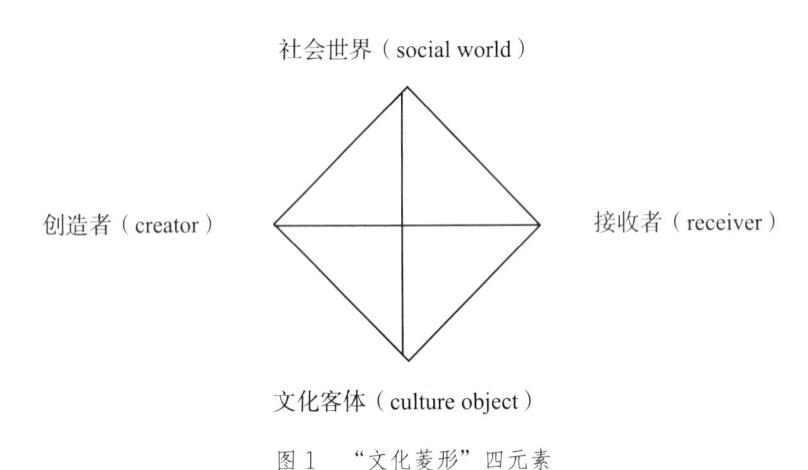

社会世界（social world）

创造者（creator）　　　　　接收者（receiver）

文化客体（culture object）

图1　"文化菱形"四元素

目前已有不少文化产品的接受研究使用了"文化菱形"这一理论框架，不

---

[①] Wendy Griswold, *Renaissance Revivals: City Comedy and Revenge Tragedy in the London Theatre 1576-1980*, Chicago: University of Chicago Press, 1986, p. 6.

仅有对艺术作品、艺术空间的研究，还涉及电影、动画生产机制的相关研究。[1]可见该理论具有一定的使用延展性，在未来应会进入更多的学术研究领域，探索出更多的可能性。

4．"文学变异"及相关概念的提出

1985年，学者严绍璗首次提出了"文学变异"的概念，并以日本文学对中国文学的接受为例进行了一系列阐述。1987年，在《古代日本文化与中国文化会合的形态》一文中，他进一步将"变异"的概念从文学领域扩展到文化领域，认为日本文化的本质就是一种"复合形态的变异体文化"。[2]至于何为"变异"，严先生认为："文学的'变异'，指的是一种文学所具备的吸收外来文化，并使之溶解而形成新的文学形态的能力。文学的'变异性'所表现出来的这种对外来文化的'吸收'和'溶解'……是以民族文学为母本，以外来文化为父本，它们互相会合而形成新的文学形态。"[3]严先生认为日本文学、文化就是依靠这种吸收和排斥的过程，形成了自身的民族性特征。日本文学在接受他文化时的"排异"并不是单纯拒绝，而是在于追求与外来文化相抗衡的力量，即在"排异"中实现"变异"，从外来文化中吸取营养，融合为适合本土的文学形态。[4]

可以说，关于"文学变异"概念的相关研究贯穿了严先生中日文学比较研究的始终，他在《中国文学在日本》（1990）、《比较文学与文化"变异体"研究》（2011）、《日本古代文学发生学研究》（2021）等一系列著作中都屡次对这一概念进行了进一步阐释，并补充相关个案研究。张哲俊将严绍璗日本文学"变异体"的相关理论总结为四个层次：

> 第一，日本古代文学的样式，皆是在特定的"变异"中形成的，它的每一种文学（包括样式与文本），本质上都是"变异体文学"。
>
> 第二，日本文学的"变异"，都是在与外来文化（文学）的对抗中实现的，即是在"排异"中发生的。其基本轨迹为：排异→模拟→变异。
>
> 第三，一切"变异"都具有"中间媒体"。

---

[1] 艺术作品的研究如耿钧：《西方受众对中国艺术的接受机制研究》，博士学位论文，东南大学，2018年。艺术空间的研究如林丹燕：《论购物中心的艺术空间——基于文化菱形的视角》，硕士学位论文，上海交通大学，2018年。电影领域的研究如朱丹丹：《文化菱形视域下真实案件改编的韩国电影研究》，硕士学位论文，湖南大学，2016年。动画研究如汪俊琼：《中国语境下动画生产机制研究——基于"文化菱形"建构理论》，载《知与行》2020年第1期，第63—68页。
[2] 严绍璗：《古代日本文化与中国文化会合的形态》，载《文史知识》1987年第2期，第114—118页。
[3] 严绍璗：《中日古代文学关系史稿》，湖南文艺出版社，1987年，前言第3页。
[4] 严绍璗：《中日古代文学关系史稿》，湖南文艺出版社，1987年，前言第6页。

第四，所谓的"变异"，都是在"不正确的理解"中实现的。[①]

1999年，严绍璗首次提出日本文学的"发生学"相关研究构想[②]，并于次年将"变异体"与"发生学"概念结合，认为在文学的传播和接受过程中，文本的"变异"机制是文学发生学的重要内容。[③] 此后，以"变异体"理论为核心，严先生建构起了体系化的比较文学学术理论。

## 第三节 研究方法与角度

### 一、理论框架

通过分析接受理论可知，文化社会学理论具有传播学理论及美学史、文论史的接受研究所不可比拟的优势。它既关注文本本身，也关注文本与社会环境、创作者、接受者的互动关系，不仅将人文科学、社会科学的研究方法有机结合在一起，还为我们的研究提供了更多的维度。本书吸纳"文化菱形"理论框架中社会世界与创造者、接收者以及文化客体之间的互动关系，承认社会世界在文学、文化的接受过程中起到了重要的作用。同时，参考严绍璗先生提出的"文学变异""文化变异"概念，认为文本或文化在跨文化传播和接受的过程中，有吸纳、有遗漏，同时有改变。

事实上，《山海经》的跨文化传播和接受绝不仅仅停留在文本层面，而是包括图像、历代注本、吸收典籍中部分内容的类书等次生文献在内的复杂过程。因此在本书的研究视角下，日本文化所接受的《山海经》是一个内涵丰富而多元的概念集合。不仅如此，日本文化接受《山海经》的形式也不仅局限在文本，而是呈现出文学、艺术、民间知识、宗教信仰等多元的面向。因此，如果采用传统的仅仅针对文本的研究方法，会对这些丰富的形式有遗漏。我们可以将这些多种形式的接受视为不同的文化现象，是与各个时代不同的社会背景、接受者各异的社会身份和文化心态息息相关的。要明确不同接受形式背后的接受机制，需要综合考虑这些因素才能得出结论。

---

① 张哲俊：《踏实的学风 实在的研究——记严绍璗教授的学术道路和学术建树》，载《中国比较文学》2000年第2期，第124—137页。
② 严绍璗：《确立解读文学文本的文化意识——关于日本古代文学的发生学研究的构想》，载《日本研究》1999年第4期，第74—79页。
③ 严绍璗：《"文化语境"与"变异体"以及文学的发生学》，载《中国比较文学》2000年第3期，第1—14页。

在本书中，我们将接受行为视作一张滤网，《山海经》的原文及相关次生文献源源不断地经过滤网，并在日本本土形成了不同的文化客体或文化现象。在过滤的过程中，通过滤网的运作，有些内容被抛弃了，有些被保留，而有些则发生了"变异"。滤网的工作原理就是接受的动力，它由日本的时代背景、文化语境、政治环境、社会环境等多种因素构成并协同发生作用。而这个滤网及过滤的整体过程就构成了接受的机制。我们将这一理论框架以图像的形式呈现如下（图2）。

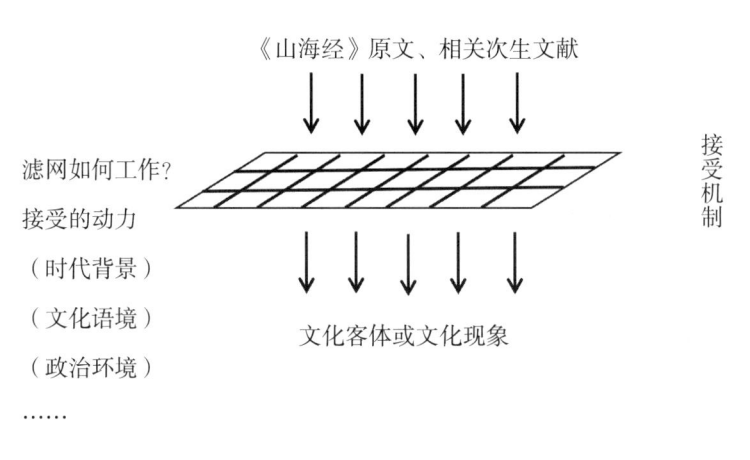

图2 接受机制动态图

当然，接受的过程是动态的，我们在进行具体研究时只能人为地进行时间划分，并总结出一个时间片段中的某种共性。而且，对于每一个文化客体或文化现象而言，滤网的工作原理都有所不同。本书将在每一章节集中讨论一个时代的一个文化客体或文化现象，并在结尾部分纵观整个日本文化对《山海经》的接受史，尝试对接受机制进行总结性阐释。

## 二、时代划分

根据历史发展的进程，日本历史可大致分为古代、中世、近世、近代与现代五个阶段，每一阶段还可进一步细分为若干个时代。但日本的时代不同于中国的朝代，日本历史上不存在"改朝换代"（皇室血统的更迭），天皇血统自形成起即为连贯的。日本新旧时代的改变往往是因都城的迁徙，或是权力中心在地理上的转移而命名的。

一般认为古代由六个时代构成，分别是绳文时代（史前—前300）、弥生时代（前300—250）、古坟时代（250—592）、飞鸟时代（592—710）、奈良时代（710—

794）、平安时代（794—1185）。文学史上又可将神话中开天辟地以来至神武天皇即位（一般认为对应公元前660年）称为神代，至飞鸟时代中期大化改新（645）为止称为上古，至奈良时代称为上代，平安时代称为中古。中世天皇式微，权力被武家夺取，而武家不同势力间的彼此角逐造成了战争的频繁和社会的动荡。中世由四个时代构成，分别是镰仓时代（1185—1333）、建武新政（1334—1335）、室町时代（1336—1573）、安土桃山时代（1573—1603）。近世即江户时代（1603—1868），德川家族取得了战争的胜利，将幕府建在江户，这一时期社会稳定，经济发展，庶民文化繁荣。近世从明治维新（1868）至二战结束（1945），此后称为现代。

本书关注的时代范围为古代、中世与近世，明治维新以后的时代不在讨论范围之内。

由于日本时代划分较为复杂，为使一目了然，我们将古代、中世、近世时代以表格（表1）的形式列出。

表1　日本古代、中世、近世时代分期表

| 历史阶段 | 历史时代 | 年代（公元） | 文学史的划分 |
| --- | --- | --- | --- |
| 古代 | 绳文时代 | 史前—前300 | 神代（至前660） |
| 古代 | 弥生时代 | 前300—250 | 上古（前660—645） |
| 古代 | 古坟时代 | 250—592 | 上古（前660—645） |
| 古代 | 飞鸟时代 | 592—710 | 上代（645—794） |
| 古代 | 奈良时代 | 710—794 | 上代（645—794） |
| 古代 | 平安时代 | 794—1185 | 中古 |
| 中世 | 镰仓时代 | 1185—1333 | 中世 |
| 中世 | 建武新政 | 1334—1335 | 中世 |
| 中世 | 室町时代 | 1336—1573 | 中世 |
| 中世 | 安土桃山时代 | 1573—1603 | 中世 |
| 近世 | 江户时代 | 1603—1868 | 近世 |

本书并没有按照日本历史上常见的古代、中世、近世的时代划分方法，而是参考张西艳《〈山海经〉在日本的传播和研究》中的做法，将时代分为上代、平安时代至安土桃山时代、江户时代。换言之，本书没有将平安时代与奈良时代一同讨论，而是将平安时代与中世合并讨论。原因主要有三。第一，奈良时

代已经有了《山海经》传入日本的证据,可以视为《山海经》的初传入时期。而且此时日本律令制国家已初步形成,中央政府出于统治需要而命令各国编纂《风土记》,这是日本历史上接受《山海经》的最早体现。因此,有必要将奈良时代单独列为一章。第二,将平安时代与中世合为一章进行讨论具有合理性。在日本历史上,平安时代是皇室权力鼎盛的时代,而中世是武士掌权的时代,将两个时代结合起来可以明显看出文化中心从贵族阶级逐渐向下转移的进程。而且一些接受《山海经》的文化现象贯穿了平安至中世时代,如《百鬼夜行绘卷》虽然形成于中世,但对其影响很大的《鸟兽人物戏画》可上溯至平安末期。[1] 第三,由于日本中世战乱不断,这一时期皇室衰落,文化话语权逐渐被寺庙掌握,这段历史并没有留下太多接受《山海经》的证据。因此,将平安时代和中世合为一章,也是考虑到本书整体结构的平衡性。

## 三、接受的三个层次

本书以日本文化接受《山海经》的表现,即相关文化客体或文化现象为研究对象,共关注了九个研究对象:《风土记》、类书中的引用、古籍中的典故、长臂人和长脚人的形象、对典籍性质的争论、民间的海外异人知识体系、《唐物语》绘本、《怪奇鸟兽图卷》和《姬国山海录》。同时,根据接受形式将它们分成三个层次,分别是知识的学习、内容的化用与创造、形式的模仿。从逻辑上来看,这三个接受的层次是层层推进的。在典籍及相关次生文献的接受过程中,首先要熟悉其内容并作为一种描述性的知识进行接受后,才能进一步消化、理解,并将其融入既有的知识和文化体系,进而对其形式进行模仿。然而在实际上,由于典籍的传播与接受是连续的过程,而且接受的个体之间具有差异性,因此并非所有第一层次的接受都早于第二、第三层次的接受。也就是说,三个层次之间并不具有严格的先后顺序,我们既会看到较为晚近的第一层次的接受,也会看到较为久远的第二、第三层次的接受。换言之,虽然这三个层次之间具有一定的递进关系,但三者分别具有自身的时间轴。若从整个日本对《山海经》的接受史角度来看,三个层面的接受虽有较深层、较浅层之分,却是多线并行的。也正因如此,本书没有按照这三个层次来安排章节顺序,而是按照时间轴对研究对象进行排布。

接受的第一个层次是知识的学习,是指把《山海经》的内容作为真实的知

---

[1] 小松茂美编:《日本绘卷大成》(25),中央公论社,1977年,第137—138页。

识进行接受，这些知识被反复引用并不断复述，尤其是被具有影响力、权威性的典籍收录、引用后，会更加令人信服。这些知识被学者、文人当作某种事实或常识，用来解释、说明某件事物，或是阐明某种道理。当然，到了江户时代，也出现了对其中部分内容甚至典籍性质的质疑之声。此时，虽然仍有部分文人将它们视为一种真实存在的认知方式、一种或许有失妥当的解释和说法而记录，但也有不少知识分子质疑典籍中的内容虚妄、荒诞，并非真实的知识。

接受的第二个层次是内容的化用与创造，指典籍及次生文献传至日本后，其中的部分记录与内容逐渐融入日本本土文化，化"异"为"同"，成为人们耳熟能详的典故，有些甚至被赋予了新的意义和文化内涵。这是基于理解之上的接受，是将其消化、吸收之后成为自己的东西。或许很多民众甚至不知道这是最初源自《山海经》的记录，若非溯源、考证，会以为本就是属于本土的文化。比如典故的化用、远国异人形象的化用与创造、异国人物图谱和动物图谱等，都属于第二层次的接受。

接受的第三个层次是形式的模仿，指接受者按照自身对于《山海经》性质的理解，有所侧重地对原文进行不同形式的模仿。比如在奈良时期，统治阶级将《山海经》视为真实地理志，将其作为参考资料编写了《风土记》；江户时代，普通文人将《山海经》视为收录了各种"怪物"的图文版博物志，并仿作了图文并茂的《姬国山海录》。由此可见，不同时代的不同作者对《山海经》的理解不同，他们会依照自身的理解进行仿作，理解不同，作品也有所差异。

# 第一章　上代日本：律令制国家形成时的《山海经》接受

## 第一节　《山海经》初传日本时代考证

关于《山海经》传入日本的年代，目前学界已有观点可归类为平安时代传入说、奈良时代传入说及古坟时代传入说。平安时代传入说是学界的传统观点，由于成书于891年的《日本国见在书目录》中有明确记载，因此长时间以来的学术观点认为，《山海经》传入日本的年代可上溯至平安时代。20世纪八九十年代，伴随平城京遗址、下之西遗址等一系列奈良时代考古挖掘的展开，学者陆续发现了一些《山海经》可能已被当时人知晓甚至阅读的证据，由此产生了奈良时代传入说。持此观点的有日本学者伊藤清司、桐本东太、长谷山彰，以及中国学者张西艳、刘捷等。古坟时代传入说的证据主要是民间日用类书《和汉三才图会》中的一条文献记载，明确提到早在公元3世纪，《山海经》已经由朝鲜半岛传至日本。持此观点的有韩国学者郑在书等。由此可知，《山海经》究竟于何时传入日本这一问题，学者观点不一，学界尚无定论，仍具有一定的阐释空间。而且，目前判定的方式是以时代作为区分，而没有仔细考证出可能传入的具体年代。因此，本节将梳理东亚地区的相关文献资料，并结合出土文物及民间传说等多种材料进行综合分析，尝试对《山海经》传入日本的年代进行再考辨。

### 一、《山海经》传入日本的时间上限

为厘清《山海经》可能传入日本的最早时间，我们首先从东亚交流史的角度入手。日本与亚洲大陆产生往来的时间之早可能远超人们的想象。考古学家

研究发现，日本海固有的"左旋回流"现象，使得从朝鲜半岛出发的船只容易抵达日本的山阴及北陆地区，这就构成了航海术尚不发达时期日韩之间的自然航路。[①] 由此可见，中国文化也可能很早就经由朝鲜半岛对日本产生了影响。部分学者认为《古事记》中的神话情节可以反映出早期的大陆移民现象[②]，还有学者提出日本古代文化源自夏商的说法[③]。至于汉字传入日本的年代，目前日本已从公元前1世纪的棺木中出土了带有铭文的汉代铜镜，可见西汉时期中日之间已有交流。而最早的文献记录应为《后汉书·东夷列传》：

建武中元二年，倭奴国奉贡朝贺，使人自称大夫，倭国之极南界也。
光武赐以印绶。[④]

建武中元二年（57），倭奴国遣使来朝，于是汉光武帝赐予了他一枚印绶。1784年，日本福冈县出土了一方金印，上刻"汉委奴国王"的字样，经考古学家鉴定正是后汉光武帝赐倭国使者的金印。于是，此条文献与实物形成了互相印证的关系，确证早在1世纪，中日之间就有了官方层面的往来。那么，《山海经》是否可能在此时就已传入日本？

陈连山认为，《山海经》是周代极重要的官方地理文献，但因为涉及军事、资源等机密，于是长期藏于宫禁之中，秘而不宣。到了春秋战国时代，伴随战乱及天子权力的丧失，《山海经》可能流入了一些诸侯国，这也是《楚辞》《吕氏春秋》等书的贵族作者们能够接触《山海经》并引用书中内容的原因。但此时，普通人仍然无法见到此书。到了西汉年间，控制逐渐放开，地方诸侯可能得到《山海经》，淮南王刘安还以它为参考资料，带领门客创作了《淮南子》。但《山海经》的流传范围仍然有限。东汉时期，流传范围进一步扩大，《山海经》开始进入普通知识分子的视野，甚至可能在市场上流通。[⑤] 到了魏晋时期，顺应玄学、求仙的社会潮流，《山海经》及一批受其影响写成的书籍，受到了广泛欢迎。陶渊明的诗作《读〈山海经〉十三首》可为证。通过梳理《山海经》在中国从宫禁流向民间的历史过程可知，只有当禁忌彻底放开，普通人才可能得到此书，进而《山海经》才有流入海外的可能。因此，《山海经》在东汉以前，即1世纪以前，并无传入日本的可能性。

---

① 韩东育：《关于日本"古道"之夏商来源说》，载《社会科学战线》2013年第9期，第119—135页。
② 如木宫泰彦、中田薰等学者。参见中田薰：《古代日韩交涉史断片考》，创文社，1956年，第119—125页。
③ 韩东育：《关于日本"古道"之夏商来源说》，载《社会科学战线》2013年第9期，第119—135页。
④ 范晔撰，李贤注：《后汉书》，中华书局，2000年，第1907页。
⑤ 陈连山：《〈山海经〉学术史考论》，北京大学出版社，2012年，第18—57页。

基于上述分析，我们将《山海经》传入日本的年代上限划在1世纪。

## 二、古坟时代传入说考辨

将《山海经》东传日本的年代上限划在1世纪，只是说在此之后，各方面的条件使《山海经》由中国传入日本成为可能，并不意味着一定在此时传入了。事实上，朝鲜半岛向日本的第一次大规模移民发生在4世纪末，葛城袭津彦远征朝鲜带来了第一批渡来人，大部分来自朝鲜，小部分来自中国。这些渡来人将汉字带入日本，并使用它。他们的后代慢慢将汉字推广、传开，大约在5世纪初时，日本人也学会了书写汉字。[①] 由此可见，在第一批渡来人来日的4世纪末之前，《山海经》传入日本的可能性是极小的。

不少学者相信早在284年，《山海经》已传入日本。他们的主要文献依据是《和汉三才图会》中的一条记录，这条记录也被部分学者视为汉文典籍在东亚传播的最早文献记载：

> 应神天皇十五年，百济王遣使阿直岐者，贡《易经》《孝经》《论语》《山海经》及良马二匹。[②]

文献中提到的应神十五年，即公元284年，对应中国西晋太康五年，为日本的古坟时代，当时日本又被称为大和国。据文献记载，在284年，《山海经》与其他几部儒家经典及两匹良马已经由朝鲜半岛的百济国一同传入了日本。然而，这条记录并不可信，主要原因是此文献并不是可靠的正史，而且成书时代与所记录年代相距甚远。

《和汉三才图会》是一部民间编纂的图说式类书，1712年由大阪医师寺岛良安仿明代类书《三才图会》编成。所谓类书，即大型的资料性书籍，将各种书中摘录内容按门类辑录于一部书中，类似于现代的百科全书。纵览《和汉三才图会》的目录，全书共分一百零五卷，从天文、历法、服饰、艺术、兵器到动植物、土壤矿产、外夷人物等，内容无所不包。想来并非学问家出身的寺岛良安主持编纂如此庞大的资料集，必定耗费极大的精力，编写团队在筛选资料时很难对每条记录一一考证。因此，书中所收录的材料并不具有可靠性。

这条涉及《山海经》的材料被收录于卷十三《异国人物》的"朝鲜"条。根据学者对《和汉三才图会》所引用书目的相关研究可知，该书的资料来源极

---

① 潘钧：《日本汉字的确立及其历史演变》，商务印书馆，2013年，第11—23页。
② 寺岛良安编：《和汉三才图会》，东京美术株式会社，1971年，第207页。

多而庞杂，既有《汉书》《魏书》等正史，也有《三言二拍》《西游记》等小说，还有各类杂书、私人文集，更有些内容直接引自《三才图会》等类书。① 可见其所引内容参差不齐，可信度并不高。更何况关于百济使者阿直岐将《山海经》带入日本的记录，其文献来源为何，书中并未标注。总之，我们有理由怀疑这条记录的真实性。

为了考辨此说的真伪，我们需要寻找其他文献帮助判断。

对于百济王遣使阿直岐来日这一事件，日本古籍中也有记录。成书于712年的《古事记》，"应神天皇"一条中有言：

> 百济国主照古王，以牡马一匹，牝马一匹，付阿知吉师以贡上。（此阿知吉师者，阿直史等之祖。）亦，贡上横刀及大镜。又，科赐百济国，若有贤人者贡上。故，受命以贡上人，名和迩吉师。即《论语》十卷、《千字文》一卷，并十一卷，付是人即贡进。（此和迩吉师者，文首等祖。）②

文献中"照古王"即百济的古尔王，于234—286年在位。"阿知吉师"即阿直岐，"和迩吉师"是之后文献中提到的百济博士王仁。之所以会有名称的不同，是因为《古事记》是以汉字记录日本语音的方式书写而成，而成书于720年的《日本书纪》则完全用汉字写成。通过《古事记》该条文献，我们知道了三件事：一是应神天皇年间，百济国古尔王遣使阿直岐来日本朝贡，带来了马匹等物，阿直岐教授日本人汉籍；二是日本命令百济国贡上通晓汉籍的贤人；三是百济国果真派王仁来日教授汉籍，并带来了《论语》《千字文》等典籍。再对照来看《日本书纪》"应神十五年"条的相关记载：

> 十五年秋八月壬戌朔丁卯，百济王遣阿直岐贡良马二匹……阿直岐亦能读经典，即太子菟道稚郎子师焉。于是，天皇问阿直岐曰："如胜汝博士亦有耶？"对曰："有王仁者，是秀也。"时遣上毛野君祖、荒田别·巫别于百济，仍征王仁也。其阿直岐者，阿直岐史之始祖也。③

《日本书纪》中的记录同样告诉了我们三件事：一是应神天皇十五年秋八月丁卯日，百济王派遣阿直岐来日朝贡，带来了马匹等物，阿直岐成为太子的师傅，教授汉籍经典；二是阿直岐向天皇举荐通晓汉籍经典的百济人王仁；三是日本从百济接来王仁。对比《古事记》及《日本书纪》中的两条记录可见，所讲述的事件大体上是重合的，但具体细节有所不同。重合的部分是日本应神

---

① 杨雅丽：《「和漢三才図会」の引用書目》，载《外国语学会志》2018年总第48卷，第53—62页。
② 太安万侣：《古事记》，岩波书店，1982年，第214页。
③ 舍人亲王著，坂本太郎等校注：《日本书纪》（上），岩波书店，1967年，第371—373页。

天皇年间，百济王派遣使臣阿直岐来到日本，并献上贡品若干。阿直岐懂得儒家经典，因此受到天皇的器重，被尊为老师。此后，天皇又从百济国请来学者王仁。至于阿直岐是否将典籍带来日本，《古事记》中提到了《论语》十卷及《千字文》一卷；《日本书纪》中虽然未提及，但阿直岐既然来当太子的老师，又能读经典，可见是随身携带有典籍的，只是未知典籍名称。

学界普遍认为，"记纪文学"中对阿直岐、王仁东渡传书的记载，反映的是汉籍东传的史实，但在记录的细节上有错误。如《千字文》的作者周兴嗣卒于521年，因此《千字文》绝不可能在应神天皇年间（3世纪）就传到日本了。其实，就连百济古尔王是否曾遣使者至日本，也不一定是史实。我们在成书于高丽时代1145年的韩国史书《三国史记·百济本纪》中并未找到对应记录。284年对应的古尔王五十一年，并无遣使阿直岐至日本的记载。[1] 也有部分学者相信这条记载，认为只是年代的记录上有错乱。如王家骅认为应重新考订《日本书纪》的纪年[2]，而日本学者丸山二郎则通过比对《三国史记》的纪年进行考证后提出，应神天皇十六年应为公元405年，阿直岐、王仁应该是在5世纪初将汉籍传入日本的[3]。然而，这样的观点是基于绝对信任《古事记》所记载事件的基础上而得出，却忽略了口传记忆、口传文学的变异性。

"记纪文学"均成书于8世纪初，从开天辟地的神话写起，直到成书时前代的持统天皇。一般学界公认，自日本第二代绥靖天皇到第九代开化天皇只有年表而无事迹，不可信，被称为"阙史八代"。自第十代崇神天皇开始，才被认为是真实存在过的历史人物。从崇神天皇（传说前97—前29）算起，典籍记录跨越了八百年的历史，而这八百年间无文字记载，全靠记忆口耳相传。正如成书于807年的《古语拾遗》所言：

盖闻上古之世，未有文字。贵贱老少，口口相传，前言往行，存而不忘。书契以来，不好谈古。[4]

然而，哪怕是"存而不忘"，记忆发生错乱的概率仍然是很高的，更何况是八百年的历史。记忆的准确度与真实性是无法验证的。口传文学固然具有一定的稳定性，但其变异性却远远超出了文字记录。《古事记》与《日本书纪》对同一历史事件的记载就常常有出入，也可为证。总之，"记纪文学"中所记

---

[1] 金富轼著，孙文范等校勘：《三国史记》，吉林文史出版社，2003年，第292页。
[2] 王家骅：《儒家思想与日本文化》，浙江人民出版社，1990年，第4页。
[3] 丸山二郎：《日本書紀の研究》，吉川弘文館，1955年，第100—265页。
[4] 斋部广成撰，藤原容盛订正：《古语拾遗》，1869年，第1页。

载的阿直岐东传汉籍事件，年代并不可靠，我们倾向于相信汉籍东传的时间在4世纪末以后。然而，典籍中的相关记载虽然细节有误，却真实反映了汉文典籍通过朝鲜半岛东传日本的历史事实。但这一事件具体发生在哪一年，由谁、通过何种途径传入，又具体传入了哪些文献，就无从考证了。正如王勇在《汉籍东传诸说考辨——从文化交流的视角考察汉籍在东亚的流播》一文中所说，其记事的可信程度只能放到时代背景中去审辨，涉及细节的问题却是一笔难以理清头绪的糊涂账。[1] 也就是说，在5世纪或以前，确有一些汉语典籍传入了日本，但这里面是否包括《山海经》，我们不能下定论。

总之，《山海经》的古坟时代传入说难以成立。

### 三、奈良时代传入说考辨

"奈良时代传入说"的依据主要有四个，分别是下之西遗址出土的10号木板画上的图案、冈山县津山市的中山神社、平城京遗址出土木简上的"山海经"字样及《风土记》对《山海经》的模仿痕迹。我们将一一进行梳理与辨析，并考辨奈良时代传入说的可靠性。

1. 下之西遗址出土的图案

1997年，新潟县三岛郡和岛村所在的下之西遗址出土了一批奈良前半期的文物，其中有一块被编号为10号的木板画，上面绘有一个被捆在树上的人，双手被绳缚住，旁边还画有一个躺倒在地上的人。一些学者根据图像判断，画上被绑缚的人是《山海经》中记载的贰负之臣，躺倒在地的是被贰负之臣斩杀的窫窳。然而此说并不可靠。

在《〈山海经〉与木简：以下之西遗址出土的木板画为中心》一文中，为了佐证此图与《山海经》之间确有关联，桐本太郎与长谷山彰主要使用的是

图3 下之西遗址10号木板画之临摹图
（转引自张西艳：《〈山海经〉在日本的传播和研究》，线装书局，2020年，第23页）

---

[1] 王勇：《汉籍东传诸说考辨——从文化交流的视角考察汉籍在东亚的流播》，见陆坚、王勇主编：《中国典籍在日本的流传与影响》，杭州大学出版社，1990年，第49—65页。

旁证，但旁证仅能证明一种"可能性"的存在，却不足以支撑这个"可能性"成为"确实的存在"。因此，在缺乏确凿证据的前提下，这些旁证的功能近乎零，其结论也并不可信。

我们认为此说不可靠的原因有三。第一，该出土木板画不仅图画极为抽象，而且板上没有文字，因此仅凭图像"类似"而得出"就是"的结论，无异于凭借主观想象进行解读，有概念先行的嫌疑。第二，同一遗址出土的文物中，并无其他与《山海经》相关的实物或文献证据，也就不能说明当时当地确有受到《山海经》的影响。因此，直接断言这幅简笔画为《山海经》中的内容，是不合理的。第三，该木板画上的图像与《海内西经》中的文字描述重合度并不高。《海内西经》中的两条相关文献如下：

> 贰负之臣曰危，危与贰负杀窫窳。帝乃梏之疏属之山，桎其右足，反缚两手与发，系之山上木。[1]

图 4　贰负之臣与窫窳（蒋应镐绘）

［郭璞注，蒋应镐绘图：《山海经》（卷十一），明代刊本，现藏于日本国立国会图书馆，第 1 页］

---

[1] 袁珂：《山海经校注》，北京联合出版公司，2013 年，第 251 页。

开明东有巫彭、巫抵、巫阳、巫履、巫凡、巫相,夹窫窳之尸,皆操不死之药以距之。窫窳者,蛇身人面,贰负臣所杀也。①

文献记载中的贰负之臣是"反缚两手与发",而且"桎其右足","桎之疏属之山"。图中的被缚之人却是双手被绑缚于身前,右腿上并没有加以桎梏,他双膝跪地被绑在一个木桩状的物体上,此外不能从图中读出更多信息。再看地上横躺的物体,笔画十分简略,是人是物尚不能分辨,又怎能直接判断这就是"蛇身人面"②的窫窳呢?而且,图中并不能看出被缚之人杀死了地上之物的动态情节或事件结果,甚至二者之间是否具有关联性都尚需商讨。

因此,我们不能简单通过画面的解读与分析就认定图中画的是《山海经》中的贰负之臣与窫窳,下之西遗址出土的木板画不能作为《山海经》于奈良时代传入日本的证据。

2. 冈山县津山市的中山神社

位于冈山县津山市的中山神社,传说建造于庆云四年(707)四月三日,另说建于和铜六年(713),属于飞鸟时代末期或是奈良时代初期。一些学者认为,中山神社中供奉的神灵与冶炼有关,而且神社之名源自《山海经》中的《中山经》。③张西艳由此判断,中山神社可以作为《山海经》于奈良时代或更早即传入日本的证据。④然而,此说成立需要满足两个条件:第一,神社确实建造于奈良时期;第二,社名确实源自《山海经》。这需要一一进行辨析。

第一,根据日本政府网站冈山县神社厅记载,神社始建于文武天皇庆云四年,即公元707年。⑤出版物《国币中社·中山神社资料》中也有言:"根据神社传说,社中主神神体建于庆云三年,附殿神则要更古老。"⑥可知,目前神社始建于庆云年间只源自社中传说,并无历史文献为证。何况该神社的初建年代还有两说,可信度就更低了。而且历来各神社为了彰显自己历史悠久、身份尊贵,常常会极力将初建年代向前推,因此传说年代不能作为史实看待。目前能

---

① 袁珂:《山海经校注》,北京联合出版公司,2013年,第263页。
② 在整部《山海经》中,窫窳共出现过6次,除《海内西经》中提到的"蛇身人面"之外,还有其他的说法。如《北山经》中是"其状如牛,而赤身、人面、马足",《海内南经》中是"龙首",《海内经》中也是"龙首"的说法。参见袁珂:《山海经校注》,北京联合出版公司,2013年,第68、245、379页。
③ 真弓常忠:《古代の鉄と神々》,学生社,1985年,第27页。
④ 张西艳:《〈山海经〉在日本的传播和研究》,线装书局,2020年,第41—43页。
⑤ 网站:https://www.okayama-jinjacho.or.jp/search/16978/,检索于2019年12月。
⑥ 武田胜藏:《国币中社,中山神社资料(藤卷正之编)》,载《史学》1924年第3卷第2号,第174—175页。

证明此社存在的最早文字记录为905—927年陆续编成的《延喜式》，其中卷九、卷十收录了当时日本所有的神祇及神社。在"美作国"条目下确有"中山神社"的记录，而且标注有"名神大"的字样。① 可知在此书编写之时，中山神社已有一定的声望，是当地著名的大社。而《延喜式》是根据《弘仁式》及《贞观式》所载内容，集大成而作。由于目前此二式只存有残卷，因此不能确定中山神社是否有更久远的记录。但至少通过《延喜式》中的相关记录可知，中山神社在10世纪初年已经颇有名望，而一般而言，神社名望需要相当长时间的口碑积累，此时作为"名神大社"的中山神社至少也有百年历史。由此可知，至少在9世纪初，中山神社应已存在，那么传说所言其始建于8世纪初，亦为可能。

第二，关于神社名是否源自《山海经》中的"中山"，目前并无直接证据，学者们主要是根据"中山"的读音及神社中所供奉的神明将其与《山海经》进行关联。日本学者窪田藏郎在《铁的考古学》一书中通过细致统计发现，《中山经》中的铁矿数量远远多于其他篇目，因此判断《中山经》是产铁、冶炼的世界。② 而中山神社中供奉的主神是镜作神，也有说法是金山彦命神，这二位神祇都司掌金属冶炼，与《中山经》中多铁矿的特点相符。从读音上来判断，同样的汉字在日语中存在两种读音，音读和训读。音读是模仿汉语的读音，训读则是日语固有的读音。据张西艳考证，成书于平安时代末期至镰仓时代初期的吉田家本中，对"美作国"中山神社的"中山"标音为"Chuusan"。③ 由此可知，在平安时代，"中山"采取音读方式，这也说明神社成立之初很可能采用的就是模仿汉语的音读的方式。如此，神社的来源与中国一定关系密切。然而，仅凭神社中祭祀的主神为冶炼神，《山海经·中山经》中多矿产，神社来源与中国关系密切这三个条件，也不能推导出神社名称就来自《山海经》。我们不能排除"中山"一词另有来源的可能性。毕竟在《延喜式》中，"美浓国"条目下也存在一个同名的"仲山金山彦神社"④，且据镰仓时代的九条公爵家本可知，此处同样祭祀冶炼神的"仲山神社"，其读音为"nakayama"，是训读。因此，不能认定"中山"一定源自《山海经·中山经》。

---

① 藤原忠平等：《延喜式》，见黑板胜美编：《国史大系》（第二十六卷），吉川弘文馆，1965年，第299页。
② 窪田藏郎：《鉄の考古学》，雄山阁出版，1973年，第18—20页。据窪田先生统计，《山海经》中铁矿共有38个，而《中山经》有23个，约占到全书铁矿的60%。
③ 张西艳：《〈山海经〉在日本的传播和研究》，线装书局，2020年，第41页。
④ 藤原忠平等：《延喜式》，见黑板胜美编：《国史大系》（第二十六卷），吉川弘文馆，1965年，第249页。

总之，冈山县的中山神社有可能始建于奈良时代或飞鸟时代末期，其名称亦有来自中国的可能性，但目前已有证据并不足以支撑神社名源自《山海经》的结论。因此，冈山县津山市的中山神社不能作为《山海经》于奈良时代传入日本的证据。

3. 平城京遗址出土的"山海经"木简

平城京是奈良时代的国都，日本于20世纪开始在其遗址上展开挖掘并出土了大量木简与生活用具。长屋王宅邸遗址中出土了一批天平三年至十一年（731—739）的木简，其中有一木简正面墨写"山□経曰大□"，背面墨写"□皆莫炊□"。由于年代久远，木简上的个别字迹已难以辨认。根据行文，奈良国立文化研究所将木简正面的第一个缺字推断为"海"，认为应为"山海经曰大□"。对于这一推断，学界并无过多质疑。桐本东太、长谷山彰二位学者就在《〈山海经〉与木简：以下之西遗址出土的木板画为中心》一文中接受了这一说法，进而推断这很可能是当时的贵族通过抄写《山海经》而练习书法留下的。[①]

二位学者的推论确有道理。自从中国典籍传入日本，皇室及贵族就十分重视汉字、汉文典籍的学习。作为奈良时代贵族的长屋王不仅熟谙汉字，而且有充分的机会接触各类汉文典籍。如果当时《山海经》已传入日本，那么将其作为习字内容是完全有可能的。至于是否可以判断缺字为"海"，我们持肯定意见，毕竟纵览中国唐代以前的文献典籍，符合"山□经"结构的，似乎除《山海经》之外无他。但哪怕此处字迹确为"山海经"，也难以由此认定长屋王读到了《山海经》原典。正如川崎晃认为该木简所记录的应是一段出自《山海经》的内容[②]，"山□经曰"的字样显然是一段引文，而《山海经》作为一部具有博物学特征的典籍，在类书中被引用的频率向来是很高的。因此，与其说此处内容来自《山海经》原文，不如说直接来自中国类书的可能性更大。

另外需要说明的是，这一木简背后墨写的"□皆莫炊□"几个字并非如伊藤清司所说的"出自《山海经》"[③]，事实上各版本的《山海经》及其注文中皆未见"皆莫炊"这三个字。

---

① 桐本东太、长谷山彰：《「山海経」と木簡：下ノ西遺跡出土の繪画板をめぐって》，载《史学》2001年第2期，第287—292页。

② 川崎晃：《古代史雑考二題——山海経と越中・能登木簡》，载《高冈市万叶历史馆纪要》，2000年第10号，第74—82页。

③ 伊藤清司：《日本的山海经图——关于〈怪奇鸟兽图卷〉的解说》，王汝澜译，载《中国历史文物》2002年第2期，第38—41页。

综上，我们认为在8世纪初的奈良前期，《山海经》的书名已经为日本贵族所熟悉，而且很可能此时典籍本身也已传入日本并成为贵族阶级的案上读物。

4.《风土记》与《山海经》

《风土记》是奈良初期的官撰地志。和铜六年（713）五月，奈良时代的第一位天皇——元明天皇敕命诸国[①]编纂地志。各国纷纷响应，当时有数十个国家参与编写了地志，但目前仅有《出云国风土记》得以完整保存，另有残本《常陆国风土记》《播磨国风土记》《肥前国风土记》《丰后国风土记》存世。不少学者认为日本《风土记》就是模仿《山海经》写成的，这一观点虽未在学界达成共识，但至少《山海经》是其重要参考文献之一的观点少有异议。学者们大致从四个角度讨论二者之间的相似性：结构的相似、性质的相似、记述内容及方法上的相似、语言表达上的相似等。虽然个别论证仍有可推敲之处，但总体而言，学者们的结论是令人信服的。我们由此认为，在《出云国风土记》编成的天平五年（733），《山海经》已传入日本并在贵族、官员之间传播。

总之，以上四条证据中只有《山海经》为《风土记》参考材料之一这一论点可作为奈良时代传入说的有力证据，平城京遗址出土木简可作为辅助证据，而下之西遗址出土木板画及冈山县津山市中山神社的相关历史则不能作为论据。当然，《山海经》的奈良时代传入说依然可以成立，我们认为至晚在8世纪初，典籍应已传入日本并已经在一定范围内产生了影响。

## 四、关于《日本国见在书目录》的记录

《山海经》于平安时代传入日本是学界的传统观点，《日本国见在书目录》是关于《山海经》已传入日本的第一次确切文献记录。《日本国见在书目录》成书于平安时代宽平三年（891），书中的"土地家"一类中有如下记载：

《山海经》廿一卷。如本，郭璞注。见十八卷。《山海经赞》二卷。

郭璞注。《山海经抄》一卷。《山海经略》一卷。《山海经图赞》一卷。[②]

可见，在平安时代前期，日本已藏有郭璞注的《山海经》二十一卷、《山海经赞》两卷及《山海经抄》《山海经略》《山海经图赞》等书。其中，《山海经抄》《山海经略》不见于中国的《汉书·艺文志》《隋书·经籍志》《旧

---

[①] 古代日本实行律令制，中央下设地方行政区划，由若干令制国组成。"国"相当于中国古代地方单位的州、道、行省等行政单位。此政策从奈良时代开始实施，直到明治初期废止。

[②] 藤原佐世：《日本国见在书目录》，中华书局，1991年，第40页。

唐书·经籍志》等目录，很可能是中国目录学的失收书目。[①]而我们知道，中国典籍史上从未出现过二十一卷本的《山海经》，此处为何是二十一卷呢？郑利锋认为，当时日本收藏的很可能是二十三卷本的残本，因为丢失了两卷，所以只剩二十一卷。[②]此说有理。贞观十七年（875）冷泉院遭大火，秘阁文书损失惨重，《日本国见在书目录》中所编写的书目多为灾害后的幸存者。因此书籍有损坏甚至遗失都是正常的。当然，也不排除《日本国见在书目录》有抄错的可能性。另外，由此条目下小字写的"郭璞注，见十八卷"[③]可知，平安时期的日本已知晓，甚至已存有二十三卷本、十八卷本两个版本的《山海经》。

《山海经》的版本问题比较复杂。自西汉刘歆将古本三十二篇《山海经》定为十八篇后，成为今传《山海经》的祖本。到了晋代，郭璞又将十八篇改篇为卷，并加入《大荒四经》及《海内经》，重新编为二十三卷本。然而，根据陈连山的考证，今传的十八卷本《山海经》并非刘歆定下的十八篇，而是宋人所造。[④]也就是说，十八卷本的《山海经》有两个，一为宋代以前的十八卷本，另一个是宋代道藏影响下被重新编排的十八卷本，也就是如今十八卷本的模样，而古版的十八卷本如今已不存。既然如此，成书于晚唐时期891年的《日本国见在书目录》，其中所记载的"十八卷"一定是宋代以前的古版十八卷本。又根据郭璞的生卒年为276—324年可判断，《日本国见在书目录》中所记载的《山海经》应为4世纪至9世纪传入日本的。

在平安时代之前，汉文文献已大规模传入日本，并对日本的思想、文化产生了相当大的影响。通过《日本国见在书目录》可知，当时日本已收录1568种汉籍，数目巨大。严绍璗认为，在飞鸟奈良时代后期，中国文献典籍大量传入日本[⑤]，期间一定有《山海经》的传入。而且自奈良时代开始，日本开始了复制这些典籍的工作，也就间接为汉文典籍的流通创造了便利条件。日本政府设立了"写经所"，组织文人大量抄录中国典籍，此时出现了一批官方的抄本。这样大规模的文献

---

① 据学者统计，《日本国见在书目录》中不见《隋书·经籍志》《旧唐书·经籍志》《新唐书·艺文志》的书目，经部有196种，史部有89种，子部有79种，集部有103种，共计467种。参见孙猛：《〈日本国见在书目录〉（经部、史部、集部）失考考考》，见张伯伟主编：《域外汉籍研究集刊》（第2辑），中华书局，2006年。
② 郑利锋：《〈日本国见在书目录〉著录〈山海经〉卷数考辨》，载《山东图书馆季刊》2007年第3期，第103—107页。
③ 藤原佐世：《日本国见在书目录》，中华书局，1991年，第40页。
④ 陈连山：《〈山海经〉学术史考论》，北京大学出版社，2012年，第75—80页。
⑤ 严绍璗：《中国古代文献典籍东传日本的轨迹——中国文化的世界历史性意义的研讨》，见陆坚、王勇主编：《中国典籍在日本的流传与影响》，杭州大学出版社，1990年，第8页。

抄录工作在当时世界上是罕见的,可见日本对汉文典籍极为重视。当时除了抄录佛教经典之外,还有其他典籍,目前仍残存的尚有部分《史记集解》《汉书》《琱玉集》《经典释文》等。虽然没有当时官方抄录《山海经》的记录,但根据奈良时代成书的《风土记》对《山海经》的模仿可以推测,下属律令国的地志编纂负责人,甚至各郡的负责人,应该是有机会看见《山海经》的,因此也有日本官方曾组织抄录《山海经》的可能性。

总之,通过《日本国见在书目录》中对日本平安时代所藏《山海经》的记载可知,《山海经》在当时被视为地理志,受到了官方一定程度的重视。当时所藏的版本应为4世纪至9世纪传到日本的。

## 五、小结

通过上文论述可知,由于《山海经》直到东汉时期才逐渐由宫禁流出,并为普通读书人所阅读,因此,在1世纪之前,《山海经》不可能流入海外。另有文献及考古实物为证,至晚在公元1世纪,中日之间有了官方往来。由此可见,《山海经》在1世纪之后有了传入日本的可能性,而在1世纪之前是绝无可能的。然而,直到4世纪末之前,传入的可能性都极低。原因是4世纪末左右才发生朝鲜半岛至日本的第一次大规模移民,而学界也普遍认为在5世纪初之后,日本人才逐渐掌握了汉字。而且,尽管《古事记》《日本书纪》等上代文献中有3世纪末汉文典籍已传入日本的记录,但这一年代记录并不可靠。因此我们认为,《山海经》大约是在4世纪末之后传入日本的。同时,我们可找到两个《山海经》于8世纪初之前已传入日本的证据:成书于8世纪初的《风土记》有强烈模仿《山海经》的痕迹;大约在8世纪,汉文典籍大规模传入日本。由此可见,《山海经》是在4世纪末至8世纪初这段时间传入日本的。而《山海经》传入的第一次确切文献记录则是《日本国见在书目录》,出现在9世纪末。

总之,在1世纪以前,《山海经》绝无可能传入日本。1世纪至4世纪末,传入的可能性极低。最可能传入的时代在4世纪末至8世纪初。为使论述清晰,将结论以表格形式列于下(表2)。

表2 《山海经》传入日本的年代考证

| 时代 | 是否传入 | 论据 |
| --- | --- | --- |
| 1世纪以前 | 不可能传入 | 尽管中日之间已有官方及民间的交流,但东汉以前《山海经》都属于宫中秘书,不可能外流 |
| 1世纪至4世纪末 | 传入的可能性极低 | ①朝鲜半岛到日本的第一次大规模移民发生在4世纪末<br>②学界公认,大约在5世纪初,日本人才开始掌握汉字<br>③《古事记》《日本书纪》等文献中,对3世纪末汉籍东传的年代记录并不可靠 |
| 4世纪末至8世纪初 | 应该是在这一时间段传入 | ①成书于8世纪初的《风土记》有明显模仿《山海经》的痕迹<br>②大约在8世纪,汉文典籍大规模传入日本 |
| 8世纪初至9世纪末 | 肯定已传入 | 成书于891年的《日本国见在书目录》中,明确记载了《山海经》等书目的存在 |

## 第二节 中央集权的统治需要:《山海经》与《风土记》

前文已涉及奈良时代《风土记》的成书背景及典籍性质,并简要论述了《山海经》是其重要参考资料之一。和铜六年(713)五月,奈良时代的第一位天皇——元明天皇对诸国下诏,命其各自编写地志并呈上,正史《续日本纪》中的相关记录如下:

> 畿内七道诸国郡乡名著好字。其郡内所生。银铜彩色草木禽兽鱼虫等物。具录色目。及土地沃瘠。山川原野名号所由。又古老相传旧闻异事。载于史籍言上。[①]

各国接到命令后陆续进行了地志撰写的工作,由于需要进行详细的实地调查,因此这项工程耗时多年,如《出云国风土记》是在二十年后的天平五年(733)方编成并呈上的。由于是天皇敕命,因此当时的四十余个律令国均进行了编写工作,但目前只有出云、常陆、播磨、肥前、丰后等五国《风土记》存世,其中除《出云国风土记》较为完整之外,另外四部均属残本。这五部之外的诸国《风土记》只能从历代文献中辑佚,目前学者已找出了摄津国、山背国、伊势国等二十余国《风土记》的部分佚文,可作为当时的确存在完整《风

---

① 菅野真道等:《续日本纪》(卷六),经济杂志社,1897年,第79页。

土记》的例证。

关于《风土记》受到《山海经》的影响，前人研究中已多有论述。最早有日本学者武藤元信于1907年发表论文《〈风土记〉与〈山海经〉的类似》，提出二者不仅编排结构类似，而且都是包含神话并夹杂史实的地志，性质上具有相似之处，应有参考关系。[①] 小岛宪之也在1964年于著作《上代日本文学与中国文学》中提出二者的框架如出一辙，而且语言上也可见千丝万缕的联系，因此《风土记》不仅参考了《山海经》原文，而且还参考了郭璞注。[②] 张西艳在《〈山海经〉在日本的传播和研究》中将二者之间的相似性总结为结构、性质、记述内容和方法、语言表达、散布有碎片五点，并得出《山海经》为《风土记》重要参考资料的结论。[③] 米彦军在《日本〈风土记〉述论》一文中认为这是一部本着"和魂汉才"之理念，在对《山海经》进行扬弃的基础上完成的史学和文学巨著。[④]

虽然学界仍存在不同的观点[⑤]，但多数学者支持《山海经》是《风土记》的重要参考资料之一。本节在赞同这一观点的基础上，以保存最为完整的《出云国风土记》为中心，参考其他律令国的残本及佚文，讨论《风土记》对《山海经》接受的机制。首先论述接受的动力，即天皇为何要敕命各国编纂它，编纂过程中为何要参考《山海经》。其次论述在接受《山海经》的过程中，哪些内容、形式有所改变，改变的原因是什么。

## 一、接受的动力

1. 历史背景——从早期国家到古代国家

讨论《风土记》接受《山海经》的动力，需结合日本早期国家的形成以及过渡至古代国家的历史过程进行研究。《风土记》是由天皇下诏，各国奉命编纂的地理志，其编纂过程是由上至下在官僚行政体系内进行的，编纂的目的也

---

[①] 武藤元信：《風土記と山海経との類似》，载《东洋学艺杂志》1907年第24期306号，第82—87页。
[②] 小岛宪之：《上代日本文学と中国文学：出典論を中心とする比較文学の考察》（上），塙书房，1962年，第579—670页。
[③] 张西艳：《〈山海经〉在日本的传播和研究》，线装书局，2020年，第13—24页。
[④] 米彦军：《日本〈风土记〉述论》，载《沧桑》2011年第5期，第116—118页。
[⑤] 如荆木美行认为《风土记》的参考资料是唐代《图经》，参见荆木美行：《日本古代的风土记与唐代的图经》，载《中国文化研究》2004年第4期，第110—118页。孟宪仁认为受到唐代《括地志》等文献的影响，参见孟宪仁：《〈风土记〉与中国古方志的渊源管窥》，载《日本研究》1992年第2期，第66—70页。

具有浓厚的政治色彩。

如今日本被称为"大和民族",大和政权约在 4 世纪从众多的势力中脱颖而出,取得了优势地位。观照中国史籍,此前虽有 1 世纪倭奴国向东汉光武帝朝贡、3 世纪邪马台国拥立卑弥呼为女王的记录,但倭奴国是可能位于九州北部的小国,邪马台国则是超大型的部落联盟,均非具有强大统治力的国家。据《三国志·魏志·倭人传》记载,邪马台国有多达 28 个属国,各国均由各自的首领进行统治,其南还有狗奴国,并不归属邪马台国统治。① 正如陈伟认为,邪马台国与周围各小国之间并非中央政府与地方机构的隶属关系,各国虽属同一联盟,却各自具有独立性。② 而当时除邪马台国之外,较大的国家还有山阴出云国、山阳吉备国、北陆古志(越)国、坂东毛野国等。③ 由此可见,3 世纪时的日本尚未形成强有力的统一政权。

4 世纪末左右,位于畿内地区的大和国征服了包括邪马台国在内的各部落联盟及小国,完成了日本大部分地区的统一,日本早期国家至此形成。一般认为中国史籍中记载的倭五王,就是日本历史上的仁德、反正、允恭、安康、雄略五位天皇,是大和朝廷的先祖。然而,此时大和朝廷虽然统一了日本,政权却并不稳固,其他部落虽然暂时被征服,但一旦它们的实力超过朝廷,就很有可能取代其权力中心的位置。而且地方豪族具有对各地的实际统治权,百姓缺乏对中央政权的归属感。学者都出比吕志认为,直到 5 世纪后期,朝廷的权力都是较为薄弱的。④ 因此,大和朝廷一边继续向外扩张,一边不断收编地方豪族,强化中央权力。这一阶段的日本采取了部民制和氏姓制两大制度:前者是将在各地方豪族领地内耕种、生产或从事手工业的人们称为"部民",规定他们隶属于其主,世代不变;后者是基于各地豪族通常世袭地从事某一项工作而以"氏"指称其职业,并以"姓"指称其身份尊卑和等级高下,以此固定地方豪族的身份等级,维护朝廷的统治秩序和王权稳定。陈伟认为,当时日本的政治组织形式是以地方首长和大王之间人身依附关系为基础的,带有浓厚贵族血缘特色,具有非制度化的特点。⑤

在这样的政治形势下,各地方豪族间不断彼此争斗、互相兼并,甚至向上

---

① 《三国志·魏志·倭人传》:"……次有奴国,此女王境界所尽。其南有狗奴国……不属女王。"参见陈寿撰,裴松之注,陈乃乾校点:《三国志》,中华书局,1982 年,第 854—855 页。
② 陈伟:《试论日本早期国家官制的形成与发展》,载《古代文明》2008 年第 4 期,第 55—61 页。
③ 滝川政次郎:《日本人の国家観念と国体観念》,新潮社,1958 年,第 10 页。
④ 都出比吕志:《古代国家はいつ成立したか》,岩波书店,2011 年,第 9 页。
⑤ 陈伟:《试论日本早期国家官制的形成与发展》,载《古代文明》2008 年第 4 期,第 60 页。

谋乱。6世纪末，苏我氏和物部氏两大豪族之间的矛盾激化，苏我氏于592年指使手下杀害了崇峻天皇，拥立推古天皇。为了抑制豪族、加强皇权，593年圣德太子（574—622）进行了一系列改革，其中"冠位十二阶"政策试图打破豪族权力世袭的体制，用不能世袭的冠位来体现身份高低。这一政策虽然具有划时代的历史意义，但由于实施范围有限，实际上起到的效果并不显著。娄雨婷认为，由于氏姓制本身具有集权和分权并立的特点，因此地方豪族始终在分割王权。另外，由于圣德太子的改革尚未能触及氏姓制、部民制这两项根本的社会症结，因此日本必须通过学习、引进外来制度文化才能实现中央集权。①

于是在645年，中大兄皇子（后来的天智天皇）斩杀跋扈的权臣苏我入鹿，拥立孝德天皇并实行大化改新，大和朝廷此时才真正实现了中央集权，也标志着日本从早期国家过渡到了古代国家。大化改新即全面唐化，废除部民制，土地全部收归国有，对各级官员设立等级并发放俸禄，从而将地方豪族收编入国家官僚等级体制。行政区划上设立国、郡、县，各国重要官员都由中央委任，任期四年。国下设立郡，其首领从过去地方豪族中任命。郡内每五十户为一县，这既不是自然村落，也不是具有血缘或虚拟血缘的氏族，而是单纯行政上的基层单位。这一系列措施是陆续施行的，不断巩固和发展了大化改新的成果。

2. 律令制国家形成——整肃天下秩序与加强皇权

大化改新效仿唐朝体制建立了以天皇为中心的律令制官僚体系，并在7至8世纪的百余年间不断采取各类措施巩固中央集权。政治上将统治区划细分为十户一里，进一步打破了原有氏族联盟国家的地域封闭性统治；经济上废除豪族的私有民制度，实行公地公民制度；法律上陆续编纂了《大宝律令》《养老律令》等法典，加强律令制国家的统治秩序；宗教上强化神道教信仰，通过将天皇视为"现人神"来增强统治的合理性，并分别于712年、720年编成《古事记》及《日本书纪》，将大和朝廷统治者为天神后代的神话编织入历史，使天皇的政治权威具有了先赋性。《风土记》的编纂可视为朝廷在文化上的举措，其根本目的也是整肃天下秩序，从而巩固中央皇权。

对于《风土记》的编纂，元明天皇的敕命中提出了非常具体的要求，主要可归纳为五点：将各郡乡等地名用合适、典雅的汉字固定下来，列出各地包括矿藏、植物、动物等在内的物产，上报各地土地是否适宜耕种，了解各山川原

---

① 娄雨婷：《日本古代律令制国家的形成与特点》，载《北华大学学报》（社会科学版）2019年第3期，第55—60页。

野等地名的由来，收集各地的神话传说等民间口传叙事。这五点要求体现了从物质、精神两个层面进一步完善中央集权的需求。一是物质层面，中央需要了解自己领土范围内的各类资源，包括矿产资源、动植物资源、水资源、土地资源等。其中矿产是制作兵器的材料，对其进行掌控有助于维护统治稳定，具有重要的战略意义。而水资源、土地资源则与人民的生存息息相关，也是影响政治稳定的重要因素。二是精神层面，各地山川原野的名称历来是通过口头流传的，而此时需要选择适宜的汉字将其名称固定下来，并回溯其名称的由来。尤其是律令制国家体制下新成立的郡、县、里等行政区划，有些延续了该国原有的名称，有些则是重新命名。在各国的实际调查中，对新的各级行政区划进行重新命名的过程，也是重新整理天下秩序的过程。重新命名有助于使各地区产生嵌入政权体制并成为其不可分割之一部分的自我认同感，从精神层面上强化对中央政权的归属感。而在对各地名进行追溯、探究的过程中，会涉及大量在当地流传的神话与传说，对其进行收集有助于中央了解各地的风土民情以及民众的精神世界，从而在象征层面上完成对诸国的掌控。

学界通常认为各国的编纂者，至少出云国的编纂者阅读过《山海经》，并参考、仿照其形式编成了《出云国风土记》。至于中央朝廷是否是在《山海经》等中国地理志的启发下提出了此项要求，则鲜见论及。关于以天皇为首的权力中心可能是参照《山海经》提出了命各地编纂地志的诏令，可以从两方面寻找证据。首先是文献的角度。成书于9世纪末的《日本国见在书目录》中记录了部分当时日本国藏有的书目，土地家类共收录了37种地志类文献。梳理此37种文献，共有《山海经》《舆地志》《括地志》等三部是成书于8世纪以前的全国性地理志，其中《山海经》有多种版本，这些是元明天皇有可能阅读到的文献。如果元明天皇心中有编纂《风土记》的范本，很可能出自这三部文献。其次，从逻辑上判断，如果《出云国风土记》的编纂者参考了《山海经》，那么地方官员是从何处获得了此书？各国《风土记》的编纂工作由国司总负责，各郡司进行实地调查后将资料交予国司，再统一整理归纳。[①] 如果《出云国风土记》的编纂参考了《山海经》，那么可以判断出云国的国司阅读过《山海经》。虽然郡司可能由地方的豪族担任，但国司是由中央委任的，那么国司手中的《山海经》应是来自中央，甚至可能是在中央的授意下对《山海经》进行了参考。基于以

---

① 村井康彦：《出云与大和：探寻日本古代国家的原貌》，吕灵芝译，社会科学文献出版社，2020年，第203—204页。

上两点可以推断，以元明天皇为中心的朝廷应是参考了包括《山海经》在内的地理志后，提出了编纂《风土记》的要求。

那么，为何在编纂《风土记》时会参考《山海经》，即《风土记》对《山海经》进行接受的动力是什么？在对日本早期国家形成的历史过程进行梳理的基础上，我们可以明确，在律令制国家初形成的历史阶段，编纂《风土记》具有整肃天下秩序和加强皇权的政治目的。从观念层面来看，《山海经》是中国最早的地理志，早有知名学者提出西周已是统一王朝的说法[1]，在当时封邦建国的政治制度下，编纂全国性的地理志同样有助于加强中央对地方的统治，并成为天子掌控全国的象征。因此在观念层面上，《山海经》和《风土记》这两部地理志的编纂目的具有内在逻辑上的一致性。而从实际操作层面来看，《山海经》尤其是《山经》的编纂体例和形式大体符合奈良初期日本编纂全国性地理志的要求。《山经》共分南、西、北、东、中五个方位记录了全国的山川河流，一一列出其名称并标明它们之间的距离、走向，详细列出所出物产（包括植物、动物、矿产等），清晰描述了领土内各地的自然地理情况。此外，在描述中常穿插有当地的神话传说，在一列山系的结尾处会阐述当地的祭祀礼仪、生活习俗等人文地理情况。其中的内容除缺乏土地耕种情况之外，基本囊括了元明天皇编纂《风土记》诏书的内容。

因此，无论是在观念层面还是实际操作层面，对于《风土记》的编纂工作而言，《山海经》都具有一定的参考价值，而接受的根本动力在于更好地整肃天下秩序与加强皇权。

## 二、接受中的"变异"——选择性接受

无论是学界还是文化界都常称《风土记》是日本的《山海经》，但二者之间虽然存在参考与被参考的关系，却仍然具有很大的不同。换言之，《风土记》对《山海经》的接受并非照单全收，而是具有选择性的，是进行了筛选之后的接受。通过比较可总结出二者之间有三处最大的不同，下文将一一进行论述，并探究为何在接受过程中会发生"变异"，即进行选择性接受的原因。

1. 体例的不同——方位与国别

在编纂体例上，《山海经》中的《山经》部分按照南、西、北、东、中的

---

[1] 李学勤著，傅杰编：《失落的文明》，上海文艺出版社，1997年，第107页；董恩林：《论周代分封制与国家统一》，载《华中师范大学学报》（人文社会科学版）1998年第5期，第96—102页。

顺序分为五部分，并对其分别进行了介绍，因此也被称为《五藏山经》。而《风土记》则是按照律令国的国别区分，各自进行的编纂。由于保存至今的史料有限，我们无法见到《风土记》的全貌，但根据元明天皇的诏书可以判断，中央只是要求各国上呈当地的地理情况，并没有将所有内容整合在一起编成一部日本全境《风土记》的计划。这也是造成此后多国《风土记》各自散佚、丢失的重要原因。至于差异背后的原因，主要在于社会思想背景和统治者的政治心态有所不同。

《山海经》中《山经》的结尾处虽然总括性地标明"禹曰"，但现代学界早已放弃了其作者为大禹的说法，更倾向于认为其并非一时一人的作品，而是集体创作的结果。陈连山、张步天等学者认为，《山海经》尤其是《山经》部分，应该是由官方进行的某种全国性调查的结果，是西周时期的国家地理档案。[①] 关于其作者的身份，陈连山认为大约是周王室负责掌管自然资源、人口资源、天下交通和域外国族的官员。[②] 因此，在实行分封制的周代，若想进行全国范围内的地理调查，显然需要中央派遣官员去往诸国，主持或敦促其各自调查当地情况，再上报中央。[③] 中央收到各国各地提交的调查记录后，再命相关官员统一体例并整合成书，最终形成如今看到的版本。总之，要编成一部《山海经》，绝非一蹴而就的事情，其工程量极大，应是耗费多年才得以完成。那么，为何中央不是仅仅保存各诸侯国或各地提交的原始调查资料，而是要耗费精力将它们整合成册呢？

发源于商代的天下观在西周时期得到进一步发展，西周何尊铭文上的"宅兹中国"可为例证。在西周的天下观中，大地为方形，"我"不仅在方位上位于天下正中，而且文化上也是最优越的。周人基于这样的观念理解世界，并建构了政治秩序。在这样的观念下，天子能够统领诸侯，不仅基于其位置处于中央，更基于他是有德的，因此获得了掌管天下的权力。所谓天下，即天空之下，天下观是打破了疆域界线的世界观，认为天子拥有普天之下的一切土地。当然，这只是一种政治理想，现实中天子的实际控制范围只是天下的一部分而已。因此，《山海经》在编纂时也打破了西周各诸侯国的疆域界线，建构了一个超越

---

[①] 张步天：《〈山海经〉研究史初论》，载《益阳师专学报》1998年第2期，第35—41页；陈连山：《〈山海经〉学术史考论》，北京大学出版社，2012年，第20—21页。
[②] 陈连山：《〈山海经〉学术史考论》，北京大学出版社，2012年，第27—28页。
[③] 当然，《山经》所收录的范围不局限于西周疆域，其中也有远方的资料，但多是得自传闻，而非亲历调查。

中央与地方之别的统一世界,将天下视为一个整体,并通过方位顺序来描述它。这样的编纂体例进一步明确了周朝的世界秩序,即忽略政治疆界,建构一个以周天子为中心的天下。

与此相对,8世纪初的日本刚刚建立律令制的统一国家,比起建构世界秩序而言,此时整肃国内秩序才是首要任务。更何况日本岛屿形状并不规整,并没有形成天圆地方的整体世界观。而且日本各国之间的疆域界线清晰,人口流动程度低,地方神也是各司其职,其功能都具有一定的空间界线,绝不会管理不在其辖区之事。这在一定程度上证明,比起中国天下观的开放性而言,日本的地域观念具有封闭性。因此,《风土记》的编纂秉持实用性,按照行政规划分国进行,中央也没有再耗费精力将各国资料统一体例,如《山海经》一般将零散资料编成一部典籍。《风土记》并没有承担《山海经》那样在观念上将世界整合为一个统一体的任务,而是具有整肃国内秩序、强调各律令国归属于中央大和政权的意义。

在《风土记》编纂计划开始实行的一年前,即和铜五年(712),《古事记》已经编纂完成,在事实上确立了"天皇是神的后裔",即"天皇等同于神"的政治观念,从而在精神层面上巩固了中央王权,防止被压制的地方旧势力反扑。相较《古事记》中明显经过重新整理的政治神话,各国的《风土记》相对忠实地记录了当地流传的神话传说,如《出云国风土记》就体现了当地旧豪族试图在官方整理的政治神话体系中,保持以大国主神为中心的本土系神话独立性。[1]总体而言,各律令国在编纂《风土记》时秉持将本地神话传说编织入官方政治神话体系的宗旨,这一点体现在种种细节中。

如《常陆国风土记》中阐释国名由来,文中共提到两种说法。其一,提到"所以然号者、往来道路、不隔江海之津济。郡乡境界、相续山河之峰谷、取直通之义、以为名称焉"[2]。即因为所处地域道路通达,因此得名"常陆"。其二,是说倭武天皇巡幸此地时,见一口新井之水十分澄澈,因此"停乘舆、玩水洗手、御衣之袖、垂泉而沾。便依渍袖之义、以为此国之名"[3]。在古日语中,"常陆"与"渍"的读音都为"ひたち"。虽然文中提到两种说法均为"古老相传",

---

[1] 村井康彦:《出云与大和:探寻日本古代国家的原貌》,吕灵芝译,社会科学文献出版社,2020年,第203—205页。

[2] 《风土记》,植垣节也校注、译,小学馆,1997年,第354页。日本文献中用顿号断句,后文不再一一说明。

[3] 《风土记》,植垣节也校注、译,小学馆,1997年,第354页。

但显然第二种说法具有明显的政治倾向性，当地编纂者收录这一说法并上呈中央，是服从于当时政治秩序的体现。井手至研究发现，各国《风土记》中有大量的地名是根据天皇占有、开发土地或巡幸国土等行为及他们所说的话命名的。[①]这些天皇命名土地的记录与同样数量众多的神灵命名土地的行为相对应，体现了"天皇等同于神"的政治意识。

再如，各国《风土记》中都常出现的斩杀土蜘蛛的情节。"土蜘蛛"是大和政权对某一被平定民族的蔑称，据《日本书纪》记载，土蜘蛛"身短而手足长，与朱儒相类"[②]，可见该民族的人具有身材矮小、手脚较长的外形特征。《常陆国风土记》《肥前国风土记》《丰后国风土记》，以及肥后国、奥陆国的佚文中均出现了相关记载，其叙事几乎都是关于土蜘蛛如何桀骜不驯地发动叛乱，最终被大和政权诛杀的情节。较为典型的有《丰后国风土记》中大野郡中关于海石榴市、血田等地名由来的传说：

> 昔者，缠向日代宫御宇天皇在球覃行宫，仍欲诛鼠石窟土蜘蛛，而诏群臣。伐采海石榴树，作椎为兵，即简猛卒，授兵椎以，穿山靡草，袭土蜘蛛，而悉诛杀，流血没踝。其作椎之处曰海石榴市，亦流血之处曰血田也。[③]

学者认为，土蜘蛛这一民族对大和政权具有强烈的叛意，而且因穴居、行动迅速而显得来去无常、神出鬼没，对大和政权造成了一定的威胁。因此这一民族遭到了大和军队的仇视，从而被残酷镇压、无情屠杀。[④]将平定叛乱之处以诛杀逆贼的兵器、战争时血腥残暴的场面来命名，可以起到警示民众、维护政权稳定的作用。而将该地名称由来的传说收录入《风土记》并上呈中央，则表明了该国服从天皇统治的态度。

当然，《风土记》中关于土蜘蛛的叙事并非一律斩杀，朝廷对于表达了归顺之心的土蜘蛛采取宽大处理的态度，甚至还会对做出突出贡献者予以褒奖。如《肥前国风土记》中松浦郡值嘉乡的记事，提到西海中有名叫小近、大近的小岛，分别有土蜘蛛大耳、垂耳居住，天皇下令军队将他们诛杀。两位首领听到消息，急忙送来归降请罪书，并进献海产作为礼物，于是得到了天皇的赦免。[⑤]

---

[①] 井手至：《風土記地名説話と地名》，载《人文研究》1963年第14卷第4号，第22—35页。
[②] 舍人亲王：《日本书纪》，经济杂志社，1897年，第90页。
[③] 《风土记》，植垣节也校注、译，小学馆，1997年，第294页。
[④] 马伟、佟淑玲：《论日本列岛土著部落与大和政权之关系》，载《佳木斯大学社会科学学报》2009年第6期，第87—91页。
[⑤] 《风土记》，植垣节也校注、译，小学馆，1997年，第334—336页。

再如佐嘉郡地名由来的记事，提到当地神灵十分残暴，常常将经过此处的行人杀掉一半、放过一半，县主无奈之下只好通过占卜寻求对策。恰有土蜘蛛大山田女与狭山田女前来献策，依二人所言行事果真安抚了神灵，因此当地被命名为贤女郡，后讹传为读音近似的佐嘉郡。① 由此可见，朝廷对于土蜘蛛的处理方式取决于他们是否愿意臣服与归顺，不服者格杀勿论，归降者予以豁免，有功者予以褒奖。相关传说甚至被固定为地名得以长久流传，也表明了朝廷对于叛乱者的态度。

总之，各国负责《风土记》编纂工作的官员，在忠实记录民间流传的口传叙事的同时，也做出了将本地神话、传说编织入官方政治叙事的努力，以此由下至上地传达服从中央权威的政治意识。中央朝廷也通过这样的形式整肃了国内秩序，从而巩固了统治权威，完成了律令制国家初建立时期的政治诉求。

2. 范围的不同——世界与域内

在记录范围上，《山海经》囊括了整个世界，而《风土记》则仅涉及大和朝廷实际掌控的国内地区。《山海经》分为《山经》《海经》《荒经》三部分，其中《山经》记录的是周王朝方形大陆上境内及境外的观念中的地理情况，而《海经》和《荒经》则记录了大陆之外的地理情况、异域传说。换言之，《风土记》对于《山海经》的接受仅限于《山经》的部分，而忽略了《海经》和《荒经》的部分。探究其原因，上文中论及的政治目的是重要因素之一，此外还与两书编纂时对世界认知、理解有所不同有关。

正如前文所述，《山海经》打破了各诸侯国之间的政治疆域，将天下视为一个整体，建构了一个统一的世界。事实上，周朝人的理想世界中没有疆域之分，只有中心与边缘之别。这个世界的形状是规整的方形，四面环海，海外零星分布着岛屿。天子所在的王畿位于中央，从这里向外延展，愈向外愈不能得到天地的正气、愈不能接受道德的教化，因此也就愈怪异、野蛮。而由天下观发展出的华夷观，则将世界分为了内与外。这一内外之分主要是基于文化上的，属于道德教化范围之内的为华夏，之外为夷狄。基于华夷观所发展出的华夷秩序，是周代人所建构的世界秩序。在这一理想的世界秩序中，天子稳坐中央，依靠卓越的道德、先进的文化，而不是武力，使得四方诸夷归顺。《山海经》正是这一理想世界的体现，《山经》结尾通过大禹之口说出"天地之东西二万八千里，

---

① 《风土记》，植垣节也校注、译，小学馆，1997年，第326页。

南北二万六千里"①，为方形大地下了权威性的定论。以大地为中心展开的，是《海经》和《荒经》所描绘的四面对称的世界，其间生活着各种神祇、异兽与奇怪的海外国民。叶舒宪等认为，《山海经》的成书体现了上古文化走向大一统的政治权力的现实需要，反映了作为权力的一种形式的知识生产模式。②

与此相对，《风土记》成书的奈良初期，日本对于国家与世界又是如何理解的呢？在8世纪及9世纪编成的史籍中常常见到"天下"二字，显然是从中国而来。但日本在从中国典籍中移植这一词汇的时候，并没有同时移植其背后所指代的世界观。中国的"天下"意为普天之下，即整个世界，日本的"天下"却仅仅指代中央政权所能实际掌控的区域。渡边信一郎认为，《续日本纪》中频繁出现了"天下"之语，但它指的是日本律令制国家所实际支配的领域，是百姓、郡与国的集合。③《续日本纪》成书于平安初期，记载了飞鸟末年至平安初期的历史，其中记载大宝二年（702）关于《大宝律令》施行时提到"颁下律令于天下诸国"④，这里的"天下"显然指的是日本国内天皇实际控制的范围。再如，延历九年（790）太政官奏言中提到"普天之下，同为皇民"⑤，大约是化用自《诗经·小雅·北山》中的"溥天之下，莫非王土。率土之滨，莫非王臣"⑥之句。延历九年朝廷正在征伐虾夷，奏书中提出希望诸国百姓无论远近、身份高低，都要各自为战争贡献力量，可见此处的"普天之下"指的就是日本国内。

不难看出，日本虽然借用了汉语中的"天下"一词，却没有照搬天子富有四海、为世界中央的世界观，但这并不意味着日本缺乏对于岛外世界的理解。律令制国家形成前的日本由诸多各自为政的小国组成，长时间处于中国主导的华夷秩序中。一些小国作为中国的众多朝贡国之一，通过朝见中国皇帝获得了经济利益及某种政治上的合法性。但在律令制国家的确立过程中，日本的本土意识逐渐增强，逐渐将自身视为一个与中国平等的国家，并尝试在外交上与中国分庭抗礼。早在推古天皇十五年（607），圣德太子就遣小野妹子赴中国并向隋炀帝呈上写有"日出处天子致书日没处天子无恙"⑦的国书，将日本天皇称为"日出

---

① 袁珂：《山海经校注》，北京联合出版公司，2013年，第169页。
② 叶舒宪、萧兵、郑在书：《山海经的文化寻踪——"想象地理学"与东西文化碰触》，湖北人民出版社，2004年，第51—73页。
③ 渡边信一郎：《中国古代的王权与天下秩序：从日中比较史的视角出发》，徐冲译，中华书局，2008年，第31页。
④ 菅野真道等：《续日本纪》（卷二），经济杂志社，1897年，第24页。
⑤ 菅野真道等：《续日本纪》（卷四十），经济杂志社，1897年，第766页。
⑥ 毛亨传，郑玄笺，陆德明音义，孔祥军点校：《毛诗传笺》，中华书局，2018年，第302页。
⑦ 魏徵等撰，中华书局编辑部点校：《隋书》，中华书局，1973年，第1827页。

处天子",将其放置到与隋朝皇帝平起平坐的位置。显然日本不再甘心被纳入以中国为中心的天下秩序,而是将自身视为一个独立的国家,建立了以自己为中心的世界观。

在《风土记》编成的 8 世纪,日本的世界观分为内外两层。外层是中国,这也是当时日本唯一承认的邻国,这一点在一百年后惟宗直本的《令集解》中也有提及:"邻国者大唐,蕃国者新罗也。"[1] 在外层由中国主导的世界秩序中,日本建构了一个内层的世界,即日本位于中心,而外围有新罗、渤海等蕃国,以及虾夷、隼人等夷狄。这个内层的世界是模仿中国华夷观而建构的。对于蕃国,日本在国书中称自己的君主为"天皇",而称对方的君主为"国王",常常使用"天皇敬问某国王"的语句,并称对方所赠物品为"方物"。[2] 对于夷狄,日本则不断将臣服者收编入国家体制,对未能收编者要求朝贡,对不愿臣服者和反叛者则用武力征服。如居住于九州岛的隼人向大和朝廷纳贡多年,并在 7 世纪末逐渐移居本州岛,余下的在 8 世纪初收编为大隅、萨摩两国。而居住于东北部及北海道岛的虾夷,臣服的"陆奥虾夷"被收编入陆奥国,对于不肯臣服者,朝廷则多次发动征伐。西岛定生认为,此时日本是在以中国为中心的大世界中自创了一个小世界,而这两个世界所贯彻的共通价值都是以中国提出的华夷观作为主导的。[3]

日本在 7 至 8 世纪建构了理想中的世界秩序,即"日本型华夷秩序"[4],从某种程度上来说是一个广义的"天下"。但同时具有一个更具实用性的狭义的"天下",即《风土记》所关注的政权实际掌控的"天下"。与之相对,《山海经》中的"天下"更像是一个被形塑的概念。哪怕是作为当时地理志的《山经》部分,所载内容虽然是王朝统治范围之内的地理情况,却仍然被人为地装入一个事先规定好的、以王畿为中心的四面对称的方形框架。而《风土记》所关注的政权真正掌控的"天下",无须装入预设的框架中,形塑成一个理想的形状。我们看到《风土记》中只包括了归属于大和政权的诸律令国,诸夷中的归顺者,

---

[1] 惟宗直本:《令集解》(卷三十一),见黑板胜美编:《新订增补国史大系》(第二十四卷),吉川弘文馆,1966 年,第 774 页。
[2] 如《续日本纪》(卷三)"庆云三年正月丁亥"条,日本在予新罗的国书中提到"天皇敬问新罗王",详见该书第 37 页。再如《续日本纪》(卷二十二)"天平宝字三年正月庚午"条,提到渤海国的使者"杨承庆等贡方物",详见该书第 363 页。
[3] 西岛定生:《日本歴史の国際環境》,东京大学出版会,1985 年,第 106 页。
[4] 关于"日本型华夷秩序",早在 20 世纪 80 年代就被日本学者荒野泰典提出,并认为其形成于 17 世纪 30 年代。参见荒野泰典:《近世日本と東アジア》,东京大学出版会,1988 年,第 33 页。

如被纳入中央统治的隼人所在的大隅国、虾夷所在的陆奥国，因为成了隶属于中央的律令国，便各自奉命编纂了《风土记》，如今残存的部分佚文可以为证。但仍未归顺的诸夷，因为其地域未纳入中央版图，便未被《风土记》收录。

总之，《山海经》反映了中国西周时期的天下观。其中，《山经》将各诸侯国实地调查的真实地理情况整理进一个预先设定好的对称的方形世界框架，《海经》《荒经》则将关于域外世界的神话、传说装入了一个以华夏大地为中心的更大的方形框架。日本奈良初期成书的《风土记》，实际上只接受了《山海经》的《山经》部分，而且并未接受这一方形的世界框架，而只是接受了《山经》的框架中真实地理的记录形式及内容。虽然此时的日本已经在理想世界中建构出了一个以日本为中心的"日本型华夷秩序"，但是多数情况下日本的"天下"只是指现实中大和政权能够实际掌控的区域，《风土记》的功能相对更加务实，其记录范围只限于真正隶属于中央的领土。

### 3. 内容的不同——神祇怪兽与地名神话

上文论及《风土记》只接受了《山海经》的《山经》部分，并未接受其中方形的世界框架，只是接受了框架中的记录形式及内容。而在具体的内容上，《风土记》也并非对《山经》照单全收，而是忽略了怪异的鸟兽虫鱼的部分，只接受了关于自然地理和人文地理的真实记录部分。我们看到，《山经》部分的结构是十分规整的，依方向、依山系按远近顺序依次记录各山岳周边的地理情况，其大致结构为"又（某方位）×里，曰×山，上有×（植物、动物、矿产），×水出焉……有×焉（怪异动物），其状×，名曰×"[①]。《风土记》虽未完全模仿这一结构，但是应在编纂过程中对此有参考。张西艳将《出云国风土记》与《山海经》中的相关记录进行详细比对后发现，二者在水系的描述上是十分类似的，仅仅调换了语序而已。[②] 此外，《风土记》的记述基本囊括了《山经》中的几项主要元素，如方位、里数以及所出产的植物、动物、矿物是否具有药用功能等，甚至还有神社概况、地名由来的神话等，唯独没有收录"怪物"的部分。为何《风土记》在对《山经》进行接受时忽略了这部分？解决这一问题需从两个角度入手：一是《山海经》中的"怪物"是什么？二是《风土记》中为何没有"怪物"？

---

[①] 如《北次三经》："又东北二百里，曰龙侯之山，无草木，多金、玉。决决之水出焉，而东流注于河。其中多人鱼，其状如鲚鱼，四足，其音如婴儿，食之无痴疾。"详见袁珂：《山海经校注》，北京联合出版公司，2013年，第77页。

[②] 张西艳：《〈山海经〉在日本的传播和研究》，线装书局，2020年，第17—21页。

首先回答第一个问题。《山海经》中记录了大量的神祇、居住在山间水畔的"怪物"（事实上，神和怪之间的界限往往并不十分清晰），它们的形貌或是由几种动物和人类的肢体部分拼凑而成，或是身体的某部位形态、大小、数量超出理性认知，而且都具有某种非凡的能力。一些典型的怪物往往会发出特殊的声音，可能吃人，还可能预示着某种灾难。

关于这些怪物是如何产生的，学界持有不同意见，但无论它们是出自想象，还是古人对真实存在动物的某种修辞性描述，它们都属于一种古老的知识体系。《山海经》虽然成书于西周时期，但其中所记述的知识体系可能更为久远，它们代表了当时人对世界的理解。如果用高木智见对中国历史阶段的划分方式来看，这个知识体系形成于"原中国"[①]的时期，相较战国之后的"传统中国"时期而言，此时理性发展程度不高，人们对世界的认识尚处于较为蒙昧的状态。因此，倘若以"传统中国"乃至"现代中国"的理性视角切入观察，自然认为这些"怪物"极为荒诞。但对于"原中国"时期的民众而言，这些就是"科学"的知识，是他们所理解的真实世界。这些"怪物"可能是当地掌管山川、河泽的神灵，也可能是传说中的妖怪，总之是某一时段民众心中真实的存在。

再看第二个问题，《风土记》中为何没有"怪物"。原因可能有二。第一，《风土记》与《山海经》产生的年代相距甚远，二者各自代表了不同的知识体系。如果说《山海经》反映了"原中国"对于世界的理解，那么《风土记》编纂时的奈良初期，日本主流文化已经受到唐代文化的影响，知识分子对于世界已经有了更加理性的认知。在《风土记》编纂者的理解中，《山海经》中的"怪物"一定是超出理性认识之外的存在，是带有强烈虚幻色彩的记载，因此是被排斥的。我们举例来看《风土记》如何记载动植物等物产：

> 凡诸山野所在草木、麦门冬、独活、石斛、前胡、高粱姜……蘖、槻。禽兽则有雕、晨风、（字或作隼）、山鸡、鸠、鹑、鸽、（字或作离黄）、鹎鹎、（作横致。恶鸟也）、熊、狼、猪、鹿、兔、狐、飞鼯、（字或作鼯作蝠）、猕猴之族。至繁全不可题之。[②]

上文节选自《出云国风土记》意宇郡的记录，可见植物多为常见的药材和树木，动物也都是真实存在的鸟类与兽类。此外，《风土记》还间或在山川的描述中插入当地的物产，如《丰后国风土记》日田郡的"石井乡"条目中就有"乡

---

① 高木智见借用小仓芳彦的观点并赋予其新的含义，将中国历史阶段分为原中国（夏殷西周春秋）、传统中国（战国至清）、现代中国（民国以后）。参见高木智见：《先秦社会与思想：试论中国文化的核心》，何晓毅译，上海古籍出版社，2011 年，第 4—5 页。

② 《风土记》，植垣节也校注、译，小学馆，1997 年，第 152 页。

中有河……会为一川、名曰日田川。年鱼①多在"②，及《肥前国风土记》松浦郡的"逢鹿驿"条目中，有"驿东海、有鲍、螺、鲷、海藻、海松等"③的记录。我们看到，《风土记》对物产的记录是较为实事求是的，未见超出理性认知之外的物产出现。当提到神灵时，也一般不对其形象进行描述，只是对其言行和祭祀情况进行描述。如《肥前国风土记》佐嘉郡佐嘉川的相关记录中，提到"此川上有石神、名曰世田姬"④。前者"石神"确为当地受到祭祀的神灵，通过名叫"世田姬"可知是一位女性神灵，但其形象、事迹均未提及。再如同一部《风土记》基肆郡姬舍乡的记录中提到当地有一位残暴的神灵，常常将路过的人杀害，人们通过占卜得知，神灵要求人们筑社祭祀，才能保一方平安。文中详细记录了为神社选址、建设的过程以及祭祀的仪式，但仍未提到神灵的样子。

　　谈到这里就涉及第二个原因，即与日本的神道教信仰有关。神道教源自原始的自然崇拜和泛灵信仰，随着大和朝廷取得政权后，与祭祀皇室氏神的皇室神道相融合，重新建立起一套以天皇氏神为中心的神灵体系。但神道教所供奉的神几乎都未被具象化，即没有神像，而是抽象的存在，祭祀场所往往摆放着镜子、剑或玉等神物，作为神灵的依附物。人们相信，神与人分处两个世界，人是无法得知神的真实样貌的。《风土记》中记录了众多的神祇，但并没有如同《山海经》一般描述神灵超乎寻常的形象。当然，我们不能说日本民间没有具象的妖怪传说，但《风土记》的性质主要是强化中央集权，因此搜集"古老相传旧闻异事"也是为加强王权、整理正统的神灵体系而服务的。被收录的民间传说须符合这一标准，普通的妖怪传说不在选取范围之内。出于以上两个原因，《风土记》中并没有出现《山海经》中的"怪物"。

　　总之，《山海经》中形象各异的神与"怪物"代表了特定历史阶段人们对于世界的认知，并作为真实的知识被收录入地理志。而《风土记》成书的时代，人们的理性认知程度较《山海经》时代而言更高，《山海经》中的"怪物"会被视为认知体系之外的存在。《风土记》中虽然十分重视神灵和祭祀，但神道教中的神往往是较为抽象的，因此很少看到对于神灵外形的描述。而哪怕当时日本民间流传有肢体异常的妖怪传说，也不会被收录到《风土记》中，因为它的编纂是为稳固中央集权服务的，收录于其中的神话与传说多为解释地名由来，

---

① 即鲇鱼。
② 《风土记》，植垣节也校注、译，小学馆，1997年，第288页。
③ 《风土记》，植垣节也校注、译，小学馆，1997年，第332页。
④ 《风土记》，植垣节也校注、译，小学馆，1997年，第326页。

并被整合入以皇室氏神为中心的神灵体系。

### 三、小结

通过以上论述可知，在日本律令制国家初形成的 8 世纪初期，大和政权的根基尚不稳固，此时整肃国内秩序、加强中央集权是首要任务，《风土记》的编纂也是为这一政治目的服务的。无论是下诏的元明天皇，还是各国负责统筹编纂工作的官员（至少出云国的负责官员），都应对《山海经》有所参考，甚至还能看见模仿的痕迹。至于《风土记》对《山海经》接受的动力，除了二者都是地理志之外，还有编纂目的上加强中央对地方统治的逻辑一致性。当然，《风土记》并未全然模仿《山海经》，而是选择性地进行接受。第一，《山海经》是按方位进行体例编排的。《风土记》却是按照国别各自编纂，并未形成一部总集，原因仍是出自实际政治目的。第二，《山海经》在范围上囊括了整个世界；《风土记》实际上只接受了《山经》中的真实地理部分，这与两部典籍编成时对世界的理解不同有关，也与当时的政治环境息息相关。第三，《风土记》之所以没有收录《山海经》中的"怪物"，是因为对于世界的认知水平不同，同时与神道教神灵不具有具象性的特征和《风土记》编纂的政治目的有关。

# 第二章　平安至安土桃山时代：
# 仰慕中华文化及宗教影响下的《山海经》接受

## 第一节　知识的整理与普及：类书中的权威引用

类书即大型的资料性书籍，类似数据库一般将大量的材料、信息、知识分门别类地编排起来，以便查阅。中国早在三国魏文帝时就有官方编纂的类书《皇览》，此后各朝亦不断出现，并在南朝齐梁时代出现了类书编纂史上的第一个高潮。[1] 平安时代已经有大量类书从中国传入日本，根据《日本国见在书目录》的记载可知，在目录编成的宽平三年（891），日本已藏有《华林遍略》《修文殿御览》《类苑》《类文》《艺文类聚》等中国类书。[2] 在中国类书的影响之下，平安时代的日本也由官方进行了类书编纂，并陆续编有《秘府略》《幼学指南抄》《倭名类聚抄》《香字抄》等。进入中世，官方和民间也持续进行着类书的编纂，镰仓时期编有《玉函秘抄》《二中历》《尘袋》等，室町时期也有《拾芥抄》《金榜集》《金句集》《逆耳集》等多部类书被编成。到了江户时期，大阪医师寺岛良安参考明代类书《三才图会》，编写了日本私纂类书史上最为著名、影响最大的《和汉三才图会》。我们发现，《山海经》是日本各种类书中常常引用的典籍，类书中的相关引用也是日本接受《山海经》的一个重要层面。

本节关注平安时代至安土桃山时代，日本类书对《山海经》的接受，并从接受的表现、途径和动力入手进行综合分析与讨论。

---

[1] 刘全波：《魏晋南北朝类书编纂研究》，民族出版社，2018年，第1页。
[2] 藤原佐世：《日本国见在书目录》，中华书局，1991年，第51—52页。

## 一、接受的表现——两种类书中的引用情况

由于编纂类书所需的基本资料，尤其是对人力、物力的需求巨大，因此与中国类似，日本的类书编纂最初也是由政府实施的官方行为。随着进入中世，文化中心逐渐由皇室、贵族阶级向寺院转移，书籍与知识逐渐向民间扩散，开始出现了私纂类书。下文将分别论述官修、私纂这两种类书对《山海经》引用的情况。

学界通常认为日本的第一部类书是平安时代中期承平年间（931—938）编纂的《倭名类聚抄》，但事实上，早在《倭名类聚抄》之前的平安时代初期，淳和天皇（786—840）就令当时的公卿、学问家滋野贞主（785—852）编纂了类书《秘府略》。该书于天长八年（831）编成，全书参考了大量的汉籍，并用汉字书写。这部类书规模十分宏大，平安时代的史书《日本文德天皇实录》对其有如下记载：

> 天长八年，敕与诸儒撰集古今文书，以类相从，凡有一千卷，名《秘府略》。[1]

完整的《秘府略》共有一千卷，而且根据现存的两卷残卷可知，每卷由二至五个词条构成，那么整部书收录了两千到五千个词条，可谓规模巨大。虽然有部分学者对《日本文德天皇实录》中的相关记录存疑，但多数学者认为该条记录是可信的。可惜由于种种原因，千卷之中仅有两卷写本保存至今，分别是卷八六四的"百谷部中"及卷八六八的"布帛部三"，藏于石川武美纪念图书馆和尊经阁文库。

尽管《秘府略》全书仅现存两卷，但我们仍可从中管窥此书对汉籍的广泛参考和大量引用。根据学者饭田瑞穗的考证，残卷共引用了三百余部汉籍中的内容[2]，而我们发现《山海经》也被提及了数次。可以想见，在原书的千卷之中这个数字应该更大，《山海经》也应为《秘府略》的重要参考资料之一。由于现存资料有限，我们仅能依据残卷中的引用情况来看待平安初期日本社会对《山海经》的接受情况。为使一目了然，将引用的具体内容以表格的形式列出（表3）。

---

[1] 藤原基经：《日本文德天皇实录》（卷四），见孙锦泉主编：《日本汉文史籍丛刊》（第二辑第七册），上海交通大学出版社，2014年，第103页。

[2] 饭田瑞穗：《〈秘府略〉の錯謬について》，见《古代史籍の研究》（中），吉川弘文馆，2000年，第116—160页。

表3 《秘府略》对《山海经》的引用

| 序号 | 卷数 | 词条 | 引用内容 | 《山海经》原文 |
|---|---|---|---|---|
| 1 | 卷八六四百谷部中 | 黍 | 《山海经》曰：都广之野，后稷葬焉。爰有高黍、高稷[①] | 《海内经》：有都广之野，后稷葬焉。爰有膏菽、膏稻、膏黍、膏稷……[②] |
| 2 | 卷八六四百谷部中 | 黍 | 又曰：鱼山有人，一目是少昊子，食黍[③] | 《大荒北经》：有山名齐州之山、君山、鬵山、鲜野山、鱼山。有人一目，当面中生，一曰是威姓，少昊之子，食黍[④] |
| 3 | 卷八六四百谷部中 | 黍 | （为张楚金《翰苑》"味赡广都"作注）《山海经》曰：广都之野，后稷葬焉，爰有高黍[⑤] | 《海内经》：有都广之野，后稷葬焉。爰有膏菽、膏稻、膏黍、膏稷…… |
| 4 | 卷八六四百谷部中 | 稷 | 《山海经》曰：都广之野，后稷葬焉，爰有高黍、高稷[⑥] | 《海内经》：有都广之野，后稷葬焉。爰有膏菽、膏稻、膏黍、膏稷…… |
| 5 | 卷八六四百谷部中 | 粟 | 《山海经》曰：柜山，英水出焉，多丹粟。（郭璞注曰：细丹沙如粟者）[⑦] | 《南次二经》：柜山……英水出焉，西南流注于赤水，其中多白玉，多丹粟。（郭璞注：细丹沙如粟也）[⑧] |
| 6 | 卷八六四百谷部中 | 粟 | （为张楚金《翰苑》"擢颖西昆之峤"作注）《山海经》曰：昆仑墟尚有木禾，长五寻[⑨] | 《海内西经》：昆仑之虚，方八百里，高万仞。上有木禾，长五寻，大五围[⑩] |

《秘府略》残卷共引用《山海经》中内容六次。在《秘府略》编成的一百年之后，到了平安时代中期，接受勤子内亲王的请求，学者源顺（911—983）又编纂了大型类书《倭名类聚抄》。此书又被称为《和名类聚抄》《和名抄》《倭名抄》等，至今仍有多个版本传世，且对后世的类书编纂产生了深远的影

---

① 滋野贞主著，前田育德会尊经阁文库编：《秘府略》，八木书店，1997年，第78页。
② 袁珂：《山海经校注》，北京联合出版公司，2013年，第374页。
③ 滋野贞主著，前田育德会尊经阁文库编：《秘府略》，八木书店，1997年，第79页。
④ 袁珂：《山海经校注》，北京联合出版公司，2013年，第367页。
⑤ 滋野贞主著，前田育德会尊经阁文库编：《秘府略》，八木书店，1997年，第80页。
⑥ 滋野贞主著，前田育德会尊经阁文库编：《秘府略》，八木书店，1997年，第83页。
⑦ 滋野贞主著，前田育德会尊经阁文库编：《秘府略》，八木书店，1997年，第96—97页。
⑧ 袁珂：《山海经校注》，北京联合出版公司，2013年，第7—8页。
⑨ 滋野贞主著，前田育德会尊经阁文库编：《秘府略》，八木书店，1997年，第102页。
⑩ 袁珂：《山海经校注》，北京联合出版公司，2013年，第258页。

响，通常被认为是日本的第一部类书，但实际上只是现存最早的完整保存下来的类书。传世的《倭名类聚抄》有两个版本：一种是十卷本，分24部128门；另一种是二十卷本，是在十卷本的基础上重新编排而成，内容也有所添加，共分为32部249门。其分类方式深受《尔雅》的影响，内容包罗万象。该书在各词条下面广泛引用了中日典籍，其中，中国典籍中对各儒家经典、《说文》、《玉篇》的引用最多，日本典籍中则多引《万叶集》《日本灵异记》中的内容。《倭名类聚抄》对《山海经》也多有引用，通过"雕龙中日古籍全文资料库"检索（2021年1月）可知，书中对《山海经》的引用共有如下十处（表4）。

表4 《倭名类聚抄》对《山海经》的引用

| 序号 | 卷/部、类 | 词条 | 引用内容 | 《山海经》原文 |
|---|---|---|---|---|
| 1 | 二/形体部疮类 | 肿 | 《山海经》云：府，肿也[①] | （《西次一经》）郭璞注：治胕肿也，音符[②] |
| 2 | 三/鬼神部鬼魅类 | 魑魅 | 《山海经》云：魑魅，鬼类也[③] | 无 |
| 3 | 十七/果瓜部果类 | 柚 | 柚或作櫾，《山海经》字相通[④] | （多处出现"櫾"字） |
| 4 | 十八/羽族部羽族类 | 鹦鹉 | 《山海经》云：青羽赤喙能言，名曰鹦鹉。郭璞注云：今之鹦鹉，脚指前后各两者也[⑤] | 《西次一经》：青羽赤喙，人舌能言，名曰鹦䳇。（郭璞注：鹦䳇舌似小儿舌，脚指前后各两）[⑥] |
| 5 | 十八/羽族部羽族类 | 雕鹫 | 《山海经注》云：鹫，小雕也[⑦] | 郭璞注：就，雕也；见《广雅》[⑧] |
| 6 | 十八/毛群部毛群体 | 牙 | 《山海经》云：象牙大者长一丈[⑨] | （《南次三经》）郭璞注：象，兽之最大者。长鼻，大者牙长一丈[⑩] |

---

[①] 源顺：《倭名类聚抄》（第三卷），那波道圆，元和三年（1617）刊，第28页。
[②] 袁珂：《山海经校注》，北京联合出版公司，2013年，第23页。
[③] 源顺：《倭名类聚抄》（第二卷），那波道圆元，和三年刊，第5页。
[④] 源顺：《倭名类聚抄》（第十七卷），那波道圆元，和三年刊，第10页。
[⑤] 源顺：《倭名类聚抄》（第十八卷），那波道圆元，和三年刊，第2—3页。
[⑥] 郭璞传，郝懿行笺疏，张鼎三、牟通点校，张鼎三通校：《山海经笺疏》，齐鲁书社，2010年，第4705页。
[⑦] 源顺：《倭名类聚抄》（第十八卷），那波道圆元，和三年刊，第3页。
[⑧] 袁珂：《山海经校注》，北京联合出版公司，2013年，第167页。
[⑨] 源顺：《倭名类聚抄》（第十八卷），那波道圆元，和三年刊，第21页。
[⑩] 郭璞传，郝懿行笺疏，张鼎三、牟通点校，张鼎三通校：《山海经笺疏》，齐鲁书社，2010年，第4686页。

续表

| 序号 | 卷/部、类 | 词条 | 引用内容 | 《山海经》原文 |
|---|---|---|---|---|
| 7 | 十九/鳞介部龙鱼类 | 鲛 | 《山海经注》云：鲛似蛇而四脚。池鱼满二千六百，则鲛来为之长① | （《海内西经》）郭璞注：蛟似蛇，四脚，龙类也② |
| 8 | 十九/鳞介部龙鱼类 | 人鱼 | 《山海经注》云：声如小儿啼，故名之③ | （《北次三经》）郭璞注：声如小儿啼，今亦呼鲶为鳀……④ |
| 9 | 十九/虫豸部虫豸类 | 蜗牛 | 《山海经注》云：蠰螺，蜗牛也⑤ | （《中次三经》）郭璞注：仆累，蜗牛也⑥ |
| 10 | 二十/草木部木类 | 莽草 | 《山海经注》云：莽草，可以毒鱼者也⑦ | 《中次十一经》：名曰莽草，可以毒鱼⑧ |

《倭名类聚抄》中共有以上十处引用或提及了《山海经》以及郭璞注中的内容，集中在动物（包括鸟类、兽类、龙鱼类、虫豸类等）、植物、疾病和鬼神分类中。这些引用多是对词条内容进行性质的定义以及外形的说明与解释。由于篇幅所限，我们仅能选择通过《秘府略》与《倭名类聚抄》这两部平安时代最有代表性的类书来观察官修类书中对《山海经》的引用情况。我们发现，这两部类书均频繁引用《山海经》中的内容，可以据此判断，日本政府在编纂类书时，《山海经》或收录其内容的典籍是重要的参考资料之一。

到了中世，日本逐渐出现了民间自发编纂的类书，编者多为识文断字的僧侣，编纂目的多是普及知识。最著名的是室町时代由观胜寺僧侣行誉编写的《壒囊钞》（1446），介绍了中日两国的佛教与俗世知识。更早的还有镰仓时代中期的私纂类书《尘袋》，大约编成于文永末年至弘安四年（1274—1291），编纂者尚不明。关于编者是谁，学界有不同的观点，有学者认为是贵族学问家，也有认为是真言宗的僧侣，编成后曾在寺院的教学中使用。⑨

与官修类书不同，私纂类书《尘袋》具有自身的特点。首先，官修类书一

---

① 源顺：《倭名类聚抄》（第十九卷），那波道圆元，和三年刊，第1页。
② 袁珂：《山海经校注》，北京联合出版公司，2013年，第265页。
③ 源顺：《倭名类聚抄》（第十九卷），那波道圆元，和三年刊，第2页。
④ 袁珂：《山海经校注》，北京联合出版公司，2013年，第78页。
⑤ 源顺：《倭名类聚抄》（第十九卷），那波道圆元，和三年刊，第20页。
⑥ 袁珂：《山海经校注》，北京联合出版公司，2013年，第116页。
⑦ 源顺：《倭名类聚抄》（第二十卷），那波道圆元，和三年刊，第29页。
⑧ 袁珂：《山海经校注》，北京联合出版公司，2013年，第153页。
⑨ 川瀬一马：《古辞書の研究》，雄松堂出版，1986年，第466—474页。

般以汉文写成，而《尘袋》却在汉字中夹杂了片假名。此外，官方类书一般汇集大量与该词条相关的典籍引文，而《尘袋》却采用问答体写成，内容质朴平实，更加贴近民众生活，在编排上兼顾了趣味性与知识普及的功能。书中共收录了620个条目，分为天象、神祇、诸国、内里、地仪、植物、草、鸟、兽、虫、人伦、人体、人事、佛事、宝货、衣服、管弦、杂物、饮食、员数、本说、禁忌、词字、叠字等24部。如今传世的版本是永正五年（1508）高野山学问僧印融（1435—1519）所写的手抄本。

《尘袋》中也有引用《山海经》之处，如第九部"饮食"中有这样一条记录：

砂糖和沙棠是同一种东西吗，还是不同的东西？

是不同的东西，砂糖是中国的糖。当被称作甘蔗的植物长得很高的时候，茎会变得像卷轴一样，这是一种味道甘甜的植物。大象很喜欢吃它，人们把它的茎切成圆片压榨，榨出甘甜的汁液。把汁液放在火上煎烤，渐渐形成了砂糖。沙棠是仙果的名字，并非寻常之物。《山海经》云："昆仑之丘有木焉，其状如棠，黄花赤实，其味如李而无核，名曰沙棠，御用也，水泳者食之，使人不溺。"《吕氏春秋》提道："果之美者，沙棠之实。"[1]

可见《尘袋》的受众定位明显是普通民众，这条解释是取日文发音相同的"砂糖"与"沙棠"，并以"是否为同一种东西"设问，目的是引起读者的兴趣。设问之后再对二者的性质娓娓道来，明确了两种食物的形态、性状、食用方法。在对沙棠进行解释时，提到它是仙界之果，并引用了《山海经》及《吕氏春秋》中的相关内容进一步做出说明。《尘袋》中《山海经》与《吕氏春秋》并置出现，并作为权威性的记录进行了引用，可以从中管窥民间在编纂类书时，也将《山海经》视为重要的、权威的参考资料，认为其中的记录是真实的。

通过以上论述可知，平安时代至中世，无论是官方编纂的类书，还是民间私修的类书，均将《山海经》视为重要的参考资料，并频繁引用其中的内容。

---

[1] 印融：《尘袋》（第九卷），无量光院乘海藏手抄本，年份不详，第97页。
原文如下：
一沙糖ト沙棠トハ一物歟、各別歟？
別也、沙糖ハ唐ノアメ也。甘蔗トイフ草ハ、タカクオヒアカリテ、クキハマキモノヽ如し、アマキ草也。象コレオコノミクラフ、人モコノ草ノクキオワキリニキリテスハフレハ、アマキシルアリ。コレオ煎シテツヽハカシタルオ沙糖トイフ。沙棠ハ仙菓ノ名也、ツネニアルモノニ非ス。『山海経』曰、崑崙ノ丘有木焉、其状如棠而黄花赤実、其味如李而無核、名曰沙棠、御用也。水泳人食、使不溺云ヘリ。『呂氏春秋』曰、果之美者、沙棠之実ト云ヘリ。

## 二、接受的途径——间接接受为主

既然早在奈良时代甚至更早,《山海经》就已传至日本,那么平安时代至中世,无论是官方还是民间在编纂类书时,都有可能直接参照《山海经》原典。在进行实际操作时,究竟是直接引用原典的情况较多,还是间接引自其他典籍的情况较为常见呢?

详细比对《山海经》原文与《秘府略》《倭名类聚抄》《尘袋》中的相关引文,我们发现其中内容多有出入。学者饭田瑞穗曾撰专文讨论《秘府略》残卷中的引用错误情况,并认为错误可分为八大类,包括增字、减字、换字、使用另一种说法进行转述等。[1] 通过表3的内容可以看出,《秘府略》词条"黍"中有"爰有高黍、高稷"的记录,实际原文应为"爰有膏菽、膏稻、膏黍、膏稷",此处就是选择性地引用了词条中需要的内容。再看词条"粟":"《山海经》曰:柜山……英水出焉……多丹粟。""丹粟"下有小字解释:"郭璞注曰:细丹沙如粟者。"但郭璞原注是"细丹沙如粟也",而非"者",这属于仅引用其大意。在《倭名类聚抄》中,这类现象也很常见。如第十八卷羽族部羽族类的"鹦鹉"词条,将"青羽赤喙,人舌能言"省略为"青羽赤喙能言",将郭璞注中的"脚指前后各两"改写为"脚指前后各两者也"。同卷同一部类中的"雕鹫"词条,则在郭璞注的"雕也"前面加一"小"字,写为"小雕也"。同卷毛群部毛群体的"牙"词条,将郭璞注中的"象,兽之最大者。长鼻,大者牙长一丈"缩减并改写为"象牙大者长一丈"。还有第十九卷鳞介部龙鱼类的"鲛"词条,郭璞注中确有"蛟似蛇,四脚",而词条中在这句后面加上一句"池鱼满二千六百,则鲛来为之长",不见于《山海经》及郭璞注。同卷同一部类的"人鱼"词条,引郭璞注中的"声如小儿啼,故名之",但原注文中并无"故名之"。

实际上,这些都属于类书编纂时常见的情况,与古代文人的引用习惯有关。很多情况下,文人对知识性的引用并不拘泥于原文,只取其大意。只要大体意思没有错误,替换用词、省略无关紧要的说明,或在不改变文意的基础上加上助词,都符合当时不成文的规定。当然,这样的情况不适用于对经典的引用,而只适用于知识性、事实类的引用。《秘府略》及《倭名类聚抄》等类书中出现类似情况的也不仅限于对《山海经》的引用,如刘寒青就在研究中发现,《倭

---

[1] 饭田瑞穗:《〈秘府略〉の錯謬について》,见《古代史籍の研究》(中),吉川弘文馆,2000年,第116—160页。

名类聚抄》对汉籍的引用常常为节引、转述原文或是取原文的通俗说法。[①]而这不仅是编者源顺个人的习惯，也是古代中国、日本文人的普遍习惯。严格来说，这不应属于引用时的"谬误"。

除此之外，《秘府略》《倭名类聚抄》《尘袋》在对《山海经》的内容进行引用时，仍然出现了如下四类错误。

第一类是错字。《秘府略》的词条"黍"中提道："《山海经》曰：都广之野，后稷葬焉。爰有高黍、高稷。"但原文中为"膏黍、膏稷"，《秘府略》中是将"膏"误写为"高"。另外，词条"黍"中提到张楚金《翰苑》中的"味赡广都"，并在注释中引《山海经》曰："广都之野……"《翰苑》是唐代张楚金编写的一部类书，共七卷，主要记载了唐代以前东北民族的社会情况，但大部分都已散佚，仅存残卷。目前可见的残卷中已经找不到"味赡广都"的记录，因此无法判断《翰苑》中是否将"都广"误写为"广都"。但《秘府略》中或因循了《翰苑》中的错误，也写为"广都"，这与同一词条中刚刚正确引用过的内容是矛盾的。编纂中前后不一致处颇多，可见校对工作的不足。《倭名类聚抄》中的此类谬误也有三处。如第二卷形体部疮类的"肿"词条中，就将"胕"字误写成"府"；第十九卷鳞介部龙鱼类的"鲛"词条，也将"蛟"写为"鲛"；第十九卷虫豸部虫豸类的"蜗牛"词条，将"仆累"写为"蝶螺"，"蜗牛"写成"螺牛"。《尘袋》将"核"写为"椀"。

第二类是断句的错误，这往往会造成文意的截然不同。如《尘袋》中对《山海经》的引用出自《西次三经》，虽然引文基本正确，但"御用也"一句原本应为"可以御水，食之使人不溺"[②]。作者可能是错误地断句为"可以御，水食之，使人不溺"。因此造成了理解错误，将本意为"抵抗、抵御"的"御"字误解成了"帝王专用之物"的意思。

第三类是《山海经》原文和郭璞注的混淆，在《倭名类聚抄》中此类谬误共有三处。其中两处本出自郭璞注，却写为出自《山海经》原文，分别是第二卷形体部疮类的"肿"词条和第十八卷毛群部毛群体的"牙"词条。另一处是出自《山海经》原文，《倭名类聚抄》中却写成了出自郭璞注，为第二十卷草木部木类的"莽草"词条。

第四类是原文中并无此记载。如《倭名类聚抄》第三卷鬼神部鬼魅类的"魑

---

① 刘寒青：《日本汉文古辞书引文模式研究——以〈倭名类聚抄〉为例》，载《中国文字研究》2019年第2期，第271—285页。

② 袁珂：《山海经校注》，北京联合出版公司，2013年，第42页。

魅"词条中，提到《山海经》中有"魑魅，鬼类也"的记录，但此条并不见于《山海经》原文及郭璞注。

分析这些谬误的原因，可能有五。

第一，可能与平安时代文人所能接触到的《山海经》版本有关。在《秘府略》《倭名类聚抄》等类书成书的平安时期，中国正值唐代，虽然印刷业逐渐兴盛，但刊刻本仍然有限（可能尚未出现《山海经》的刻本），传至日本并在日本知识分子之间流传的《山海经》以抄本为主。相对而言，抄本出现谬误的可能性是更大的。因此，如果引用出现错字的情况，可能与作者所参考的版本本身有关。比如《倭名类聚抄》中对《山海经》的引用，十条引用中除了第三条提到《山海经》中"柚""櫾"两字相通之外，几乎每一条的引用都多少与原文有些出入，有研究就认为可能是版本本身的问题。[1] 关于原文和郭璞注混淆的情况，通过《日本国见在书目录》可知，平安时代日本流传的《山海经》是合并郭璞注的。因此，在《山海经》被反复传抄的过程中，很可能有个别注文与原文发生混淆，即原文中混入了注文，或是原文被误抄成了注文。

第二，不能排除唐代的《山海经》版本与今本有所不同的可能性，毕竟如今所能见到最早的《山海经》版本为12世纪南宋的刻本，而更早的抄本或刻本都早已失传。

第三，从郭璞注常与原文内容一同被引用可知，对于平安时代的日本知识分子而言，郭璞注的价值并不亚于原文。在某种意义上，郭璞注早已成为《山海经》不可或缺的重要组成部分。或许在当时的日本知识分子眼中，并没有对注文与原文进行严格区分，而是视其为一个统一的整体，因此在无意中造成了原文和注文的混淆。

第四，参与编纂的人员可能汉学修养不够精深，也会造成谬误。

第五，也是最重要的原因，多数引用属于转引，即所参考的文献多为前代类书或其他典籍，而非引自《山海经》原典。如学者饭田瑞穗在关于《秘府略》的研究中提到的，目前学界对于《秘府略》的编纂方式有两种观点：一种认为正如《日本文德天皇实录》中的记录一般，是"撰集古今文书"，真实参考了诸多的秘藏汉籍；另一种则认为是直接参考自前代的类书，属于转引。[2] 饭田瑞穗归类和梳理谬误之后认为，既然《秘府略》充斥着如此大量的、多种多样的

---

[1] 陈晨：《日本辞书〈倭名类聚抄〉研究》，硕士学位论文，山西大学，2014年。
[2] 饭田瑞穗：《〈秘府略〉の錯謬について》，见《古代史籍の研究》（中），吉川弘文馆，2000年。其中，第一种观点的代表为山田孝雄、吉田幸一等，第二种观点的代表有内藤湖南等。

错误，显然不可能是直接参照汉籍原典进行的引用。①我们赞同饭田先生的观点，虽然这部类书的书名中强调了"秘府"，即是归纳了当时宫禁之中秘藏的种种汉籍中的知识，但是整部书的部头如此之大，在实际操作时是难以真正去翻阅每一部原典的。因此，出于方便编纂的需要，编纂者去翻阅前代的类书，并直接从类书中转引文献内容，是在情理之中的。另外，由于日本官方所持有的典籍数量有限，在编纂官修类书时，并无法保证参与编纂的人员都能随时查阅原典，因此部分引用可能并不是直接引用，而是通过前代类书或其他书籍的间接引用。学者林忠鹏通过与《日本国见在书目录》中所收书目比对发现，部分引用典籍在源顺编写《倭名类聚抄》时尚未传至日本，因此至少这部分引用是转引自其他典籍的。②虞万里也认为通过揣摩、分析、体味，可知《倭名类聚抄》中的部分引用是来自二手材料。③

总之，从平安时代至中世，无论是官修类书还是私纂类书，对《山海经》的引用多属于转引，直接引自原典的情况相对较少。

### 三、接受的动力——知识的整理与普及

学者刘捷关注过中国历代类书对《山海经》的拆分问题，发现原本相对完整的知识体系经过拆解、删改、重新编排入不同知识门类之后，丧失了原本的整体性以及理论阐释的依托。④日本类书对《山海经》的引用也存在同样的情况。那么，日本类书大量接受《山海经》中内容的社会背景、文化背景及其原因是什么？

为了厘清日本类书中对《山海经》的接受机制，我们首先需要回答如下问题：为何在平安时代初期，日本官方会突然编纂《秘府略》这样多达千卷的超大型类书？日本学界常常以《秘府略》来类比中国北宋官方编纂的大型类书《太平御览》。《太平御览》与《秘府略》同样多达千卷，内容包罗万象，而且博引了近千种的古籍，是类书编纂史上里程碑式的存在。然而，日本的《秘府略》却比中国的《太平御览》还要早出现一百五十余年。探究平安初期日本人花费

---

① 饭田瑞穗：《〈秘府略〉の錯謬について》，见《古代史籍の研究》（中），吉川弘文馆，2000年，第147—148页。
② 林忠鹏：《〈倭名类聚抄〉与中国典籍》，载《重庆师范大学学报》（社会科学版）2000年第2期，第83—89页。
③ 虞万里：《〈倭名类聚抄〉引〈方言〉参证》，见徐兴庆编：《东亚文化交流与经典诠释》，台湾大学出版中心，2008年，第319—363页。
④ 刘捷：《驯服怪异：〈山海经〉接受史研究》，上海文化出版社，2017年，第155页。

大量人力、物力编纂大型类书的动机，应该与知识的整理工作有关。

早在公元7世纪，圣德太子就多次派遣隋使赴中国进行文化交流，随后的奈良和平安时代，也多次有遣唐使、入宋僧来到中国学习文化、获取知识与书籍。日本学者井上亘认为，日本直到8世纪都一直在输入中国文化，进入9世纪后开始对其进行分类、整理，最终才能够运用。[①]当已经积累了近两千年的中华文化在短时间内大量输入日本后，面对如此庞杂、厚重的文化及海量的知识，日本人难免一时感到手足无措。为了以最快的速度掌握这些知识，日本人必须将知识汇集到一起并进行整理、分类，使之体系化。类书可以将源头错综复杂的各类知识按照一定的规律排列整齐，浓缩于一册之内，为日本人学习中国文化提供了便利。因此，平安初期淳和天皇下令编纂《秘府略》，背后的动机是想要获取来自中国的一切知识，将这套类书编好、摆放在禁内的图书馆中，便仿佛拥有了这些知识，进而掌握了中国文化。这当然是一种理想，而编纂类书具有这样的象征性意义。正如井上亘所说的，平安时代是一个"类聚的世纪"，而日本人经过了"类聚的世纪"，才获得了创造文化的主体性。[②]这不仅适用于官修类书，民间私纂类书也出自类似的目的。当然，中世时期知识、文化逐渐由上流社会向下流动，更多的民间类书是以向民众普及知识为目的进行编写的。

而《山海经》中的内容早已被传至日本的中国类书拆分成不同的条目，与出自其他典籍的相关条目一道，被分门别类地重新排列、组合，共同打造成了新的知识体系。日本人在进行类书编纂时，仿照、参考中国类书进行了知识的分类、排布，就仿佛是打造好了盛装知识的格子，继而尽可能全面地将具体的内容装入格子。如果将原本的《山海经》视为一个整体，它早已被中国的类书拆成一束一束的内容，这些零散的知识束与整体的《山海经》文本都是日本类书编纂时的参考资料。在进行编纂时，多数情况下会将这些知识束直接拿来填充，但有时也会使用整体文本，并从中拆解出新的知识束，填入知识体系。

这些类书引用《山海经》的内容，显然是将其视为一种真实的知识，而对其进行摘录、重新整理的过程，也赋予了被引用的内容以某种权威性，即对它的认可。我们发现日本类书中对《山海经》的引用之处虽然多出自《山经》部分，但也有出自《海经》和《荒经》的部分，具体内容以动物、植物为主，也有少量神祇、异人的部分。由此可见，不仅相对真实性更高的原始地理志部分——《山

---

① 井上亘：《类聚的世纪：古代日本吸收中国文化的方法》，载《文史哲》2012年第5期，第81—88页。
② 井上亘：《类聚的世纪：古代日本吸收中国文化的方法》，载《文史哲》2012年第5期，第81—88页。

经》中有很多内容被日本类书认可，连想象色彩相对浓厚的《海经》《荒经》部分，也有不少内容得到了日本类书的认可。而无论是官方编纂的还是民间自发编写的类书，其中的引用都是严肃的，是对其真实性的一种强调。

## 四、小结

首先是官方类书对《山海经》的接受。在日本仰慕中华的文化心态之下，统治阶级长期维持主动学习、不断接纳的官方意识形态，飞速地引进、吸收中国文化。面对海量的典籍，为能以最快的速度掌握它们，日本人需要对庞杂的知识进行重新整理，并慢慢消化吸收。在这样的社会背景之下，自平安初期开始，天皇就敕命高级官员着手大型类书的编纂工作。这些高级官员多为贵族知识分子，汉文学养较高。虽然当时《山海经》早已收入禁中的藏书机构，但出于编纂习惯并为了提高效率，编纂者们直接参考《山海经》原典的可能性不大，更有可能是通过其他前代类书转引《山海经》内容。也正因如此，我们会看到相关引用多有错讹，很大程度上是由于转引造成的。可以说，平安时代的日本是"类聚的世纪"，而这些类书的编纂也在某种程度上强化了知识的"类聚性"，在这样的过程中，《山海经》中的知识被拆分成不同的条目，被编入不同的知识模块，为日本文化所吸收。

其次是民间类书对《山海经》的接受。中世日本皇室式微，在政治上，权力中心转入幕府；在文化上，知识不再为贵族阶级所垄断，逐渐向寺院转移。中世的寺院不仅成了学术的中心，还成了教育的中心，不少武士、庶民阶级的子弟前来接受教育。文化和书籍逐渐在社会阶级层面由上向下传播和扩散。为满足民众对知识的渴求，一些以普及常识、训蒙教育为目标的类书出现了。这些由知识分子自发编纂的类书多具有一定的趣味性，内容更加平实、贴近民众的生活。这些类书中也出现了对《山海经》内容的引用，但引用多是间接通过其他典籍，而非直接引自原典。这既是普通民众接受《山海经》的体现，也是《山海经》走入民间的一种方式。这些《山海经》中的内容被反复引用、强调，已经作为一种"真实的知识"或是常识，被日本社会接受了。而在这样的过程中，日本人也将《山海经》理解为一部记录真实知识的典籍。

## 第二节　崇尚汉魏六朝文风：典故的化用与创造

上节讨论了平安至中世时期类书中收录、引用《山海经》的情况，属于知识层面的接受。本节关注典籍及文学作品中对于《山海经》典故的化用与创造，这属于第二层面的接受。我们发现，无论是文学经典还是较为严肃的典籍中，都多见出自《山海经》的典故。其中，一些典故是在中国文学中常见的使用方式，被称为间接接受；而另一些典故则不见于其他典籍，很可能是日本文人的创造性使用。我们发现，对日本文化影响巨大的《昭明文选》是日本人间接接受《山海经》的重要途径之一。本节将分为间接接受、直接接受两部分展开论述，分析接受的表现与方式，再结合时代背景综合分析接受的动力与机制。

### 一、接受的方式之一——间接接受

平安至中世时期，日本典籍中常常能见到出自《山海经》的典故，其中部分属于间接接受，即一些中国文人率先使用的典故化用，而非日本文人的原创。

这类间接接受的典故多与文人喜爱的仙界意象相关。最为常见的有"蓬莱"，最初出自《山海经·海内北经》中的"蓬莱山在海中"[1]。虽然从原文本身并不能看出其与神仙信仰相关，但郭璞注曰："上有仙人宫室，皆以金玉为之，鸟兽尽白，望之如云，在渤海中也。"[2] 可见，西晋时，蓬莱已是神话传说中神仙的居所了。而通过《列子·汤问》中关于蓬莱的相关记载[3]可知，早在战国时期蓬莱就是神仙信仰的重要组成部分了。"蓬莱"也成为中国古代诗文中频繁出现的关键词。如对日本文学影响甚巨的《昭明文选》中数篇都提及了蓬莱：东汉班固《西都赋》中有"滥瀛洲与方壶，蓬莱起乎中央"[4]，西汉杨雄《羽猎赋》中有"渐台泰液，象海水周流方丈、瀛洲、蓬莱"[5]，等等。奈良、平安时代的日本文学作品中也出现了"蓬莱"的意象，如平安时期日本第一部物语《竹取物语》

---

[1] 袁珂：《山海经校注》，北京联合出版公司，2013年，第281页。
[2] 袁珂：《山海经校注》，北京联合出版公司，2013年，第281页。
[3] 《列子·汤问》中有言："其中有五山焉：……五曰蓬莱……其顶平处九千里，山之中间相去七万里，以为邻居焉。其上台观皆金玉，其上禽兽皆纯缟。珠玕之树皆丛生，华实皆有滋味；食之皆不老不死。所居之人皆仙圣之种，一日一夕飞相往来者，不可数焉。"参见杨伯峻：《列子集释》，中华书局，1979年，第151—152页。
[4] 高步瀛著，曹道衡、沈玉成点校：《文选李注义疏》，中华书局，1985年，第117页。
[5] 高步瀛著，曹道衡、沈玉成点校：《文选李注义疏》，中华书局，1985年，第1892页。

中，辉夜姬提出的五个难题之一就是去往蓬莱山取玉枝。此外，我们在平安中期长篇物语《宇津保物语》中也找到了"蓬莱"的关键词"頂の上を、蓬莱の山になさんと"①，即"在头顶上建造蓬莱山"，是一种形容事情极难的夸张的说法。这些都可证明，在奈良、平安时代，蓬莱已经成为日本文化中"遥远仙界"的象征，并成了日本文人所熟知的典故。

再举镰仓初期官方所编纂《新古今和歌集》中的一例进行说明。《新古今和歌集》共有两篇序言，其中用日语假名写成的被称为《假名序》，用汉文写成的则被称为《真名序》，两篇序文内容有一致之处，但并不完全相同。其中《真名序》中有言：

> 夫和歌者、群德之祖、百福之宗也。玄象天成、五际六情之义未著、素鹅地静、三十一字之咏甫兴。尔来源流实繁、长短虽异、或抒下情而达闻、或宣上德而致化、或属游宴而书怀、或采艳色而寄言。诚是理世抚民之鸿徽、赏心乐事之龟鉴者也。是以圣代明时、集而录之、各穷精微。何以漏脱。然犹昆岭之玉、采之有余、邓林之材、伐之无尽。物既如此、歌亦宜然。②

序中提到和歌具有重要的政治和文化地位，理应得到重视。和歌发源时是"五七五七七"共三十一字的格式，到后世逐渐产生了更加丰富的变化。继而提到和歌的内容十分丰富，有的出自民间，有的出自宫廷，有游宴诗，也有爱情诗等，因此辑录和歌尤为重要，编纂者进行了细致整理，力求无所遗漏，但世间优秀的和歌众多，实在难以收集齐全。描述天下和歌众多时，序言中使用了两个来自《山海经》的典故："然犹昆岭之玉、采之有余、邓林之材、伐之无尽。""昆仑"出自《西次三经》，其中提到"昆仑之丘，是实惟帝之下都"③，从经文可见，昆仑附近诸山多产玉。"邓林"出自《海外北经》"夸父"条："弃其杖，化为邓林。"④可见昆仑、邓林都是神话中的地方，文中用昆山玉、邓林材比喻取之不尽、用之不竭的优秀和歌，以表达一本和歌集难以尽收天下和歌的遗憾。而早在汉代，昆山、邓林二典就常常被合用，如《昭明文选》所收录的东汉祢衡《鹦鹉赋》中就有"想昆山之高岳，思邓林之扶疏"之句。后世也多有沿袭，如南朝梁刘勰《文心雕龙·事类》中就有"皓如江海，郁若昆邓"

---

① 河野多麻校注：《宇津保物语》，岩波书店，1959—1962年，第122页。
② 源通具等编纂，佐佐木信纲校注：《新古今和歌集》，岩波书店，1959年，第406页。
③ 袁珂：《山海经校注》，北京联合出版公司，2013年，第42页。
④ 袁珂：《山海经校注》，北京联合出版公司，2013年，第215页。

之句，可知此二典并列已成了一种固定模式。

还有最初出自《山海经》的"青鸟"，也是中日古代文学中十分常见的文学意象。青鸟又被称为三青鸟，是一种神话中的动物，在《山海经》中共出现了四次。其中三处是与"西王母"同时出现的，第四处出自《大荒东经》，似与其余三处不属于同一系统。[①]三处中其一是《西次三经》的"玉山"词条提到了西王母，随后"三危之山"中提到三青鸟，郭璞注曰："三青鸟主为西王母取食者。"[②]其二是《海内北经》中提到"西王母梯几而戴胜杖，其南有三青鸟，为西王母取食"[③]。其三是《大荒西经》中的"王母之山、壑山、海山"词条中，提到在沃之国、沃之野"有三青鸟，赤首黑目，一名曰大鹜，一名少鹜，一名曰青鸟"[④]，郭璞注曰："皆西王母所使也。"[⑤]综上，三青鸟是三只鸟的统称，但其中只有一只鸟叫作青鸟，它们是西王母的使者，主要工作为替她获取食物。在后世，因为具有祥瑞的特征，青鸟逐渐从王母使者转变为"信使"的角色，成为描述书信往来的固定典故。这一典故也常见于平安、中世时期的文学作品。如成书于13世纪镰仓初期的军记物语《平家物语》中，有"青鳥飛来てほうかんをなげたり"[⑥]的语句，郑清茂将其译为"不意青鸟先至，投下芳翰"[⑦]。此句将青鸟喻为信使，意为已经收到了对方的书信。同样的用法还有室町时代军记物语《太平记》中的"傥投青鸟见竭丹心"[⑧]，都将青鸟视为传递书信的使者。由于此典十分常见，因此难以判断日本具体是通过何种途径对其进行了接受，大约并非单一作品，而是一批作品的集合。目前已知的较早作品有西晋欧阳建的"青鸟殷勤为寄声"[⑨]、南北朝薛道衡的"愿作王母三青鸟，飞来飞去传消息"[⑩]，以及李商隐诗作《无题》中的名句"青鸟殷勤为探看"等，这些都可能对日本文学产生了一定的影响。

平安中期贵族知识分子菅原道真（845—903）的汉诗文集《菅家文草》中

---

[①]《大荒东经》："东北海外，又有三青马、三骓、甘华。爰有遗玉、三青鸟、三骓、视肉、甘华、甘柤，百谷所在"。参见袁珂：《山海经校注》，北京联合出版公司，2013年，第304页。
[②] 袁珂：《山海经校注》，北京联合出版公司，2013年，第48页。
[③] 袁珂：《山海经校注》，北京联合出版公司，2013年，第267页。
[④] 袁珂：《山海经校注》，北京联合出版公司，2013年，第336页。
[⑤] 袁珂：《山海经校注》，北京联合出版公司，2013年，第337页。
[⑥] 高木市之助等校注：《平家物语》（上），岩波书店，1959—1960年，第302页。
[⑦] 佚名：《平家物语》，郑清茂译，译林出版社，2017年，第237页。
[⑧] 后藤丹治校注：《太平记》（二），岩波书店，1961年，第308—309页。
[⑨] 欧阳建：《京都怀双亲诞》（其一）。
[⑩] 薛道衡：《豫章行》。

也频繁出现《山海经》中的神仙典故及意象。如《霜菊诗》中有"结取三危色"[①]之句，是化用了《山海经·西次三经》中三青鸟的居住之地三危山，用"三危色"来形容霜菊特有的、属于仙界的美丽颜色。而日本文学将"三危山"代指仙境，大约并非直接受了《山海经》原典的影响，而是其他使用了这一典故的中国诗文。另外，还有文人十分喜爱的"丰山之钟"之典，《菅家文草》中的《霜菊诗》有"时报丰山警"[②]之句，就是化用了《山海经·中次十一经》"丰山"词条中的"有九钟焉，是知霜鸣"一句，以及郭璞的注文"霜降则钟鸣，故言知也"[③]。诗中此句指菊花像丰山九钟一样，能提示人们秋霜已降，而这也是中国诗文中常见的典故。

总之，这些出自《山海经》的常见典故多与神仙信仰相关，它们通过中国的诗歌、辞赋等文学形式传至日本，为日本文人所接受，并出现在日本的文学作品中。

## 二、接受的方式之二——直接接受

直接接受是指日本文人在阅读《山海经》原典后，对其中典故具有创造性的使用，而非因循前人所用旧典。关于日本史料文集对于《山海经》典故的直接接受，前人研究中未曾论及，其原因可能与检索困难以及缺乏论证依据有关。笔者通过多个数据库进行检索并分析后，发现了一些可能属于直接接受的例子，下文挑选出四个判断依据相对清晰的典型案例进行分析。此四例均出自平安时代典籍，包括文学经典、律法注释以及贵族知识分子文集等。

第一个案例是《本朝文粹》中所收录的一篇对策文《松竹》。《本朝文粹》由平安中后期文章博士藤原明衡（989—1066）编纂，一般认为其体例是效仿萧统（501—531）所编的《昭明文选》，其中收录了平安朝的秀逸汉诗文。所谓对策文，指的是唐代科举考试中，考生所提交的一种政论文章。考问者将问题写在"简策"上，称为"策文"；应试者解答，称为"对策"。现代学者多认为日本从未实行过科举制，此说其实并不严谨。事实上，日本在奈良、平安时代全面学习唐朝制度、文化时，曾经短暂地实施过贡举制度。关于这一点，孙士超在专著《唐代试策文化东渐与日本古代对策文研究》中有过详细论述。日

---

[①] 菅原道真撰，川口久雄校注：《菅家文草　菅家后集》，岩波书店，1966年，第364页。
[②] 菅原道真撰，川口久雄校注：《菅家文草　菅家后集》，岩波书店，1966年，第364页。
[③] 袁珂：《山海经校注》，北京联合出版公司，2013年，第154页。

本的贡举制，是从地方诸国国学的"国举生"中选拔优秀者，同中央大学寮[①]的举人一同参加考试，实际上仍然只有贵族阶级才有资格接受教育并参加考试，这与中国的科举制有所不同。日本实行贡举制期间，对策文是非常重要的考试科目，要求用四六骈体文写成，而且在行文中多用典故，对考生的思辨能力和汉学素养要求很高。

《本朝文粹》中并未标明《松竹》的写作年代，孙士超根据《公卿补任》考证，此文应写于长德四年（998）。[②]《松竹》为大江以言（955—1010）问，藤原广业（976—1028）对。前者旧姓弓削，是大隅守大江仲宣之子，长于汉诗，官从四位下式部权大辅。后者是参议藤原有国的次子，后来官居从三位参议。二人都是平安中期的贵族公卿、汉诗人。全文如下：

治部少辅从五位下弓削宿祢以言问

问：松抽灵干，云连嵩高之烟。竹抱贞心，风吹会稽之绿。是故德配乾位，方似圣人之云为。法取震文，自作君子之范则。不审或速成而晚就，其人谁人之氏族。或九疑而千仞，其处何处之烟云。殷庭周庭，植棘植梓树之变化犹暗。一生一死，六年六十年之期约忽迷。至于笔海之浪，逐日竞起。词林之花，随春交开。荆峰华池之说，别时代而风罗。南条北叶之词，明根菱而露布。绿杨黄柳，行人去就之意如何。筑山穿池，道子封树之功几许。子仙籍是重，暂降蓬莱万里之云。高材不拘，谁待檍樟七年之日。去春甚迩，解冰何疑。

文章得业生正六位上行近江权大掾藤原朝臣广业对

对：窃以，濛昧混沌之中，一鸡初生二三。圆盖方舆之后，万象遂别品汇。野草山木，毛发之种相分。春雨秋风，荣落之期自定。于是，送岁送日，不改者松林之心。侵雪侵霜，无移者竹蘖之色。秦始皇之拥盖，忽避岱岭之雨。汉高帝之正冠，长削薛县之烟。柯亭月闲，云遏蔡氏之曲。兰台日暮，风舞宋生之词。霜毛丹顶之禽，翅栖绿林之夕。骅骝骒骊之马，蹄蹈玄池之春。复有费长房之龙鳞，葛陂之云永去。周景式之麈尾，石门之路空闲。秋风索索，子野之商弦让音。晓霜森森，南山之羽括吞舌。东平王之思旧里也，坟上之风靡西。天门山之

---

[①] 大学寮，即日本历史上律令制体制中的官方教育机构，也是政府部门。
[②] 孙士超：《唐代试策文化东渐与日本古代对策文研究》，中国社会科学出版社，2018年，第44页。

传新名也，峡中之烟扫地。贞姿入梦，知灵效于十八年之后。劲节含音，叶律吕于十二月之中。梁王之好苑圃，先备西园之庭实。夏后之分贡赋，永为青州之土宜。王右军之游四郡，鳌海之浪渺渺。嵇中散之缔七贤，鹿岩之月苍苍。盖乃风化所及，动殖遍禀者也。国家俗反九首，仁蒙万心。圣化风遐，二华之松献寿。睿德露下，细叶之竹受祥。<u>自然首文背文之鸟，长巢上林之云。羽氏翼氏之人，遥就中华之日</u>。然则速成晚就之戒，方策载其人。九疑千仞之谈，圆丘为其处。殷庭周庭之变，梓树之词自明。一生一死之期，竹谱之文方决。即验时代可辨，披齐纪而区分。南北暗知，指族氏而诵咏。行人休止，犹避幽僻之烟。道子山池，谁迷斟酌之水。谨对。①

整篇策论表面上以"松竹"为主题，实际上讨论的是圣人的道德教化。作为考官的大江以言在策问中围绕"松竹"提出了诸多问题，作为考生的藤原广业在对策文中一一予以解答。对策文中铺陈了大量中国古往今来关于松与竹的典故，为其赋予了种种节操与道德含义，使它们与"圣人以德治天下"的儒家精神产生了融合。当然，本书既非讨论该对策文的应答是否高妙，也非分析其用典是否恰当，而是关注其中"自然首文背文之鸟，长巢上林之云。羽氏翼氏之人，遥就中华之日"之句对《山海经》中典故的化用。

此句出现在对策文的后半段，叙述沐浴中华的道德教化，松竹也具有了祥瑞、长寿等文化含义。其中上半句"首文背文之鸟"指凤凰，该说法出自《山海经·南次三经》："又东五百里，曰丹穴之山，其上多金、玉。丹水出焉，而南流注于渤海。有鸟焉，其状如鸡，五采而文，名曰凤皇，首文曰德，翼文曰义，背文曰礼，膺文曰仁，腹文曰信。是鸟也，饮食自然，自歌自舞，见则天下安宁。"②凤凰身上的花纹构成了"仁义礼德信"，均是儒家所倡导的道德准则，此鸟象征着儒家思想中统治者应具有的美德。"长巢上林之云"指凤凰筑巢于帝王的宫苑之中，栖息在高耸入云的树梢，具有统治者以德治理天下，自然引来祥瑞之鸟凤凰的象征含义。

下半句的"羽氏翼氏之人"，"羽氏"指"羽民国"，"翼氏"不易判断，据明治年间学者柿村重松认为指的是讙头国。③"羽民国"出自《山海经·海外南经》："羽民国在其东南，其为人长头，身生羽。一曰在比翼鸟东南，其为

---

① 藤原明衡著，柿村重松注：《本朝文粹注释》，内外出版，1922年，第481—492页。
② 袁珂：《山海经校注》，北京联合出版公司，2013年，第14—15页。
③ 藤原明衡著，柿村重松注：《本朝文粹注释》，内外出版，1922年，第491页。

人长颊。"①"讙头国"同样出自《海外南经》:"讙头国在其南,其为人人面有翼,鸟喙,方捕鱼。一曰在毕方东。或曰讙朱国。"②句中以"羽氏翼氏之人"代指与中华相对的四夷众国,"遥就中华之日"指这些小国国民纷纷景仰中华文化,遥遥期待着能够早日沐浴到中华的德化之光。

整句话充满了浓厚的儒家思想,强调了"风化"的重要性,同时具有强烈的华夏中心主义思想。显然,在平安时代,日本文人全面学习中华文化,并接受了儒家的"德政"思想及"华夷秩序"所主导的天下观。整句话前后共化用了《山海经》中的凤皇、羽民国、讙头国三个典故,而同样的说法似未见于中国典籍,大约是日本文人直接取材自《山海经》进行的创造。可见,当时部分日本知识分子对《山海经》的内容十分熟悉,并在理解的基础上进行了消化与吸收,甚至能够活用其典故。同时,由于平安朝的知识分子十分仰慕大唐文化,于是在学习中国典籍内容的同时,吸收了其中的思想,这些思想甚至逐渐成为科举考试时国家所认可、倡导并鼓励的官方意识形态。而《山海经》中的典故被允许在科举考试中出现,并作为"文粹"被官方收录,也可以从侧面证明在平安时代,《山海经》拥有较高的政治、学术地位。

第二个案例出自平安初期的律令注释书《令义解》,此书写成于天长十年(833),是对奈良时期养老二年(718)元正天皇所颁布《养老令》的注解,为官选注释书,在当时具有绝对的权威性。当《养老令》出台后,对于部分条目解释不一,不利于律令的实施,因此天长三年(826),淳和天皇根据额田今足等人的建议,命清原夏野、菅原清公、南渊弘贞、小野篁、藤原常嗣等十二人,"集数家之杂说,举一法之定准"③,对《养老令》进行注释。《令义解》写成后,于承和元年(834)施行。其中,《令义解序》由当时的贵族学者清原下野(782—837)所作,他在序文中交代了此书的由来、意义、功能及结构。我们摘录其中主要内容如下:

正三位守右大臣兼行左近卫大将臣清原真人夏野等奉敕撰

臣夏野等闻:"春生秋杀,刑名与天地俱兴。阴惨阳舒,法令共风霜并用。犯之必伤,蜡炷有烂蛾之危。触之不漏,蛛丝设黏虫之祸。"昔寝绳以往,不严之教易从。画服而来,有耻之心难格。隆周三典,渐增其流。大汉九章,愈分其派。虽复盈车溢阁,半市之奸不胜。铸

---

① 袁珂:《山海经校注》,北京联合出版公司,2013年,第175页。
② 袁珂:《山海经校注》,北京联合出版公司,2013年,第177页。
③ 清原夏野、小野篁等著,林鹅训点:《令义解》,吉田四郎右卫门,安庆三年(1650)刊,第14页。

鼎铭钟，满山之弊已甚。降及浇季，烦滥益彰。上任喜怒，下用爱憎。朝成夕毁，章条费刀笔之辞。富轻贫重，宪法归贿货之家。严科所枉，钅舌戟谢其铦利。轻比所假，君父惭其温育。故令出不行，不如无法。教之不明，是为乐刑。伏惟皇帝陛下，道高五让，勤剧三握，类金玉而垂法，布甲乙而施令。芟春竹于齐刑，销秋荼于秦律。<u>孔章望斗之郊，无复冤牢之气。黄神脱梏之地，唯看香枫之林。</u>犹虑法令制作，文约旨广，先儒训注，案据非一。或专守家素，或固拘偏见，不肯由一孔之中，争欲出二门之表。遂至同听之狱，生死相半，连案之断，出入异科。念此辨正，深切神襟。爰使臣等集数家之杂说，举一法之定准……分为一十卷，名曰令义解。凡其篇目条类，具列于左也。浅深水道，共宗于灵海。小大公行，同归于天府。谨序。①

序言中阐明了严明法律的重要性，并提出虽然自古以来代代皆有律法，但由于法条过于烦琐、执行不够严格，因此形成律法形同虚设的局面，甚至还成了滋生腐败的温床。因此，如果令出不行，还不如不制定律法；如果不将法律清楚明白地告知天下，就是统治者乐用刑罚。序言中提到，英明勤谨的日本天皇制定了如此金科玉律，使得天下正义得到伸张，秩序得到整肃。但奈何真正实施的时候，执法人无法清楚地把握尺度，造成了一系列断案上的问题，因此如今需要将具体条目解释清楚，使四海能够统一标准，共同维护天下的公道。

其中，在形容《养老令》颁布后天下充满浩然正气时如此说道："孔章望斗之郊，无复冤牢之气。黄神脱梏之地，唯看香枫之林。"前半句的典故出自《晋书·张华传》，即张华观天象，发现斗牛之间常有紫气，便请教豫章人雷焕，其认为预示着丰城藏有宝剑，后来在丰城监狱掘地四丈，果真发现了一双宝剑。②由于捣毁了监狱才得到宝剑，因此后人多用这一典故比喻沉冤得昭。《令义解序》中使用这一典故则是为了体现《养老令》极为公正，使得天下再无冤狱。后半句的典故出自《山海经》，其中"黄神"指"黄帝"，"脱梏"者为蚩尤。《大荒南经》中有言："有宋山者……有木生山上，名曰枫木。枫木，蚩尤所弃其桎梏，是为枫木。"③郭璞对"蚩尤所弃其桎梏"注曰："蚩尤为黄帝所得，械而杀之，已摘弃其械，化而为树也"④，指黄帝擒住蚩尤之后先用桎梏锁住，而后将其

---

① 清原夏野、小野篁等著，林鹅训点：《令义解》，吉田四郎右卫门，安庆三年刊，第10—17页。
② 房玄龄等撰，中华书局编辑部点校：《晋书》，中华书局，1974年，第1075—1076页。
③ 袁珂：《山海经校注》，北京联合出版公司，2013年，第318页。
④ 袁珂：《山海经校注》，北京联合出版公司，2013年，第318页。

诛杀。蚩尤死后，被丢弃的桎梏化作枫木。郭璞在"枫木"处注"即今枫香树"[1]，也就是《令义解序》中的"香枫之林"。后半句与前半句彼此对应，用黄帝杀蚩尤来比喻当罪恶被正义审判、罪人得到公正的惩处之后，天地间会呈现一片祥和的景象。总之，前半句喻再无冤狱，绝不错怪一个好人，后半句喻除恶务尽，绝不放过一个坏人，对仗工整，用典适合，语意完备，体现了作者清原夏野的深厚汉学修养。

值得注意的是，出自《山海经》的"黄神脱梏"和"香枫之林"二典故，应都参考了郭璞注，其中"黄帝""香枫树"都是注中补充的内容。而与"孔章望斗""丰城剑气"之典常被唐代诗文引用不同，"香枫之林"的典故很少被中国文人引用，其用法大约是日本文人的"首创"。此例可作为日本在严肃典籍中直接化用《山海经》中典故的典型案例。

关于此典出自《山海经》及郭璞注，江户时期学者林鷲（生卒年不详）对《令义解》进行的训点也可为证：

　　《山海经》曰：大意[2]之中，有崇山者，木生山上，蚩尤一荒[3]为黄帝所弃，其桎梏是谓枫木。郭璞注曰：蚩尤为黄帝所得，弃其械[4]，化而为树，即今枫香树是也。[5]

由此可见，平安时代的一些贵族文人、高级知识分子对《山海经》及郭璞注的内容是十分熟悉的，他们也会在一些严肃的、具有权威性的文献和典籍中化用其中典故。这一事实充分说明在平安时代，《山海经》及郭璞注在政治、学术上拥有较高的地位。

最后两例出自《菅家文草》。先看其一，第四卷中有诗题目长达二百余字，大意为作者担任一州之府时曾下令每到夏末时节，将当地一池内的莲花分发附近二十八寺，虔诚供养在佛前，直到去年一直如此。没想到今年一池莲花皆死，作者感慨并非佛力不至，而是人心不信。诗中"善根道断呼甘树"[6]一句为描述这些莲花枯死，令人内心惋惜悲痛，希望能够取来不死之树来为它们延续生命。"甘树"即不死之树，典故出自《山海经》。《大荒南经》中提到"有不死之国，

---

[1] 袁珂：《山海经校注》，北京联合出版公司，2013年，第318页。
[2] 应为"大荒"。
[3] "一荒"二字应删去。
[4] 应为"械"。
[5] 清原夏野、小野篁等著，林鷲训点：《令义解》，吉田四郎右卫门，安庆三年（1650）刊，第13页。
[6] 菅原道真撰，川口久雄校注：《菅家文草　菅家后集》，岩波书店，1966年，第312页。

阿姓，甘木是食。"郭璞注曰："甘木即不死树，食之不老。"① 关于这一典故的接受途径，虽然平安时代知识分子的必读书目《昭明文选》所收录的班固《西都赋》中有"竹林果园，芳草甘木"②之句，但此"甘木"并没有不死树的含义，而是"佳木"之意。事实上，中国诗文典故中鲜见将"甘木""甘树"作为不死象征的案例，因此《菅家文草》中"甘木"的典故也极有可能是直接来自《山海经》，但将其作为不死树的象征使用属于日本文人的"独创"。

另一例同样出自《菅家文草》，其第二卷中有一首《路次观源相公旧宅有感》，如下：

> 相公去年夏末薨逝，其后数月台榭失火。
> 一朝烧灭旧经营，苦问遗孤何处行。
> 残烬华砖苔老色，半燋松树鸟啼声。
> 应知腐草萤先化，<u>且泣炎洲鼠独生</u>。
> 泉眼石棱谁定主，飞蛾岂断绕灯情。③

诗题中"源相公"指嵯峨天皇的皇子源勤（824—881），根据"去年夏天薨逝"可知这首诗写于元庆六年（882）。源勤去世后不久，住宅便失火，从此旧宅过去的繁华一去不返，路过此地的菅原道真看到旧宅衰败的景象感慨不已，因此写作此诗。其中"应知腐草萤先化，且泣炎洲鼠独生"一句是在描述大火过后的源勤旧宅早已无人居住，成了萤火虫与鼠类的天下。"腐草萤先化"化用了"腐草为萤"的典故，最初出自《礼记·月令》④。而"炎洲鼠独生"则是化用了郭璞《注〈山海经〉序》中的典故。郭璞序文中谈到世人眼中的世间怪事往往并不是因为事情本身奇怪，而是世人少见多怪。郭璞提到"阳火出于冰水，阴鼠生于炎山，而俗之论者，莫之或怪"⑤，意为这两个例子虽然看起来奇怪，实际上却是世人皆知的常识，因此人们不会以之为怪。

我们认为此典故应出自郭璞序文的原因主要在于，诗句中用的是"炎洲鼠"，而非"火鼠"。火鼠与炎洲鼠是同一种神话传说中的动物，《神异经·南荒经》中有载："不尽木火中有鼠，重千斤，毛长二尺余，细如丝。但居火中，洞赤，

---

① 袁珂：《山海经校注》，北京联合出版公司，2013年，第314页。
② 高步瀛著，曹道衡、沈玉成点校：《文选李注义疏》，中华书局，1985年，第65页。
③ 菅原道真著，川口久雄校注：《菅家文草　菅家后集》，岩波书店，1966年，第182—183页。
④ 《礼记·月令》中有"温风始至，蟋蟀居壁，鹰乃学习，腐草为萤"之句。参见孙希旦撰，沈啸寰、王星贤点校：《礼记集解》（上），中华书局，1989年，第456页。
⑤ 袁珂：《山海经校注》，北京联合出版公司，2013年，第399页。

时时出外，而毛白，以水逐而沃之，即死。"①日本平安时期类书《倭名类聚抄》中也有"火鼠"一项记载，并引用了今已散佚的《神异记》中的相关记载。②《竹取物语》中辉夜姬给五位求婚男子出的难题之一，就是赴唐土取来火鼠裘。如果说《竹取物语》中的"火鼠裘"有来自《神异经》或《倭名类聚抄》的可能，那么《路次观源相公旧宅有感》中的"炎洲鼠"则明显化用自郭璞的《注〈山海经〉序》。

### 三、接受的动力

为何出自《山海经》的典故会受到平安至中世时期知识分子的青睐，并被广泛应用到各类典籍及文学作品中。探究接受这些典故的动力，可以从三个角度进行讨论。

第一，与平安时代盛行汉魏六朝文风有关。

汉魏六朝的骈文喜好典故堆砌，而《山海经》之所以会成为文人"造典"的灵感来源，与其本身的性质有关。《海经》《荒经》中记录了大量的仙境风光、珍奇鸟兽、海外异人，为文学创作提供了大量典故；《山经》部分虽然更接近于地理志，但其中所载怪兽、奇花异草、关于神祇的悠远传说，也为"造典"提供了源源不绝的创作灵感。在魏晋时期，如蓬莱、西王母、姑射等出自《山海经》的仙境元素，已经在中国本土发展成为非常成熟的神仙信仰，并已脱离了《山海经》的文本，被赋予了十分丰富的文化内涵。而这些与神仙信仰相关的元素与典故，以各类文学、艺术作品作为载体，通过各种方式传至日本，受到日本文人的喜爱，也逐渐被日本文化接受。在平安时代，是否能够准确地、创造性地使用典故，成了衡量一个文人汉文学造诣高低的重要评判标准。因此，平安时代最为杰出的知识分子并不满足于因循中国文人使用过的"旧典"，而是直接取材于汉籍，创造新的典故，《山海经》就成了他们寻找材料的来源。

当然，到了中世时期，文风有所转变，文人不再追求大量用典。而且典故毕竟有限，创造新典的难度逐渐增大。因此，《山海经》中的典故也逐渐在日本文化中被固定下来，平安时代之后相关典故的接受多属于间接接受。

第二，与《昭明文选》在日本的流行和深远影响有关。

《昭明文选》是我国现存最早的诗文总集，由南朝梁昭明太子萧统编选，

---

① 张华等撰，王根林等校点：《博物志（外七种）》，上海古籍出版社，2012年，第94页。
② "火鼠：《神异记》云：'火鼠，取其毛织为布，若污，以火烧之，更令清洁矣。'"源顺：《倭名类聚抄》（第十八卷），那波道圆，元和三年刊，第20页。

收集了一百三十余位文人的八百多篇作品。学界公认对日本古代、中世文学影响最大的两本汉籍是《昭明文选》与《白氏文集》，而这些读物也是日本文人学习、接受中国文学的重要教材。至于为何日本文人格外偏爱这两部作品，主要与日本飞速吸收中国文化时期对知识的处理方式有关，即"类聚"地进行学习。对于知识性的学习如此，文学性的学习也是如此，《昭明文选》中汇集了南北朝之前中国文学的精华，这对于注重效率的古代日本文人而言是十分理想的学习材料。可以说，《昭明文选》对日本文学史的影响是巨大的，赵季玉于《〈文选〉在古代日本的流传与影响》一文中提到，《昭明文选》自从飞鸟时代传入日本之后，就作为律令制国家选拔官吏的重要指标、教学中最重要的教科书及文人诗文创作的范本，在政治与文学层面发挥了作用。[1] 在文学层面，作为贵族教育中的必读书目以及当时日本文学创作的绝对标准，其中的优秀文章是知识分子熟读、背诵甚至模仿的对象。而日本文人使用的出自《山海经》的典故，有不少都极有可能是通过《昭明文选》而接受的。如前文提到的"蓬莱"典故，在《昭明文选》中收录的《西都赋》《羽猎赋》等文章中都有使用；关于"昆仑""邓林"之典的连用，《昭明文选》中收录的《鹦鹉赋》中也有提及。

另一方面，《昭明文选》的内容中尤其是辞赋的部分，在平安朝的知识分子之间产生了深远的影响，这也在一定程度上促进了日本文人对《山海经》内容的接受。因为语言不通，日本文人学习中国文学十分不易，当时贵族子弟学习《昭明文选》的步骤是"先读经文，通熟，然后讲义"[2]，即先学会用汉音诵读（音读），再用日语诵读（训读），均通熟能背诵之后，再理解文义。因此，每学习一篇作品都要花费很长时间。日本历史上能够背诵掌握《昭明文选》三十卷者只有12世纪初平安末期的学问头惟宗隆赖一人而已，《古今著闻集》中称他为"天下无双的人才"[3]。而多数普通知识分子只能学习六十卷中的前几卷而已。《昭明文选》六十卷的前十八卷均为赋，这些知识分子在学习初期反复诵读、揣摩的几乎都是赋体文，可见受其影响之深。也正因如此，平安朝的知识分子热衷于模仿四六骈体文，致力于典故的创造和使用，这也促使他们阅读《山海经》并汲取"造典"的灵感。甚至直到中世时期，《昭明文选》依然在日本文坛具有重要地

---

[1] 赵季玉：《〈文选〉在古代日本的流传与影响》，载《海南大学学报》（人文社会科学版）2020年第5期，第140—147页。
[2] 惟宗直本：《令集解》（卷十五），见黑板胜美编：《新订增补史大系》（第二十三卷），吉川弘文馆，1966年，第449页。
[3] 原文为"無雙の才人なりけり"。橘成季著，永积安明、岛田勇雄校注：《古今著闻集》（卷四），岩波书店，1966年，第130页。

位，这一时期的不少文学作品也都受到它的影响，也可能通过它间接地接受了不少出自《山海经》的典故和内容。

第三，与《山海经》在贵族知识分子中受到欢迎、其学术地位获得了肯定有关。

平安时代的贵族知识分子十分喜爱《山海经》，这部典籍已经成为他们的案上读物。编于11世纪初的诗文集《和汉朗咏集》中收录了村上天皇时期大臣橘直干《秋萤照帙赋》中的一句："山经卷里疑过岫，海赋篇中似宿流。"[①] 此句中"山经"与"海赋"相对，前者狭义上指的是《山海经》的前半部分，实际上代指的是整部《山海经》[②]；后者指的是西晋辞赋家木华所作的《海赋》，被《昭明文选》收录。诗句中描写秋夜读书时萤火虫飞来的情景，宛若《山海经》中的过岫之云、《海赋》中的海中星光，是美好的比喻。通过该句也可以知晓，《山海经》是平安时代文人案上常备的读物，深受文人的喜爱，而且将其与《昭明文选》中的辞赋相提并论，可见其学术地位获得了当时知识分子的肯定。

## 四、小结

平安至中世时期，日本的各类典籍、文学作品中常见出自《山海经》的典故，有些是通过中国文人作品的间接接受，有些则是日本文人直接化用原典。其中具有创造性的直接化用多见于平安时代，这与当时所盛行的汉魏六朝文风有关，也受到了《昭明文选》的影响。同时，通过橘直干《秋萤照帙赋》可知，《山海经》已成为平安朝贵族知识分子的案上读物，在当时具有一定的学术地位。在这样的文化、社会背景之下，为了能够正确、巧妙地使用典故，甚至追求新的典故，日本文人必须大量阅读、学习汉籍，而《山海经》中关于奇鸟珍兽、奇花异草、远国异人的丰富内容一定给予了日本文人丰富的创作灵感。尤其是与神仙信仰相关的典故，受到汉魏六朝游仙文学的影响，也格外受到日本文人的欢迎。而随着中世的到来，日本文风也有所转变，很快不再流行典故的堆砌，此时再出现的《山海经》中的典故，多经过反复使用后早已融入日本文化，为众人所熟知。

---

① 藤原公任撰，芳贺矢一校订：《和汉朗咏集》，合资会社富山房，1909年，第27页。
② 诗句中以"山经"代指《山海经》的，橘直干并非第一人。韩愈《南山诗》中就有"山经及地志，茫昧非受授"一句，其中"地志"指《汉书·地理志》，"山经"指的就是《山海经》。

## 第三节　成为守护神：
## 长臂人、长脚人形象的接受与变异

　　《山海经》中记录了不少远国异人，他们往往在肢体上有异于常人之处，居住在散布于中土华夏四周海域的岛国中。其中对日本文化影响最大的应该是长臂人与长脚人这一组形象。本节关注平安至中世时期，日本文化对《山海经》中长臂人、长脚人的接受情况，并分为最早的接受表现、形象的变异、接受的动力三部分进行分析，综合论述接受的机制。

### 一、最早的接受表现——从"荒海障子"谈起

　　"荒海障子"是京都御所清凉殿中的一幅障壁画，图上所绘长臂、长脚之人出自《山海经》的长臂国与长股国，是日本最早的"山海经图"。然而，虽然学界及文化界对于"荒海障子"受到《山海经》影响的结论并无异议，但相关论述却稍显不足，因此我们有必要对"荒海障子"与《山海经》的关系做出梳理，论证这是目前已知日本文化接受长臂人、长脚人形象的最早表现。

　　京都御所位于京都上京区京都御苑的西北角，是平安时代的政治行政中心所在。自平安初期到明治维新的一千余年中，它一直是历代天皇的住所。京都御所中建筑、殿宇众多，其中清凉殿是平安中后期天皇的起居、办公之处。日式的建筑中通常用障子来分割房间，又可称为拉窗或拉门，是在木制的窗框、门框一侧糊上纸制成的。出于装饰的需要，贵族们会在纸上绘画，形成了日本独特的室内装饰艺术——障壁画。京都御所的各个建筑之内都装饰有诸多障壁画，且正反两面往往绘有不同的图画，"荒海障子"就是清凉殿中一幅障壁画的名称。

　　如今在京都御所清凉殿的弘厢中，北侧的纸拉门仍然以"荒海障子"为装饰。"荒海障子"是墨绘，高约三米，由左右两扇构成一幅完整的画面，画面中有波涛汹涌的大海。左图中有一长腿男子背负一长臂男子走向海边，长臂男子伸长左臂，做出捞鱼状。右图中也有一长臂男子蹲在树下，右臂伸入海水中捕鱼。目前的展品是由江户末期画家土佐光清（1805—1863）所绘的仿品，原件可能是由平安朝前期的宫廷画师巨势金冈所绘。巨势金冈生卒年不详，活跃于9世纪下半叶，开创了巨势画派，其画风在延续唐绘风格的同时逐渐向日本本土化过渡。但由于缺乏确切的文献支持，原图由巨势金冈所绘之说尚存疑。关于"荒海障子"，目前可见的最早文献资料出自女作家清少纳言（966—1025）的随笔

图 5　早稻田大学藏《荒海障子图样》

集《枕草子》：

> 在清凉殿的东北角，立在北方的障子上，画着荒海的模样，并有样子很可怕的生物，什么长臂国和长脚国的人。弘徽殿的房间的门一开，便看见这个，女官们常是且憎且笑。[1]

清少纳言是当时宫廷中最有才华的女作家之一，与《源氏物语》的作者紫式部并称为日本文学史上的"两大才媛"。清少纳言本姓清原，"少纳言"是其父亲当时的官名，她曾任一条天皇皇后藤原定子的女官。《枕草子》中记录了她对自然的感悟与宫廷中的日常生活。由于当时定子受到宠爱，常与一条天皇同住清凉殿，清少纳言便随之在清凉殿中侍候。女官们聚集的弘徽殿上御局就在弘厢西侧，因此一拉开弘徽殿东侧的纸门，左手边就是"荒海障子"。可

---

[1] 清少纳言：《枕草子》，周作人译，北京联合出版公司，2018 年，第 22 页。

以说，清少纳言与这幅障壁画朝夕相对，应是极为熟悉的，因此她所描述的图像内容也是可信的。《枕草子》中提到，这幅画上画着荒海的模样，并有样子可怕的生物，而这样子很可怕的生物究竟是什么呢？周作人将其译为"长臂国和长脚国的人"，但日文原文是"手长、足长"，直译应该是"长手长脚的人"。可见周作人的译法属于意译，通过翻译直接表明这些形象是来自《山海经》中的长臂国与长股国了。

通过《枕草子》中的描述可以发现，平安中期的"荒海障子"与如今土佐光清的仿制品应是基本一致的。事实上，由于障壁画由和纸绘成，十分容易被毁坏，历史上京都御所又发生了多次火灾，少有障壁画原件能留存下来。就算没有遇到灾害，随着时间的流逝和纸也会发黄，墨迹会褪色，因此每过一段时间，

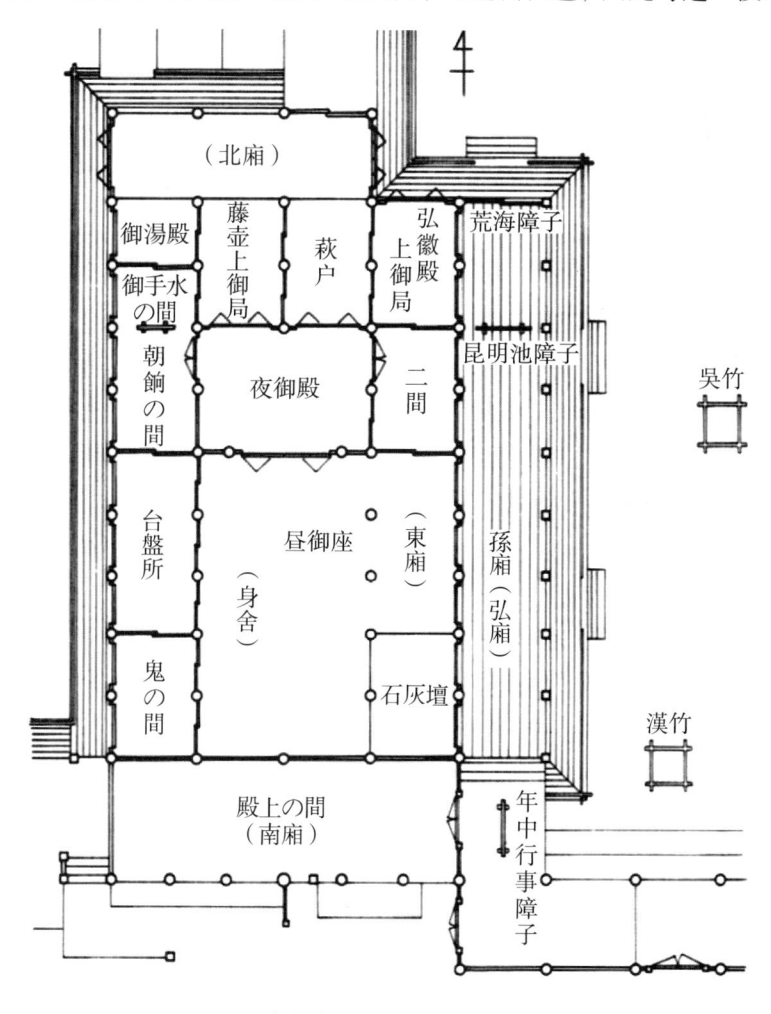

图 6 京都御所清凉殿平面图

第二章 平安至安土桃山时代：仰慕中华文化及宗教影响下的《山海经》接受 | 081

障壁画就要修复甚至重新绘制一遍。而在重绘时，画师会严格按照原作绘制，这也就保证了后世画作哪怕不具有原作的神韵，但构图是一致的。因此，我们可以参考土佐光清的仿制品来研究平安时代的"荒海障子"。对此，学者水野耕嗣也认为，目前所见的"荒海障子"与原件构图是大致相同的。[①]

那么，"荒海障子"上的图画内容是否受到了《山海经》的影响，甚至所绘的就是其中的内容呢？

长臂人的记录出自《海外南经》："长臂国在其东，捕鱼水中，两手各操一鱼。"[②]长脚人的记录则出自《海外西经》："长股之国在雄常北，被发。一曰长脚。"[③]《大荒西经》也有言："西北海之外，赤水之东，有长胫之国。"[④]此长胫之国应该与长股之国同出一源，甚至就是指的同一个国家。学界一向存在《海经》《荒经》部分是缘图作文的说法，而古图已不可考，就连魏晋时期曾流行过的"山海经图"也未能流传到今天，但我们根据郭璞的《山海经图赞》可以推知当时图画的大致内容。其中收录了一首《长臂国图赞》："双肱三尺，体如中人。彼曷为者？长臂之民。修脚自负，捕鱼海滨。"[⑤]但这一传世版本的图赞恐怕有误，先秦时期的三尺不足一米，这样的长度并不能称之为"长臂"。而且郭璞在"长胫之国"处注道"脚长三丈"[⑥]，这样的长度符合"长脚"的特征。根据常识来判断，并考虑到长臂、长脚的尺寸理应互为对应，我们怀疑《长臂国图赞》中的"三尺"本应作"三丈"。而且唐代类书《初学记》十九卷中有引郭璞的《长臂国图赞》如下："双臂三丈，体如中人。彼曷为者。长臂之人。修脚是负，捕鱼海滨。"[⑦]此处的引文作"三丈"，也可为证。而且末句的两个不同版本，大约也应取《初学记》的版本。"自负"不通为理由之一，长臂之人不可能背负着自己捕鱼。理由之二是郭璞在《海外西经》"长股之国"处注曰："或曰：长脚人常负长臂人入海中捕鱼也。"[⑧]可见当时民间流传有这样的传说，因此《长臂国图赞》中应是"修脚是负"，即长脚之人背负着长臂之人，在海边捕鱼。

---

[①] 水野耕嗣：《「手長足長」彫刻の発生とその展開——近世山車彫刻の図様に関する研究》，载《饭田市美术博物馆研究纪要》2010年第3期，第39—86页。

[②] 袁珂：《山海经校注》，北京联合出版公司，2013年，第186页。

[③] 袁珂：《山海经校注》，北京联合出版公司，2013年，第205页。

[④] 袁珂：《山海经校注》，北京联合出版公司，2013年，第331页。

[⑤] 郭璞传，郝懿行笺疏，张鼎三、牟通点校，张鼎三通校：《山海经笺疏》，齐鲁书社，2010年，第5080页。

[⑥] 袁珂：《山海经校注》，北京联合出版公司，2013年，第331页。

[⑦] 徐坚等：《初学记》，中华书局，2004年，第462页。

[⑧] 袁珂：《山海经校注》，北京联合出版公司，2013年，第206页。

如此，魏晋时期流行的这幅"山海经图"就比较清晰了：海边有人背着另一个人，他们长得和普通人差不多，只是下面的人腿长三丈，上面的人臂长三丈，二人互相配合，合作捕鱼。由此可以判断，"荒海障子"上的图画与郭璞所见的"山海经图"是一致的，其内容无疑是源自《山海经》。

## 二、接受过程中的形象变异——成为民间的守护神

当然，究竟是魏晋时期郭璞所见的"山海经图"传到了日本，而后被日本宫廷画师临摹，还是他所作的《山海经图赞》传到了日本，画师根据《山海经图赞》内容加以想象绘制了这样的图画？目前尚无从得知。换言之，我们无法判断相较蓝本而言，"荒海障子"中的形象是否发生了变异。但伴随着长臂人、长脚人这组形象在日本的传播与接受，其形象逐渐从"荒海障子"中分化，并发生了一定程度的变异。变异的形象大致可分为三类，第一类为与手摩乳、脚摩乳的形象发生联结，第二类为民间祭祀中"山车"上的装饰物，第三类为民间传说中的妖怪形象。而这三类形象均与守护神具有关联。

1. 与手摩乳、脚摩乳形象发生联结

"荒海障子"虽然摆放在禁中，但出于各种原因，其图像早已流传到民间并广泛传播。成书于镰仓时代的民间故事书《古今著闻集》中就提到了"荒海障子"上面绘有长手长足的图像[1]。而随着图像流向民间，至晚在中世时期，长臂人与长脚人的形象就与神道教信仰中的神灵手摩乳、脚摩乳发生了关联。

关于手摩乳与脚摩乳，日本最早的典籍《古事记》与《日本书纪》中都有记载。《古事记》编纂于和铜五年（712），书中记录了大量的神话、传说、歌谣与历史；《日本书纪》编纂于养老四年（720），是日本的第一部正史，其中前两卷被称为"神代卷"，讲述的是天皇接管日本国土之前神灵间发生的事情。《古事记》与《日本书纪》并称为"记纪"，是日本文学、历史的源头，也是最早记录日本神话的典籍。"记纪"中皆记录了素戈鸣尊（亦称须佐之男命）由天界降至出云国后，斩八岐大蛇并娶妻生子的神话，手摩乳与脚摩乳就出现在这段叙事中。《古事记》中的记录如下：

> 故所避追而，降出云国之肥河上，名鸟发地。此时箸从其河流下，于是须佐之男命以为人有其河上而，寻觅上往者，老夫与老女二人在

---

[1] 橘成季著，永积安明、岛田勇雄校注：《古今著闻集》（卷十一），岩波书店，1966年，第309页。原文为："荒海の障子と名付て、手长・足长など書きたり。"

而，童女置中泣。尔问赐之汝等者谁。故其老夫答言，仆者国神，大山津见神之子焉。仆名谓足名椎，妻名谓手名椎，女名谓栉名田比卖。亦问汝哭由者何，答白言："我之女者，自本在八稚女，是高志之八俣远吕智，每年来吃。今其可来时，故泣。"①

《日本书纪》中的记载类似，不过由于《古事记》中的神名多是用汉字表示的日文读音，而《日本书纪》则是完全用汉语写成，因此两部文献中的神名多有不同。在《日本书纪》中，"须佐之男命"被称为"素戋呜尊"，"足名椎"与"手名椎"分别被称为"脚摩乳"与"手摩乳"，"栉名田比卖"被称为"奇稻田姬"。《日本书纪》记载如下：

是时，素戋呜尊自天而降到于出云国簸之川上。时闻川上有啼哭之声，故寻声觅往者，有一老公与老婆，中间置一少女，抚而哭之。素戋呜尊问曰："汝等谁也，何为哭之如此耶？"对曰："吾是国神，号脚摩乳，我妻号手摩乳，此童女是吾儿也，号奇稻田姬。所以哭者，往时吾儿有八个少女，每年为八岐大蛇所吞。今此少童且临被吞，无由脱免，故以哀伤。"②

忽略神名差异，两部文献中相同的记载是，素戋呜尊来到出云国后，遇见一对围着女儿哭泣的老夫妇。询问后得知，八岐大蛇每年都要来吃这对夫妇的女儿，已经连吃了七个，如今他们仅剩这一个女儿了。后面的情节是，素戋呜尊将奇稻田姬变作梳子插在头发上，令两夫妇酿造烈酒灌醉八岐大蛇，将其斩杀。打败了八岐大蛇后，素戋呜尊与奇稻田姬结婚生子，在出云国定居并建造了宫殿。《日本书纪》中，素戋呜尊将脚摩乳与手摩乳封为守护宫殿的神灵，并将他们命名为稻田宫主神。而在《古事记》中，则只将足名椎任命为稻田宫主须贺之八耳神。关于这一对夫妇神的命名，从"脚摩乳""手摩乳"的文字可知，似乎是在描述用手脚摩挲、爱抚子女的样子，表现了父母对子女的疼爱。而《古事记》中以日语读音命名，"名"的古日语读音为"なづ"，与"撫づ"相同，有"抚摸"之意。"乳"与"椎"都读"ち"，可能是"精灵、神灵"的意思。

至于这两个神的形象如何，我们不得而知。虽然自古即有不少神社祭祀二者，至今仍有岛根县的熊野大社之稻田神社、兵库县的广峰神社、埼玉县的川越冰川神社、冈山县的足王神社等将他们奉上神坛，但由于神道教的神社并不

---

① 太安万侣编，青木和夫等校注：《古事记》，岩波书店，1982年，第84页。
② 舍人亲王著，坂本太郎等校注：《日本书纪》（上），岩波书店，1967年，第121—123页。

供奉神像，因此这两个形象一直未能具象化。我们仅能根据神名中的"足"与"手"来想象，他们的形象大约分别突出了这两个部位的特征。中世时期，手摩乳、脚摩乳的形象已经与长臂人、长脚人的形象发生了重叠。长野县诹访市的足长神社与手长神社可以作为此说的佐证。足长神社是诹访大社上社的末社，位于桑原城的山上，据说原本的神社是合祭足长与手长，但约在镰仓时代（1185—1333）村落分为上桑原与下桑原两村时，足长归上桑原村祭拜，手长则归下桑原村祭拜。根据神社的说明文字可知，当地人认为主祭神灵就是足摩乳（应为"脚摩乳"），将其视为上桑原村的守护神。手长神社则位于诹访市的茶臼山，主祭手摩乳。由此可见，至晚在镰仓时代，当地人心中的脚摩乳与手摩乳就是类似长脚人、长臂人的形象了。

2. "山车"上的装饰物

上文提到，"荒海障子"的图像在中世已流传至民间，到了室町时期，不仅初期的军记物语《太平记》中对它有描述，而且成书于室町中期的类书《壒囊钞》（1446）中也提到，大内之中的"荒海障子"上画着长臂国人骑在长脚国人肩上入海捕鱼的姿态。而在民间神舆的水引之上，则绘着手长足长的形象，这就是由"荒海障子"中的一组形象拆分出来的。[①]

神舆，也称为"屋台"，即山车，是日本各地神社祭祀活动中的常见之物，根据地区不同又有地车、花车、车切等不同的说法，实际上既是神社的象征，也是流动的舞台。《壒囊钞》描述的就是民间祭祀活动的场景，山车总体结构类似一个缩小版的神社，上面往往装饰着各种精美的绘画、雕刻、刺绣，有的车上还安装有人偶进行表演。《壒囊钞》中提到绘有长臂人、长脚人形象的"水引"，就是山车上所张挂的帷幕上的一幅短小垂幕。与"荒海障子"中长脚人背负长臂人共同构成一个整体形象不同，山车上的长臂人、长脚人形象是各自独立的，并构成了一组左右对称的组合形象。《壒囊钞》的编著者为观胜寺的僧侣行誉，生卒年已不可考，室町时代的观胜寺位于如今的京都，其中记录的或许是京都一带的情况，也可能是各地都有的普遍情况。

中世时期民间祭祀活动的山车上常以长臂人、长脚人形象作为装饰，并具有某种守护神的意义。这样的习俗一直流传到了今天，虽然如今的情况发生了种种变化，但相关记录仍具有一定的参考价值。岐阜县的高山市每年都会举行两次重要的祭祀活动，称为高山祭。祭祀最大的特色是山车游街表演。其中春

---

[①] 行誉：《壒囊钞》（卷二），林甚右卫门，正保三年（1646）刊，第2页。

祭中最著名的山车之一是惠比须台，上面左右各摆放有长脚人与长臂人的木雕。而惠比须台之所以出名，是因为最初这两个木雕是由木雕大师谷口与鹿（1822—1864）于嘉永元年（1848）雕刻的。长臂人与长脚人的形象在高山市随处可见，可谓当地的吉祥物。如锻冶桥上就放置着一对长臂人、长脚人的雕像，深受当地居民及过往游客的喜爱，甚至还被当地餐厅画成卡通人物做成招牌，可见二者已经成为当地的旅游形象。锻冶桥上的两座雕像与山车上的木雕一样，也是仿自谷口与鹿的雕刻。当地人认为，山车及桥上的长脚人与长臂人就是脚摩乳与手摩乳的形象，他们共同守护着高山地区的安康。

3. 传说中的妖怪

此外，日本各地还流传不少关于长臂人与长脚人的神话、传说和故事，二者被视为妖怪，但被收服之后则成为当地的守护神。如山形、秋田两县交界处的三崎山地带有一处被称作"有耶无耶关"的山岭，当地流传着关于此名由来的传说。据说从前有一对妖怪夫妻居住在山上，一个手很长，一个脚很长，他们常常吃掉过往的旅人或袭击海中的船只。当地的山神大物忌神知晓后，便派遣一只三足乌鸦至此，一旦妖怪出现就大喊"有耶"，若不出现就喊"无耶"，帮助过往的行人规避风险。最终，这两个手长足长的妖怪被造访当地的慈觉大师除去，而当地如今仍留存着"有耶无耶关"的遗迹，并立有标志。此外，福岛县北部的磐梯山地带也有相关传说。磐梯山过去被称为病恼山，因为相传山上居住着两个分别长有长手、长足的妖魔，他们不仅传播疾病和瘟疫，而且使得当地长期被阴云笼罩，人们无法安居。弘法大师来到此地，用铁钵将他们收服后镇压在山顶，此后长手人、长脚人被当地居民作为山神祭拜。虽然磐梯山传说中的长臂人与长脚人最初是作恶的妖怪，但被收服后反而成为当地的守护神，与神社中供奉的脚摩乳、手摩乳两位神灵的功能是类似的。至今在日本留存的不少与长臂人、长脚人形象相关的雕像和遗迹，都具有守护神的性质。这些相关传说始于何时目前已难以考证，但是根据中世时期二者已与脚摩乳、手摩乳形象发生融合可知，早在当时日本民间就流传有长臂人、长脚人的相关传说，类似"有耶无耶关"、磐梯山等地的传说可能早在中世甚至更早就产生了。

总之，至晚在中世时期，长臂人、长脚人的形象就与神道教信仰中稻田宫的守护神——手摩乳、脚摩乳发生了关联；同时成为民间祭祀中山车上的装饰物，被赋予了某种守护神的特征；在民间传说中，即便最初是妖怪的形象，最终也往往被收编为当地的守护神。

## 三、接受的动力

为何《山海经》中长臂人、长脚人的形象会受到日本人的喜爱，不仅在平安时代成为天皇御殿的装饰画，而且在中世时期传入民间，与传统神道教信仰产生融合，成为各地的守护神？要探究日本文化对其接受的动力，可以从阴阳道的影响、唐物的流行、神道教的吸纳三个角度展开讨论。

### 1. 阴阳道的影响

首先，从"荒海障子"摆放的位置可以判断，它大约起到了辟邪、驱鬼的作用，而这与平安时代上流社会中阴阳道的流行密切相关。

阴阳道是一种基于中国阴阳五行思想及其派生出的祥瑞灾异说、谶纬学说、易学、道教等知识之上的，结合日本本土经验发展出来的咒术思想。从实践层面上来看，最初的阴阳道是以政府机构阴阳寮为中心进行活动的，阴阳师均为政府官员，需要接受正规教育并经过严格考核后才能任职。因此，山下克明将阴阳道定义为"是以阴阳寮为母体，以咒术宗教活动家——阴阳师为核心，在从九世纪后半期到十世纪之间形成的职业与咒术宗教的代名词，同时也是由阴阳师构成的学派名称与集团名称"[①]。日本文化中一向认为天灾与疾病源于神明、怨灵的作祟，而平安时代皇室与权贵集团之间斗争激烈，常有无辜者因政治斗争死亡。因此，平安皇室格外恐惧神明与怨灵作祟，也十分依赖阴阳道的占卜与镇服物怪[②]等仪式。阴阳道十分重视方位的吉凶，这一思想最初源自中国的易学，奈良时代或更早就传入日本并被接受，在历书中也有体现，后来进一步发展并被阴阳道吸收。

在阴阳道的观念中，丑寅方位即八卦中的艮位、八方中的东北方位是最危险的，被称为"鬼门"，传说鬼魂会从这里进入。与之相对的西南方，即未申方位、坤位，则被称为"里鬼门"，又被称为"人门"。当然，这样的说法最初源自中国，传入日本后则逐渐发展出了自身的特色。"荒海障子"位于清凉殿弘厢的北侧，也就是整个御殿的东北角，正是"鬼门"的方位；而与此正相对的御殿西南角，设有一个被称作"鬼间"的房间，正是"里鬼门"的方位。

---

[①] 山下克明：《发现阴阳道：平安贵族与阴阳师》，梁晓弈译，社会科学文献出版社，2019年，第12—13页。

[②] 物怪，即"物の怪"，指古代日本民间信仰中附在人类身上，使人痛苦的怨灵（包括死灵与生灵）等，也可以泛指妖怪或精怪等。

日本皇室一向十分注重对"鬼门"和"里鬼门"方位的防范，建造平安京时更是如此。延历三年（784），桓武天皇（737—806）从平城京迁都长冈京，在十年之后即延历十三年（794）又迁都平安京，长冈京很快被废弃的原因就与怨灵作祟有关。在这十年间，桓武天皇身边的亲人接连去世，都城也发生了疾病、干旱、洪水等各类灾害，再加上对外作战中被北方虾夷打败，天皇感到十分恐惧。经过阴阳师占卜，认为与早良亲王的怨灵有关[①]。于是，天皇决定放弃长冈京，另择一可镇压怨灵的风水宝地再建都城。新都平安京的修建处处可见防御邪祟的设计，不仅四方分别由神兽守护，而且在鬼魂最易出入并聚集的东北（鬼门）及西南（里鬼门）方位上分别修建了比睿山延历寺及石清水八幡宫。而且，由于驱魔的日语为"魔が去る"，"驱除"的日文读音"さる"与"猿"读音相同，因此猿猴被视为驱魔之物。又因为里鬼门所在的未申之位，申位也对应猴，因此猿猴被视为能镇压鬼门邪祟的神物。在平安京中，不仅鬼门封印处的路被命名为"猿之道"，京都御所的东北角被称为"猿辻"，而且猿辻的东北方向还供奉有幸神社的猿田彦大神、赤山禅院的猿神、比睿山日吉神社的神猿等。

在严密防范怨灵邪祟之物的平安京中，御殿自然是防范的重中之重。在清凉殿西南角的鬼间中，南侧纸拉门上绘有"白泽王斩鬼"图，据说是康宝元年（964）由宫廷大和绘画师飞鸟部常则所画，今已不见。白泽王是古印度波罗奈国的国王，传说是能捉鬼的英勇武将。大约当时人相信，若有鬼魂从东北角的鬼门进入清凉殿，会直线行走并进入位于西南的房间，因此将其命名为"鬼间"。而墙上的白泽王则会挥动宝剑，将闯入这里的祟物一一除去。而这个鬼间北侧的纸拉门被称为"鸟居障子"，池田龟鉴提到这是因为此处柱子上部形如鸟居的原因。[②]"鸟居"是日本神社入口处的建筑，用以区分神灵的世界与世俗的世界，大约这个分隔准备膳食的"台盘所"与鬼间的障子是有意制作成鸟居的样子，用来区分鬼域与人界。当侍奉之人穿过鬼间时，要不断喊着"おし"，即注意避让之意，这样的话语显然是说给鬼魂听的。

无论是平安京还是京都御所都对东北角的鬼门十分重视，或用猿神，或用佛寺等进行镇压。而清凉殿东北角处并无猿神等物，只摆放了"荒海障子"，可见其被赋予了除祟的功用。学者张西艳也提出："荒海障子"很可能有驱鬼的作用，其上所绘的长手长脚之人扮演着驱鬼门神一类的角色，这大约是受到

---

[①] 早良亲王是桓武天皇的弟弟，因宫廷斗争而流放，途中绝食自尽。
[②] 池田龟鉴：《平安朝的生活与文学》，玖羽译，四川人民出版社，2019年，第53页。

了王充《论衡·订鬼》引《山海经》中一段文字的影响。[1] 的确，《山海经》原文中未见此句，但《论衡·订鬼》有引，或许是《山海经》的佚文，只是今本已不见。《论衡·订鬼》中的引文如下："沧海之中，有度朔之山，上有大桃木，其屈蟠三千里，其枝间东北曰鬼门，万鬼所出入也。上有二神人，一曰神荼，一曰郁垒，主阅领万鬼。恶害之鬼，执以苇索，而以食虎。"[2] 可见东汉时的中国民间相信鬼门由神荼、郁垒两门神把守，他们居于大桃木之上，会用苇索将恶鬼捉去投喂老虎，守护着世间的安宁。或许，"荒海障子"上的长臂人、长脚人就是类似神荼、郁垒的存在，扮演着把守鬼门、不放恶鬼进门的角色。

这一判断有理，日本有不少古籍文献都将"鬼门禁忌"与《山海经》联系在一起，我们以江户时期学者的两个观点为例进行说明。第一个例子是活跃于19世纪初的学者谷斗南在风水学著作《家相图说》中有言：

> 阴阳家尤忌鬼门，世俗亦极忌之，其故何也。《山海经》曰："东海度朔山有大桃树，蟠屈三千里，其阜枝向东北，曰鬼门，万鬼出入也。有二神，一曰神荼，一曰郁垒，简阅万鬼之无道者，缚以苇索，执以饲虎。"若无其兄弟简阅万鬼，则忌鬼门，可也。今缚以苇索，执以饲虎，则不可忌之。[3]

文中谈到若无神荼、郁垒两位兄弟门神检阅从这里出入的众鬼，拦住恶鬼并投喂饿虎，人间的安宁就会受到影响，鬼门就会成为非常危险的存在。而这段关于鬼门的引用则直接引自《山海经》，可见在后世学者的观念中，此说并不是出自《论衡》，而是《山海经》。不过，与《论衡·订鬼》中的引文相对照，《家相图说》与它有出入的地方较多，似乎作者谷斗南在书写这段时并未对照原文，而是凭借记忆用自己的语言进行了复述。《家相图说》中出现了原本中没有提到的东海，此外大致意思基本与《论衡》一致。

第二个例子是江户初期的僧人泊如运敞（1614—1693）在《寂照堂谷响集》中的论述，此处对鬼门的描述则与《论衡》中的引用差距更大：

> 有客问：俗间东北隅名鬼门，有本说耶？
>
> 答：未考本说。《海水经》云，东海中有山焉，名度索，上有大桃树。东瘣枝名曰鬼门，万鬼所聚。瘣呼罪切，肿傍出也，又木病无枝也。又俗间相传，东北名鬼门，东南名人门，西南称地门，西北称天门。

---

[1] 张西艳：《〈山海経〉在日本的传播和研究》，线装书局，2020年，第51页。
[2] 王充著，黄晖校释：《论衡校释》，中华书局，1990年，第938—939页。
[3] 谷斗南：《家相图说》，见《轮池丛书》（40），手抄本，现藏于日本国立国会图书馆。

又《法苑珠林十》云，依《神异经》曰，东北方有鬼星石室，屋三百户，而其所石傍题曰鬼门。门昼日不闭，至暮则有人语，有火青色。①

其中不仅将"度朔之山"写为"度索"，而且东北枝间的鬼门也被写为"东瘠枝"。神荼、郁垒也未被提及，恶鬼投喂饿虎的描述也未出现。此外，还提到此说出自《海水经》，而中国、日本历代典籍中均并未见此书，显然是"《山海经》"的误写。作者泊如运敞连典故出处都未能记清，只是模糊地听说过这样的说法，因此谬误百出，而且人门与地门的方位也混淆了。明治时期政府编纂大型类书《古事类苑》时，在引用泊如运敞《寂照堂谷响集》该条记录时，又将"海水经"写为"海外经"，即《山海经》的"海外四经"部分。可见后世学者、文人在考证关于"鬼门"的文献记录源头时，多忘记了实际应出自《论衡》，而是直接认为就是出自《山海经》。

《论衡·订鬼》中引《山海经》佚文的这段记录流传甚广，影响深远。在后世的日本学者、文人心中，鬼门、神荼及郁垒两位门神是与《山海经》紧密相连的。那么，在设计清凉殿东北角鬼门处的厌胜之物时，设计者大约也会很自然地联想到《山海经》，并顺理成章地选用绘有长臂人与长脚人的"荒海障子"之图，以期起到辟邪、驱鬼的作用。虽然在如今看到的图中，长臂人与长脚人除了手、脚之外与常人无异，并不觉可怕，但清少纳言在《枕草子》中将其描述为"可怕""惹人嫌"②，想来或许在平安时代的原图中，这些怪人的面目也被绘制得十分可怖。毕竟人们认为骇人的面目更能起到震慑鬼魂、驱邪避祟的效果。

总之，平安时代上流社会中阴阳道的流行，赋予了《山海经》中的长臂人、长脚人一组形象驱魔除祟的功能以及守护神的文化含义，这样一组形象成为被日本文化接受的动力之一。

2. 唐物的流行

"荒海障子"作为日本最早的"山海经图"出现在天皇居所中，与平安时代崇尚唐物的风气有关。平安时代本就是在大量摄取中国文化基础上逐渐建立本国文化的时期，因此被分为以吸纳与接受为主的"唐风文化"时期，以及消化与创新为主的"国风文化"时期。在"荒海障子"形成的9世纪后半叶，正值"国风文化"得到推崇与发展的时期，但仍以对唐物、唐文化的崇拜和景仰为前提。

---

① 泊如运敞:《寂照堂谷响集》(卷十)，见佛书刊行会编:《大日本佛教全书》(149)，佛书刊行会，1912年，第10页。

② 这里的"惹人嫌"，日语原文为"にくみ"，周作人的译文中直接把它与后面的"笑"连在一起，译为"且憎且笑"了。

在宫廷中，虽然唐物受到天皇与贵族的钟爱，但日本传统的文学与艺术仍占有一席之地。可以说在平安朝的上流社会中，交织着和汉两种文化，二者缺一不可，也正是这两种文化共同构成了平安时代丰富的物质与精神文化。京都御所各殿宇中的大量障壁画就是很好的例子，这些纸拉门上的装饰画是由正反两面构成的，一般南面为唐绘，北面是大和绘。如清凉殿弘厢南侧的纸拉门上，南面是唐绘"昆明池障子"，北面是大和绘"嵯峨野小鹰狩图"。弘厢北侧的"荒海障子"也是纸拉门南面的图画，北面则是大和绘"宇治之刚代"。"荒海障子"作为唐绘，描绘了汉籍《山海经》中的内容，代表着从中国传来的文化。正是平安时代贵族阶层崇尚唐物、唐文化的氛围，促进了宫廷装饰艺术中对《山海经》内容的接受。

### 3. 神道教的吸纳

长臂人、长脚人能够作为守护神形象在民间被广泛接受，与神道教对它们的吸纳有关。

随着阴阳道在平安朝贵族间的流行，长臂人、长脚人形象被赋予了驱邪除祟的守护神意义，而这与民间神道教信仰中的稻田宫守护神手摩乳、脚摩乳形象有一定的相似性。由于文化的流动向来是双向的，因此我们有理由推测，可能是民间流传的相关神话元素传入宫廷，影响了出自《山海经》的这组形象的文化意义，并与阴阳道的相关观念混杂在了一起。这一问题已难以追溯，但无论如何，伴随神道教在民间的发展，长臂人与长脚人的形象被广泛接受。

神道教信仰源自原始的自然崇拜和泛灵信仰，极具包容性，日本素有"八百万神"之说，可见信仰的广泛性。日本神社林立，去往神社祭拜是民众生活的重要组成部分。神社中供奉手摩乳、脚摩乳，并将其与长臂人、长脚人形象进行联结，既是接受的一种表现，也构成了这组形象在民间被接受的重要动力。

同时，从"成神"的途径之多中也可见神道教包容的神格观。历任天皇、功臣、名匠、普通亡灵、山石树木、各类动物、妖怪等均可成神。而且神道教的神格观认为每个神都具有不同的神格：稳定而散发善意时被称为"和魂"，这也是一般神灵的主要性格；发怒而危害人类时被称为"荒魂"，这是神灵偶尔会显现的性格。由于承认神灵性格具有两面性，因此不少吃人的妖怪也可以被安抚、收编并转化为当地的守护神。这也是日本三崎山、磐梯山当地传说中的长手、长足妖怪成为守护神，被当地民众供奉的重要原因和动力。

## 四、小结

《山海经》中长臂国人与长股国人的形象,在平安时代已逐渐为日本文化所接受,并长期在贵族社会及普通民众之间产生影响。"荒海障子"是目前已知最早的接受形式,但接受的直接途径可能并非原典本身,而是通过图像、图赞、口传叙事等多种形式进行的接受。这组形象在民间的传播过程中发生了多种变异,不仅与手摩乳、脚摩乳的形象发生联结,而且演变为民间祭祀中山车上的装饰物,还与民间传说中的妖怪形象进行了融合,而这三类变异的形象均具有守护神的性质。探究日本文化接受长臂人、长脚人形象的动力,上流社会的接受主要与阴阳道的影响、唐物的流行相关,民间对其接受的主要动力则与神道教对这组形象的吸收有关。

# 第三章 江户时代：锁国背景下的《山海经》接受

## 第一节 理性主义的冲击：真实还是荒诞的论争

秉承平安至中世时期的类书编纂传统，江户时代不仅持续由官方编写类书，而且伴随大众文化的兴盛，民间也兴起了类书编纂的热潮。同样，由于《山海经》具有博物学特征，其内容也多被视为真实的知识而为江户时代的类书所引用。除此之外，辞典、学术书籍、文人笔记中也常常见到对《山海经》内容的引用。可见直到江户时代，部分日本知识分子、民众心中，仍然将《山海经》中的记录视为完全真实的，认为这是一部具有权威性的典籍。但与此同时，也出现了对它的质疑之声，相关批评可分为两类，一类仅仅在知识层面质疑其记录有误，另一类则上升到书籍的性质层面，认为其中的记载多是荒诞的妄语，甚至由此认为《山海经》的价值不高。面对这样的质疑，也有部分学者出言为《山海经》辩护。本节关注江户时代知识分子对《山海经》的认识，并梳理几种截然不同的观点，围绕真实与否的论争，尝试分析背后的接受机制。

### 一、观点一：《山海经》是真实的记录

在江户时代，不少知识分子仍然将《山海经》视为权威性的典籍，认为其中所载内容是"真实的知识"，并在工具书、文集、学术著作中引用。以下分类书、辞典、本草学著作、学术著作和文人随笔五部分进行讨论。

1. 类书中的引用

在公家、幕府和寺庙的支持下，江户时代国学者塙保己一（1746—1821）等人于宽政五年（1793）至文政二年（1819）编纂、刊行了大型类书《群书类丛》，这属于在官方支持下的编纂行为。全书共530卷666册，分为25个部门，

共收录了1273种日本书目。民间自发的编纂行为有医师寺岛良安仿明代类书《三才图会》而作的《和汉三才图会》，该书出于商业目的而得以刊行，在市场上广为流传，并在文化上产生了很大的影响。民间编纂的日用类书多以普通民众作为阅读、购买对象，而这与江户时代商品经济的繁荣、庶民识字率的上升、出版业的发达是密不可分的。无论是官方还是民间编纂的类书，都多有引用《山海经》之处，对此已有研究有所论及，我们选择相对论述较少的《笺注倭名类聚抄》为例进行说明。

《笺注倭名类聚抄》为江户后期学者狩谷棭斋（1775—1835）于1827年写成，并于1883年出版，是《倭名类聚抄》的注释书。在撰写此书时，作者比对了各个版本的《倭名类聚抄》，以十卷本为底本，参考大量和汉古籍进行了详细、周密的考证。全书用汉文写成，是古代辞书研究史上地位很高的著作之一。由于截至2024年，《笺注倭名类聚抄》一书尚未电子化，因此并不能直接检索书中有多少处对《山海经》的引用。但日本明治时期编修了一部史上最大规模的类书《古事类苑》，各条目都尽可能丰富、全面地引用了明治时代以前的各类文献。目前《古事类苑》已全文数据化，通过"古事类苑全文数据库"进行关键词检索，可以粗略地统计出《古事类苑》一书中提及的《笺注倭名类聚抄》对《山海经》的引用情况。

经过统计发现：《笺注倭名类聚抄》中"山海经"这一关键词共出现了23次，"南山经"等5个关键词共出现62次，"海外南经"等4个关键词共3次，"海内南经"等共5次，"大荒东经"等共2次，合计95次。与《倭名类聚抄》类似，这些多是对动物、植物、疾病等词条进行说明时引用，此外还有人种、人体等。如果在《倭名类聚抄》中引用了《山海经》的词条，在《笺注倭名类聚抄》中也会继续引用；也有一些《倭名类聚抄》原本没有引用的词条，《笺注倭名类聚抄》进行了补充引用。如"翁"条在《倭名类聚抄》中仅为"孙愐切，《韵》云：翁，老人也"[①]。《笺注倭名类聚抄》中则引《西山经》中的"天帝之山有鸟，黑文而赤翁"[②]来进行说明。此外"乳"条，《笺注倭名类聚抄》也引《山海经》中的"以乳为目，齐（脐）为口"[③]进行解释，这也是《倭名类聚抄》中所没有的。此类例子还有很多。

有趣的是，通过比对后会发现，与《倭名类聚抄》中的引用多有谬误相反，

---

[①] 源顺：《倭名类聚抄》（第二卷），那波道圆，元和三年刊，第6页。
[②] 狩谷棭斋著，野口恒重编：《笺注倭名类聚抄》（卷二），曙社出版部，1930—1931年，第90页。
[③] 狩谷棭斋著，野口恒重编：《笺注倭名类聚抄》（卷二），曙社出版部，1930—1931年，第162页。

《笺注倭名类聚抄》中的引用错误不多，也少见错字、脱字、断句及理解上的错误。其中最重要原因的是当时的日本知识分子能够更加容易地获得《山海经》并直接进行引用，而不是如同平安时代一般只能通过手抄本及其他文献的转引而获得。在江户时代，日本不仅已有大量明清刻本《山海经》传入，还出现了多个版本的和刻本，这都为编纂者查阅《山海经》原典提供了便利。

2. 辞典中的引用

辞典与类书性质不同：后者以解释概念为目的，从而进行知识的普及与传播；前者则是解释单字或复词，以词的释义、训诂为主，从而帮助民众阅读、理解词义。但二者的编排形式类似，日本的辞典和类书都是按照门类与"いろは"的假名顺序排列的。而且由于二者都要对词条进行解释，因此多要引用各类经典。江户时代的辞典中也多见引用《山海经》之处。

以《和汉音释书言字考节用集》为例。此书于元禄十一年（1698）出版，是著名国学者槙岛昭武（又名槙郁）所编纂的一部10卷13册的辞典，又叫《书言字考节用集》或《和汉合类大节用集》等，由汉字写成，另标注有片假名训读。"节用集"，是室町时代出现的一种日本国语辞典，一般按照"いろは"的假名顺序排列，其名称沿用至后世。"合类"是指辞典发展到江户时代之后，内容逐渐增加，辞典中逐渐加入日常知识性的内容，即逐渐混入了百科全书的元素。被称为"合类"的节用集通常是按照乾坤、人伦等部分与假名顺序两种方式排列的。

这部辞典有引用《山海经》之处，如"聋"字的释义为："《山海经》：龙听以角，不以耳。"[①]但此句今本《山海经》不见，而是出自宋代罗大经小说《鹤林玉露》中的《字义》篇，其中提到《山海经》中记载有这样一句话，[②]但实际上大约是出自说话者的杜撰[③]。可见此词条应是出自转引，而非引用原典。另有"狒狒"的释义为"人面长臂，被发迅走，又食人，详《山海经》《本草》"[④]。虽然《山海经·海内南经》枭阳国中确有狒狒的记载，但描述语言有所出入。原文为"其为人人面长唇，黑身有毛，反踵，见人笑亦笑；左手操管"[⑤]，与《和汉音释书言字考节用集》不同，这也是应为转引的证据。

---

① 槙郁辑：《和汉音释书言字考节用集》（卷五），须原屋茂兵卫，元禄十一年刊，第16页。
② 罗大经撰，王瑞来点校：《鹤林玉露》，中华书局，1983年，第53页。
③ 翁元圻注曰："《山海经》检此语，未见。"详见王应麟著，翁元圻辑注，孙通海点校：《困学纪闻注》，中华书局，2016年，第1404页。
④ 槙郁辑：《和汉音释书言字考节用集》（卷五），须原屋茂兵卫，元禄十一年刊，第45页。
⑤ 袁珂：《山海经校注》，北京联合出版公司，2013年，第239页。

此外，江户时代其他被称为"节用集"的辞典，如延宝八年（1680）的《合类节用集》、贞享五年（1688）的《鳌头节用集大全》、元禄十三年（1700）的《三才全书诽林节用集》、天明三年（1783）的《合类节用无尽海》等，其中也多有引用《山海经》之处，不再一一列举。

除了节用集之外，其他辞典也常引用《山海经》中的内容。如江户中期国学者、神道家谷川士清（1709—1776）编著的辞典《倭训刊》，全书共93卷，分前编、中编与后编三部分，于1777年至1877年陆续刊行。该辞典中包括了古语（上代语）、雅语（中古语）、俗语（包括口语、方言）等，按照日语五十音的顺序排列，并加以解释及举例，对现代日语辞典有很大影响。其中"りうきう"词条的解释如下：

　　　　琉球、瑠球、流求、龍宮など云り、今中山と称す。慶長十九年、
　　王自来朝す。『南嶋志』に、『山海経』の南倭也といへり。①

译成现代汉语为："琉球、瑠球、流求，或称龙宫，如今被称为中山。庆长十九年，（中山）王亲自前来（我国）朝贡。是《南屿志》《山海经》中所称的南倭。"②该词条是对琉球的解释，认为其是《山海经》中所记载的南倭。但事实上，《山海经》中并未记载"南倭"。《海内北经》中有言："盖国在钜燕南，倭北。倭属燕。"③《倭训刊》的编纂者谷川先生大约是将此句断为"盖国在钜燕，南倭、北倭属燕"，因此误认为有"南倭"这个地名，甚至进一步引申为琉球。事实上，这句话的断句本就有歧义，不仅诸多日本学者如此，不少中国学者如清末学者、外交家黄遵宪，也是采用这样的断句方式。④

梳理了江户时期类书、辞典对《山海经》的引用可知，由于这些工具书在当时具有一定的权威性，因此相关严肃引用无疑是将《山海经》中的部分内容视为了真实的知识。虽然不能因此判断其编纂者认为《山海经》中的所有内容均为真实记录，但至少其中所记录的山川、物产、动植物等内容的真实性得到了肯定，而且这些记录在长期的反复转引中，也累积性地获得了更多的权威性。

### 3. 本草学著作中的引用

据学者统计，《山海经》中所记载的772种动植物、矿物名中，有139种

---

① 谷川士清编：《倭训刊》（卷三十八），篠田伊十郎等抄，文政十三年（1830），第1页。
② 此处为笔者自译，后文自译之处不再标注。
③ 袁珂：《山海经校注》，北京联合出版公司，2013年，第278页。
④ 黄遵宪《日本国志》（上卷）邻交志"华夏"："《山海经》称：南倭北倭属于燕境。"（天津人民出版社，2005年，第96页）

的内容涉及医用功效，占比18%。而其中又有44种名称与《神农本草经》中的药物相近。[①]因此后世医者在注释《神农本草经》时多引用《山海经》中的相关内容，甚至李时珍《本草纲目》也有十余处注释参考了《山海经》。可以说，《山海经》对中国古代医学的发展起到了重要的影响，甚至有学者认为它堪称我国第一部中医学著作。[②]17世纪初，《本草纲目》传入日本，对江户时代的传统本草学产生了重大的影响。此前的日本本草学长期处于学习、模仿中国医药学的阶段，各医家多致力于对中国本草典籍进行校勘、注释与考证。《本草纲目》传入后，日本医家惊叹李时珍丰富的药学知识，感佩于他敢于突破前人模式，厘正历代本草学著作谬误的勇气，赞赏他严谨求真的精神。于是，这些日本医家不仅对《本草纲目》进行了注释、考证等工作，还结合本土实践对其内容进行了批判性的接受。江户时代涌现了数十位研究《本草纲目》的著名医家，并有大量相关著作问世，著作中多有对《山海经》内容的引用。

虽然其中批判性引用居多，但也有正面引用。如江户晚期著名本草学家小野兰山（1729—1810）的《本草纲目启蒙》中，多次出现对《山海经》的正面引用。小野兰山开塾授业，讲授《本草纲目》，此书最初是他的讲稿，由弟子整理后于享和三年（1803）出版。书中结合文献考证与实地观察，对《本草纲目》中的药物进行了考证、补充与勘误。《山海经》也是其参考资料之一。如词条"獾"的释名如下：

> 天狗ハ同名多シ、窮奇<sup>事物紺珠</sup>、陰山獣<sup>山海経</sup>、大荒赤犬<sup>同上</sup>、魚狗<sup>綱目</sup>、二モ天狗ノ名アリ。[③]

译为中文是，天狗有诸多异称，穷奇（《事物绀珠》）、阴山之兽（《山海经》）、大荒赤犬（《山海经》）、鱼狗（《本草纲目》）等，都亦被称为天狗。其中，《山海经·西次三经》的"阴山"词条中确有天狗的记录："有兽焉，其状如狸而白首，名曰天狗。"[④]赤犬出自《大荒西经》："有赤犬，名曰天犬，其所下者有兵。"[⑤]

---

① 张登本、孙理军、汪丹：《〈神农本草经〉与〈山海经〉〈本草纲目〉的关系——〈神农本草经〉研究述评之二》，载《中华中医药学刊》2010年第7期，第1363—1364页。

② 练晓琪、纪晓建：《〈山海经〉对古代中医学著作影响管窥》，载《内蒙古中医药》2012年第9期，第130—131页。

③ 小野兰山口述，小野职孝士德录，井口望之苏仲订：《重订本草纲目启蒙》（第四十七卷），和泉屋善兵卫等，弘化四年（1847）刊，第21页。

④ 袁珂：《山海经校注》，北京联合出版公司，2013年，第47页。

⑤ 袁珂：《山海经校注》，北京联合出版公司，2013年，第343页。

再如"狒狒"词条"一名赣巨人[山海经]"。①"赣巨人"出自《山海经·海内经》，郭璞认为就是《海内南经》中的枭阳国民，也被称为狒狒。②以上两例都是对《山海经》中内容的直接引用。

"芎藭"词条则引了清代吴任臣（？—1689）《山海经广注》中的说法"壶藭"③。可见在江户时代，《山海经》的历代名家注本也产生了一定的影响。

4. 学术著作中的引用

江户时代是日本庶民文化兴起的时代，随着商业的发展、城市的繁荣、民众教育的普及，文化不再是特权阶级独享的精神产品。这一时期涌现出大量出身中下级武士及庶民的学者、思想家、文学家及艺术家，伴随出版业的蓬勃发展，刊印、出版了大量的书籍。学问与写作不再被贵族阶级及寺院垄断，来自庶民阶层的知识分子也可以进行学术研究，著书立说并出版。我们看到一些较为严肃的学术著作中有对《山海经》的直接引用，可见其记录的真实性得到了当时部分知识分子的认可。以下将举两个具有代表性的例子进行说明。

一是新井白石（1657—1725）的地理志《虾夷志》。新井白石是江户时代著名的儒学者，在朱子理学、地理学、历史学、文学等方面造诣颇深，是幕府的重要辅臣。他对琉球、虾夷等周边国家的历史进行考察，写成了《南岛志》《虾夷志》等著作。其中"虾夷"即今天的北海道。《虾夷志》写于享保五年（1720），是日本第一部成体系的汉文虾夷地志。该书序言中提道：

虾夷，一曰毛人，古北倭也。（北倭出《山海经》）④

新井白石考证虾夷在古代被称为"北倭"，并注释了这一称谓出自《山海经》。与前文论述过的谷川士清在《倭训刊》中将琉球称为"南倭"一样，这是将《山海经》中"盖国在钜燕南，倭北。倭属燕"断为"盖国在钜燕，南倭、北倭属燕"所造成的误解。事实上，《山海经》原文中并未出现过"南倭""北倭"的地名或说法。但由此可见，为寻求关于虾夷的最早文献记录，新井白石翻阅中国的古代文献，在《山海经》中找到了最早的相关记录。虽然只是一种误解，但可知在江户时代知识分子的概念中，《山海经》中的部分地理记录是真实可信的地理知识。

---

① 小野兰山口述：《重订本草纲目启蒙》（第四十七卷），和泉屋善兵卫等，弘化四年刊，第39页。
② 袁珂：《山海经校注》，北京联合出版公司，2013年，第240页。
③ 小野兰山口述：《重订本草纲目启蒙》（第十卷），和泉屋善兵卫等，弘化四年刊，第2页。
④ 新井白石著，足立栗园编写：《新井白石修养训》，富田文阳堂，1915年，第170—171页。"北倭出《山海经》"出自注释，为笔者翻译，原文为"山海経にその語出づ"。

二是江户后期"国学四大人"之一的平田笃胤（1776—1843）对自著史书三卷本《古史成文》作注的《古史传》（1814）。平田笃胤一生著作等身，其重要代表作之一是未完成的史书《古史成文》，计划中的15卷仅完成了神代卷的上、中、下3卷。在撰写这部大型史书时，他综合参考了《古事记》《日本书纪》《古语拾遗》《风土记》等诸多古籍的不同异文，选取了最符合自己价值观的说法。其中对《山海经》的引用如下：

尽管后世的药师常会使用禁厌之法治病，但这是自古就有的。不仅是日本，在中国用禁厌之法来治病也是古已有之。中国的医术本就源于巫术。（这在《山海经》中有所记载，据说有巫抵、巫阳、巫履、巫凡、巫相等人，注中提到他们都是神医。）①

可见，平田笃胤在史书《古史成文》的注书《古史传》中提到了医疗手段的问题。在日本，用巫术治疗疾病的方法被称为"禁厌之法"，这是自古即有的传统，在中国巫术也被视为医学的发端。为了论证这一观点，平田笃胤举出《山海经》中的"巫抵"这条记录。这一段出自《海内西经》："开明东有巫彭、巫抵、巫阳、巫履、巫凡、巫相，夹窫窳之尸，皆操不死之药以距之。"② 这六位巫师持有不死药，郭璞注中说他们"皆神医也"③。由于这几个名字都以"巫"字开头，后世文人一般都将他们理解为巫师。而且他们又手持着不死药做出抗拒死亡的动作，大约是在举行某种祛病禳灾、祈求长生的仪式，这与医疗的目的是相似的。此处引用是为了佐证中国医学的源头是巫术，平田笃胤在严肃的史书注书中引用《山海经》中的内容，显然是将其视为真实的、可信的记录。只是此处引用虽然与原文基本一致，但仍有细微出入。不仅落下了"巫彭"，而且将"巫凡"写为"巫几"。造成这一谬误的原因可能出于作者、出版者的疏漏，亦可能出于抄本的谬误，还有可能是引用并非直接来自原文，而是间接引用。

5. 文人笔记中的引用

江户时代书籍出版行业十分兴盛，知识的流动性也相对较强，除了学术著作之外，文人文集中也可见当时普通知识分子的思想及精神面貌。有不少文人

---

① 原文为："抑後世の薬師ども、禁厭法をば、都に用ひぬ事と成ぬれども、我が古は、上件の由緒あれば、更にも云はず、赤県州にても、古は禁厭を専と用たりけり。其は彼国の医術は、もと巫祝の徒より初りしかばなり。（そは『山海経』と云書に、巫抵、巫陽、巫履、巫几、巫相など云ありて、注に皆神医也とあり。）"参见平田笃胤著，平田铁胤等续考：《古史传》（第十八卷），平田以志刻印，明治二十年（1887），第57页。

② 袁珂：《山海经校注》，北京联合出版公司，2013年，第263页。

③ 袁珂：《山海经校注》，北京联合出版公司，2013年，第263页。

随笔中出现了对《山海经》的引用，大多数是带有考证性质的随笔，引用之处多是对动植物、神灵、远国异人的注释或阐述。

江户后期国学者小山田与清（1783—1847）出身下层武士家庭，父母以务农为生，是出身贫寒的普通文人。他的随笔集《松屋笔记》是一部具有辞典风格的随笔集，全书共120卷，现存84卷，大约在文化末年（1818）到弘化二年（1845）间写成。各卷均围绕200余个词条展开联想、进行叙述与讨论，摘录古今书籍中的相关内容，并发表自己的观点。其中提到了小人国（短小人）：

> 如今是弘化二年的正月，在两国桥东设立了一个短人剧场，据说其中的短人兄弟已经二十多岁了，但从头到脚仅有二尺五寸多长。在《琅邪代醉编》二十七卷中的长人条和短人条中，提到晏子不满三尺，务光高八寸，张仲师高二寸，还提到了朱匣里的小人、元代外国所献的小人及《山海经》中的小人国等事。①

作者看到矮人剧场中不足一米的成年男子，感到十分惊奇，便通过明代张鼎思《琅邪代醉编》第二十七卷所记载的内容进行考证，发现侏儒的现象并不罕见。中国古代的晏子、务光等都是矮人，此外还有种种关于小矮人的传说，《山海经》中也有小人国的记载。这里对《山海经》中的引用属于通过《琅邪代醉编》的间接引用。事实上《山海经》中并未出现"小人国"，但关于矮人的记载确实出现了几处。如《海外南经》中的周饶国，《大荒南经》中的焦侥之国、菌人，《大荒东经》中的靖人，等等。

再举江户末期文人山崎美成（1796—1856）《世事百谈》中考证九尾狐的一篇文章为例。山崎美成出身市民阶层，家中从事草药贩卖生意。他一心向学，甚至不惜将全部家业都投入学问与写作。他一生著作众多，以小说、杂记、随笔为主。《世事百谈》收录了他对生活中一些事物、现象的观点，现存共四卷，其中收录了一篇《九尾狐》，如下：

> 《玉藻前》的谣曲中讲述的那须野杀生石的故事，人们已经耳熟能详了，又因为过去《妖狐传》之类的小册子曾被印发（传播），所以人们一提到九尾狐，就只认为它是恶狐。过去在《下学集》《琉球

---

① 原文为："今兹弘化二年の正月、両国橋東に短人戯場あり、短人兄弟年廿許にて、身丈頭より足下に至て二尺五寸余といへり。『琅邪代醉編』廿七卷長人の条、短人の条などに、晏子三尺に満ず、務光長八寸、張仲師二寸、朱匣の小人、元代外国所献の小人、『山海経』の小人国などの事お載たり。"参见小山田与清：《松屋笔记》（卷一一二），国书刊行会，1908年，第455页。

神道记》之类的书中也记载了这个传说。在下野的玉藻稻荷社中,供奉着这个恶狐的灵位。但事实上九尾狐最初本是瑞兽,在《太平御览》《山海经》《竹书纪年》《吴越春秋》《白虎通》《古今注》《魏略》以及郭璞《九尾狐赞》中都有引用,可以为证。《侯鲭录》中将官妓称为九尾狐,是因为官妓具有声色,因此将人被(官妓的美貌所)蛊惑比喻为被狐狸精迷住了。①

  文章谈论了九尾狐这一形象在日本的流变。九尾狐最初传来时本是作为瑞兽,却因为《玉藻前》的谣曲、《妖狐传》小说等大众文学及艺术作品的传播,逐渐成为恶兽的形象。一些古代中国文献中确实将九尾狐视为瑞兽,作者举出《山海经》及郭璞《九尾狐赞》等作为例证。九尾狐出自《南次一经》的青丘之山,另在《海外东经》及《大荒东经》中也有提及,但原文中不见"九尾狐"的说法,仅为"有狐九尾"。"九尾狐"的名字在郭璞《山海经图赞》中出现,是后人的命名。而且原文中也难以看出九尾狐是瑞兽,《山海经》原文中只提到它吃人,郭璞在《大荒东经》处注:"太平则出而为瑞也。"②因此,山崎美成对《山海经》中内容的相关认知与郭璞注是密不可分的,甚至可以认为,以他为代表的多数江户文人在概念上并没有对《山海经》原文及郭璞注进行清晰的区分,而是将其视为一体。郭璞的《九尾狐赞》如下:"青丘奇兽,九尾之狐。有道翔见,出则衔书。作瑞周文,以标灵符。"③这描述的是九尾狐衔来天书,预示着周朝治理天下是天命所归,九尾狐也因此被视为祥瑞。《世事百谈》中为考证九尾狐形象的来源,引用《山海经注》及《山海经图赞》,将其视为可靠的、能够真实反映先秦时期中国人思想的记载。

  总之,无论是知名学者的学术著作还是普通文人的随笔,都常见到对《山海经》及其注书中内容的直接或间接引用。这些引用多带有考证性质,是将这些内容视为真实的知识,是可靠的、一定程度上具有权威性的记录。

---

  ① 原文为:"玉藻前の謡曲にて、那須野の殺生石の故事を世人のきゝなれ、かつ過ぎし年、妖狐伝といふ冊子なども印行したることありしからに、九尾狐といへば、悪狐とのみおもへり。ふるくも下学集琉球神道記などにもこの俗説を載たり。下野なる玉藻稲荷の社は、かの悪狐の霊を祭れるとかや。しかはあれど、九尾狐はもと瑞獣にて、已に太平御覧に、山海経、竹書紀年、吴越春秋、白虎通、古今注、魏略、郭璞九尾狐賛等を引用せり、因に云ふ、官妓を九尾狐といへること侯鯖録にあり。これは官妓の声色のために人の蠱惑せらるゝを狐に魅さるゝに喩へしなるべし。"参见山崎美成:《世事百谈》,见今泉定介、富山健校:《百家说林》(第六卷),吉川半七,1891年,第110页。
  ② 袁珂:《山海经校注》,北京联合出版公司,2013年,第296页。
  ③ 郭璞传,郝懿行笺疏,张鼎三、牟通点校,张鼎三通校:《山海经笺疏》,齐鲁书社,2010年,第5089页。

## 二、观点二：错误的知识，荒诞的妄语

江户时代出现的对《山海经》的质疑之声，一方面集中于知识性记录的错误，另一方面则是对书籍性质本身的质疑。其中，对知识性记录的质疑主要集中在本草学著作及学术书籍中，对书籍性质本身的质疑则多见文人文集或学术著作。

1. 错误的知识

（1）本草学著作中的质疑

前文论述了日本本草学著作对《山海经》的正面引用，但也有不少引用属于批判性的引用，即质疑其中具有一些知识性的错误。

首先是《本朝食鉴》。其作者为人见必大（1642—1701），又名平野必大、丹岳野必大千里，是江户前期的儒者、医学家，曾在德川幕府任御医，积累了丰富的食疗学、药物学知识。《本朝食鉴》写于元禄五年（1692），刊于元禄八年（1695），全书仿《本草纲目》体例用汉文写成，收录了日本所产的食物本草400余种，被誉为"日本版的《本草纲目》"。书中内容不乏创造性，在每一部后面都附有"华和异同"，即辨析、考证该物种在两国之间的异同。我们通过"古事类苑全文数据库"进行检索，共找到书中对《山海经》的八处引用，并用表格的形式整理如下：

表5 《本朝食鉴》对《山海经》的引用

| 序号 | 卷/类 | 词条 | 引用内容 | 与原文是否一致 |
|---|---|---|---|---|
| 1 | 五/原禽 | 鹪鹩 | 《山海经》：鸟状如凫。然则为鹪鹩之名者，讹焉① | 《山海经》中无"鹪鹩" |
| 2 | 六/林禽 | 鹦鹉 | 俗训伊牟古，源顺曰：《山海经》青羽赤啄能言，名曰鹦鹉。必大按：此类有数种，然自华来者红白，其余不见之。有小伊晔古者，绿色黑嘴、紫脚红掌，是绿鹦鹉之雏欤。或曰，雄者啄变丹，雌者黑不变，然则绿之雌欤，未详② | 应为"青羽赤喙，人舌能言，名曰鹦鹉" |

---

① 丹岳野必大千里：《本朝食鉴》（第五卷），江户平野氏传左卫门，元禄十年（1697）刊，第33页。
② 丹岳野必大千里：《本朝食鉴》（第六卷），江户平野氏传左卫门，元禄十年刊，第9页。

续表

| 序号 | 卷/类 | 词条 | 引用内容 | 与原文是否一致 |
|---|---|---|---|---|
| 3 | 六/山禽 | 鵰 | 释名：《字书》所谓鵰，大雕也，今从之。源顺曰：和名古和之。《山海经注》：鵰，小雕也。此未详① | 无"小"字。此误与《笺注倭名类聚抄》同 |
| 4 | 六/华和异同 | 鸰 | 《山海经》曰：单张之山有鸟焉，其状如雉而文首、白翼、黄足，名曰白鸰。今本邦为一物二名，自古未详其形色，唯为妖怪耳② | 一致 |
| 5 | 十/华和异同 | 鯏 | 《山海经》：历瀼之水有师鱼，食之杀人。陈藏器亦谓：鱼师大者有毒，杀人。李时珍曰：今无识者。予谓：本邦何时为此名乎？世人时时食之，然未到杀人也③ | 应为"历虢之水" |
| 6 | 十/华和异同 | 鯑 | 鯑者，人鱼，孩儿鱼也。有二种生江湖中，形色皆如鲇，鮠腹下翅形似足，其腮颊轧轧，音如儿啼，即鯑鱼也。一种生溪涧中，形声皆同，但能上树，乃鲵鱼也。然则本朝山椒鱼者，鲵也。陶弘景、郭璞、寇宗奭、《山海经》《蜀志》等说皆相同。徐铉《稽神录》云：谢仲玉者见妇人出没水中，腰以下皆鱼。又《徂异记》云：查道奉使高丽，见海沙中一妇人，肘后有红鬣。俱是人鱼，而名同物异，非鯑鲵也。本朝亦海西洋中见，若斯物者尽有④ | 一致 |
| 7 | 十/华和异同 | 鰠 | 《太平御览》载《山海经》曰：鸟鼠同穴之山，谓水出焉，其中多鰠鱼，其状如鳣鱼，动则其邑大兵。今本朝所名鲤属也，古假用此字乎？⑤ | 应为"渭水""动则其邑有大兵" |
| 8 | 十/华和异同 | 鯇 | 《本草》所谓杜父鱼也。当作渡父，即渡父采于溪涧所食也。名舩矴鱼，见人则以喙插入泥中，如舩矴也。时珍曰：生溪涧中，长二三寸，状如吹砂而短，其尾岐，大头阔口，其色黄黑有斑，脊背上有鳍刺螫人，即是本朝溪涧之也。似鮡同，非鲂鮡鯆鮡之鮡。吴任臣《续字汇补》：鮡鱼名，尾有毒。《太平御览》载《山海经》曰：悬瓮之山，晋水出焉，其中多鮡鱼，其音如吡。此亦渡父乎？⑥ | 应为"县雍之山""其中多鮆鱼" |

① 丹岳野必大千里：《本朝食鉴》（第六卷），江户平野氏传左卫门，元禄十年刊，第21页。
② 丹岳野必大千里：《本朝食鉴》（第六卷），江户平野氏传左卫门，元禄十年刊，第40页。
③ 丹岳野必大千里：《本朝食鉴》（第十卷），江户平野氏传左卫门，元禄十年刊，第32页。
④ 丹岳野必大千里：《本朝食鉴》（第十卷），江户平野氏传左卫门，元禄十年刊，第29页。
⑤ 丹岳野必大千里：《本朝食鉴》（第十卷），江户平野氏传左卫门，元禄十年刊，第28页。
⑥ 丹岳野必大千里：《本朝食鉴》（第十卷），江户平野氏传左卫门，元禄十年刊，第29页。

以上八处引用均出现在入药的鸟类与鱼类词条中。通过与上文所论类书、辞典中的引用进行对比可知，《本朝食鉴》中对《山海经》的引用明显带有质疑的精神，而非将其视为绝对权威的知识。如"鹦鹉"词条中，《山海经》提到鹦鹉是青色的羽毛、红色的嘴。人见必大则指出，鹦鹉这种鸟存在很多种不同的颜色，进口自中国的鹦鹉他本人只见过红白色的，还见过绿羽毛黑嘴紫脚红掌的小鹦鹉，大约是绿鹦鹉的雏鸟。这就补充了《山海经》中的说法。再如"鲔"条，人见必大针对《山海经》记载人吃了此鱼会被毒死而质疑道："本邦何时为此名乎？世人时时食之，然未到杀人也。"[①] 他认为日本人常常食用此鱼，却并未听闻有毒死人的，可见《山海经》的记载有误。此外，我们还可通过分析得知，人见必大的撰写态度十分严谨认真，他将几种互相矛盾的说法列出，在未考证清楚的情况下只言"不详"。如"鹫"词条中提到：《字书》提到鹫是大雕，《山海经注》却说是小雕，由于本人未曾见过此鸟，因此不知哪种说法是正确的。当然，人见必大此处对《山海经注》的引用有误，今本《山海经注》中实为"鹫，雕也"[②]，并无"小"字。此误延续了《倭名类聚抄》中的错误，是因为人见必大在撰写时未必会查找《山海经》原文，而是转引自其他各类文献。关于这一点，从不止一次出现的"源顺曰""《太平御览》载《山海经》曰"等记录便可知晓。而由于引用多为转引，也造成了脱字、错字，甚至原文中根本无此记录的错误。

再看《大和本草》（又名《大倭本草》），成书于宝永五年（1708），是江户初期儒学家、博物学家、本草学家贝原益轩（1630—1714）晚年的代表作。全书共21卷，用日文编成，前两卷论述本草理论知识，其余均为药物论。由于受到西方博物学分类的启发，《大和本草》在《本草纲目》分类法的基础上有所创新，体现了日本本草学的特色。在内容上，《大和本草》以《本草纲目》为依据对比了中日两国的药材，并结合日本行医用药的实践指出了《本草纲目》中的不妥之处。在对《山海经》的引用中也可见此书的这一特点。如第一卷"论《本草》书"中有言："《本草纲目》中的分类多有值得怀疑之处……《山海经》《尔雅》等书都把竹子作为草，但又有说法认为竹子既不是树也不是草，《本

---

① 丹岳野必大千里：《本朝食鉴》（第十卷），江户平野氏传左卫门，元禄十年刊，第32页。
② 郭璞传，郝懿行笺疏，张鼎三、牟通点校，张鼎三通校：《山海经笺疏》，齐鲁书社，2010年，第4882页。

草纲目》却把竹子归为苞木类。"① 可知在此处论证竹子该属于哪一种类的植物时，贝原益轩将《山海经》《尔雅》《本草纲目》放置在了同样的地位，各典籍中均提供了一种记录与分类方法，至于哪一种分类方法更加科学、正确，则要通过实际考证才能得出结论。在另一条引用《山海经》的记录中，作者亦质疑了其引用内容的真实性："《本草纲目》引《山海经》说：师鱼，食之杀人。虽然鲕鱼的确有含有微毒，却并不能将人毒死。"② 这一词条是对"鲕"进行考证，前文提到的《本朝食鉴》也对这一说法提出过质疑，或许是受到了《大和本草》的影响。

此外还有不少引用《山海经》中内容并质疑之的本草学著作，不再一一列举。总之，纵观江户时代日本本草学著作中对《山海经》的引用可知，日本医者了解《山海经》中有大量的草药学记录，并将这些记录视为一种知识进行学习。但到了江户时代，随着本土医药学知识及实践的积累和医疗技术的发展，以及《本草纲目》传入的影响，日本的本草学者开始质疑《山海经》中的相关记录是否准确，并秉承严谨考证的精神进行了辨析与勘误。换言之，这些著作对《山海经》记载的质疑，是在实际考证了本土情况的基础上提出的，是本着实事求是的精神而对其知识性记录不够准确的质疑。江户时代的本草学著作仍然将《山海经》视为最早的本草学记录，其质疑并未涉及书籍的性质本身。

（2）学术著作中的质疑

江户时期，在一些学者的著述中也见到了对《山海经》中相关记载真实性的质疑，下文以松下见林（1637—1704）的学术著作《异称日本传》为例进行说明。

松下见林是江户前期的国学者、史学家，因感叹日本学者多关注中国史籍，却对日本本国的历史知之甚少，因此决心编修本国典籍，以正当时日本学界对中国文化的尊崇之风。《异称日本传》于元禄元年（1688）刊行，参考了中国、朝鲜126种藏书中关于日本的记录，上至先秦古籍，下至元明众家著述，无论长篇大论还是只言片语，凡有涉及日本之处就将其收入并进行分析。书中从最早记录有日本国名的典籍《山海经》论起，引《海内北经》的相关词条及郭璞注：

---

① 原文为："『本草綱目』ニ、品類ヲ分ツニ可疑事多シ……『山海経』『爾雅』等書皆以竹為草、又竹ヲ非木非草トシ別ニ一類説アリ、然ニ『綱目』ニ竹ヲ苞木類ニノセタリ。"参见贝原笃信：《大和本草》（第一卷），永田调兵卫宝永六年（1709），手抄本，第29—30页。

② 原文为："鲕：……又、『本草』引『山海経』曰、魚師食之殺人トアリ。ブリハ微毒アレドモ人ヲ殺サズ。"参见贝原笃信：《大和本草》（第十三卷），永田调兵卫宝永六年，手抄本，第17页。

第三章　江户时代：锁国背景下的《山海经》接受 | 105

《山海经》卷第十二《海内北经》：南倭北倭属燕。（晋郭璞注："倭国在带方东，大海内，以女为主，其俗露顶，衣服无针功，以丹朱涂身，不妒忌，一男子数十妇也。"）①

并在词条下解释：

今按，王充《论衡》曰："禹益并治洪水，禹主治水，益主记异物、海外山表，无远不至，以所闻见作《山海经》。"观此则《山海经》者，益之所作，尧时之书也。《山海经》有倭名，则倭名旧矣。凡异邦人，以我朝名倭，此为权与乎。……不可以此为口实也。况《山海经》并举倭、君子之国，则倭与君子之国相异明甚。曰，《大荒东经》曰："有君子之国，其人衣冠带剑。"注："亦使虎豹，好谦让也。"如衣冠带剑，好谦让，虽似我国风，而我国无使虎豹。②

文中转引了王充《论衡》对《山海经》来源的判定，并同意该看法，认为《山海经》是大禹和伯益共同治理洪水时，走遍天下而写成的真实地理志。由此可见，松下见林并没有质疑《山海经》的性质。文中认为，《山海经》中首次提到"倭"的说法，可见此名称十分古老。而书籍中提及的"君子之国"，虽然被不少学者认为是指日本，但书中既然将其与"倭国"并称，可见所指并非日本。《山海经》中对君子国的描述为"衣冠带剑""好谦让"，虽然符合日本国民的实际情况，但"使虎豹"却与日本国情不符。在《异称日本传》中，松下见林对中国史书中称日本为倭表示了愤慨，并在论证中对中国史书多有疑问和批判。在考证和论述的过程中，松下见林对照《山海经》中关于"倭"的相关记录以及郭璞的相关注释，一一辨析其中对"倭国"习俗的描述。他认为，被称为"倭国"乃是出于对读音类似的"吾国"的误会；"以女为主"则是出于对神功皇后征三韩事件的误传；"其俗露顶，衣服无针工"则并非对日本的描述，而是中国八闽、西南等地区"夷人"的风俗；"以丹朱涂身"是对日本神话的误读；"不妒忌，一男子数十妇也"也是出于传闻之讹。总之，松下见林认为《山海经》及郭璞注中对日本的相关记录多有不实，但其原因并非作者恣意妄言，而是出于以讹传讹的误会。换言之，《异称日本传》中并未质疑《山海经》为真实地理志的性质，而是对其中误解日本之处予以辨析与指正。

---

① 松下见林：《异称日本传》，见近藤瓶城编：《史籍集览》（第20册），近藤活版所，1901年，第7页。
② 松下见林：《异称日本传》，见近藤瓶城编：《史籍集览》（第20册），近藤活版所，1901年，第7—8页。

2. 对"荒诞妄语"的质疑及辩护

（1）对性质的质疑

另一类质疑则不仅限于知识性的错误，而是涉及《山海经》本身的性质问题，认为这部典籍充满了荒诞之语。江户中期儒学者谷重远（1663—1718）在著作《秦山集》中对木下顺庵（1621—1699）笃信《山海经》中的内容展开过严厉的批评：

> 木下氏博学固然，然格物之功恐无足观焉。木下氏曰："倭人自尧时已朝贡，见《山海经》。"予曰："《山海经》文，注者固当曰日本。然既曰'北倭，南属燕'，则非日本。可见燕与日本风马牛尚不足比也。"木下又曰："黑齿国、君子国、扶桑国，皆日本也。"予曰："染齿，我国中古之事也，上古无之。"木下曰："他曾无染齿国，又无名倭国。"予虽湖苇之老，木下又益耄矣，故予不及争而止。今太平之余，来贡之国多矣。近来因录其各国之俗，有号《华夷通商考》书刊行，予考之，应天府下有和州、东京、跤趾，男女皆染齿。木下岂不之考欤①？《史记》《汉书》及我国史不取《山海经》之妄说，《山海经》，后世之伪作欤，或两国史眼目明欤。木下氏虽博学，其无识见，于此可见。（重远谓："《山海经》果不可信之书也，朱子说详矣。"）②

谷重远，号秦山，是江户中期儒学者，属于南学派。他先学习了朱子学、神道教，后又学习了天文、历法学，被称作土佐南学的最高峰，被后世奉为学问之神，受到学子信仰、祭拜。在著作《秦山集》中，谷重远批评木下顺庵对日本国名的考证十分荒谬，最主要的原因是他轻信了《山海经》中的记载。木下顺庵关于《山海经》的相关论述未见于其著作《锦里文集》，根据《秦山集》中的记载可以推测，木下氏与谷重氏之间的论争可能是发生在口头上，故而没有其他文字记录留下。木下氏认为正如《山海经》中所言，倭人自尧帝时期就已经向中国朝贡了。谷重远反对此说，认为《山海经》中既然提到倭国属于燕国管辖范围之内，显然并非指日本。听到这样的回答之后，木下氏又提出，《山海经》中的黑齿国、君子国、扶桑国，所指皆为日本。对此谷重远反驳道：日本有染齿的习俗是从中古（此处指的是奈良、平安时代）才有，上古（飞鸟时代以前）并没有这样的习俗，《山海经》中的染齿国不可能是日本。木下氏对此回应道：除日本之外，哪里还有染齿国和倭国呢？既然没有其他的可能性，

---

① 不通，疑有误，应为"岂不考之欤"。
② 谷重远：《秦山集》（卷十七），明治四十三年（1910）和刻本，第11页。

那理应指的就是日本。谷重远想要再辩,但考虑到木下氏是长辈,年事已高,当时便不再争辩,但在文章中提出了自己的反对意见。他认为,正如《华夷通商考》(1695)中所言,应天府管辖之下的和州、东京、交趾等地有男女皆染齿的习俗,可见有染齿之俗的并不只有日本一国,木下氏怎么不加以考证就妄下结论呢?接下来,谷重远评价了《山海经》的性质:"《史记》《汉书》及我国史不取《山海经》之妄说,《山海经》,后世之伪作欤"。其批评可谓十分严厉,认为其中所载内容是妄说,性质属于后世伪作,是价值低下、不可信赖的。他同时认为木下氏轻信《山海经》之说,是缺乏辨别能力、没有见识的表现。

谷重远是江户朱子学的代表人物之一,深受朱熹学说的影响,因此会评价木下氏"博学固然,然格物之功恐无足观焉"。"格物之功",即格物致知的能力。"格物致知"是朱子学的核心概念之一,指的是研究一个事物并探明其中原理。谷重远对木下氏的批评,主要是认为他研究事物的能力不足,没能正确认识《山海经》的性质。当然,谷重远认为《山海经》是"后世之伪作",其中所言多"妄说",也是受到了朱子学的影响。正如他在此段最后自注道:"《山海经》果不可信之书也,朱子说详矣。"事实上,朱熹对《山海经》的态度是辩证性的,他对《山经》部分的地理志性质较为肯定,但认为除此之外的部分多为荒诞。[①]他曾在《楚辞集注》中批评洪兴祖引《山海经》中内容注解《天问》,并在此提到了自己的态度:"此《山海经》之妄也。"[②]事实上,谷重远并没有全面理解朱熹对于《山海经》性质的判断,而仅凭几句负面的评价就认为《山海经》是不可信之书,是对朱熹观点的误解。

另外,谷重远引《山海经》的"北倭南属燕",犯了与谷川士清、新井白石、松下见林等学者一样的错误,也可见这样的断句方式是江户时代文人一致认可的。此处不仅断句错误,而且其所引也与原文不一致。原文为"盖国在钜燕南,倭北。倭属燕"[③],谷重远则写为"北倭南属燕",大约属于记忆错误。

关于江户时代学者对于《山海经》性质的质疑,再以江户后期的兰学家佐久间象山(1811—1864)为例进行说明。佐久间象山,原名启之助,早年学习儒学,因崇拜陆九渊(被称为"象山先生")而自号象山,后转而学习兰学。

---

[①] 陈连山:《〈山海经〉学术史考论》,北京大学出版社,第112—113页。
[②] 朱熹:《楚辞集注·楚辞辩证》(卷下),见《景印文渊阁四库全书》(第1062册),台湾商务印书馆,1986年,第392页。
[③] 袁珂:《山海经校注》,北京联合出版公司,2013年,第278页。

他有一组仿陶渊明《读山海经》诗所作的《读宋氏〈宇宙记〉》诗，收录于《象山先生诗抄》，在诗的序言处对《读山海经》诗及《山海经》典籍本身都做出了评价：

> 余诵陶处士《读山海经》诗，喜其冲澹深粹，迪①然有自得之意，然亦憾其所云终宇宙者，止于《山海经》《穆天子传》恍惚怪奇之说也。余尝病汉土诸贤谈论物理，多出臆度而其失流于虚诞，窃欲救此弊以西洋实测之言久矣。偶得独乙人宋墨尔氏所著《宇宙记》而读之，天地之大，日月之明，暑寒昼夜之运，风云露雷之变，禽虫草木之微，无一不阐其幽而探其赜，真可谓综括宇宙，终始古今者，余甚乐焉。乃以处士"俯仰终宇宙，不乐复何如"为韵作诗十首，若其思致拙劣，命辞凡陋，固无足稽，然至其云云者，则窃以庶几焉。第不识览者以为如何耳。②

根据诗前所写的"壬子"可判断，此诗写于 1852 年。《宇宙记》是一本西方传来的现代天文地理学科普读物，"独乙"即"德意志"，是日语"ドイツ"的汉语音译。"宋墨尔氏"是德语姓氏的音译，即 Sommer，日语音译为"ソンメル"。经池田哲郎考证，该书出版于 1847 年，佐久间象山所购买阅读的是译为荷兰语的版本。③《宇宙记》的输入与江户时代的兰学传播关系密切。江户初期，德川幕府为维护统治，禁止天主教的传播，下令锁国，彻底中断了与西班牙、葡萄牙的贸易往来，却仍然保持了与中国、荷兰的交往。荷兰在江户锁国时期成为日本了解西方的窗口，不断向日本输入与自然科学有关的书籍，"兰学"一词也应运而生，被用来指称经由荷兰人传入日本的西方学术、文化与科技。

佐久间象山就是较早一批接受西洋科学的思想家，提出了著名的"东洋道德，西洋艺术"口号，成为日本输入西方科学技术的主导思想。"东洋道德"指的是日本一向奉为圭臬的儒家道德思想，日本化的儒学已经内化为日本民族的文化精神；"西洋艺术"指的是西方的科技与文化。二者结合在一起是指维持日本民族本身的精神面貌与道德准则，积极学习西方的科学技术与文化知识，最终建立一个强大的国家。而这样的思想在《读宋氏〈宇宙记〉》诗的序文中

---

① 同"悠"。
② 佐久间象山著，北泽正诚编：《象山先生诗钞》（上），日就社，1878 年，第 15—16 页。
③ 池田哲郎：《佐久間象山と蘭学——象山蘭書志》，载《福島大学学芸学部論集》1959 年第 1 期，第 74 页。

也可见一斑。

根据文本分析可知，佐久间象山与多数日本儒学家一样，极为喜爱陶渊明的《读山海经》诗，对其评价很高。序言中提到陶诗"冲澹深粹，迨然有自得之意"，是说这组诗立意深远，意境优美，又淳朴自然，让人读来十分悠然、轻快。但与主流评价不同，佐久间象山对这组诗提出了批评意见，并通过对陶诗的批评而间接质疑了《山海经》的性质，"憾其所云终宇宙者，止于《山海经》《穆天子传》恍惚怪奇之说也"。可见他认为陶诗的缺点就在于作者陶渊明对宇宙没有一个理性、正确的认识，而仅仅将宇宙框在了《山海经》《穆天子传》这样缥缈怪奇、充满幻想色彩而过于失真的狭隘范围之内。这样的陶诗评论可谓是古未有过的，是在接受了西方科学的宇宙论之后再回看中国宇宙论而做出的评价。佐久间象山能够在文学审美上肯定陶诗的价值，这与他自幼熟读汉学经典、接受了良好的儒学教育有关；但在科学理性层面质疑陶诗对宇宙的认识，则是以西方的科学知识为准则。他批评《山海经》中的宇宙是"恍惚怪奇"的，"恍惚"意为迷离、模糊、难以辨认，"怪奇"意为怪异、奇特、超出日常经验。换言之，在佐久间象山看来，《山海经》《穆天子传》中对宇宙、世界的认知流于想象，是非理性的。

由此可见，江户时代学者对于《山海经》性质的质疑主要是基于两种思想背景，一是儒家朱子学的理性主义思想，一是西方科学理性主义思想。在理性主义的影响之下，江户时期的知识分子重新审视《山海经》的相关记录，并质疑典籍的性质，甚至对其进行了严厉的批评。当然，面对质疑之声，也有学者为《山海经》进行了辩护。

（2）对质疑的辩护

江户时期，在来自中国的朱子学及来自西方的科学与理性这两股思潮的影响下，日本知识分子逐渐采用更加理性的视角看待学问和世界。在这样的思想背景下，对《山海经》的批评之声愈来愈盛。面对"怪诞、妄说"的评论，也有不少学者发声为其辩护，如江户初期的著名儒学家林鵞峰（1618—1680）就以儒家经典的记载为旁证，论证《山经》部分的记录是真实的。他曾在拟对策文《牛耕》中强调过这一观点：

> ……夫我辈之所尊仰，前有神农，后有后稷，或制耒耜，或教稼穑，然未闻有牛耕之事。《山海经》曰："稷之孙曰叔均，始为牛耕。"不见于经，不载于《史记》，则未必信其所据也。然《春秋传》曰："牵牛，蹊人之田。"疑是耕牛乎？《月令》又曰："季冬出土牛。"说

者以为示农耕。马迁虽以牵牛星为牺牲，或谓耕植之义也。且夫赵过者，汉武之时人也，其治田之时，民苦少牛，教之为犁，然则先汉有牛耕可知而已。虽《山经》之说必不为诬也，若夫宁戚所敲，庄周所畏，庖丁所解，田单所焚之类皆不预我事，则置而不论。[①]

对策文本为唐代科举考试中的应试文体，平安时代引入日本并成为官员选拔考试中的科目之一。由于这一文体便于提出问题、阐明观点并展开论证，因此也受到了后世知识分子的青睐。非正式的应试文被称为"拟对策文"。这篇《牛耕》的策问为："辟草莱任土地者问老农曰：'古耕者，力耕乎，牛耕乎？……然则秦汉已后有牛耕乎？抑又赵过治田之时始有之乎？'"[②]可见文章主要论述古人是从何时开始使用牛耕田的问题。策问中提到，经传中多言用人力耕田，却未听说过用牛耕田的说法。儒家经典中提到牛，多是作为驾车的工具、祭祀用的牺牲，或是烹饪用的食物，却未提及牛可耕田。因此作者感到困惑，便问于田中农夫，农夫笑答自己只知道牛向来可耕田，却不知始于何时。听了农夫的回答，作者林鹅峰发出了引文中的感慨，属于对策的部分。作者认为，《山海经》中提到牛耕始于叔均之事，"不见于经，不载于《史记》，则未必信其所据也"。林鹅峰是著名儒学家林罗山（1583—1657）之子，受到朱子理学影响颇深，这样的观点反映的也是朱子学理性的一面，即认为儒家经典是最为可信的材料，《史记》为信史，这些典籍中没有记载的说法未必是真实的。因此，林鹅峰对《山海经》中的该条记录存疑，并举出了《春秋传》（《春秋三传》，包括《左传》《公羊传》《谷梁传》）、《月令》（出自《礼记》）为例，皆属于儒家五经的范围之内。作者认为这些都是"先汉有牛耕"的可靠论据。有了这些儒家经典中的可靠论据为支持，他最终得出结论："《山经》之说必不为诬也。"当然，作者只是认为《山经》的部分较为真实可信，而未言《山海经》，可见在朱子理学的背景之下，仍然认为《山海经》尤其是《山经》之外的部分多是荒诞、不真实的记录。总之，林鹅峰认为判断史料是否可信的依据是儒家经典及《史记》，而《山海经》中的《山经》有部分记录为真。至于《海经》和《荒经》的部分，林鹅峰的态度则是不置可否。

此外，还有不少学者直面认为《山海经》"荒诞"的批评，并尝试对"为

---

[①] 林鹅峰：《鹅峰林学士文集》（卷五十四），见相良亨等编：《近世儒家文集集成》（第十二卷），ぺりかん社，1997年，第568—569页。

[②] 林鹅峰：《鹅峰林学士文集》（卷五十四），见相良亨等编：《近世儒家文集集成》（第十二卷），ぺりかん社，1997年，第568页。

何荒诞"做出解释。如江户中期的武士、儒学家鹰见爽鸠（1690—1735）在问答形式随笔集《秉烛或问珍》的《潮之说》一文中进行过相关讨论：

  有人问：潮水的涨落总是一分不增，一分不减，是何道理？

  回答道：关于潮水的说法，自古便众说纷纭，未能一致，窃以为潮水乃是天地呼吸之气。所谓呼吸之气，就如人日夜需要呼吸一般，是天地之间的自然的呼吸。

  ……

  窃以为，天地间呼吸的说法有其道理。而如《山海经》《水经》等典籍中所载的，海鳅[①]出洞时潮水退去，入洞时潮水涨满，类似这样的怪诞异说还有不少，如何随着大鱼的出入，会有天地之间潮水的变化之事呢？[②]

在《秉烛或问珍》这部五卷本问答体随笔集中，鹰见爽鸠使用和汉典籍尝试解释世间的怪异事项，认为怪诞的现象背后自有其道理。其中《潮之说》一文解释了潮水涨落的现象，认为潮水宛如天地之间的呼吸，呼气如涨潮，吸气则如落潮，是天地间自然发生的现象。作者提到《山海经》《水经》等典籍中所记录的鲸鱼出洞则退潮、入洞则涨潮之说，鹰见爽鸠认为这样的说法显然是"怪诞异说"，并反问道："如何随着大鱼的出入，会有天地之间潮水的变化之事呢？"在作者看来，这样的怪诞之说也是为了对潮水涨落这一自然现象做出解释，然而其说法荒诞而缺乏理性的思考。

鹰见爽鸠提到这一说法出自《山海经》，但事实上《山海经》原文中并无这样的记载。唐代徐坚所著类书《初学记》卷三十引《水经》道："海鳅鱼，长数千里，穴居海底，入穴则海水为潮，出穴则水潮退。出入有节，故潮水有期。"[③]据郝懿行考证，亦有此条引自《山海经》的说法。[④]但今本《山海经》中已不见，

---

[①] 即鲸鱼。

[②] 原文为："或人問、潮のさし引は一分お増ず、一分お減ぜず、いか成道理にや……
対曰、潮の説、古来紛々として一ならず、案するに、潮は天地の呼吸の気息なり。呼吸の気息といふは、人の日夜の呼吸のごとし、天地の間の自然の呼吸なり。
……
愚案には、天地の呼吸といへる説お可也とす、『山海経』『水経』等に載するがごとき、海鰌の洞より出る時は潮干、洞に入る時は潮満つ抔といへるは異説怪誕にしていふにたらず、なん何ぞ大魚の出入によつて、天地の潮異なる事あらんや。"参见鹰见爽鸠等：《秉烛或问珍》（卷三），儿岛正长手抄本，年代不详。

[③] 徐坚等：《初学记》（卷三十），中华书局，2004年，第742页。

[④] 郭璞传，郝懿行笺疏，张鼎三、牟通点校，张鼎三通校：《山海经笺疏》，齐鲁书社，2010年，第5132页。

或许鹰见爽鸠是从别的典籍中转引了这条内容，并根据转引信息认为是出自《山海经》。而作者虽然批评此说荒诞，并评价《山海经》中诸如此类的异说不一而足，但也隐晦地提出这样的说法是为了对自然现象做出解释，只不过是说法不够理性、不够正确而已。

江户时代流行的黄表纸文学中出现了大量的妖怪物语，这些物语的序言常常为妖怪的存在做出说明，并批判世人不信有鬼的态度。郭璞的《山海经序》也常被引用。如天明五年（1785）伊势屋治助出版的黄表纸绘卷《百鬼夜讲化物语》中，作者古狼野干就在序言中如此提道：

> 胡人见到布而怀疑是麻，越人见到毛毡而惊讶地以为是鸟兽的细毛。大概这都是因为他们将常见之物认为是寻常的，而将不常见之物认为是稀奇的。如果您是和我一样的不通风雅的无趣之人，千万不要说这世上没有妖怪。等到它们变化的时候，鼓槌上会生出羽毛，油漆桶也会长出舌头。从前的阮瞻写作了无鬼论，却还是因鬼而丧命。所以，请不信世间有鬼的人们呀，快来看看这本书吧。[①]

序言中虽然未言及《山海经》，却直接引用了郭璞《山海经序》中的"胡人见布而疑黂，越人见罽而骇毲。夫玩所习见而奇所希闻"之句，并对这一观点表示赞同。郭璞序中提到，不能因为《山海经》中记载有怪异之事就否定其真实性，事实上世人认为的奇怪、荒诞之物并不是因为事物真的奇怪，而是因为世人少见多怪罢了。郭璞序中的原文为：

> 世之所谓异，未知其所以异；世之所谓不异，未知其所以不异。何者？物不自异，待我而后异，异果在我，非物异也。故胡人见布而疑黂，越人见罽而骇毲，夫玩所习见而奇所希闻，此人情之常蔽也。[②]

意为世人认为怪异的东西，却不知它为何怪异；反之，世人认为不怪异的东西，也不知道它为何不怪异。这是为何？事物本身并不怪异，而是因为人觉得它怪异才变得怪异了，因此怪异的是人，而不是物体。因此就像西域之人见到布却以为是麻，越国人见到毛毡却以为是鸟兽的细毛，这都是因为他们将常见之物认为是寻常的，而将不常见之物认为是稀奇的，这也是人们常常会犯的

---

[①] 原文为："胡人布を見て黂と疑ひ、越人罽を見て毲かと駭く。蓋、習見事を信じて希に聞所を奇也。我にひとしき野暮があれば、妖怪無と云ふべからず。其変化の時に及では擂槌に羽も生べく、塗桶も舌を出すべし。昔阮瞻、無鬼論を著て鬼のために命を落す。請、押言を云ふ人々、はやく此本を見て知り給へかし。"参见古狼野干：《百鬼夜讲化物语》，见近藤瑞木编：《百鬼缭乱——江户怪谈·妖怪绘本集成》，株式会社国书刊行会，2002年，第9页。

[②] 袁珂：《山海经校注》，北京联合出版公司，2013年，第399页。

错误。在《百鬼夜讲化物语》的序言中，作者古狼野干引此句的意思，就是对郭璞在序言中的中心思想表示赞同，认为世人以为怪诞的东西，并非事物确实怪诞，而只是人们因自身认知能力有限而少见多怪而已。人们将超出认知范围之外的事物视为怪诞，不仅说明其见识浅陋，更是一种狭隘、自大的表现。

此外，《百鬼夜讲化物语》的序言中还举了阮瞻见鬼而死的例子以为证。此事例出自《搜神记》，据说阮瞻素来是一位无鬼论者，任何人都不能将他驳倒。一日有客来访，客人颇有辩才，谈到鬼神之事时二人争论激烈。客人不能辩赢阮瞻，最终只好承认自己就是鬼，言毕化作异形并消失了。一年后，阮瞻病逝。古狼野干引阮瞻之事，也是在批判无鬼论者的狂妄，认为如果一味执着于自身认知所限而不肯打破局限性，最终就会如阮瞻一般，为自大所害。此例作为江户时代庶民阶级知识分子对《山海经》的理解，也代表了部分文人针对批判《山海经》性质荒诞而做出的辩护。

### 三、小结

总体而言，江户时代虽然仍有将《山海经》作为可信经典而进行的知识性引用，但也出现了围绕其性质的质疑之声。对其进行引用的多为类书、辞典、本草学著作、考证性学术著作及文人笔记，而这些得到肯定的知识也多是自平安时代沿用下来的，在历代类书等权威典籍中被反复引用、强调，并早已在日本人的知识体系中被固化为一种经过认证的知识。这些内容以《山经》部分的记录为多，也有出自《海经》《荒经》的，多为地名、动植物、异兽及异国人物等内容。

江户时代知识分子对于《山海经》的质疑主要集中在两个方面，一是知识性的质疑，二是性质上的质疑，显然后者的严厉程度远超前者。其中质疑知识真伪的学者并未质疑《山海经》地理志或博物学著作的性质，而是提示后人不可不加考辨地尽信。而质疑典籍性质本身的学者则认为《山海经》是一部怪诞、荒谬的作品，甚至批评其为伪作。对其性质进行辩护的学者并不否认其内容多荒诞不经，而是在肯定部分内容为真的同时，对"荒诞背后的道理"及"何为怪异"进行论述。

日本知识分子对《山海经》性质的质疑是受到了朱子学的影响。朱子学虽然早在镰仓中后期就传入日本，但其接受范围一直局限于少数僧侣和知识分子。直到江户初期，在儒学家林罗山及其子林鹅峰的努力之下，朱子学才逐渐被德川幕府承认并成为官学，从此在日本产生了深远的影响。朱子的哲学是崇尚理性的，认为"天唯一道，理无二致"，这是从人与自然界的生命存在中体悟出的理性，是一种具体的理性。[①]在理性思想的启发下，部分知识分子开始反思《山海经》等典籍的性质，并对其中"怪力乱神"的内容给予了很低的评价，认为是虚妄、荒诞的异说，或是后世的伪作。与此同时，江户时期兰学传入，西方科学知识及实证主义开始被知识分子接受，在西方思维方式的影响下，自然对《山海经》颇具神话色彩的记载产生了怀疑，从而质疑了典籍本身的性质。无论是朱子学还是西方科学，都属于理性的精神，共同为江户时代的知识分子带来了理性的启蒙。

## 第二节　对异域的好奇：远国异人形象的接受与变异

前文论述了江户时代知识分子对于《山海经》性质的争论，而发生争论的根本原因在于对待书中"怪异"部分的态度不同。伴随理性思想的发展，知识分子开始质疑典籍中所记录怪鸟奇兽、仙界神灵、远国异人的真实性。但在普通民众之间，这些遭到质疑的内容反而最受欢迎，并作为一种文化元素被广泛应用于文学、艺术的创作。本节关注江户时代民众对出自《山海经》及相关次生文献中远国异人形象的接受，这些形象在日本的文化中不断发生变异，并与本土文化产生融合，呈现出不同的面貌。

### 一、接受的途径——两国的日用类书

江户时代民间流行的远国异人形象呈现出多元的色彩，其中既包括平安时代或更早即传入日本的长臂人、长脚人形象，也包括后世逐渐传入的其他异人形象。

其中，承袭自"荒海障子"的长脚人背负长臂人在海边捕鱼的图像最受欢迎，作为"山海经图"的代表流传甚广。江户中期的儒学家平泽旭山（1733—1791）晚年酷爱旅游，写下了不少游记并收录在著作《漫游文草》中。他在其中一篇《游奥历》中记录了安永七年（1778）赴日本东北进行为期五个月旅行的一路见闻。文章采用日记体书写，详细记录了每一天的旅行线路、食宿之处、所遇人物事件、所见景色及内心感受。其中，四月二十日在金华山游览时有这样的记录：

又待多时，吉甫闷甚，有告者云舟子洋中采海罗[②]，潮时在午后，

---

[①] 蒙培元：《朱子哲学的理性精神及其意义》，见武夷山朱熹研究中心编：《朱子学与21世纪国际学术研讨会论文集》，三秦出版社，2001年，第34—36页。

[②] 即海螺。

身未来，末如之何。求食而不得，奔走村中，仅得烧饼数枚。吉甫向隅而眠，偶海女五六手篮而来，就炉煮海物以贪食，形状粗似"山海经图"矣。一老蛋忽与人争而怒，骂詈叱咤①，颜面似夜叉，言语多不通，不能详意旨也。②

金华山是日本东北部宫城县牡鹿半岛东南一公里外的一个小岛，作者一行人停留在山中的小寺庙附近等船时，看见五六名当地的海女手提海物而来，用炉子将海物煮熟后食用。作者认为她们吃相粗俗，故将其比喻为"山海经图"。又将一个与人争吵的老海女称为"老蛋"，认为她叫骂的样子浑似夜叉。根据文意可知，此处提到"山海经图"是为了形容海女外表丑陋、凶恶，行为举止贪婪、粗俗，于是将其比喻为图中的怪人。根据"海边""贪食海物""似夜叉"几个关键词，很容易联想到《枕草子》中周作人所译的"样子很可怕的生物"③，即绘有可怖的长手长足之人捕鱼的"荒海障子"。我们由此猜想，平泽旭山的《山海经图》可能是与"荒海障子"图类似的一幅。

由于"荒海障子"的影响，长脚人背负长臂人这一组已不见于中国现存诸版本"山海经图"中的形象，却在日本流传甚广。江户时代被誉为"末代妖怪绘师"的河锅晓斋（1831—1889），其画作中就酷爱使用

图7　《柿之曲食》
（万亭应贺案，河锅晓斋画：《晓斋百图》（第2册），江户末期刊，日本国立国会图书馆藏）

---

① 疑是"咤"的误写。
② 平泽旭山：《漫游文草》（第二卷），见王强主编：《日本汉诗文集》（17），凤凰出版社，2018年，第137—138页。
③ 清少纳言：《枕草子》，周作人译，北京联合出版公司，2018年，第22页。

长脚人背负长臂人的形象。在一幅绘制于1863至1866年的画作《柿之曲食》中，十余个出自《山海经》的远国异人在树下摘取柿子食用。其中一长臂人骑在长脚人背上，直接用嘴取食树上的柿子。另一长臂人躺在地面上，双手上举，一手承托着一个小人，另一手则摘取柿子投喂他。还有不少小人顺着长脚人的双足爬到他的背上摘柿子，长脚人脚下坐着一个穿胸国人，正在与小人嬉戏，有一小人正从他胸中的洞口钻出。几组远国异人构成了这样一幅诙谐、滑稽又和谐的画作，动态十足，情节生动，趣味盎然。其中长脚人背负长臂人的一组形象已经从"荒海障子"的特定情境中抽离出来，不再出现在海边，行为也不再限于捕鱼，这也可视为某种形象的变异。但事实上，这些传入日本的远国异人形象已经被充分接受，并成为艺术家们的创作元素。

  这些出自《山海经》的远国异人形象是通过何种途径被日本文化接受的呢？正如多数学者所言，它们大约出自明代类书及日本类书《和汉三才图会》。被誉为"日本漫画第一人"的浮世绘大师葛饰北斋（1760—1849）于文化十一年（1814）出版了《北斋漫画》十五编，其中收录了包括市井百态、鸟兽植物、神佛妖怪等共四千余幅图，是他最重要的代表作之一。第三编中收录了一幅异国人物群像图，由二十四个肢体怪异或穿着奇装异服的人物构成，人物各自独立却又有互动，代表着二十一个海外国家。其中，长臂人、长脚人对称分布于画面的左右边缘，遥遥相对，显然是一组互为对应的图案。另有穿胸人与三首人位于画面的右上角，对坐闲谈；飞头蛮身体向右倾斜，头部却看向左边的小人国，显出吃惊的样子；狗国人回头看向自己的妻子，似要与之交谈；三身人持棍似要攻击正从地下洞穴中钻出的苏部识匿国人[①]……总之，各个人物姿态、动作及身体朝向各异，人物之间多有交流与互动。虽然整幅画面并非描述特定的情节，但画面灵动，具有动态的美感。这幅图中部分囊括了江户时代画作中常见的异国人物形象，既是一幅人物群像图，也可视为葛饰北斋进行创作时的素材图。以下，我们通过对此二十一个海外国家进行梳理，来探求江户时代民间流行的远国异人形象与《山海经》及《和汉三才图会》等类书的关系，并对其形象的来源进行验证（表6）。

---

[①] 图中未标注此国国名，根据比对《和汉三才图会》的图像与文字记录，判断大约为苏部识匿国人。《和汉三才图会》"苏部识匿"词条如下："《三才图会》云：苏部识匿国有夜叉城，城旧有野叉，其窟中在。人近窟住者五百余家，窟口作舍、设关篱，一年再祭。人有逼窟口，烟气出，先触者死，以尸掷窟口，其窟不知深。"参见寺岛良安编：《和汉三才图会》（卷十四），东京美术株式会社，1971年，第46页。

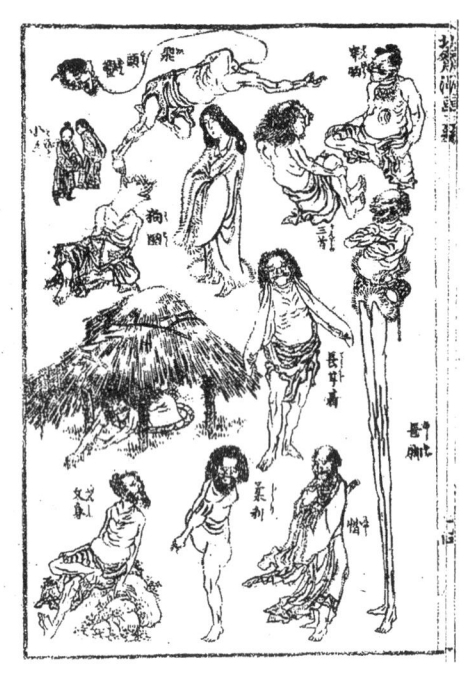

图 8　葛饰北斋图

（葛饰北斋：《北斋漫画 3 编》，片野东四郎刊本，1878 年，第 14—15 页。）

表 6　葛饰北斋图中异人形象梳理

| 序号 | 异人名称 | 《山海经》是否收录 | 《和汉三才图会》是否收录 |
|---|---|---|---|
| 1 | 穿胸<br>せんけう | 《海外南经》"贯匈国" | 是 |
| 2 | 三首<br>さんしゆ | 《海外南经》"三首国" | 是 |
| 3 | 飞头蛮<br>ひとうばん | 否 | 是 |
| 4 | 小人<br>こひと | 《海外南经》"周饶国" | 是 |
| 5 | 狗国<br>くかく | 否 | 是 |

续表

| 序号 | 异人名称 | 《山海经》是否收录 | 《和汉三才图会》是否收录 |
|---|---|---|---|
| 6 | 未标明，根据图像判断，应为《和汉三才图会》中的苏部识匿 | 否 | 图 9①<br><br>图 10 |
| 7 | 长耳聶<br>てうじ | 《海外北经》"聶耳之国" | 是，聶耳国 |
| 8 | 长脚<br>あしなが | 《海外西经》"长股之国" | 是 |
| 9 | 悄<br>しゆう | 否 | 是 |
| 10 | 柔利<br>じうり | 《海外北经》"柔利国" | 是 |
| 11 | 文身<br>ぶんしん | 《海内南经》"雕题国" | 是 |

---

① 寺岛良安编：《和汉三才图会》（卷十四），东京美术株式会社，1971年，第46页。

续表

| 序号 | 异人名称 | 《山海经》是否收录 | 《和汉三才图会》是否收录 |
|---|---|---|---|
| 12 | 未标明，根据图像判断，疑为《和汉三才图会》中的故临 | 否 | 图 11[①]<br>图 12 |
| 13 | 晏陀蛮 | 否 | 是 |
| 14 | 交胫<br>こうけい | 《海外南经》"交胫国" | 是 |
| 15 | 缴濮<br>げたふく | 否 | 是 |
| 16 | 羽民<br>うみん | 《海外南经》"羽民之国" | 是 |
| 17 | 无腹<br>むふく | 《海外北经》"无肠之国" | 是 |
| 18 | 后眼<br>こうがん | 否 | 是 |
| 19 | 长臂<br>てなが | 《海外南经》"长臂国" | 是 |
| 20 | 丁灵<br>ていれい | 《海内经》"钉灵之国" | 是 |
| 21 | 三身<br>さんしん | 《海外西经》"三身国" | 是 |

① 寺岛良安编：《和汉三才图会》（卷十四），东京美术株式会社，1971年，第19页。

通过梳理可知，这幅异国人物群像图的二十一个形象中有十三个可上溯至《山海经》，分别是交胫、无腹、丁灵、长臂、长脚、羽民、穿胸、三首、三身、小人、长耳、柔利、文身，但个别名称有所不同，其余八个形象虽然《山海经》中未见，但均可在《和汉三才图会》中找到。事实上，《和汉三才图会》对其中的二十一个形象均有收录，而且名称也一致。可见，《山海经》虽然是其中部分人物的原始来源，但这些形象的直接参考资料应是《和汉三才图会》一类的日用类书。当然，葛饰北斋图中有两个形象未标明名称，无法直接判断，但可根据图像进行间接推测。其中，居住在地下的苏部识匿较为明显，但是着草裙、持弓箭的形象（图 10）则不具有鲜明的特征，因此不好判断。通过与《和汉三才图会》中的相关图像进行比对，最为接近的是故临，但并无确切证据，仅为推测。

在中国，《山海经》中的远国异人形象在后世文献中反复得到强化，并逐渐传入民间，成为民众知识体系中的一部分。尤其是明代中后期，民间日用类书的"诸夷门"收录了当时人知识体系中的所有海外国家及民族。据刘莎莎研究认为，"诸夷门"中的域外民族来源有二，一是上承自《山海经》、博物志怪书籍的具有想象色彩的记录，二是历朝史书中的真实记录，而明代日用类书则是将这两种文献中的相关记载组合在了一起。[①] 换言之，明代日用类书"诸夷门"中的异人形象是民间系统与官方系统的合流，其中既有真实存在的国家，也有想象中的异人，两个系统被打乱、融合在一起，并逐渐固定下来，共同组成了民众的普遍知识结构。

而随着日用类书东传至日本，这些异国人物形象也受到了日本民众的喜爱，江户时代《和汉三才图会》的流行则使这些形象深入人心。《和汉三才图会》中的海外人物并没有采用《三才图会》的分类方法，而是将他们分列于第十三卷"异国人物"及第十四卷"外夷人物"。前者收录了包括震旦（中国）、朝鲜、耽罗（今济州岛）、兀良哈（乌梁海）、琉球、虾夷、鞑靼、女真、大冤（台湾）、交趾、东京（交趾首都）在内的十一个国家或地区；后者收录了占城、柬埔寨、交胫、长人等在内的一百七十个国家，附录中还有俞儿、帝江、黑人、烛阴、强良、襛泰等六个神名或国名。通过这样的分类可知，日本人在文化心理上对"异国人物"更为亲近，因此未将其称为"夷"。这些国家和地区或曾与日本发生过直接接触，或间接产生过联系，或在较为权威的典籍中有记录，因此更能获

---

[①] 刘莎莎：《晚明民间日用类书诸夷门"远国异兽"研究》，硕士学位论文，山西师范大学，2016 年，第 1 页。

得日本人的心理认同感。而且，这些国家和地区与日本的地理距离相对更近，因此在日本人心中的可信度也高于"外夷人物"。"外夷人物"是带有歧视色彩的称谓，而且其中的国家几乎均未与日本发生过接触，只是从《三才图会》《大明一统志》等书籍中摘录，或是从西方传来的世界地图中知晓的国家，因此对日本人而言，无论是心理亲近度还是真实性都要低于"异国人物"。所有想象中的异人形象都被收录在"外夷人物"中，可见他们不仅被日本人视为较为野蛮、未开化的"夷"，在文化上处于劣等地位，而且其真实性未能得到证实，只是存在于传说中的国家。

这些出自《山海经》的远国异人形象，通过明代类书《三才图会》、建阳日用类书、日本本土编纂的《和汉三才图会》等类书中的图文记录而被江户时代的日本民众熟知。这些人物形象被拆解并重新组合，成为绘画作品中常用的素材。

拆解的例子有河锅晓斋的另一幅画作《手长足长图》，虽然仍是以长臂人、长脚人为素材进行的创作，但二者不再是相互背负的形象，而成为各自独立的个体。该图创作于1871年的明治初期，长臂人与长脚人虽然仍背着打鱼用的斗笠和鱼篓，但均独立站立在地上，彼此凝视，似在进行交流。河锅晓斋1864年的画作《手长猿与手长》中，长臂人则不再与长脚人作为组合出现，而是单独出现了。图中的长臂人穿着类似游牧民族的服饰，双手上举托着长臂猿，长臂猿亦伸长手臂托举着一只大虾，大虾的两只前足伸向夜空，似乎要去拥抱月亮。在这样一幅由长臂人、长臂猿、大虾彼此向上托举的图案中，三个"长臂"的特征反复叠加，展现出向上伸展延长的姿态，具有视觉上的美感。且利用"抱月"这样的夸张行为来突出手臂之"长"，使画面充满了童趣。我们看到，在河锅晓斋的画作中，长臂人与长脚人的固定组合逐渐被拆解为两个单独的素材或意象，并与其他或来自《山海经》中的同质形象，或其他无关的形象进行重新组合，创造出生动有趣的作品。

重新组合的例子也有很多。除河锅晓斋的《柿之曲食》之外，我们再以葛饰北斋的《蛮国灸治》图为例进行说明。该图出自《北斋漫画》第十二编，图中背景为大海，海边一长脚人坐在树上，双腿伸长，等待着长臂人为他针灸。长臂人蹲在地上，身边摆放着施针的工具，右手持一羽毛抚弄长脚人的膝盖，左手则伸向一长羽毛之人。长羽毛之人正在专心灸烤着针，烤好后会递给长臂人。另有一长有两个头的人侍立在侧，手捧一盒医疗用具伸向前方，待长臂人取用。图中长羽毛之人出自《海外南经》的羽民国，被《和汉三才图会》收录。两首

图 13 《蛮国灸治》
(葛饰北斋：《北斋漫画 12编》，片野东四郎刊本，1878年，第25—26页)

一身形象的直接来源大约是《和汉三才图会》等日用类书中一臂国的说明："其人一目、一孔、一手足，半体比肩，由鱼鸟相合，不能独行者。"[①] 总之，整幅《蛮国灸治》图以长臂人为长脚人针灸为核心，配以源自《山海经》的另两位异形人，构成了一幅怪异而滑稽、妙趣横生的图画。而这样的情节并非出自《山海经》原文，也不是对其他画作的模仿，而是作者的原创设计。葛饰北斋描绘的是常见的针灸场景，而主人公则被设计为《山海经》中的几位远国异人，充满了超现实主义色彩。

## 二、立体的呈现——成为"生人形"

出自《山海经》的远国异人形象通过日用类书流入民间，并被江户时代的民众广泛接受。除了画作中的呈现之外，在江户末期还被"生人形"的艺术形式吸纳、采用，以三维立体的形式呈现。"生人形"即人形木偶，仿照真人大小一比一制成，而且皮肤、毛发、五官、服饰等细节都力求逼真，这里的日文"生"即"活着"的意思，可见木偶形象的栩栩如生。"生人形"流行于江户末期至

---

① 寺岛良安编：《和汉三才图会》（卷十四），东京美术株式会社，1971年，第55页。

明治初期，是日本特有的娱乐展演方式"见世物"的一种。"见世物"是起源于室町时代，活跃于江户时代的一种民间舞台艺术，表演以满足人们的猎奇心理为主，在普通民众中受到欢迎。将《山海经》中的远国异人形象制作成"生人形"，是江户末期木偶大师松本喜三郎（1825—1891）的首创。在江户末期的安政年间，大阪、江户等地流行他所制作的异国人物生人形展演，并留下了大量作为宣传之用的浮世绘等画作。

我们将该展演分为大阪和江户两部分进行论述，观察远国异人形象如何被人偶艺术形式吸收，并被民众接受。

1. 镇西八郎岛巡回生人形细工

朝仓无声将"见世物"分为三类：一是魔术、杂技之类的身体技术，二是奇人、珍兽、异花怪石之类的自然奇物，三是彩车、人偶等被称为"细工"的精致工艺品。[1] 按照这样的分类方法，"镇西八郎岛巡回生人形"应属于第二类与第三类的结合，即用人偶艺术的形式展现来自海外异国的奇特之人。镇西八郎，即平安后期著名武将源为朝（1139—1170），以英勇善战、武力高强而出名，后来战败自刎，民众出于同情而创作了不少他实则未死而是漂流海外的相关叙事。

根据目前可见的史料可知，"生人形"工艺始祖松本喜三郎是熊本县的一位雕刻师，于嘉永六年（1853）为当地的地藏祭祀活动制作了第一个人形木偶，由于木偶的容貌、姿态极为逼真，因此在当地受到欢迎，被民众称为"生人形"。当时一位来自大阪的香料师恰在熊本当地，他敏锐地捕捉到商机，并邀请松本喜三郎携带他所制作的"生人形"赴大阪进行展演。松本认为自己为地藏祭制作的木偶取材自熊本当地的文化，并不能引起大阪观众的共鸣，于是构思了一组异国人物的形象，制作完成后乘船到达大阪。第一场被命名为"镇西八郎岛巡回生人形细工"的展演于安政元年（1854）在大阪举行，一出现便引起了巨大的轰动。当时在大阪市中心人流最为密集的澡堂、理发店附近派发宣传单，上面写道：

自寅正月起，难波新地野侧将举办"镇西八郎岛巡回生人形细工"展演。细工手艺人肥后国松本喜三郎、安本善藏、太夫元。[2]

---

[1] 朝仓无声：《见世物研究》，思文阁，1999年，第1页。
[2] 原文为："寅（安政元年）正月より難波新地野側に於て、鎮西八郎島廻り生人形細工、細工人肥後松本喜三郎、安本善藏、太夫元。"

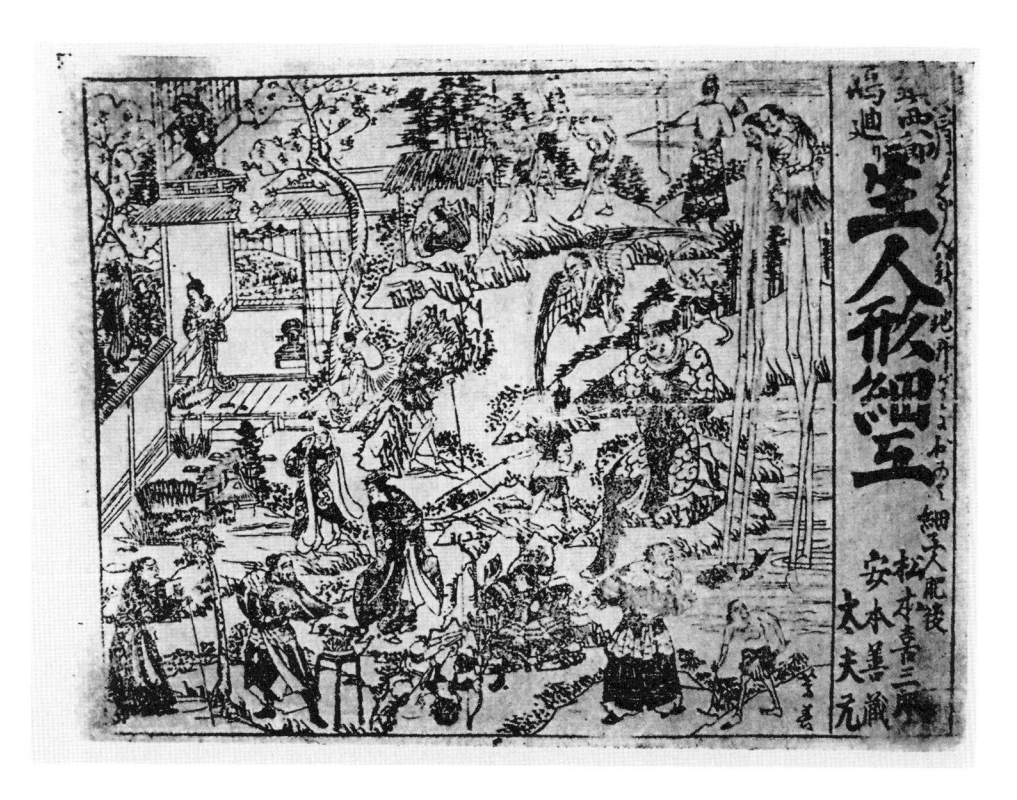

图 14　大阪"镇西八郎岛巡回生人形细工"宣传单
［艺能史研究会编：《日本庶民文化史料集成》（第八卷），三一书房，1976 年，第 583 页］

宣传单中还绘制了展演中出现的十六个异国人物，通过图像识别并参考朝仓无声的研究可知其分别为：长臂国、长脚国、穿胸国、交胫国、不死国、长人国、小人国、无腹国、聂耳国、女人国、昆仑层斯国、后眼国、丁灵国、柔利国、羽民国、大食国等。此外，还绘有主人公源为朝、鬼岛人及长崎丸山的游女。朝仓无声认为这些形象均出自《和汉三才图会》，而且大约是以书中所载"外夷人物"为灵感进行的创作。①

在江户时代，"见世物"的展演场地被称为"见世物小屋"，是一个临时搭就的密闭空间。此次展演地大阪的"见世物小屋"位于难波新地，是当时大阪著名的庶民游艺场所。当观众进入场地后，惊叹于这些真人大小的异国人物，如此近在咫尺，又栩栩如生。后台还不断传来唢呐的哀乐，仿佛是这些异人的哭泣之声。整个展演结合视觉和听觉共同营造了身临其境的氛围，让观者徜徉在这些异国人物"生人形"中，仿佛真的跟随主人公镇西八郎周游了列岛一般。

① 参见朝仓无声：《见世物研究》，思文阁，1999 年，第 306 页。

直到走到场地的出口，看到装饰在此处的丸山游女①画像时，才会长吁一声，仿佛终于从异国世界回到日本了。显然，这一"见世物小屋"是在观众所熟悉的"日常空间"中搭建了一个由异国人物组成的"异界空间"，而游女则标志着从异界返回本土、从异常返回日常的入口。也正因如此，宣传画中要绘有游女形象，虽然看似与展演主题无关，实际上却起到以"熟悉、本土、日常"来烘托、反衬出主题之"陌生、异界、奇特"的特点，是十分重要的存在。

"镇西八郎岛巡回生人形细工"在大阪一炮而红，依靠口耳相传吸引了大批观众，不少观众长途跋涉而来，只为一睹异国人物的样子。据朝仓无声研究，当时门票高达 36 文，却依旧日日爆满。②脱离社会整体物价水平而单纯看数字，无从知晓这样的票价究竟有多高，需要与当时市场上的食物价格对比来看。根据经济学者长谷川彰的研究，安政元年在大阪大约 80.9 文钱能买到一石米，94 文能买到一石大豆，69.8 文能买到一石小麦，29 文能买到一大桶酱油③，而当时的一石大约相当于今天的 20 公斤。考虑到这样的物价，36 文对于普通市民而言能提供半个月的口粮，大家却争先恐后地用它兑换成一次观看异国人物、体验异国巡游的机会，足可见展演的吸引力之大，而其背后的主要动因之一是民众了解世界的渴望。观看过后，民众对展演中形态各异的异国人物印象深刻，甚至还创作成一首流行于当时风月场所的小调，歌词如下：

> 在长崎的丸山，一位中国人这样对艺妓们说。聂耳国人的耳朵如此有趣，我真想得到它，用它来聆听世界上所有的传说。我向往女人国，厌恶无腹国，拥抱着就寝时没有肚子（是多么糟糕的事情呀！要知道），在任何国家风月之事都是一样的。穿胸国人腹部的洞啊，若是长在脐下，便永远也合不上了。
>
> 镇西八郎为朝，从虾夷岛至琉球国巡游了多个岛屿，不死国人面露惊异之色，这些长着三只眼、一只眼的，身体像鸟一样的、像马一样的，巨大的和矮小的人呀，全都是形似妖怪之人。这些长手长脚的人呀，

---

① 丸山是长崎著名的风月场所。游女即艺妓。
② 朝仓无声：《见世物研究》，思文阁，1999 年，第 307 页。
③ 长谷川彰：《幕末期における物価変動の地域比較——特産地帯と中央市場》，载《桃山学院大学经济经营论集》1979 年第 21 期，第 94~95 页。

独手独脚的扭着腿的人呀，甚至树枝上还长出了人的脑袋。[1]

歌词中出现了丸山游女、唐人及镇西八郎等与异人相关的人物形象，这些都是展演中实际出现的形象，并作为引子串起了一系列海外异国。歌词中不仅出现了异国人物中的聂耳国、女人国、无腹国、穿胸国、不死国，还有没有明确点出但根据身体特征描述可以推测出来的后眼国、一目国、羽民国、丁灵国、小人国、长人国、长臂国、长脚国、柔利国、大食国等。其中"三只眼"大概指的是后眼国，该国人在后颈上还长了一只眼睛，因此一共是三只眼。"一只眼的"明显指的是一目国。"独手独脚的扭着腿的人"与《和汉三才图会》中的"柔利"词条的"曲膝向前，一手一足"[2]相似度极高。至于"树枝上还长出了人的脑袋"，大约是出自《和汉三才图会》的"大食"条："《三才图会》云，在海西南一千里居山谷间，有树枝上花生如人首，不解语，人借问惟笑而已，频笑辄凋落。"[3]我们发现，歌词中出现的不少异国国名其实并未出现在大阪"镇西八郎岛巡回生人形细工"的展演中，如后眼国、树上长着人首的大食国等。因此，民众大约并没有严格按照展演的内容创作歌词，而是将展演中的异国人物与民间其他受到欢迎、喜爱的异国人物形象进行了组合。换言之，受到欢迎的并非仅仅是这场展演的内容本身，而是展演中提供的巡游海外异国，近距离接触制作逼真的远国异人的体验。

2. 大藏生人形

由于展演在大阪大获成功，次年的安政二年（1855），在"见世物"经纪人小岛万兵卫的协调下，松本喜三郎赴江户浅草奥山进行"生人形"展演。当年二月，正值浅草寺的观世音像向参拜者开放，吸引了大批信众及游客，小岛万兵卫就在奥山的若宫稻荷神社前租下场地，建起被称为"新门小屋"的展演场地，租金高达20贯文，即20000文钱。此次展演被命名为"大藏生人形"，展品由松本的异国人物"生人形"及另一位手工艺人竹田龟吉制作的高三十余米的大象模型共同

---

[1] 原文为："長崎の丸山で、太夫と藝子に唐人が咄する、面白や聶耳國の耳が欲しいわいな、世界の噂が聞きと御座ります、わたしの行きたいのは女人國、わたしや厭いな無腹國、抱かれて寝るのに腹がない、色事は何處の國でも變りやせぬ、穿胸國の腹の穴は、臍の下ならなんにも間に合わぬ。
鎮西八郎爲朝が、蝦夷が島から琉球國島島を廻ります、不死國の人が呆れ顔、目が三ツやら一ツやら、からだが鳥じやゝら馬じやゝら、大きな人に小さい人じやゝら、化物みたよな人ばかり、手が長く足が長いやら、片足片腕でもじり足やら、まゝにならんのが枝に首がなる。"引自朝仓无声:《见世物研究》，思文阁，1999年，第307页。

[2] 寺岛良安编:《和汉三才图会》（卷十四），东京美术株式会社，1971年，第56页。

[3] 寺岛良安编:《和汉三才图会》（卷十四），东京美术株式会社，1971年，第18页。

图 15　江户"大藏生人形"宣传单
[艺能史研究会编：《日本庶民文化史料集成》（第八卷），三一书房，1974年，第587页]

组成。当时一位歌川派大师歌川国鹤（1807—1878）为展演绘制的宣传单保存到了如今。

根据这幅宣传单上的图像可知，巨大的大象模型占据画面的二分之一，是此次展演的主要展品，大象背上还有一座双层楼阁，上有来自中国的皇帝、妃子以及贵族男女端坐或宴饮，也展现了侍从们奏乐、游戏的欢乐场面。在大象的映衬下，异国人物似为次要展品，而且在宣传单右侧的介绍文字中也是将"生人形"写在大象之后，将松本喜三郎的名字写在竹田龟吉之后。可见在经纪人小岛万兵卫的原本预期中，体格更大、更为华丽的大象模型应能获得观众更大的兴趣与青睐，然而事实上反倒是"生人形"获得了更多的关注。在后期由歌川派浮世绘大师歌川国芳（1798—1861）绘制的宣传单中，展演名称已经由"大藏生人形"改为"浅草奥山生人形"，大象也成了点缀在异国人物身后的背景。而根据宣传单上的图像可知，此次参加展演的异国人物除了唐土、天竺国、日本三个佛教世界中的主要国家之外，还有无腹国、穿胸国、昆仑层斯国、长臂国、长脚国、交胫国，另有一丸山游女代表的长崎丸山之国。其中三大佛教世

图 16 《浅草奥山生人形》
［歌川国芳：《浅草奥山生人形》，井筒屋，安政二年（1855）刊刻］

界的主要国家大约是特为此次浅草寺观世音像开放活动增添的，再除去长崎丸山之国不算，一共只有六个海外异国，几乎仅为首次大阪展演数量的三分之一。这大约是出于场地所限做出的取舍，也可见在经纪人及松本本人看来，这六个异国人物是制作最为精致、最具代表性的。

　　歌川国芳为这一场"生人形"展演所绘制的宣传用浮世绘作品，至今仍有多幅传世，多被命名为"浅草奥山生人形"。画作中尽管背景、构图有所差异，但其中的异国人物造型是基本一致的，只是服饰细节、摆放的位置及肤色发色略有差异而已。其中，长脚人背着长臂人捕鱼的一组造型不仅被绘制得最大，而且位置也最为明显，大约是该人形木偶展演中的主要作品。在二人身边分别写有草体假名"手なが国"及"阿しなが国"，即"手长国""脚长国"的意思。除此之外，还有用钓竿、鱼篓捕鱼的昆吾国人（志んうん国）、手提一鱼的无腹国人（むふく国），他们见到长脚人、长臂人二人徒手抓鱼的姿态后做出极为惊讶之状。画面中还有负薪而行的无胫国人（ふけい国）及木棍横穿胸前洞口被两名侍从抬着走的穿胸国人（せんきう国）。其中，"无胫国"应是"交胫国"的误写，因为观察其双腿交叉的姿态，与常见的交胫国图无二。在这样一幅"异国人物生人形"

第三章　江户时代：锁国背景下的《山海经》接受 | 129

木偶展演的宣传海报中，共绘制了五组图像，一共八人，代表了六个海外异国。

在江户末期，《山海经》中的远国异人以一种前所未有的三维立体形式走入民间，民众走入它们所陈列的"见世物小屋"，沉浸于它们所营造的异国氛围之中，获取观看与猎奇的乐趣。

### 三、与本土想象与西方叙事发生融合

江户时代，《山海经》中的远国异人形象还与日本本土原有的异域想象以及西方传来的相关情节融合，呈现出多元的面貌。

日本作为岛国，民间向来有关于海外异域的丰富叙事，如西北海域中存在鬼岛的传说成为后世文学作品中常见的题材。镰仓初期的民间故事集《宇治拾遗物语》中的《僧伽多行罗刹国事》中就有对海外怪岛的描述，其中居住着凶恶的女鬼。学者岛津久基认为，这些长久以来存在于民间的传说，很可能影响了日本最早的漂流小说《御曹子岛渡》的创作。[①]《御曹子岛渡》成书于室町时代，具体成书年代和作者均不可考，一般认为是取材自室町时代的民间传说而作。"御曹子"是官名，指的是平安时代末期的著名武将源义经（1159—1189），即小说的主人公。小说讲述了他为求得虾夷岛喜见城包平大王手中的兵书，一路上途经诸岛的种种奇遇。其中有一居住着巨大马人的王せん岛，也叫马人岛，岛上居民高约十丈，上半身是马，下半身是人，反蹄反踵，腰上挂着太鼓。据说是因为岛民长得太高，又长着反踵，因此摔倒后无法独自爬起，需要打鼓引同伴前来帮忙。此外还有居民皆赤身裸体的裸岛、纯女无男的女护岛、岛民身高仅如扇子长短的小人岛等，以及仅仅出现了名字的大手岛、犬岛、猫岛、牛人岛、蛭岛等诸岛。

学者认为这些怪岛的来源与《山海经》有千丝万缕的关系，如石黑吉次郎认为，《御曹子岛渡》中马人岛的描述受到了《山海经》中枭阳国、赣巨人国形象的影响。[②]这两条记录一出自《海内南经》，一出自《海内经》，均有"反踵"的描述，而且"赣巨人"一名中点出了其身材的高大，确实与马人岛的记录十分相似。至于纯女无男的女护岛，虽然与《山海经》中的女子国一致，但却是日本自古即有的传说，不能说一定是受到《山海经》的影响才产生的。

我们认为，《山海经》中的远国异人形象可能早已和日本本土的异域叙事

---

① 岛津久基：《义经传说与文学》，明治书院，1935年，第240页。
② 石黑吉次郎：《御伽草子「御曹子岛渡」の马人岛など》，载《日本文学》1999年第2期，第66—69页。

发生了融合，到了江户时期，则进一步融入了经由日用类书传入的异国人物形象。而随着西方文学作品的传入，一些新的异域元素掺入原有的话语体系，呈现出丰富的表现形式。

比如，镰仓时代的著名武将朝比奈义秀（1176—？）巡游海外诸国的传说。相关传说在日本流传已久，以此为灵感，江户时代最早有宽文二年（1662）的古净琉璃《朝比奈岛巡》，其中已有他漂流至南方海上异域并征服鬼神的情节。安永五年（1776）无名氏所作的黄表纸小说《朝比奈岛渡》中，则首次出现访问小人国的情节。[①] 在《朝比奈岛渡》中，主人公游历了小人岛、手长岛、穿胸岛、黑人坊岛、女护岛、鬼岛之后远渡唐土，并成为"岛王"。不难看出，其中掺入了出自《山海经》中的异国人物。而江户末期出现的数幅以"朝比奈游小人国"为题的浮世绘画作中的小人形象，虽然也可能受到《山海经》的影响，但同时明显与写于18世纪初并引入日本的英国小说《格列佛游记》发生了杂糅。

我们以如下四图为例，画作背景是弘化四年（1847）巨大"见世物"被禁演的事件。上文提到安政二年（1855）江户浅草奥山"大藏生人形"的展演中，竹田龟吉制作了大象模型这一巨大"见世物"，而八年前这一武士人形的规模远远超过它，其高约7.3米，而且内部上有发条，可以做出简单动作。它的出现引发了江户民众的广泛关注和热烈讨论。遗憾的是，这一斥巨资制造出来的巨大"见世物"却未能获得展演的机会，而是在等待批准进入场地的过程中收到了禁演令。这一禁演令或许与幕府1841年出台的"祭礼紧缩令"中的"禁止大型见世物"一条有关。好在当时不少画家以该武士形象为灵感创作了浮世绘作品，使它的大致样子得以传至后世，让后人借之想象这一空前绝后的巨大"见世物"的风采。

这四幅图分别是歌川贞秀（1807—1873）的《浅草金龙山境内大人形发条装置图》（1847）、《朝比奈岛游》（1860），歌川国芳的《朝比奈小人岛游》（1847）、《朝比奈义秀小人游》（1839）。图中巨大的武士人形占据了主要位置，他赤足，手中拿有长柄烟斗，是日本歌舞伎、狂言等戏曲中常见的朝比奈形象，他的脚下有无数身材矮小的人。虽然描绘的是"见世物"，但我们可以从画作中看到强烈的"小人国"隐喻。尤其是《浅草金龙山境内大人形发条装置图》一图中，朝比奈坐在海边，左腰佩剑，右手握着一只长柄烟斗，

---

[①] 齐藤研一：《「朝比奈島遊び」を読む》，载《文学》2009年第5期，第206—220页。

图 17　《浅草金龙山境内大人形发条装置图》
（收藏于江户东京博物馆）

图 18　《朝比奈小人岛游》
（日本浮世绘协会原色浮世绘大百科事典编集委员会编，铃木重三执笔：《原色浮世绘大百科事典》第四卷，大修馆书店，1981年，第13页）

并看向烟斗上欢庆跳跃着的小人。在他的肩上、手指上、腿脚上站立着不同姿态的小人，均身着盛装，或舞蹈，或向上攀爬，或合力牵拉、搬运重物。画面的右边还有一个打开的盒子一般的舞台，舞台上正在进行杂耍演出。这与《格列佛游记》中的这一段情节吻合度极高：

　　我想方设法加深他们对我的这种好感，民众渐渐地不再觉得我有

图 19　《朝比奈岛游》
（收藏于神户市立博物馆）

什么危险了。有时我会躺下来，让他们五六个人在我的手上跳舞。后来，小伙子和姑娘们竟大胆地在我的头发里捉迷藏。我也渐渐地能听懂一点他们的语言。一天，国王心血来潮，要招待我看他们国内的表演。我觉得他们灵巧的演绎和优雅的动作，超过了任何国家。[①]

这段情节不仅与《浅草金龙山境内大人形发条装置图》吻合，而且与歌川国芳的《朝比奈义秀小人游》也有很高的一致性，如朝比奈三郎手上舞蹈的小人、头上敲击及玩耍的小人、脚下进行舞蹈表演的小人等细节都十分一致，因此这段内容极有可能是画作的参考资料之一。甚至可能这一巨大武士人形的设计师就是参考了混杂有《格列佛游记》相关情节的朝比奈传说进行设计与建造的。

## 四、成为包容、开放的知识体系

《山海经》及相关次生文献中的远国异人不断传入日本，与本土元素融合，逐渐形成了一个关于异域的知识体系。这一知识体系是包容而开放的，不断吸纳着其他文献中记载的，甚至由日本原创的异国人物形象。

比如在前文提到的《蛮国针灸》图中，就出现了《山海经》及中国类书中没有的"半面人"，是日本文化根据中国典籍记载而创造出来的形象。这一形象两人身体相连，各有一手、一臂，要相互配合才能行走、生活。这一形象出现在《和汉三才图会》中，但灵感来源大约是受到《山海经·海外西经》中"一

---

[①] 斯威夫特：《格列佛游记》，廖文豪译，广州出版社，2007年，第30页。

第三章　江户时代：锁国背景下的《山海经》接受　|　133

图 20 《小林朝比奈诸国巡回图》
（收藏于早稻田大学）

臂国"的启发，即《淮南子·地形训》中的"一臂民"，亦即《尔雅·释地》中的"比肩民"。郭璞为"比肩民"作注曰："此即半体之人，各有一目一鼻孔，一臂一脚，亦犹鱼鸟之相合。更望备警急。"[1] 这一形象与《山海经·西次三经》中的蛮蛮鸟（比翼鸟）类似，"一翼一目，相得乃飞"[2]，显然是将《山海经》中比翼鸟形象的结构用在了人体之上进行的创造。"半面人"出现在不少江户时代的画作中，歌川国芳的《小林朝比奈诸国巡回图》系列画作[3]中也对它有所描绘。

图中以大海为背景，所有人物均集中在岸边，描绘的是日本民间传说中朝比奈漂流海外游历诸国的场面，不过图中打破了线性时间，将各个岛国中的人物齐聚一堂。画面以小林朝比奈为中心，他倚坐在岸边一棵树下，观看场地中央正在进行的相扑比赛。场地中，红色身体的大头国人与身体黝黑的黑人国人正在进行比试，而长着马蹄的丁灵国人则作为裁判，手拿一把蒲扇站在一旁，密切关注着比赛的细节。场地两侧坐满了来自各个国家的观众，右侧有长脚国、大人国、天竺国、暹罗国、小人国、半身国、不洁国（穿胸国）、亚细亚国、南蛮国，还有一字迹不清的国名；左侧有长耳国、狗国、一目国、长手国、女人国、三身国等，另有一似"狒国"的国名，以及不知为何的"いきせんや"国。场地之外不断有远方的国民赶来观战，羽民国的男子身后跟着他的妻子，怀中抱着幼子，正从海上匆忙飞来。除小林朝比奈之外，整幅图像共刻画了来自二十二个海外异国的三十三个形象，构成了一幅气氛欢乐、动感十足的画面。

我们以图中出现的二十二个异国形象为例，分析江户时期关于异域想象知识体系的构成。其中，十六个[4]在《和汉三才图会》中有载，十二个可上溯至《山海经》，分别是黑人国[5]、丁灵国（钉灵之国）、长脚国（长股之国）、大人国、小人国、不洁国（贯匈国）、长耳国（聂耳之国）、一目国、长手国（长臂国）、女人国（女子之国）、三身国、羽民国。图中写为"不洁国"的异人，胸口长有大洞，明显是穿胸国（贯匈国）人，大约是误写，也可能是当时民间对穿胸国的另一种称谓。二十二个国家的另外六个中，除去字迹不清不易辨认的三个

---

[1] 王闿运撰，黄巽斋点校：《尔雅集解》，岳麓书社，2010年，第199页。
[2] 袁珂：《山海经校注》，北京联合出版公司，2013年，第35页。
[3] 还有《朝日奈岛巡》《朝比奈三郎万国相扑图》等。
[4] 分别为黑人国、丁灵国、长脚国、大人国、天竺国、暹罗国、小人国、不洁国（穿胸国）、长耳国（聂耳国）、狗国、一目国、长手国、女人国、三身国、羽民国、一臂国。
[5] 黑人国，出自《山海经·海内经》："又有黑人，虎首鸟足，两手持蛇，方啖之。"参见袁珂：《山海经校注》，北京联合出版公司，2013年，第382页。

第三章 江户时代：锁国背景下的《山海经》接受 | 135

国家外，还有南蛮国、大头国、亚细亚国。其中南蛮国指的是西方人，亚细亚即亚洲，大约是来自西方世界地图或地理书籍，日本民众没能正确地理解这一概念而误认为是一个国名，于是纳入了异国人物的知识体系中。大头国亦不见于中国和日本的日用类书，大约是日本民间传说中的远国异人，或是来自作者的创造。

由此可见，关于异国人物的知识体系主体仍由中国日用类书、日本民间类书《和汉三才图会》中的人物形象构成，随着西方地理知识和人物图谱的传入，又加入了一些西方传来的地域和国家。此外，还有部分存在于日本本土传说中的形象，甚至作者自创的形象，可以随时加入这一体系。可以说，江户时代关于异国人物的知识体系来源众多，成分复杂，而且体系包容、开放。它们在作为知识的同时，还作为创作素材融入各类文学、艺术形式。

## 五、接受的动力

为何远国异人的形象会逐渐形成知识体系，受到江户时代民众的普遍喜爱并作为重要元素参与文学、艺术的创作？

### 1. 锁国的历史背景

远国异人的形象如此受民众喜爱与日本的文化背景及江户时代闭关锁国的社会背景有关，这一时期的民众对异域知识有强烈的好奇心。

日本作为岛国，由于自身地理条件所限，国民向来对海外世界具有强烈的好奇心，历代都出现了不少描绘异域岛屿、人物的传说及文学作品，其中不乏《山海经》的影子。到了江户时代，随着世界文化交流的日益频繁，海外知识大量涌入，民众对海外世界的向往也与日俱增。但德川幕府却执行了两百余年的锁国政策。幕府颁布锁国令的最初目的与控制天主教传教有关。德川幕府认为，天主教教义宣扬的上帝面前人人平等会从根本上破坏将军为最高主宰、身份等级严格划分的幕藩体制，于是在庆长十七年（1612）发布了禁教令。比起信奉新教的荷兰与英国，幕府更为排斥信奉天主教的西班牙与葡萄牙，于是首先驱逐了葡萄牙人，继而限制与英国之间的贸易，宽永元年（1624）又严禁西班牙人来航。唯有荷兰东印度公司向幕府保证绝不传教，才得以保持贸易往来，但与中国商人一样被严格限制在长崎登岛，不得踏入内地一步。宽永十年（1633）、十一年（1634），幕府连续发布第一次、第二次锁国令，实行"奉书船"制度，除持有特许证外，严禁日本船只出海。宽永十二年（1635）颁布第三次锁国令，连特许船制度也被取消，全面禁止日本人、日本船出海。这样的锁国政策持续了两百余年，直到嘉永六年（1853）发生"黑船事件"[①]，美国海军将领佩里才再一次打开了日本的大门。

显然，锁国期间虽然在物理上锁住了民众走出国门的脚步，却未能锁住民众对于海外的向往和好奇心，人们十分关心世界上其他国家的人物和生活方式，并对其赋予了种种想象。可以说，自古有之但在江户时代格外盛行的海外漂流叙事就寄托了日本民众对于"走出去"的渴望，而相关叙事中广泛存在的远国异人形象则凝聚了民众对于海外的想象。民众通过阅读和观看文学艺术作品，跟随其中的主人公漂流海外、周游列岛，与远国异人们产生互动，实则满足的是自身想要走出熟悉的岛屿，去了解广阔而陌生的外界的欲望。而席卷于当时文艺界的"异国人物狂热"也进一步形塑了整个日本社会了解世界的渴望。

2. 借用"悲剧英雄海外漂流"的传统叙事结构

远国异人的形象形成知识体系，与异国人物形象借用了日本文化中固有的"悲剧英雄海外漂流"叙事结构与传说框架有关。由于日本文化格外同情这类悲剧英雄的命运，因此民间向来流传有关于悲剧英雄去往海外建功立业的丰富叙事。在这一类叙事的反复讲述和展演中，海外部分的叙事框架为异国人物的出场提供了舞台，也促进了民众对于这一知识体系的接受。

我们以前文提及的源为朝、朝比奈义秀、源义经等人的相关叙事为例进行说明，介绍其人物真实经历及相关传说。

（1）源为朝

源为朝出身京都著名的武将世家，传说中他身材魁梧，力大无穷，擅用五六人合力才能拉开的强弓，而且百发百中。历史上，源为朝在西海道时就自称镇西总追捕使，带领军队转战四方，大败当地豪族，1154年朝廷发布逮捕令，迫使其回到京都。在之后的政治斗争中，源为朝跟随父亲支持了崇德上皇一方，与拥立后白河天皇的平清盛等人形成对立并发生冲突，史称"保元之乱"。虽然最终以失败告终，但源为朝的骁勇善战及举世无双的骑射功夫使他威名远扬。

---

[①] 在日本锁国的两百余年中，世界形势飞速发展，因工业革命而发展繁荣的西方国家在世界范围内寻找原材料产地及市场，并将印度、东南亚等地划为自己的殖民地。这些国家一直想要打开日本的大门，但始终未能成功。1846年，美国海军准将贝特尔曾率两艘小型战舰来日本要求开国，被幕府拒绝。于是1853年，佩里率四艘舰船并六十三门大炮来到神奈川浦贺港，由于船上涂有黑色柏油，因此被日本民众称为"黑船"。佩里将美国总统的国书递交幕府，并于次年（1854）再率九艘军舰直接驶入江户湾，终于与日本签订了《神奈川条约》，即《日美和亲条约》，开放两个港口与美国通商，日本的锁国体制至此彻底崩解。

成书于 13 世纪的著名军记物语《保元物语》就花费了大量笔墨描写源为朝抵抗夜袭时的英勇，刻画了一个"力拔山兮气盖世"，但最终寡不敌众遭遇惨败的项羽式悲剧英雄形象。《保元物语》中的源为朝被挑断肘部筋脉，流放伊豆大岛，但他的反抗精神未灭，伤好后又带领诸岛对抗国司，最终兵败自刎，终年三十一岁。①《保元物语》中还记录了源为朝征战鬼岛的情节，这样的情节可能源自当时的民间传说，而《保元物语》的流传也在民间滋生了更多关于镇西八郎的传说。

源为朝是日本文化中格外受欢迎的悲剧英雄，民众同情他的遭遇，不忍接受他英年早逝的结局。很可能出于这样的心理，民间出现了源为朝远渡琉球，其后代开创了琉球王朝的传说。成书于庆安三年（1650）的琉球王国第一部国史《琉球国中山世鉴》的《琉球国中山王世继总论》中梳理了国王世系，认为源为朝之子尊敦是第一代中山王：

> 数百年后，大日本人王五十六代清和天皇之孙，六孙王八世孙为朝公，为镇西将军之日，挂千钧强弩于扶桑，而其威武偃塞垣草木。后逢保元之乱，而客于豆州有年。当斯时，舟随潮流始至此，因以更流虬，曰流求也。国人从之，如草加风。
>
> 于兹，为朝公通一女，生一男子，名尊敦。尊敦戴一角于右鬟上，故为掩角，居髻②于右鬟上。其为人也，才德豪杰，超出众人，是以国人尊为浦添按司也。此时，天孙氏世衰政废，为逆臣所弑矣。尊敦起义兵，讨逆臣，代之为中山王。故国人效之结片发，自此始。
>
> 是为，崇元庙主舜天王。舜天王在位五十一年，薨。世子舜马顺熙立矣。③

根据琉球国国史的记录，保元之乱后，源为朝是从伊豆岛漂流到琉球的，并在此地娶妻生子，其子尊敦讨伐逆贼，称为中山国王，开辟了琉球王朝。另一部官修史书《中山世谱》中也有第一代中山国国王舜天王是源为朝之子的记录，可见这是当时琉球官方认可的历史。这段传说被写入琉球国史的原因十分复杂，本文不展开讨论。但从中山国正史中追溯源为朝为王室先祖的现象来看，不仅日本本土民众创造了不少源为朝漂流海上的传说，而且直到《琉球国中山

---

① 参见佐伯常磨校注：《保元物语》，见国民图书株式会社编：《日本文学大系》（第 14 卷），国民图书株式会社，1925 年，第 100—108 页。

② 不通，疑为"髻"字。

③ 羽地朝秀编，岛袋全发校：《琉球国中山世鉴》，国吉弘文堂，1933 年，第 6—8 页。

世鉴》成书的 1650 年，琉球民间也流传有镇西八郎漂流至本地的传说。海上漂流的传说常常伴随遭遇异国奇人的情节，《保元物语》中就有源为朝漂至鬼岛，遇到鬼怪的后代，并最终将其制服的情节，这里的鬼岛就是对远方异界的想象。

基于源为朝漂流至琉球创立王朝的传说，后世文人创作了不少小说，如江户后期的著名读本小说作家曲亭马琴（1767—1848）于 1807—1811 年陆续出版的《椿说弓张月》及东西庵主人写于 1834 年的小说《镇西琉球记》等。其中《椿说弓张月》中的"椿说"读为"ちんせつ"，与日语的"珍说"同音，意为"传奇"，"弓张月"形容将弓拉开的样子如满月一般，指主人公源为朝天生神力、擅长射箭。此书副标题为"镇西八郎源为朝外传"，全书以源为朝的英雄传奇为主线，讲述了他开拓琉球王朝的秘史，一经出版就获得极大欢迎。小说中出现了大量的海外岛屿，其中女护岛、鬼岛的描写都带有浓厚想象色彩。这些异域描写有受到《山海经》直接或间接影响的可能性。据张西艳研究发现，《椿说弓张月》中出现了《山海经》中的精卫、人鱼、雷兽等，甚至还有明显出自《山海经》的文鳐鱼描写，显然作者曲亭马琴将《山海经》作为了参考资料。[1]

（2）朝比奈义秀

朝比奈义秀是镰仓时代初期的著名武将，是镰仓幕府开朝重臣和田义盛的三子，因此被称为"三郎"。又因为受封安房国朝夷郡为领地，是朝比奈氏族的当主，因此便以"朝比奈"为姓，人称"朝比奈三郎"或"朝夷三郎"。因为镰仓幕府的创始地在小林乡（今鹤冈八幡宫周边），因此民众又称他为"小林朝比奈"，在江户初期的幸若舞曲《和田酒盛》中就有如此称谓，相关的狂言、歌舞伎中也多这样称呼他。和田义盛与北条义时同为镰仓幕府的创业功臣，是镰仓幕府初代将军源赖朝信赖的重臣，源赖朝去世后，朝政被北条义时把控，同时屡屡挑衅和田义盛。建历三年（1213），忍无可忍的和田义盛终决心起兵攻打北条氏，但由于盟友的临时倒戈造成惨败。朝比奈义秀追随父亲一同参与战争，是和田合战中表现最为英勇的武将之一，正史《吾妻镜》中有关于他在战争中勇武表现的大量描写，描述他"振猛威彰壮力，既以如神，敌于彼之军士也无免死"[2]。虽然和田氏在战争中处于劣势，战况惨烈，但将士们始终不肯屈服，留下了不少悲壮的记录与传说。最终，和田氏一族全军覆没，和田义盛及其三子皆战死。据《吾妻镜》记载，只有朝比奈义秀得以脱身，并带领六艘战舰、五百余骑将士逃亡安房国[3]（今

---

[1] 张西艳：《〈山海经〉与日本江户文学》，载《浙江学刊》2019 年第 6 期，第 177—182 页。
[2] 国书刊行会编：《吾妻镜（吉川本）》（第二十卷），国书刊行会，1915 年，第 77 页。
[3] 详见国书刊行会编：《吾妻镜（吉川本）》（第二十卷），国书刊行会，1915 年，第 80 页。

千叶县），甚至还有传说认为他去往更遥远的海外，周游了高丽等国。

以这些民间传说作为灵感，曲亭马琴创作了著名的《朝夷巡岛记全传》，初编于文化十二年（1815），出版后大受欢迎，于是又陆续出版了八编，直到安政五年（1858）仍未完结。小说以朝比奈义秀为主人公，写作风格与前文提到的《椿说弓张月》类同，都是讲述主人公兵败之后乘船流落海外、周游列岛的异国冒险记。第二十五章"色界孀妇岛，欲海和尚鱼"中描写的异界虽然不是一个纯女无男的岛国，但"孀妇岛"一名明显具有模仿女护岛、女子国的痕迹。

早在室町时代，民众就以朝比奈为主人公创作了不少民间文艺作品，突出他勇武、刚强的性格特征。而到了江户时代，关于朝比奈的异国冒险传说逐渐流行。《朝夷巡岛记全传》的传播使相关传说得到更多的关注，浮世绘、见世物等也都纷纷以相关情节作为题材展开创作。[1] 如前文提到的歌川国芳所绘的《小林朝比奈诸国巡回图》《朝日奈岛巡》《朝比奈三郎万国相扑图》等，朝比奈虽为名义上的主人公，但画作实际的重点却是这些形态各异的各国国民。

（3）源义经

源义经是源义朝的第九子，平安时代末期的著名武将。在保元之乱（1156）中立下战功的源义朝因不满平清盛的封位高于自己，于是拘禁后白河上皇及二条天皇并索要高位，后被闻讯赶来的平清盛击败，史称"平治之乱"（1159）。源义朝死后，源义经受到藤原秀衡的庇护，后同兄长源赖朝举兵讨伐平家，并在著名战役源平合战（1185）中屡立战功，名震四方，也由此被兄长猜忌，最终兄弟反目成仇。源赖朝追捕源义经多年，最终源义经走投无路，切腹自尽。由于这一人物身上带有传奇的悲剧色彩，又是威名赫赫的英雄，因此受到日本人的同情与喜爱，不仅民间流传有不少关于他的传说，而且还成为许多故事、戏剧中的主人公。和镇西八郎源为朝、朝比奈义秀类似，民间也流传有源义经实则未死而是漂流海外到北方虾夷，甚至又辗转来到中国，成为成吉思汗的传说。这样的传说在日本流传多年，直到大正年间还有不少日本人相信，甚至还有学者撰写著作分析此说为真。[2]

以源义经为主人公创作的《御曹子岛渡》是日本最早的漂流小说，在民间流传甚广。江户时代有根据其情节改编的奈良绘本《嶋わたり》（《岛渡》），现藏于日本国文学研究资料馆。

我们发现，这类传说具有一定的同构性，可以用下表（表7）来进行总结。

---

[1] 岩城贤太郎：《「朝比奈」という勇将：狂言〈朝比奈〉のシテ造型と近世期への展開》，载《武藏野大学能乐资料中心纪要》2018年总第29期，第58—82页。
[2] 小谷部全一郎：《成吉思汗は源義經也》，富山房，1924年。

表7　日本海外漂流传说模式总结

| 姓名 | 生卒年 | 身份 | 特征 | 著名战役 | 历史结局 | 传说中结局 | 漂流异国的部分相关文学作品 | 漂流异国的部分相关画作 |
|---|---|---|---|---|---|---|---|---|
| 源为朝 | 1139—1170 | 平安末期武将 | 力大无穷，擅长射箭 | 保元之乱 | 战败后被挑断臂筋，流放海外，伤好后再次对抗国司，被杀 | 远渡琉球，开创琉球王朝 | 曲亭马琴《椿说弓张月》；东西庵主人《镇西琉球记》 | 歌川国芳《浅草奥山生人形》，大阪"镇西八郎岛巡回生人形细工"宣传单，歌川国鹤《大藏生人形》 |
| 朝比奈义秀 | 1176—？ | 镰仓初期武将 | 力大无穷，英勇如神 | 和田合战 | 战败后逃往安房，下落不明 | 漂流海外，远渡高丽 | 曲亭马琴《朝夷巡岛记全传》 | 歌川贞秀《浅草金龙山境内大人形发条装置图》，歌川贞秀《朝比奈岛游》，歌川国芳《朝比奈义秀小人游》，歌川贞秀《朝比奈小人岛游》，歌川国芳《小林朝比奈诸国巡回图》，歌川国芳《朝日奈岛巡》 |
| 源义经 | 1159—1189 | 平安末期武将 | 英勇神武，屡立战功 | 源平合战 | 被兄长猜忌，切腹自尽 | 漂流至虾夷，又辗转来到中国，成为成吉思汗 | 御伽草子《御曹子岛渡》 | 《岛渡》奈良绘本 |

关于同构性，首先，他们都是生活在平安末期、镰仓初期这一乱世的武将，他们出身高贵，天生神力，以一当十，英勇善战，同时性格刚烈，不屈不挠。但由于命运的捉弄，他们往往遭遇失败，或是战死，或是流亡不知所踪，或是被逼迫自尽。这一类项羽式悲剧英雄的形象，在日本文化中受到了特别的喜爱，人们感佩他们的战斗精神，同情他们的遭遇，不忍接受其死去的历史事实，于是以他们为主人公创作了大量的海外漂流传说。日本熟语"判官赑屃"即描述

第三章　江户时代：锁国背景下的《山海经》接受　｜　141

这样的文化心理，"判官"指源义经，"贔屓"在日语中为"偏爱"之意，这一熟语最初指人们同情、怜悯源义经，后来引申为不论是非对错，皆同情弱者的普遍心理现象。显然，日本民众为悲情英雄创作漂流海外，甚至在异国土地再开创伟大基业的情节，就是出于"判官贔屓"的心理。

其次，他们在海外漂流的过程中会遇到不少奇人。这类描述实则是站在"正常"的立场上对"异常"进行观看，主人公在与之互动的过程中也始终处于优势，以此来展示自身的优越性。如《椿说弓张月》中源为朝对鬼岛的征服，歌川国芳《朝比奈三郎万国相扑图》中数位异国人物齐上阵也不敌朝比奈义秀一人之力，《御曹子岛渡》中源义经对各个异域岛屿中奇特人物的观看等情节都是例证。

可以说，这类具有同构性的传说已经成为一种固定的叙事模式，而以其为基础创作的小说、故事、画作、戏剧以及"见世物"等多种文学艺术形式，一般都以海外历险作为主要情节，这就为异国人物的创作提供了空间。因此，日本文化固有的"悲剧英雄海外漂流"叙事结构，在一定程度上构成了以《山海经》为主体的异国人物知识体系被日本接受的重要动力。

3. 町人文化的兴盛

远国异人的形象作为重要元素参与文学、艺术的创作，与江户时期町人文化的空前兴盛有关。

由于江户时期日本国内政治环境相对稳定，生产力得以快速发展，城市中的常住人口增加，因此形成了新兴的町人阶级。幕府的参勤交代制[①]也在一定程度上促进交通的完善以及商业的发展，推动了社会的进步。町人阶级逐渐积累起财富，而且生活相对悠闲，伴随识字率的增长，他们表现出强烈的文化需求。这一时期，戏院、"见世物小屋"等娱乐场所数量激增，各类文学艺术作品也层出不穷，这样的社会氛围为异国人物形象的传播和接受提供了动力。

另一方面，这一时期漂流小说中的主人公跳出了悲剧英雄的范畴，出现了不少以普通人为主人公的海外游历故事，也在一定程度上反映了庶民文化兴盛背景下，普通人了解世界的渴望。如江户时代中期的著名博物学家、作家平贺源内（1728—1780）写作了滑稽本小说《风流志道轩传》，以同时代的讲释师

---

[①] 参勤交代制是江户时代幕府控制各地大名的制度，要求每隔一段时间，各藩的大名要前往江户城执行一段时间的政务，随后再返回自己的领地。在两地之间频繁往返削弱了大名的经济实力，从而使幕府的地位得到巩固。

深井志道轩（1680—1765）为主人公，讲述了他游历海外的故事，带有浓郁的游戏成分。志道轩游历了大人国、小人国、长脚国、长臂国、穿胸国、女护国等异地，最终回到家乡。还有天明三年（1783）奈蒟野马乎人的黄表纸作品《喹多雁取帐》等，也是普通人作为主人公巡游诸岛的小说。此外，大江文坡（？—1790）出版于天明五年（1785）的《和汉古今角伟谈》（后更名为《万国山海经》）中，也记录了身边十二位友人讲述的三十七个海外奇谈，其中就出现了长人国、大人国以及形似夸父的巨人形象。

4. 以"异常"反衬"正常"

最后，远国异人的形象广泛流行，与以"他者"的怪异来反衬"自我"的优越性有关。

陈连山在《〈山海经〉对异族的想象与自我认知》一文中借用法国形象学的理论探讨《山海经》中远国异人的变形逻辑。形象学理论跳出了传统研究中对被注视者的关注，而是关注注视者，去探究人们进行形象虚构的原因与功能。研究发现，这些远国异人的形象之间往往彼此对立，是以正常人的形象为中心，按照某种变形逻辑向两个彼此相反的方向发展而来的。[①] 而这里的"正常人"实际上就是注视者心中的"自我"形象。《山海经》中远国异人的创作逻辑如此，江户时代民间所流行的异国人物知识体系亦然。日本人在借用这些肢体异常的"他者"形象反衬正常"自我"的同时，也体现了某种"日本中心主义"。在江户时代闭关锁国的背景下，这种每个民族皆有的"自我中心主义"迅速发酵，甚至酝酿出了早期民族主义的萌芽。

前文提到的歌川国芳《小林朝比奈诸国巡回图》就是很好的例证。通过图像可知，主人公小林朝比奈是在巡游海外时，遇到了来自各个国家的国民，大家以朝比奈为中心欢聚一堂，举行了盛大的相扑比赛。朝比奈作为力大无穷的武士，是代表日本的形象，虽未下场比赛，却是整幅图中绝对的胜者。而他国国民均具有不同程度的肢体异常，在他们的反衬下，朝比奈显得格外相貌堂堂、形象优越。整幅图中充满了日本民族主义的自我优越感，塑造了一个由日本主导、各国国民和睦相处的乌托邦，隐喻了日本理想中的国际秩序。江户时代的民众在反复观看这类文学、艺术作品中远国异人形象的过程中，也不断强化了"我国"最为优越的民族自豪感，这构成了异国人物形象被接受的重要动力。

---

[①] 陈连山：《〈山海经〉对异族的想象与自我认知》，载《北京大学学报》（哲学社会科学版）2012年第1期，第130—135页。

## 六、小结

　　江户时代，上承《山海经》的远国异人形象通过中日两国的类书在民间被广泛接受，这些人物形象作为元素参与文学、艺术作品的创作，呈现出多元的面貌。比如，江户末期的人偶大师松本喜三郎以其为参考制作了真人大小的"生人形"，并在大阪、江户两地进行展演，在民间引起轰动，获得了民众的喜爱。以《山海经》及其次生文献记载的远国异人形象为主，融入日本本土的异域想象以及西方传来的相关叙事，逐渐形成了一个包容、开放的异国人物知识体系，甚至还补充了个人创造的形象，共同构成了日本民众喜爱的文学、艺术创作素材。至于接受的动力主要有四点，一是锁国背景下民众对异域的好奇心，二是借用"悲剧英雄海外漂流"传统叙事结构获得了创作空间，三是町人文化的兴盛，四是以"异常"反衬"正常"。由于民众对异国人物的兴趣过于强烈，因此在英雄漂流的传说、文学及艺术作品中，英雄常常变为次要人物，而重点却落在了对远国异人的描绘上。甚至英雄具体是谁都变得不那么重要，人们关注的是形态各异的奇特人物，通过对他们的外表进行观看与讨论，人们的视觉感官得到刺激，而"熟悉的""正常的""自我"和"陌生的""异常的""他者"之间的强烈对比也充分满足了人们对于海外的好奇心。

## 第三节　早期民族主义的体现：从"诸夷门"到《唐物语》

　　江户时期民众对海外世界的浓厚兴趣，还可通过此时大量出现的异国人物图谱切入观察。正如前文所述，明代日用类书"诸夷门"中的异人形象，是官方系统与民间系统的合流。传至日本之后，这两个系统的异人形象同时被日本文化接受，而伴随西方地理学知识的传入，一些西洋国家和人物也进入了日本人的视野。因此在江户时代，民众对于世界的理解是由中国传来、西洋传来这两个体系的知识混合构成的。

　　因此，江户时代的异国人物图谱也可分为西洋系统（如西川如见的《四十二国人物图说》）、中国系统（如《训蒙图汇》）、中西混合系统（如《地球万国训蒙图汇》）三大类。[①] 中国系统中的部分人物可上溯至《山海经》中的远国异人，而这些形象已经逐渐进入日本本土的文化体系，并被视为一种域外知识

---

① 鲇泽信太郎著，开国百年记念文化事业会编：《鎖国時代日本人の海外知識：世界地理・西洋史に関する文献解題》，原书房，1978 年，第 332—333 页。

或象征意义上的海外缩影。本节关注的奈良绘本《唐物语》属于中国系统，是晚明日用类书"诸夷门"（属于《山海经》的次生文献）在日本本土化的结果。

## 一、接受的表现——蓝本为何？

《唐物语》是现藏于法国国家博物馆的奈良绘本，绘制于江户时代，分上、中、下三册，以图文形式收录了138个国家，全本制作精良，保存完好。其中上册的内页中题有"异国物语"的字样，是《唐物语》隶属于江户时代流行的《异国物语》图谱系列的证据之一。

《异国物语》是江户时代民间流行的异国人物图谱，目前共见两个版本，分别是万治元年（1658）由野田庄右卫门刊刻的万治版，以及刊年不明的菊屋版。据大木京子研究发现，《异国物语》至少有七个不同的异本[①]，可见它自面世后就广受民众欢迎，并屡屡被"翻刻"[②]、改编，在当时产生了很大的影响。《唐物语》属于《异国物语》图谱系列，据吉田幸一研究认为，其绘制年代应在正保年间，即1644年至1647年，比万治版更早。[③]若此说为真，那么《唐物语》可能是现存《异国物语》系列中最早的版本，因此具有较高的研究价值。另外，《唐物语》作为奈良绘本，制作精良，绘图优美，具有较高的艺术价值。至于名称中为何有"唐"字，学者鹿忆鹿认为有两个原因：其一，"唐物"是对"来自异国物品"的指涉；其二，也代表了拥有者的不凡身份。[④]这也从侧面说明了其蓝本来自中国，且《唐物语》本身造价不菲，属于当时的奢侈品。而从"物语"二字可见其中内容具有故事性，绘本有一定的娱乐功能。

学界的既有研究多致力于探讨《异国物语》图谱系列的蓝本为何。吉田幸一及大木京子认为应为明代由知识分子编著的类书《三才图会》[⑤]；海野一隆及鹿忆鹿则持有不同观点，认为应来自某部晚明民间万宝全书中的"诸夷门"，而且很有可能是收录图像数多达138种的《文林妙锦万宝全书》（下文简称《文

---

① 大木京子：《「異国物語」諸本とその変遷—錯綜する異国情報の一端を見る》，载《国文学论考》2005年总第41期，第70—84页。
② 此处的"翻刻"为日语词汇，即将手写体日文识别出来之意。由于并无完全吻合的中文词汇，因此本文直接采用日语词汇，并加引号以与中文词汇进行区分。
③ 吉田幸一：《异国物语》，古典文库，1995年，第231—237页。
④ 鹿忆鹿：《异域·异人·异兽：〈山海经〉在明代》，秀威经典，2021年，第202—203页。
⑤ 吉田幸一：《异国物语》，古典文库，1995年，第5—6页；大木京子：《「異国物語」諸本とその変遷—錯綜する異国情報の一端を見る》，载《国文学论考》2005年总第41期，第72页。

林妙锦》)[①]。学者们从文献学角度切入研究并进行了细致的梳理工作。伴随研究的不断深入，可以看出《异国物语》与"诸夷门"之间确有密切联系，我们认为《唐物语》就是"诸夷门"在日本本土化的结果。

那么，《唐物语》的直接蓝本是否就是《文林妙锦》呢？为了寻找答案，我们选取了出自《山海经》的瓠犬国、交胫国、无腹国、聂耳国、三身国、狗骨国、长人国、三首国、丁灵国、奇肱国、无䏿国、一臂国、长毛国、柔利国、一目国、长脚国、长臂国、羽民国、穿胸国、女人国、不死国、氐人国、小人国等二十三个国家[②]，并与《三才图会》《文林妙锦》的图像进行对比，同时参照《山海经》原文。分析过程在正文中略去（详见附录一），我们直接以表格（表8）的形式呈现对比分析的结果。

表8 《唐物语》与《三才图会》《文林妙锦》的部分异同比对

|  |  | 《唐物语》有与《三才图会》更接近之处 | 《唐物语》有与《文林妙锦》更接近之处 | 《唐物语》有与二者皆差距较大之处 |
| --- | --- | --- | --- | --- |
| 1. 瓠犬国 | 国名 |  | √ |  |
|  | 图像 |  | √ |  |
|  | 文字 |  | √ |  |
| 2. 交胫国 | 图像 | √ |  |  |
|  | 文字 |  | √ |  |
| 3. 无腹国 | 图像 |  | √ |  |
|  | 文字 | √ | √ |  |
| 4. 聂耳国 | 图像 |  |  | √ |
|  | 文字 |  |  | √ |
| 5. 三身国 | 图像 |  | √ |  |
|  | 文字 |  |  |  |
| 6. 狗骨国 | 国名 |  |  | √ |
|  | 图像 |  | √ |  |
|  | 文字 | √ | √ |  |
| 7. 长人国 | 图像 |  |  | √ |
|  | 文字 |  | √ | √ |

---

① 海野一隆：《「異国物语」の種本》，载《日本古书通信》2004年第9期，第12—13页；鹿忆鹿：《异域·异人·异兽：〈山海经〉在明代》，秀威经典，2021年，第197—206页。

② 其中，瓠犬国、狗骨国的原型均为《山海经·海内北经》中的"犬封国"。

续表

|  |  | 《唐物语》有与《三才图会》更接近之处 | 《唐物语》有与《文林妙锦》更接近之处 | 《唐物语》有与二者皆差距较大之处 |
|---|---|---|---|---|
| 8. 三首国 | 图像 |  | √ |  |
|  | 文字 |  |  | √ |
| 9. 丁灵国 | 图像 |  | √ |  |
|  | 文字 |  |  |  |
| 10. 奇肱国 | 图像 |  |  | √ |
|  | 文字 |  | √ | √ |
| 11. 无䏿国 | 国名 | √ |  |  |
|  | 图像 | √ | √ |  |
|  | 文字 | √ | √ | √ |
| 12. 一臂国 | 图像 |  |  |  |
|  | 文字 | √ |  |  |
| 13. 长毛国 | 图像 |  | √ | √ |
|  | 文字 |  | √ |  |
| 14. 柔利国 | 图像 |  |  | √ |
|  | 文字 |  | √ |  |
| 15. 一目国 | 图像 |  |  | √ |
|  | 文字 |  |  | √ |
| 16. 长脚国 | 图像 |  | √ |  |
|  | 文字 |  |  | √ |
| 17. 长臂国 | 图像 |  |  | √ |
|  | 文字 | √ | √ |  |
| 18. 羽民国 | 图像 |  | √ | √ |
|  | 文字 |  |  | √ |
| 19. 穿胸国 | 图像 |  | √ |  |
|  | 文字 |  | √ |  |
| 20. 女人国 | 图像 |  | √ |  |
|  | 文字 |  | √ | √ |
| 21. 不死国 | 图像 |  | √ | √ |
|  | 文字 | √ | √ |  |

第三章 江户时代：锁国背景下的《山海经》接受 | 147

续表

|  |  | 《唐物语》有与《三才图会》更接近之处 | 《唐物语》有与《文林妙锦》更接近之处 | 《唐物语》有与二者皆差距较大之处 |
|---|---|---|---|---|
| 22. 氏人国 | 图像 |  | √ |  |
|  | 文字 | √ | √ |  |
| 23. 小人国 | 图像 |  | √ |  |
|  | 文字 | √ | √ | √ |

  通过上表比对可知，仅以最初出自《山海经》中的二十三个国家为例，《唐物语》与《文林妙锦》图文一致之处极多。除了少数几图之外，《唐物语》的构图、人物形象、服饰、姿态及动作都与《文林妙锦》完全一致或十分接近。而图像部分普遍与《三才图会》的差异较大，只有两幅图比起《文林妙锦》而言，有更接近《三才图会》之处。这两幅图一是交胫国，二是无胯国。其中，交胫国图像不同处是人物的面部朝向，无胯国图像不同处是人物下身服饰上的飘带装饰，这些都是微不足道的细节，而非整体构图，也并不能因此就证明《唐物语》一定对《三才图会》的图像有参考。至于文字部分，明显与《文林妙锦》更相似的有十六处，而与《三才图会》更为相似的有八处。其中与《文林妙锦》更相似之处不仅数量更多，而且证据性也普遍更强。如无胯国的文字部分，更接近《文林妙锦》处为"肺不朽"，而《三才图会》中为"膝不朽"；此外"八十年不朽"处，《三才图会》中为"八年不朽"，这些都属于《唐物语》参考《文林妙锦》的强证据。而与《三才图会》更接近之处，弱证据较多。如不死国的文字部分，《唐物语》的语序与《三才图会》相同，但《文林妙锦》的语序则略有差异，这属于可能参考《三才图会》的弱证据。因此，前辈学者认为《唐物语》的蓝本是《文林妙锦》，这样的结论是有依据的。

  但是恐怕不能认定《文林妙锦》是《唐物语》唯一的参考资料。我们认为，《唐物语》的作者应对《三才图会》有参考，这体现在不少图文显然更偏向《三才图会》，而与《文林妙锦》差异较大上。最明显的如无胯国国名，《文林妙锦》中误写为"无臀国"，但《唐物语》与《三才图会》都未写错。无胯国文字部分，《唐物语》与《三才图会》都提到"（无论）男女死即埋"，而《文林妙锦》中却未提到"无论男女"。这些都是可以证明《唐物语》可能也参考了《三才图会》的有力证据。

  我们甚至有理由怀疑除《三才图会》和《文林妙锦》之外，《唐物语》还参考了其他资料，因为《唐物语》的图文中，有不少地方与二者皆有所差异。

或许可以将聂耳国人身上并未长虎纹,奇肱国的飞车只有两侧具有围栏,长脚国人长臂国人四肢的长度与普通人并无不同等细节,理解为《唐物语》作者的个人发挥与创作。而《唐物语》中将另两个文献中的长人国的"明州人"写为"明州的商人",将奇肱国的"汤时"写为"从前在殷商汤王的时候",将一目国的"手足皆具(俱)"写为"此外长相如同常人一般"等,也可以视为是作者基于自己的理解而进行的合理阐释和补充。但将《三才图会》《文林妙锦》中的"狗国"写为"狗骨国",则大约是参考自第三种文献。还有聂耳国中的"耳长过膝",另两种文献中皆为"耳长过腰",也应该是参考自其他文献。长人国的图像,另两种文献皆为单人像,而《唐物语》中却是由两个人物构成,为一成年男子与一童子在树下交谈,图中并不能看出人物高于常人,若非作者的失误,则恐怕是参考了其他文献。还有不少证据,如奇肱国文字中的"玄玉门",《文林妙锦》为"玄王门",《三才图会》中并未提及,可能是作者根据常识进行的修正,也有可能是参考了其他文献。此外,柔利国中"在一目国的水边"的说法,也未在另两种文献中出现。

综合以上讨论,我们认为《唐物语》的蓝本存在两种可能。第一种可能性,蓝本是一部与《文林妙锦》极为相似,却在细节上有所不同的建阳日用类书。"诸夷门"是明代日用类书中的固定门类,几乎所有的类书中都有,而且在明代中后期(万历至崇祯年间)出现的大量日用类书中,"诸夷门"的编排方式、图像及文字内容都极为接近。据刘莎莎研究,光是明代的建阳书商就自万历二十四年(1596)起每年刊刻一部日用类书,有时甚至一年刊行多部,直到明朝结束(1644)。[①] 如此算来,晚明建阳日用类书应刻印了五十至上百种,可谓数量、版本众多。而由于内容雷同度高,粗制滥造,校勘也很草率,造成文人对它们并无收藏兴趣,因此虽然当时发行量很大,却少有能完整留存至今天的。由于用纸粗劣,毁坏程度高,不少版本都已失传,如今只能看到二十余部传世。因此在大多数版本已无法考证的如今,我们不能仅凭与《文林妙锦》相似之处较多就得出"其蓝本确为《文林妙锦》"的结论。我们不能排除曾经存在一部与《文林妙锦》类似却在细节上有所不同的日用类书的可能性,而考虑到建阳日用类书多互相传抄、十分雷同的特点,我们甚至可以认为这种可能性是很大的。

第二种可能性,蓝本并非一部典籍,而是综合参考了《文林妙锦》《三才

---

[①] 刘莎莎:《晚明民间日用类书诸夷门"远国异兽"研究》,硕士学位论文,山西师范大学,2016年,第13页。

图会》及另外一本或多本典籍，再加上作者自身的理解和想象进行的创造。仅以上文出自《山海经》的二十三国为例进行分析可见，虽然与《文林妙锦》一致之处众多，但仍然有部分重要内容与其有出入且更接近《三才图会》。甚至还有与二者均差异较大之处，恐怕是有另外的出处。而在江户时代，《文林妙锦》确实传入日本，如今建仁寺两足院仍有收藏；《三才图会》也是当时知名度很高、影响很大的类书，因此作者对二者进行参考是合乎逻辑的。至于第三本甚至第四本参考资料为何，我们并无证据，只是提出存在这样一种可能性。

## 二、接受的动力

探究《唐物语》接受"诸夷门"的动力，可以从以下两个方面进行论述。

### 1. 了解世界的渴望

在江户时代闭关锁国的历史背景下，民众渴望了解关于世界的知识，而以《唐物语》为代表的《异国物语》系列为民众提供了一个"看世界"的窗口。读者购买、阅读这类图谱，首要目的也是学习关于世界的知识。

锁国时期有限的知识与民众日益增长的对海外世界的好奇心构成了一组矛盾，这成为日本社会如饥似渴地消化、吸收既有的各种海外知识的直接动因。鲇泽信太郎在著作《锁国时代日本人的海外知识》中提到，自宽永锁国到幕末开国期间，日本国内出现了大量的地理介绍、世界地图、人物图谱、漂流记录、海外奇谈等关于海外知识的读物，只要和海外挂上钩，书籍的销量就会大大提高。[1] 这一时期涌现的大量异国人物图谱，也被学者称为"民族图谱"[2]及"人种图谱"[3]。它们与世界地图、漂流记录、海外奇谈等共同构成了关于世界的知识，被民众阅读、接受。相较眼界更加开阔、知识更加丰富且具有思辨精神的知识分子而言，多数民众恐怕并无基本的判断能力，他们会对出版物及民间传说中的海外知识照单全收并不足为奇。恐怕多数普通读者是抱着学习知识的目的来阅读异国人物图谱的，坊间的出版商也打出知识启蒙的招牌进行宣传及售卖。这些图谱中的内容被作为真实知识进行传播与接受，成为民众了解世界

---

[1] 鲇泽信太郎等著，开国百年记念文化事业会编：《鎖国時代日本人の海外知識：世界地理・西洋史に関する文献解題》，原书房，1978年，第3—12页。
[2] 详见海野一隆：《江戸時代刊行の東洋系民族図譜の嚆矢》，见《東洋地理学史研究　日本篇》，清文堂出版，2005年，第95—102页。
[3] 详见坂卷甲太：《〈异国物语〉〈三国物语〉——未刊仮名草子解題稿》（1），载《东横国文学》1979年第11卷第3期，第33—44页。

的窗口。江户时代，民间出现了不少明确提出自己具有"训蒙"性质的异国人物图谱，如宽文六年（1666）的《训蒙图汇》、元禄八年（1695）的《头书增补训蒙图汇》、享保四年（1719）的《唐土训蒙图汇》、刊年不明的《地球万国训蒙图汇》等。训蒙即教导、启蒙，明显具有知识的学习、普及之意，也可见一般读者会将其中内容视为真实的知识来学习。

事实上，《唐物语》这类江户时代的异国人物图谱是由来自中国官方、民间这两个知识系统的合流，是想象中的国家与真实存在的国家的混合体。哪怕没有阅读过《山海经》，普通民众也应能从中区分出更具有想象色彩的国家，这些长相奇特、习俗怪异的国家显然更能满足他们对于海外、远方的想象，也更加受到关注。当时的读者究竟是否相信穿胸国、羽民国等为真，学者们持有不同观点。坂卷甲太认为这些一见便知荒唐无稽的内容，是不会被信以为真的。[①] 大木京子却提出不同意见，认为虽然对这些内容照单全收的人不多，但也少有人会认为全篇皆为胡言乱语。[②] 而我们认为，在进行相关判断时需要对知识分子与普通民众进行区分，知识分子相对而言更加客观理智，但民众中恐怕不乏将其视为真实者。正如松冈芳惠在《大江文坡的对外观》中所言：

  在锁国状态下，对外国感兴趣者并非全都拥有与当今世界地图一致的认识。认为现实的世界地理与《山海经》中出现的长人、小人、一目国、鬼门、神界等有关的人并不少。[③]

因此，在渴望了解世界的动力之下，不少江户时代的普通民众将《异国物语》系列图谱视为真实的知识，而民众的阅读、购买需求也促进了相关图谱的大量编写与出版，构成接受"诸夷门"相关内容的动力。

2. 情节具有消遣娱乐功能

《唐物语》具有消遣娱乐的性质。

在江户时期的庶民文化中，娱乐占据了重要的地位。民众在将异国人物图谱作为知识性读物的同时，也看重它的娱乐功能。尤其是《异国物语》《唐物语》中的文字说明部分，情节丰富，描写生动，甚至可以作为短篇小说来阅读。

---

[①] 坂卷甲太：《〈异国物语〉〈三国物语〉——未刊仮名草子解题稿》（1），载《东横国文学》1979年第11卷第3期，第33—44页。

[②] 大木京子：《「異国物語」諸本とその変遷—錯綜する異国情報の一端を見る》，载《国文学论考》2005年总第41期，第82页。

[③] 松冈芳惠：《大江文坡の対外観》，载《东洋大学大学院纪要》，2008年总第45期，第4页。此引文为笔者自译。

如"长人国"的文字描述如下：

> 这个国家的人高三四丈。从前，明州的商人在渡海时，雾气浓重，狂风大作，难以辨别舟行的方向。等到终于雾散风止之后，到达了一个小岛。（商人）下船上岸，想要去砍伐一些薪柴，却忽然看见一个巨人。巨人行走像风一样快，明（州）人吓坏了，惊慌失措地逃回船上。巨人对他们紧追不舍，（甚至）下海追逐他们。船上的人用强弩朝他们放箭，这才击退了巨人。①

这是一个完整的故事，明州商人在海雾中迷失方向，误入了长人国，登岸后偶遇巨人并被追逐，最终逃脱。虽然结尾圆满，但中间被巨人追逐的情节十分惊险刺激，而且语言描写生动，如"巨人行走像风一样快""船上的人用强弩朝他们放箭，这才击退了巨人"等，读来让人有身临其境的紧张之感。

出自《山海经》的二十三个国家都具有奇异的色彩，而且瓠犬国、狗骨国、奇肱国等国家的文字描述中都有极为丰富、生动的故事情节，趣味性极强。《异国物语》《唐物语》中图文搭配，读者可以一边看图，一边阅读，更能得到乐趣。不赞同图谱具有知识启蒙性质的坂卷甲太就认为，与其说绘本是人种图谱，不如说它是娱乐性质的读物。②

"诸夷门"对于海外异国的描述具有丰富的故事性，这也构成了《异国物语》接受"诸夷门"内容的重要动力。

## 三、文本的变异及原因

从"诸夷门"到《唐物语》，文本发生了一定程度的变异，不仅原本的编排顺序被打乱，而且进行了重新筛选和排布，图像添加日式元素被重新绘制，文字也被翻译成日文。可以说，《唐物语》就是日本化的"诸夷门"异国人物图谱。我们将分三个层次详细论述变异的表现及原因。

1. 为"倭寇"翻案——日本人心中的自我图式

《唐物语》中卷首收录的第一个国家是"大日本国"，统领其后的一百三十七个海外异国。通过编排体例、图像和文字进行综合分析可知，《唐物语》中蕴含了江户时代日本人心中的自我图式，以及为被污名化的称谓"倭寇"

---

① 翻译过程详见本书第230—232页。
② 坂卷甲太：《〈异国物语〉〈三国物语〉——未刊仮名草子解题稿》（1），载《东横国文学》1979年第11卷第3期，第33—44页。

翻案的意图。下文通过与《三才图会》及《文林妙锦》这两本类书中的相关内容进行比对[1]，观察"明代中国人眼中的日本"与"江户日本人眼中的自己"有何异同。

首先从整体排布的体例上来看。《三才图会》人物卷中共有三卷（十二、十三、十四）涉及海外异国。观察其排列顺序，具有将真实可信的国家排在每卷卷首、将想象色彩浓厚的国家位置靠后排列的特点。如十二卷的高丽国和女真国等，十三卷的大琉球国、小琉球国等，十四卷的吐蕃、住辇国（南印度）等，都排在卷首；而十二卷中的女人国和狗国等，十三卷中的一臂国、一目国等，十四卷中的小人国、穿胸国等，则排列相对靠后。在《三才图会》中，日本国被收录在人物卷第十三卷中的第三位，排在大小琉球国之后，显然认为其是自古即有往来的真实国家。在《文林妙锦》"诸夷门"中，日本国紧随高丽国而排在第二位，可见在明朝人心中，日本是熟悉程度仅次于朝鲜的重要海外国家。而在《唐物语》中，作者将日本的顺序提至第一位，其后才是高丽、扶桑、大小琉球、女真等通常在中国"世界民族图谱"中排在前面的国家。这样的排布顺序既象征性地提升了日本在国际秩序中的地位，也凸显了"我国"的重要性，可以视为江户时代日本"自我意识"的彰显。

我们将结合图像、文字进行综合观察，江户时代日本人是怎样重新建构了自我图式。下图（图21）由左至右分别是《三才图会》《文林妙锦》及《唐物语》中的日本国图像。[2]

先看左图，在《三才图会》中，日本人的图像虽然是身着长袍、长眉垂面、拱手作揖的儒雅僧人形象，但文字却说：

> 日本国即倭国，在新罗国东南大海中，依山岛居，九百余里，专一沿海寇盗为生，中国呼为倭寇。[3]

这样的描述与明朝倭寇横行的历史背景息息相关，尤其是《三才图会》成书前的五十年发生了祸乱沿海诸省的嘉靖倭乱（1555），使得明朝人对倭寇既惊恐又憎恨，对日本的整体印象也急转直下。或许儒雅的僧侣图像仍然保留有遣唐使、入宋僧留下的良好印象，但文字说明则将整个国家描述为野蛮、低劣

---

[1] 虽然《唐物语》的直接蓝本不是《三才图会》，亦非《文林妙锦》，但《三才图会》对日本文化影响甚巨，《文林妙锦》则是与其真正蓝本最为接近的文本，因此选取二者做比对。
[2] 左图出自王圻、王思义编集：《三才图会》，上海古籍出版社，1988年，第836页。中图出自刘双松：《文林妙锦万宝全书》（卷四），万历四十年（1612）书林安正堂刊本，第2页。右图出自《唐物语》（上），法国国家图书馆藏。
[3] 王圻、王思义编集：《三才图会》，上海古籍出版社，1988年，第836页。

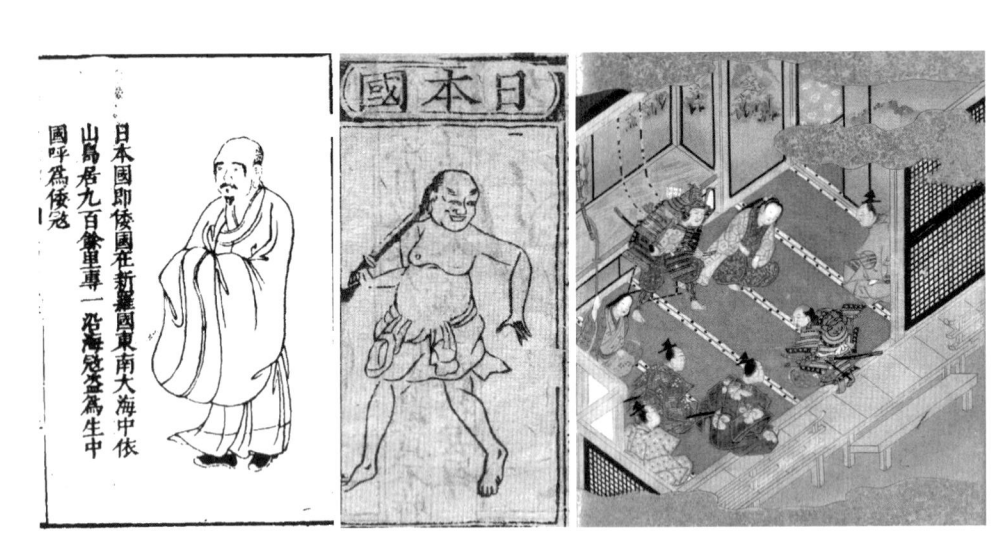

图 21 《三才图会》《文林妙锦》《唐物语》中的日本国图像

的强盗形象。具有讽刺意味的是，《三才图会》将日本国编排在君子国旁边，日本国人向其右拱手作揖，君子国人则向其左拱手作揖，两个国家一左一右，共同构成了一幅对称的图像。虽然两国图像类似，但文字描述却形成了鲜明的反差。君子国的描述为："君子国在奢比之北，其人衣冠带剑，食兽，有二大虎常在其旁。其人好让不争，故使虎豹亦知应让。"[1]将君子国塑造成极为符合儒家道德标准的、仁义的、知礼的、文明的形象，与日本国的倭寇、强盗形象形成了强烈对比。想来日本人看到此处时，一定会感到莫大的讽刺、羞愧与气愤，这样的形象与日本人对于自我的认知可谓大相径庭。

《文林妙锦》中的日本国形象则更为野蛮，人物赤身裸体，仅在腰部围有一圈粗布，并在肚脐前随意打结。人物赤足，梳着武士的发型，右肩上扛着一柄似剑的武器，文字说明几乎与《三才图会》一致，其图文较《三才图会》而言更具有整体性，风格也更加统一，体现出野蛮、好战、低劣的强盗形象。而《文林妙锦》将日本国排在第二位，位列第一的高丽国无论图文均被塑造为礼仪之邦的文明"小中华"形象，与紧随其后的日本国形成了鲜明对比。高丽国图像中，国民穿着长袍、长靴，头戴高丽帽，手持折扇，是儒雅的士大夫形象。文字中则提道："古名鲜卑，周名朝鲜，武王封箕子于其国。中国之礼乐诗书医药卜筮皆流于此，衙门官制悉体乎国人……化外四夷之国，独高丽为最。"[2]

---

[1] 王圻、王思义编集：《三才图会》，上海古籍出版社，1988 年，第 836 页。
[2] 刘双松：《文林妙锦万宝全书》（卷四），万历四十年书林安正堂刊本，第 2 页。

可见《文林妙锦》等日用类书中是将高丽视为"化外诸夷"之首，是唯一仅次于中国的、相对较为文明的国家，而这样的文明是因为自古受到中国的"教化"，全面学习了中华文化而达成的。排在高丽之后的诸夷都被认为是野蛮、怪异的存在，无论服饰、习俗、文化还是长相都与"我国"有所不同，是较为低等的，近乎"非人"的存在。这样的归类日本人显然是无法接受的。

于是在《唐物语》中，作者通过图像与文字重新对"自我"进行了建构。日本国的图像在《唐物语》中独占一页，而文字说明作为序言的一部分，安排在绘卷之首。对比其余国家通常由两个一组构成一页而言，日本国的图像不仅最大，而且绘制尤为精良，笔触细致，边缘由浮云状图案勾勒，图中亦贴有浮云状金箔。图中人物众多，在日式建筑的房间中，一位身穿铠甲的将领正弯腰俯身听一位跪在面前的武士汇报战况，神态认真，似乎军情紧急。将军背后的储物空间中摆放了若干军刀、弓箭，他的左右跪坐着两位女性，应为其妻妾或家眷，其中将军右侧的女子手持长刀，似乎听闻军情后跃跃欲试，想要冲上战场一同杀敌。将军两侧稍远处还跪坐着四名男性，并非武士打扮，可能是将军的家臣或侍从。整幅图画虽然并无征战场面，却表现出动态的紧张感，也通过人物穿着、姿态及室内摆设表现出了日本人无论男女皆勇武善战的民族性格及精神。文字部分的描述与图画相一致，以下依次列出"翻刻"、释文及中文译文。[①]

**词书：**

　　日本国則和国なり新羅国の東南大海　のうちに有山嶋によってすみかとすこ　の国九百余里もつはら武勇をこのみ　中国にしたかわす国をおかしうははん　とす此ゆへに中国是をおそれて常に　倭寇と名つく又は神国といひ天神　七代地神五代より人王の今にいたりま　つり事たゝしく儒釈道詩哥管　絃文武医薬その道をまなひ上下万民　まことをさきとし国の制度明なりしか　あれは四海をたやかに諸国にすくれたり　是により万国日本にしたかわすと　いふことなし

**释文：**

　　日本国、則和国なり。新羅国の東南大海の内に有、山嶋によって住みかとす。此国九百余里、もっぱら勇武を好み、中国に従わず、

---

① 词书"翻刻"参考吉田幸一：《异国物语》，古典文库，1995年，第14页。笔者将其整理为释文，并译成中文。

国を侵し、奪わんとす。此故に、中国是を恐れて、常に倭寇と名付く。又は神国と云ひ、天神七代、地神五代より、人王の今に至り、祭り事正しく、儒釈道、詩哥（歌）管絃、文武医薬、其の道を学び、上下万民、誠を先とし、国の制度明なり。然あれば、四海穏やかに、諸国に優れたり。是により、万国日本に従わずと云ふ事無し。

**翻译：**

  日本国，也被称为和国。位于新罗国的东南大海之中，（国民）依靠着山岛居住。这个国家面积有九百多里，举国崇尚勇武，不（像其他国家一样）以中国为尊。（日本）侵占他国，夺取土地。正因如此，中国恐惧日本，常称之为"倭寇"。（日本国）又称为神国，从天神七代、地神五代到人王治理的如今，（一直）端正地对待祭祀，学习儒释道、诗歌管弦、文武医药及其他，上下万民皆以诚为先，国家制度也很清晰、严明。如此一来，（日本国）四海稳定，是诸国的表率。正因如此，万国无不跟从日本（并以它为尊）。

通过文本细读可发现，这段关于日本国的描述虽然出自日本本国人之手，却未使用第一人称，而是使用第三人称，试图站在客观的视角进行描述。但其行文中有不少细节与《三才图会》《文林妙锦》相同，如"在新罗国东南大海中，依山岛居，九百余里"的描述，是完全一致的，可见对其有参考。对于原文中关于"倭寇"的描述，则一一予以解释并进行反驳。全文弃用了带有贬义色彩的"倭"字，而代之以较为中性的"和国"。同时对"倭寇"的称谓进行了重新阐释，提出是因为日本常常"侵占他国，夺取土地"，因此"常称之为'倭寇'"。不难看出，这一段描述针对的正是"倭寇"二字，尝试为原文中"专一沿海寇盗为生，中国呼为倭寇"的说法进行翻案。此外，《唐物语》中"寇"字的写法十分奇怪，为"㓂"字，此字既非日本汉字，也非中国汉字，更非"寇"的异体字，大约是作者自己创造出来的字。至于造字的原因，大约是为了回避"寇"字，足见作者对这一带有贬义色彩及侮辱性质称谓的排斥。

秉持"去污名化"的目的，《唐物语》的图文中还可见为原文所塑造的日本"野蛮、低劣"之形象翻案的意图，日本人心中的"自我"是文明而优越的。《唐物语》中将日本称为"大日本国"，彰显了民族自豪感，以及提高"我国"国际地位的愿望。通过细读可知，图文所建构的日本国民族性格可归纳为如下四点。

第一为"尚武"。文中提到日本"举国崇尚勇武"，而且常常"侵占他国，夺取土地",彰显出日本人英勇善战的特性以及凡战必胜的进取精神,表现出强烈的民族自尊心与自信心。这样的文字描述与图像是相一致的,无论是图中手持武器的女子,还是听闻军情后神情激动的将军,都表现出无论男女,全民尚武的民族精神。可见"尚武""善战""强大"是日本人眼中"自我"的形象。

第二为"敬神"。文中提到日本"又称为神国",在凸显了其血统天生具有高贵性的同时,也为后文提到的一向"端正地对待祭祀"进行了合理化。日本上至天皇贵族,下至平民百姓,自古即信奉神道教。神道教信仰认为,日本是神创造的国度,而天皇的祖先就是天神,日本国民则是神的子民。因此全民均恭谨、端正地对待祭祀,可见敬神是人们生活中的重要内容。日本正史《古事记》《日本书纪》中,都将日本历史的源头追溯到伊邪那岐(伊奘诺尊)及伊邪那美(伊奘冉尊)男女二神创生国土,而天照大神之孙琼琼杵尊从天降至人间,成为天皇家族的祖先。正是基于这样的信仰,天皇家族万世一系,具有无上的权威,而敬神也符合历史事实,确为日本的民族性格之一。

第三为"好学"。文中提到的"学习儒释道、诗歌管弦、文武医药及其他"同样是历史事实。早在公元1世纪,即中国的东汉时期,日本的弥生时代(前300—250),日本就曾派遣使节去往中国,此后两国间交流不断。日本的飞鸟时代(592—710)开始全面学习隋唐,随后的历史时期亦不断派遣使节、僧侣、留学生等赴中国学习,可以认为日本文化是在学习中国文化的基础上形成的。

第四为"以诚为先"。"诚"是儒学特别是朱子学传入日本后被格外看重的部分,包含下对上的"忠诚"、人与人之间的"真诚",皆被日本儒学家视为伦理的根本。

总之,"尚武、敬神、好学、以诚为先"是《唐物语》中日本人眼中的"自我"形象,也是符合事实的。《唐物语》通过编排体例、图像和文字,将日本国塑造为一个血统高贵、文明且优越的国家,与《三才图会》《文林妙锦》中低劣、野蛮、地位低下的形象形成了鲜明对比,其中可见为"倭寇"这一污名化称谓翻案的强烈意图。

2. 取代中国——建构"日本型华夷秩序"

值得注意的是,无论是《三才图会》还是《文林妙锦》,其"民族图谱"中都未收录本国人。《三才图会》"人物卷"中的第十二、十三、十四卷收录的都是海外人物及个别神祇,并未包括中国人。万宝全书的"诸夷门"顾名思义,所囊括的皆为化外四方的"他者",并不包含"我族"。"我"是与"四夷"

相对的，处于中央的位置，而"诸夷门"正是从"我族"之角度出发对"他者"进行的定义与分类。然而，以它们为蓝本重新绘制的江户"世界民族图谱"《唐物语》中，却将"自我"排在了第一位，统领此后的一百三十七个海外异国，而且其中并未收录中国（大明国）。

从中国的"异国人物图谱"中可以看出萌芽自先秦、形成于汉代、完善于隋唐并延续至明清的华夷秩序，相较《三才图会》的"人物卷"而言，万宝全书的"诸夷门"对此有更加明显的体现。"诸夷门"的编排体例往往上层是"山海异物"，收录了各类神祇及鸟兽虫鱼；下层是"京本蠃虫录"，即"外夷杂志"，收录了海外异国的图像。将鸟兽虫鱼与海外异国上下并置，是具有博物色彩的编排，是中国民众尝试对自然界生命体进行分类的结果。"诸夷门"中将海外"蠃虫"尽可能全面地收录进来，并以图文方式呈现，以供中土民众对其进行识别，其中也隐含了中国人心中的自我图式与世界秩序。

华夷秩序是由中国主导的，通过一系列礼仪程序册封朝贡国国君为王并对其统治给予一定支持，从而确立其国在名义上从属于中国的国际秩序。但实际上，中国与朝贡国之间并不存在真正的统治与被统治关系，一般情况下也不会干涉其国内政。非但如此，作为宗主国的中国为体现大国风范，往往还会在贸易中给予朝贡国种种经济实惠。政治支持和经济利益在根本上构成了诸国来朝的原动力。华夷思想是华夷秩序背后的理论支撑，其本质是"华夷有别"，且"华"天然优越于"夷"。因此诸国若想通过朝贡获得政治、经济等方面的利益，就必须要进入由中国主导的世界秩序，承认自身的地位相对低下，这也是诸国为寻求自我发展而做出的妥协和牺牲。"诸夷门"中并未出现中国的形象，但《唐物语》的作者将"我国"提到首位，并对日本统领世界的地位进行强调，则是抱持着颠覆既有世界秩序之目的的刻意行为。

《唐物语》提到日本非但"不像其他国家一样以中国为尊"，而且"是诸国的表率"，"万国无不跟从日本，以它为尊"。不难从中看出其颠覆既有华夷秩序的意图。日本学者西岛定生认为，中国的华夷观、天下观早在5世纪末即传入日本，脱胎于此的"日本型华夷观"约在7世纪至8世纪成熟。[①] 这一观念完全是模仿自中国，认为在以日本为中心的天下中，新罗、百济、渤海以及

---

① 西岛定生：《日本歴史の国際環境》，东京大学出版会，1985年，第72—79页。

周边列岛为蕃国、夷狄,至于中国,则被视为是与日本平起平坐的邻国。① 如果说奈良、平安时期的"日本型华夷观"是尝试建立一个囊括在以中国为中心之大世界中的以日本为中心之小世界,那么江户时代《唐物语》中尝试建立的则是代替中国成为天下中心的世界秩序。在《唐物语》中,"大日本国"位居万国之首,统领其后的一百三十七个国家,这样的排列顺序正呼应了文字中描述的日本"作为诸国的表率,万国无不跟从,并以它为尊"。可见作者意图颠覆既有的华夷秩序,并建构出一个以日本为尊的世界。

在这一建构的世界中,日本是极为文明、优越的,而"诸夷"的形象仍然继承自中国传统的华夷观。《唐物语》中的一百三十七个海外国家均出自"诸夷门",虽然在构图风格及色彩运用上充满日式风格,但其本质上反映的"夷"之形象仍是野蛮、原始、怪异的。我们看到,《唐物语》中的异国人多身处自然之中,周围或有山石树木,或有密林野兽,而与此相对,日本国人则居于屋内,可以明显看出对野蛮、文明之二元对立的刻意塑造。此外,异国人物多肢体裸露,或赤足,或半裸甚至全裸,或身着草裙、兽皮等怪异服饰,这是通过衣饰塑造的原始、进步之二元对立。另外,异国人物多有肢体上的形变,如长臂、长脚、三首、三身、一目、一臂等,另有周身长有羽毛或下身长有鱼尾等怪异形象,这构成了怪异、正常的二元对立。总之,其中所蕴含的"我者"与"他者"之形象差异仍然照搬自中国的传统华夷观。然而,这一日本式的"世界民族图谱"中并未收录中国,在《唐物语》的世界中,中国去了哪里?

从《唐物语》的体例排布来看,中国并未被纳入以日本为中心的"日本型华夷秩序"中,在表面上是消失的。但实际上,不仅中国的国名在"大日本国"的文字描述中屡被提及,儒家文化的价值观也贯穿整部绘本的始终,因此在文本中,中国是一直在场的。文字中提到日本"学习儒释道、诗歌管弦、文武医药及其他",是以儒家对"文明"的定义为准则,证明日本也具有和中国同样的知识与制度,符合"文明"的标准。进一步而言,《唐物语》这一"异国人物图谱"的形式、内容以及背后的价值观、世界秩序都是照搬自中国,只是将华夷秩序中的"华"置换为"日本"罢了。总之,在《唐物语》中,中国表面上消失,实则一直存在,这种"消失的在场"类似于三谷博所言的"难以

---

① 古文献依据有9世纪中惟宗直本撰写的《令集解》记载:"邻国者大唐,蕃国者新罗也。"详见惟宗直本:《令集解》(卷三十一),见黑板胜美编:《新订增补国史大系》(第二十四卷),吉川弘文馆,1966年,第774页。

忘却的他者"①，在某种程度上，中国是当时日本努力遗忘却始终无法摆脱的存在。

那么，《唐物语》所建构的"日本型华夷秩序"究竟是历史事实，还是仅存在于江户时期知识分子理想中的国际秩序呢？学界认为日本之所以在江户初期产生主宰世界秩序的思想，背后原因主要有四点：一是军事力量的自信，二是天皇万世一系的历史认知，三是汉学的发展，四是被视为"夷狄"的满族人建立清朝造成了华夷认知的改变。②然而，部分学者认为当时日本对外关系的实态不能被视为真正的华夷秩序，即"日本型华夷秩序"只存在于观念中，而非历史事实。如杨立影、赵德宇认为，江户时代日本的对外关系中并不存在中国华夷秩序体制中的礼、册封与受封关系以及朝贡贸易，而且除琉球外的各国并未将日本看作与中国平起平坐的国家，日本也并未构成"我文化"优于"他文化"的华夷之差，因此"日本型华夷秩序"仅流于一种观念上的意象。③由此可见，作者是借助《唐物语》建构出了理想中的以日本为中心的世界秩序，而其原型是中国的华夷秩序。《唐物语》通过剔除中国而代之以日本，试图达成日本主宰世界、万国以之为尊的愿景。这反映了江户初期部分知识分子的思想意识，但当时对日本称臣的国家仅有琉球等少数岛国，实际情况离这一理想尚相距甚远。

3. 对抗与扩张——早期民族主义的体现

在脱胎自"诸夷门"的《唐物语》中，日本尝试取代传统华夷秩序中中国的位置，在这一以日本为中心的理想世界中，万国敬服，以之为尊。江户时代的日本不仅早已在事实上脱离了中国的华夷秩序圈④，而且试图创建新的世界秩序，表面上是与中国对抗，实际上的目的是要向外扩张。"对抗中国"的意图在"大日本国"的文字描述中有清晰的彰显，文中提到日本"不（像其他国家一样）以中国为尊"，而且中国惧怕日本强大武力的威胁，因此才称日本为"倭寇"。此外，文中体现出了日本试图向外扩张的冲动，它"侵占他国，夺取土地"，同时自己的领土疆域之内"四海稳定"，因此受到诸国的爱戴与尊

---

① 三谷博：《思考明治维新》，有志社，2006 年，第 142 页。
② 蓝弘岳：《从江户日本看中国：在"慕华"与"脱华"之间》，载《文化纵横》2017 年第 2 期，第 42—50 页。
③ 杨立影、赵德宇：《"日本型华夷秩序"辨析》，载《古代文明》2021 年第 1 期，第 137—144 页。
④ 至晚在 16 世纪末即室町幕府末期，日本已经通过对外征战、拒绝向中国朝贡等方式，主动脱离了华夷秩序。

敬。事实上，日本针对中国的对抗性与其向外扩张的愿望是相辅相成的，正是因为不愿受制于传统的华夷制度，因此想要对抗中国，抢夺国际秩序的中心地位，并得到邻国的支持。另一方面，如果想要获得朝鲜、琉球等国的敬服，首先要打破以中国为尊的华夷秩序，因为多数邻国仍处于这一秩序之中。宋志勇认为日本如果想要在东亚地区进行扩张，必须触碰并进一步打破传统华夷秩序的壁垒。[1] 而对抗中国与对外扩张的冲动背后，蕴含着近代民族主义的萌芽。

一般认为日本的民族主义是以对内自立的"尊皇"意识与对外扩张的"攘夷"意识构成的。关于其产生的具体时间，学界说法不一。传统观点认为形成于明治维新之后，丸山真男则认为早期民族主义应是兴起于幕末开国时期，是来自外界的压力逐渐转换形成的一种政治意识。[2] 瞿亮认为早在开国之前，日本自身的思想体系中已经孕育出了早期的民族主义，是由华夷观变化滋生的民族主体意识、神国思想、尊皇意识三种形态合并构成的。[3] 至于其更早的思想萌芽，甚至有学者认为可上溯到中世卜部神道所倡导的神国至上以及日本中心意识。[4] 而笔者认为，日本文化中向来存在强烈的自立意识与向外扩张的冲动，因此恐怕很难追溯这一思想的萌芽究竟发源于何时，但至少在《唐物语》产生的江户初期，日本早期的民族主义确实有所体现。

针对中国的对抗意识，首先体现在文化上。江户时期兴起的日本国学通过研究上古文献来阐明日本古道，尝试恢复完全纯净的日本文化。其中所贯穿的"复古"与"排外"特征是相辅相成的，而"排外"主要剔除的就是中国文化的影响。在这样的思想背景下，《万叶集》《古事记》等被认为代表了日本本土文化的典籍被抬到了很高的地位，相对而言《怀风藻》《日本书纪》等则被认为受到了中国文化的"污染"，从而被放到次之的位置。此时日本虽然没有与中国进行正面交锋，但在文化上始终保持着一种针对中国的强烈对抗意识。

我们在不少江户时代的学术著作、文人文集中可以看到这种日本人的文化心态，他们模仿中国的"神州大地"自称"神州日本"，并自视为神的子民。学者们以《古事记》中的开国神话为真实历史，并强烈贬斥相关的中国典籍。

---

[1] 宋志勇：《日本与"华夷秩序"》，见李卓主编：《近代化过程中东亚三国的相互认识》，天津人民出版社，2009年，第65页。
[2] 丸山真男：《日本政治思想史研究》，王中江译，生活·读书·新知三联书店，2000年，第270—271页。
[3] 瞿亮：《江户时代日本史学中的早期民族主义》，载《外国问题研究》2011年第3期，第66—70页。
[4] 李健：《吉田兼俱的神道思想研究——以"根叶花实说"为核心》，硕士学位论文，北京大学，2016年。

如江户中期学者山梨稻川（1771—1826）在诗文《咏古十三首》中对《山海经》进行了贬斥，只因该典籍中对太阳起源的说法为"羲常帝俊妻，寔[①]是生日月"[②]，而日本的太阳神话为"赫赫皇日霙，神彩何照彻"的天照大神，因此又说"莫乃讹诺册，异方传恍忽"，认为《山海经》中的记录恐怕是书写错误，或是上古之时口耳相传造成了谬误。可见同样都是超出日常经验的神话性描述，江户中期知识分子却笃信《古事记》《日本书纪》等日本典籍中所记载的说法为真，而认为《山海经》的记录有谬误。山梨氏贬斥《山海经》的价值，并非站在理性的角度认为其内容缺乏真实性，而是以日本的经典为真实和绝对标准，只要中国经典有与之不符之处便被判定为不真实的。由此可见江户时代文人突显神国日本的自立意识，排斥中国典籍而以日本经典为尊，正是早期民族主义的体现。

再如黑船事件发生的次年即安政元年（1854），日本被迫打开国门，此时民族主义继续发酵，知识分子大槻磐溪（1801—1878）的一首诗将这种意识和心态表现得淋漓尽致：

《和林公书怀韵三首》（其一）
使臣专对择才能，万里风涛度峻嶒。
七道标旗辉晓旭，一声虚炮报晨兴。
戍兵未撤士骑虎，和议才成人释冰。
记得蛮酋献方物，飞轮巧技压奇肱。[③]

诗后附录交代了写作的背景和缘由，根据其中提到的"节近中元"[④]可知，此诗写在农历七月十五前后，距离签订不平等条约之事不久。因此，诗中所描述的事件是黑船事件无疑。诗中提到，美国使臣不远万里渡海而来，用武力威胁日本签订和议，整个事件实则并未发生实际的武装冲突。诗中充斥着对当政者懦弱行为的不忿与讽刺，如"一声虚炮"及"戍兵未撤"，表现出了美国军舰的虚张声势，以及日本当政者的胆小懦弱，逼得忠心卫国未有投降之心的士兵骑虎难下。"和议才成人释冰"一句也是在讽刺当政者对入侵者一味讨好，签成协议之后便不计前嫌地与美国交好，实在是令人耻辱的事情。最后一句"记

---

[①] 同"实"。
[②] 山梨稻川：《咏古十三首》（其九），见富士川英郎等编：《诗集日本汉诗》（第十二卷），汲古书院，1987年，第383页。
[③] 大槻磐溪：《宁静阁集》（三集），见富士川英郎等编：《诗集日本汉诗》（第十七卷），汲古书院，1989年，第211页。
[④] 富士川英郎等编：《诗集日本汉诗》（第十七卷），汲古书院，1989年，第212页。

得蛮酋献方物，飞轮巧技压奇肱"，指的是此前在日美外交中，美国使臣赠送礼物，其制作精巧令人称奇。此句中将美国政府称为"蛮酋"，将其赠送礼物的行为称为"献"，体现了承袭自中国华夷观的"我族中心主义"，认为具有强大军事、科技及经济实力的美国仍然是野蛮的"夷人"，其地位远低于"文明的"日本。

诗句中反映了当时知识分子的矛盾心态，他们一方面憎恨统治阶级软弱，为日本不战而退的行为感到耻辱，另一方面又充满民族主义的自大。"飞轮巧技压奇肱"化用了《山海经》中奇肱国人善制车轮的典故[①]。此句看似是在赞赏美国制作的机械十分精致，技术高明，但实际上是将美国与传说中的奇肱国进行并置，将美国类比为远方的蛮夷小国，认为就算美国的工业、制造业再发达，在文化地位上仍然远远比不上日本。对美国进行如此的贬低，是知识分子对于被迫开国、签订不平等条约的屈辱而进行的自我心理补偿。从其诗句和典故化用中可见作者以"神州日本"自居的高高在上的心态，以及对于他国的不屑。作者大槻磐溪这样的思想也反映了江户时代日本强烈的民族主体意识，甚至民族主义的萌芽。

再谈日本的向外扩张意识。虽然江户初期才有较为明显的扩张意识体现，但萌芽是根植于日本文化中的。《日本书纪》中记载了4世纪至7世纪日本多次出兵朝鲜半岛的历史事迹，而其中神功皇后亲征新罗之事尤为著名。16世纪末，丰臣秀吉发兵十余万攻打朝鲜，17世纪初又出兵琉球并令其俯首称臣。可以说，岛国日本始终具有向外扩张的冲动，其原因是复杂的，而且其价值观中从未认为侵略和扩张有失正义，而是认为强者自然有权力占有更多的土地。《南史》中提到倭武王向宋顺帝上表，宣称自己"东征毛人五十五国，西服众夷六十六国，陵平海北九十五国"[②]。可见其对自身靠武力夺取土地的自豪之情。《唐物语》中日本对自我描述为"侵占他国，夺取土地"，这也是极具褒义的评价。张宪生认为，日本近代民族主义强烈的攻击型特征在江户初期初现端倪。[③] 实际上，日本对外扩张的攻击型特征早已存在，只是在江户初期在自身文化发展与国际形势影响的双重作用下，有了更为明显、具体的体现。

---

[①] 《海外西经》中提到奇肱之国，郭璞注曰："其人善为机巧，以取百禽；能作飞车，从风远行。"参见袁珂：《山海经校注》，北京联合出版公司，2013年，第195—196页。
[②] 李延寿撰，中华书局编辑部点校：《南史》（卷七十九），中华书局，1975年，第1975页。
[③] 张宪生：《试析日本近代民族主义的历史背景》，载《东南亚纵横》2007年第8期，第83—86页。

## 四、小结

《唐物语》是将晚明万宝全书"诸夷门"日本化的结果。"诸夷门"上承《山海经》,是中国民间的异国人物知识体系。因此,《唐物语》可被视为日本对《山海经》次生文献的接受。通过分析发现,《唐物语》的直接蓝本并非如先行研究所言是《文林妙锦》,而是另有其他。接受的动力是为迎合民众普遍的对了解世界的渴望,同时因为其丰富的故事性而具有娱乐功能。"诸夷门"的编排和内容在《唐物语》中发生了一定的变异:第一,体现在对日本国的突显和重新描述,这反映了日本人心中的自我图式;第二,日本在图谱中取代了蓝本中的中国而处于中心地位,体现了建构"日本型华夷秩序"的意图;第三,图谱反映出强烈的"日本中心主义",甚至还可看到其对外扩张冲动的早期民族主义萌芽。

关于《唐物语》的作者问题,目前尚不明确,但根据其能读懂汉文并较为准确地译为日文可知,作者是具有一定汉文学养的知识分子。同时,从图文所体现的强烈日本本土意识可以判断,作者很可能是一位国学派学者,或是深受国学理论影响的知识分子。在室町及江户时代,奈良绘的作者多为职业画僧,因此也不排除《唐物语》出自画僧之手的可能性。

此外值得注意的是,比起普通书坊刊刻的《异国物语》而言,作为奈良绘的《唐物语》制作精良,造价不菲,显然还具有艺术品收藏的性质。可以看出,其图像的绘制十分精心,在各种细节上增添了日式元素,使之符合日本的审美。不仅人物的发型、服饰纹样多为日本式,图画配色符合日本审美,而且人物的身体姿态也具有日本人的特征。图中人物多身体前倾,做出恭敬、谨慎的姿态,符合日本国民的行为习惯。而且绘图十分注重美感,哪怕是原本中夸张的肢体形变,如长臂国人、长脚国人,在《唐物语》中也被处理得不那么夸张,只是手脚比正常人略长一些,不至破坏画面的和谐和美感。在《唐物语》面世后近四百年的今天,它还能如此完好地呈现在人们面前,可见得到了历代收藏者的精心保存,也足以看出收藏者对它的珍视与喜爱。

## 第四节　博物学的热潮:《怪奇鸟兽图卷》

《怪奇鸟兽图卷》(下文简称《图卷》),是江户时期一部精美的彩色奈良绘卷,不仅篇幅长、内容丰富，而且制作精美，至今仍保存完好。《图卷》现藏于日本成城大学图书馆，长13.12米，宽27.5厘米，由右向左展开，图像相互连接成卷。其中收录了七十六幅形态各异的鸟兽图，有不少出自《山海经》，可以视为《山海经》中的鸟兽、神祇等内容流传至日本后本土化的结果。每个图像上面都写有汉字的名称以及日文假名的解说。由于《图卷》上信息所限，绘制者、具体绘制年份尚不明，据学者考证应绘制于江户时代（1603—1867）。

本节关注《图卷》对《山海经》及其次生文献的接受情况，除分析蓝本和接受背景之外，将对《图卷》作者及排列顺序的问题进行讨论。

## 一、接受的表现——蓝本为何？

学界关于《图卷》的讨论多集中于争论其蓝本为何的问题。最早的研究者伊藤清司认为应是某个明清版本的"山海经图"[1]，枥尾武提出主要的参考资料大约是《三才图会》胡文焕图以及《山海经释义》等[2]，马昌仪则提出应是胡文焕图[3]。2004年，尾崎勤认为可能是晚明的某部日用类书，以《五车拔锦》的可能性最大[4]；鹿忆鹿在此基础上发现《文林妙锦》与其最为接近[5]。根据鹿教授的研究，《图卷》源自万宝全书的"山海异形"部分应无疑义，但究竟是否就是《文林妙锦》，我们认为仍有讨论的空间。况且学者们的分析多集中于图像，而较少讨论文字的部分。此外，虽然出版于2001年由伊藤清司、矶部祥子合著的《怪奇鸟兽图卷》[6]一书中，已经对绘卷原文有过"翻刻"，但只是进行了词书[7]的文字识别，尚无学者系统整理、考证过词书。因此，下文拟通过逐一梳理七十六图的词书，并与《山海经》原文、《三才图会》《文林妙锦》的相关词条进行比对，辅以图像比较，希望在此基础上能验证图卷的参考资料究竟是什么。分析过程（详见附录二）在正文中略去，我们直接以表格的形式呈现对比分析的结果（表9）。

---

[1] 伊藤清司：《日本的山海经图——关于〈怪奇鸟兽图卷〉的解说》，王汝澜译，载《中国历史文物》2002年第2期，第38—42页。
[2] 枥尾武：《成城大学图书馆藏「怪奇鸟兽図卷」における鸟兽人物図の研究稿》，载《成城国文学论集》2002年第28辑，第59—169页。
[3] 马昌仪：《明代中日山海经图比较——对日本〈怪奇鸟兽图卷〉的初步考察》，载《中国历史文物》2002年第2期，第42—49页。
[4] 尾崎勤：《「怪奇鸟兽図卷」と中国日用类书》，载《汲古》2004年总第45期，第68—75页。
[5] 鹿忆鹿：《异域·异人·异兽：〈山海经〉在明代》，秀威经典，2021年，第185—217页。
[6] 伊藤清司、矶部祥子：《怪奇鸟兽図卷：大陆からやって来た异形の鬼神たち》，工作舍，2001年。
[7] 词书，即绘卷中的文字说明部分。

表9 《怪奇鸟兽图卷》与《三才图会》《文林妙锦》之比较

| 序号 | 鸟兽及神名 | 文字及图像 | 明显有更偏向《三才图会》之处 | 明显有更偏向《文林妙锦》之处 | 明显有与二者都不一致之处 |
|---|---|---|---|---|---|
| 1 | 精卫 | 文字 | | | |
| | | 图像 | | √ | |
| 2 | 鹙鹭 | 文字 | √ | | √（名） |
| | | 图像 | √ | √ | √方向、尾巴 |
| 3 | 螕鼠 | 文字 | | √ | |
| | | 图像 | √ | √ | |
| 4 | 数斯 | 文字 | √（名） | | |
| | | 图像 | | √ | |
| 5 | 㕙谿 | 文字 | | √ | |
| | | 图像 | | √ | |
| 6 | 鸵鸡 | 文字 | 无 | √ | |
| | | 图像 | 无 | √ | |
| 7 | 鹈 | 文字 | | √ | |
| | | 图像 | | √ | |
| 8 | 鹄鹞 | 文字 | | √ | |
| | | 图像 | | √ | |
| 9 | 鸡鸦 | 文字 | | | |
| | | 图像 | | √ | |
| 10 | 长尾鸡 | 文字 | 无 | √ | 正文"长毛鸡" |
| | | 图像 | 无 | √ | |
| 11 | 马鸡 | 文字 | 无 | √ | |
| | | 图像 | 无 | √ | |
| 12 | 白雉 | 文字 | 无 | √ | |
| | | 图像 | 无 | √ | |
| 13 | 瞿如 | 文字 | | | |
| | | 图像 | | √ | |
| 14 | 鹓 | 文字 | | | |
| | | 图像 | √ | √ | |
| 15 | 絜钩 | 文字 | 名"潔" | √ | |
| | | 图像 | | √ | |

续表

| 序号 | 鸟兽及神名 | 文字及图像 | 明显有更偏向《三才图会》之处 | 明显有更偏向《文林妙锦》之处 | 明显有与二者都不一致之处 |
|---|---|---|---|---|---|
| 16 | 神陆 | 文字 |  | √ |  |
|  |  | 图像 |  | √ | √方向 |
| 17 | 鹊神 | 文字 |  | 标题误写为"鹘" |  |
|  |  | 图像 |  | √ |  |
| 18 | 卑方鸟 | 文字 |  | √（名） |  |
|  |  | 图像 |  | √ | √方向 |
| 19 | 玄鹤 | 文字 |  |  |  |
|  |  | 图像 |  | √ |  |
| 20 | 鸾 | 文字 |  | √ | √山名 |
|  |  | 图像 |  | √ | √方向、细节 |
| 21 | 比翼鸟 | 文字 |  |  | √国名 |
|  |  | 图像 |  | √ | √方向 |
| 22 | 疎斯 | 文字 |  |  |  |
|  |  | 图像 | √脚 | √ |  |
| 23 | 强良 | 文字 |  |  | √"北面有神" |
|  |  | 图像 |  | √ |  |
| 24 | 神魃 | 文字 |  |  |  |
|  |  | 图像 |  | √ |  |
| 25 | 奢尸 | 文字 |  |  |  |
|  |  | 图像 |  | √ | √蛇 |
| 26 | 烛阴 | 文字 |  | √ | √"风神" |
|  |  | 图像 |  | √ |  |
| 27 | 帝江 | 文字 |  |  |  |
|  |  | 图像 |  | √ |  |
| 28 | 相抑氏 | 文字 |  |  |  |
|  |  | 图像 |  | √ |  |
| 29 | 蜚蟨 | 文字 |  |  | √名，"九年干旱" |
|  |  | 图像 |  | √ |  |
| 30 | 鞹 | 文字 |  |  |  |
|  |  | 图像 |  | √ |  |

第三章 江户时代：锁国背景下的《山海经》接受

续表

| 序号 | 鸟兽及神名 | 文字及图像 | 明显有更偏向《三才图会》之处 | 明显有更偏向《文林妙锦》之处 | 明显有与二者都不一致之处 |
|---|---|---|---|---|---|
| 31 | 白泽 | 文字 | | | √"鸟语除害" |
| | | 图像 | | √ | |
| 32 | 驺虞 | 文字 | | √ | |
| | | 图像 | | √ | √外形、姿态 |
| 33 | 穷奇 | 文字 | | √ | |
| | | 图像 | | √ | |
| 34 | 类 | 文字 | "类" | √ | |
| | | 图像 | | √ | |
| 35 | 朱獳 | 文字 | | √ | |
| | | 图像 | | √ | √头、尾 |
| 36 | 奚鬼 | 文字 | | √ | |
| | | 图像 | | √ | √足 |
| 37 | 猛槐 | 文字 | | | |
| | | 图像 | | √ | |
| 38 | 駮 | 文字 | | | |
| | | 图像 | | √ | |
| 39 | 飞鼠 | 文字 | | | |
| | | 图像 | | √ | |
| 40 | 嚣 | 文字 | | √山名 | |
| | | 图像 | | √ | √无尾 |
| 41 | 赤狸 | 文字 | | | |
| | | 图像 | | √ | √头、尾、花纹 |
| 42 | 长奚鬼 | 文字 | | | |
| | | 图像 | √虎纹 | √ | √尾 |
| 43 | 天马 | 文字 | | | |
| | | 图像 | | √ | √独角 |
| 44 | 羚羊 | 文字 | 无 | √ | |
| | | 图像 | 无 | √ | √角 |
| 45 | 鼩犬 | 文字 | | √ | √（名） |
| | | 图像 | | √ | |

续表

| 序号 | 鸟兽及神名 | 文字及图像 | 明显有更偏向《三才图会》之处 | 明显有更偏向《文林妙锦》之处 | 明显有与二者都不一致之处 |
|---|---|---|---|---|---|
| 46 | 耳鼠 | 文字 | 无 | √ | |
| | | 图像 | 无 | √ | √/细节 |
| 47 | 福禄 | 文字 | | √ | |
| | | 图像 | | √ | |
| 48 | 灵羊 | 文字 | | √ | |
| | | 图像 | | √ | |
| 49 | 吼 | 文字 | 无 | √ | √/地名 |
| | | 图像 | 无 | √ | √/面部 |
| 50 | 猴 | 文字 | | √ | √/国名 |
| | | 图像 | | √ | |
| 51 | 羯 | 文字 | 无 | √ | √/山名 |
| | | 图像 | 无 | √ | |
| 52 | 白鹿 | 文字 | 无 | √ | √/"晋元帝" |
| | | 图像 | 无 | √ | √/姿态 |
| 53 | 厌火兽 | 文字 | | | √/国名 |
| | | 图像 | | √ | √/姿态 |
| 54 | 乘黄 | 文字 | | | |
| | | 图像 | | √ | √/角的长度 |
| 55 | 滑裹 | 文字 | | √ | √/名,"猺" |
| | | 图像 | | √ | |
| 56 | 酋耳 | 文字 | | √ | |
| | | 图像 | | √ | |
| 57 | 蠱蛭 | 文字 | | | √/名、山名 |
| | | 图像 | | √ | √/尾 |
| 58 | 九尾狐 | 文字 | | √ | |
| | | 图像 | | √ | √/头部 |
| 59 | 朦疎 | 文字 | | √ | |
| | | 图像 | | √ | √/姿态 |
| 60 | 猛豹 | 文字 | | √(名) | |
| | | 图像 | | √ | |

第三章 江户时代：锁国背景下的《山海经》接受 | 169

续表

| 序号 | 鸟兽及神名 | 文字及图像 | 明显有更偏向《三才图会》之处 | 明显有更偏向《文林妙锦》之处 | 明显有与二者都不一致之处 |
|---|---|---|---|---|---|
| 61 | 葱聋 | 文字 | | | √山名 |
| | | 图像 | | √ | |
| 62 | 旄牛 | 文字 | | √ | |
| | | 图像 | | √ | √足 |
| 63 | 狰 | 文字 | | √ | |
| | | 图像 | | √ | |
| 64 | 青熊 | 文字 | | √ | √（名） |
| | | 图像 | | √ | √面部 |
| 65 | 天狗 | 文字 | | | √"口天狗" |
| | | 图像 | √姿态 | | √外形、未衔蛇 |
| 66 | 当庚 | 文字 | | √ | |
| | | 图像 | | √ | √人面 |
| 67 | 旄马 | 文字 | | √ | |
| | | 图像 | | √ | √足、尾 |
| 68 | 獂 | 文字 | | √ | √"黄疸" |
| | | 图像 | | √ | |
| 69 | 玄豹 | 文字 | | √ | |
| | | 图像 | | √ | √背部花纹 |
| 70 | 天犬 | 文字 | | √ | |
| | | 图像 | | √ | |
| 71 | 兕 | 文字 | | | √山名 |
| | | 图像 | | √ | |
| 72 | 辣 | 文字 | | | √山名 |
| | | 图像 | | √ | |
| 73 | 狡犬 | 文字 | 名不同 | √ | |
| | | 图像 | | √ | |
| 74 | 狒狒 | 文字 | | | √（名） |
| | | 图像 | | √ | |
| 75 | 貘 | 文字 | | | |
| | | 图像 | | √ | √虎爪、姿态 |

续表

| 序号 | 鸟兽及神名 | 文字及图像 | 明显有更偏向《三才图会》之处 | 明显有更偏向《文林妙锦》之处 | 明显有与二者都不一致之处 |
|---|---|---|---|---|---|
| 76 | 龙马 | 文字 |  |  |  |
|  |  | 图像 |  | √ |  |

上表对《图卷》中七十六个鸟兽的文字、图像部分进行分析，关注其图文与两个可能的蓝本之间的关系。其中关系可分为三种：明显有更偏向《三才图会》之处，明显有更偏向《文林妙锦》之处，明显有与二者都不一致之处。若遇有必要进一步说明的情况，则以文字简单标注。如个别鸟兽《三才图会》中没有收录，于是在《三才图会》栏中标注"无"；一些鸟兽名称与《三才图会》《文林妙锦》中的一个更接近，或者与二者不同，均在对应处用"√（名）"标注；还有图文明显有与二者不一致之处时，也进行简单标注。

通过表格梳理可见，虽然个别地方有与《三才图会》更相近之处，但不能作为模仿《三才图会》的有力证据。如鸳鸯、蛮鼠图只是方向与《三才图会》一致，而与《文林妙锦》不一致；数斯与《三才图会》虽然名称一致，而与《文林妙锦》不同，但图像却明显更偏向《文林妙锦》，并与《三才图会》截然不同。更何况鸵鸡、长尾鸡、马鸡、白雉、羚羊、耳鼠、吼、白鹿这八种鸟兽，《三才图会》中无载，由此可见《三才图会》不是《图卷》的主要参考资料，但我们不排除作者有参考此典籍的可能性。同时，我们不能认为《文林妙锦》是《图卷》的唯一参考资料，甚至怀疑《图卷》的蓝本另有其他。提出这一怀疑的依据是，《图卷》中有五十余个与《文林妙锦》并不一致之处，如果图像上的不同尚可作为作者的创造，那么文字上的不同，甚至多出来的细节和内容，则很难找到依据。由于《图卷》词书作者的翻译常常较为生硬，因此造成了诸多文义不通之处，而且在遇到原文说法与日本本土说法不同之时，也往往十分忠实地引用、翻译原文。基于此，我们判断《图卷》作者大约不会在文字上有过多的自我阐释、发挥及创造，因此怀疑图卷蓝本另有其他。

我们从五十余处中选择最有说服力的二十一个例子加以说明：

（1）鸲鹆，"杻阳之山"的"杻"，日文读音应为"ちゅう"，而词书中的读音为"たん"，也许是将"杻"字误认为"柦"，"柦"音"たん"。但也可能真正的蓝本中，将山名另写成其他。

（2）比翼鸟，提到它位于"结匈国"，正确的日文读音应为"けっきょう"，词书中却写为"けつこう"，可能是将"匈"误认为"勾"，"勾"音"こう"。

第三章　江户时代：锁国背景下的《山海经》接受 | 171

但也可能另有蓝本，蓝本中将"结匈国"写为"结勾国"。

（3）疎斯，正确读音应为"そし"，词书却写为"そき"，可能是将"斯"误认为字形相近的"期"，"期"音"き"。也可能是真正的蓝本中写错了。

（4）蜚蠦，《文林妙锦》和《三才图会》中都是"蜚蠦"，《图卷》中却写为"蜚蠦"。而且词书中提到汤王时蜚蠦出现，引起天下九年的干旱一说，不见于《文林妙锦》，也不见于其他中国典籍。关于商汤时连续大旱，《吕氏春秋》有载："昔者，汤克夏而正天下，天大旱，五年不收。"①《图卷》词书作者写成干旱九年，而且是因为蜚蠦出现的缘故，具体出处不明。可能是真正蓝本中的笔误。

（5）穷奇，"邽山"的"邽"，日文音读为"けい"，词书读为"てい"，可能是将"邽"字左边的"圭"错认为"呈"的原因，"呈"音为"てい"。也可能是真正的蓝本中写错了。

（6）駮犬，《图卷》误写为"駮大"，而《文林妙锦》和《三才图会》中都清楚地写为"駮犬"。

（7）吼，《文林妙锦》中是"西番大衝有兽"，"衝"应读"しょう"，但词书中为"ゑ"。可能是作者将"衝"错认为"衛"，"衛"音"ゑ"。也可能是真正的蓝本中写错了。

（8）猴，"爪哇"的日文发音一般为"ジャワ"，词书中却写为"くわつあ"，不知何故。或许是蓝本的原因。

（9）羬，《文林妙锦》中将其生长之地写为"旬山"，"旬"的日文读音为"しゅん"或"じゅん"，词书中却为"く"。或许是将"旬山"误认为"句山"，"句"音"く"。也可能是真正的蓝本中写错了。

（10）白鹿，《文林妙锦》中是"晋元康"，词书却写为"晋元帝"。

（11）厌火兽，"厌"的正确读音为"えん"，词书中误读为"けん"，也许是因为将"厌"的繁体字"厭"与字形相近的"獻"字搞混了，"獻"音"けん"。也可能是真正的蓝本中写错了。

（12）滑裦，《文林妙锦》中写为"猾裦"。而且《文林妙锦》中为"徭役多"，"徭"音"よう"，图卷词书中却为"いん"。可能是因为作者将"徭"误认为"淫"，"淫"音"いん"。也可能是真正的蓝本中就写错了。

（13）蠱蛭，词书提到"凫丽山有兽"，"丽"应读为"れい"，词书却

---

① 吕不韦著，高诱注：《吕氏春秋》，上海古籍出版社，1989年，第67页。

读为"そ"。究其原因，可能是与"丽"的繁体字"麗"字形相近的"麤"字（"粗"字的异体字）日文音读为"そ"，因此作者读错。也有可能是真正的蓝本中写错的原因。

（14）葱聋，蓝本中的"符遇"山，日文读音应为"ふぐ"，词书中写为"きぐ"，原因不明。可能是蓝本中写成了其他的字。

（15）青態，将"青熊"的"熊"误写为"態"，但《文林妙锦》中并未写错。

（16）白泽，词书提到白泽通过鸟语除害，《文林妙锦》及其他文献中找到相关记载，或许源自当时流传于日本的民间传说。也可能是源自真正的蓝本。

（17）天狗，词书中"口天狗"，《文林妙锦》为"名天狗"。此处若非笔误，就是因循了真正蓝本的错误。

（18）天犬，《文林妙锦》中有"尝吠过梁山"之句，其中"过"应读"か"，词书中却读为"たう"，原因不明。可能是笔误，也可能是真正的蓝本中写成了其他字。

（19）咒，《文林妙锦》中它所在之山名"祷过"，"过"应读"か"，但词书中却为"しう"，原因不明。可能是真正的蓝本中写的是其他字。

（20）狒狒，《文林妙锦》条目为"狒狒"，解释说明部分的文字为"彿彿"。《图卷》将兽名写为"狒彿"，怀疑另有蓝本。

（21）貆，《文林妙锦》中提到吃了它可以治疗瘅病，并解释"即黄病也"。词书中却直接写为"黄疸"，虽然文意一致，但用词不同。因此怀疑《图卷》另有蓝本。

基于以上二十一个例证，我们有理由怀疑《图卷》真正的蓝本并不是《文林妙锦》，而是一本与《文林妙锦》十分类似的书籍。否则无法用"笔误"与"巧合"来解释以上与《文林妙锦》的不一致之处。正如本章第三节在讨论《唐物语》的蓝本时所述，晚明建阳书坊每年刊刻一本至数本日用类书，这些日用类书多属于同一系统，形式、图像、文字都大同小异，而且校勘粗劣，制作粗糙，错误众多。因此，很有可能存在一本与《文林妙锦》类似的，"诸夷门"中所收录鸟兽、神祇较全的万宝全书，辗转到日本，被《图卷》的作者视为参考蓝本。不过，由于这类书籍制作成本低，质量低劣，容易毁坏，因此少有保存至今者。而且，由于其学术价值较低，也较少有文人愿意收藏，因此虽然当时发行量很大，却极少有至今仍保存完好的。如今能看到的万宝全书，仅仅是晚明建阳日用类书中的少部分，而多数版本早已失传了。因此我们仅能说《文林妙锦》是保存至今的与《图卷》最接近的版本，却仍有诸多不一致之处。因此，我们怀疑《图卷》的蓝本是另外一本已经失传的建阳日用类书。但由于缺乏证据，此说仅是一种依照逻辑的推测而已。

## 二、接受的背景——博物学发展

《图卷》这样的鸟兽图谱并不是江户时代独特的现象，可归类于一系列可上溯至《山海经》的动物图谱，江户时代之所以会大量出现这样的绘卷，与博物学热潮的兴起有关。中文的"博物"一词原指一个人通晓众物，见多识广，知识渊博，能够很好地掌握外部世界的规律。到了江户时代，随着中国本草学知识和西洋知识的大量传入，日本人创造了"博物学"一词。可以说，江户时代兴起的博物学热潮，是在来自东方的本草学和来自西方的动植物、矿物等自然分类学这两种知识体系共同作用下的产物。因为图像在辨识、描述自然方面发挥着不可或缺的作用，因此博物学天然具有视觉化的需求。在这股博物学热潮中，日本知识分子临摹了大量的博物画，包括《本草纲目》中的植物、晚明日用类书"诸夷门"中的神祇和鸟兽虫鱼、西方博物学家绘制的动植物图谱等，同时创作了不少博物画，多为动植物的实物写生。

在博物学的热潮之下，能够辨识大量的自然物种类，成为评价一个人有学问的重要标准。而闭关锁国的社会背景又使得民众对海外知识充满了浓厚兴趣，因此涌现出众多的博物学爱好者，也使得相关图谱十分畅销。其实早在室町时代末期，日本就出现了仿照十二个出自"诸夷门"中异兽而作的《十二灵兽图卷》[①]，江户时代更是出现了多种类似的鸟兽图。在 2020 年天理大学附属图书馆编辑出版的《奈良绘本集》第 8 卷中，学者石川透将这一类绘卷归入《山海异形》，并认为《图卷》是这一大类中的版本之一。据石川透总结，《山海异形》绘卷至今共有五个版本传世，分别是天理图书馆藏四册本《山海异形》、纽约公共图书馆斯宾塞文库藏两册本《山海异物》、东京大学附属图书馆藏一册本《山海异形》、枥尾武所藏本及成城大学图书馆藏《怪奇鸟兽图卷》。[②]据鹿忆鹿研究发现，天理大学所藏四册及东京大学所藏一册可能原本是完整的一套，后来一分为二了。[③]

在博物学盛行的江户时代，能够重金定制、购买如此造价不菲的奈良绘卷者，大约是贵族大名或是对博物学深感兴趣的豪商，用以娱乐和收藏。同时，《图

---

[①] 该绘卷色彩鲜艳，制作精良，由整峰元允题字，今藏于静嘉堂文库美术馆。
[②] 天理大学附属天理图书馆编：《奈良绘本集》（8），天理大学出版部，2020 年，第 6 页。
[③] 鹿忆鹿：《异域·异人·异兽：〈山海经〉在明代》，秀威经典，2021 年，第 193 页。

卷》中所收录的鸟兽神祇多生活在域外或存在于想象中，日本国内并不能见到，因此无论是作者还是读者，都是在某种猎奇、炫博的心理驱动下进行创作或购买。而《图卷》与其他江户时代的动植物图谱、博物画一同构成了一个生机勃勃的博物世界。

### 三、其他问题的讨论

1. 关于作者

由于《图卷》上并未署名，因此难以判断作者身份。因为江户时代不少奈良绘卷的作者都是职业画僧，所以并不排除《图卷》出自画僧之手的可能性。如果图文作者为同一人，那么虽然作者画技甚佳，但学术涵养却不高。我们发现《图卷》中不仅鸟兽名称多有错误，而且词书中也多有发音错误、字形写错、文意不通之处，可见作者的汉文功底不深，在转译为日语时常常不理解文意，径直翻译，造成文字的生硬。非但如此，作者对汉文典籍的阅读、涉猎不多，很多基本的常识都不具备。此外，他对日文典籍的了解似也不多，在词书中犯了不少常识性的错误。

对照可能的蓝本《三才图会》及《文林妙锦》，我们细数出词书中对原文文意理解上的错误共十六处，并简要列出如下。

（1）精卫，作者可能因不理解文意，也不了解中国的精卫神话，因此错误断句，造成了误解。原文是"神农之少女，名女娃，昔游东海，溺而不返，化为精卫"。作者可能将逗号点在了"昔"字之后，将句子理解为"精卫鸟是神农的小女儿，娃过去的样子"。

（2）数斯，原文应为"食之已瘿"，《图卷》作者似将"已"错认为"己"。此外将"瘿"错认为"癉"，因此翻译成"やする"即"癉する"，是消瘦的意思。这两个错误造成了文意的改变，理解为"（数斯鸟）吃了自己的身体后，会消瘦"。

（3）鴸，原文为"见则其国主多旷士"，词书的作者没有理解原文文意，不仅错误地断句为"见则其国主多……"，并将文意误解为"它一出现，这个国家就会出现很多的主人"。

（4）鸰鷎，原文"可以御火"的"御火"本来是动词加名词的结构，而根据词书"禦火を以てすべし"的语法结构可知，作者是将"御火"当作名词来理解了。词书作者在理解上的错误也造成了文意的不通。

（5）玄鹤，类书中的原文是"其寿满三百六十岁，则色纯黑"。意为当玄鹤活到三百六十岁时，周身都会变成纯黑色，《图卷》作者却理解为玄鹤的寿命是三百六十岁，理解有误。原文中提到玄鹤"粹黑如漆"，"粹"是纯的意思，应该是一点杂色也没有。但《图卷》中的玄鹤并非周身漆黑，而是与普通的丹顶鹤一般，周身羽毛有黑有白，头顶鲜红。

（6）烛阴，蓝本中的原文"息气也，则为风"处，大约《图卷》作者断句错误，在"息气也"后面断为句号，忽略了"则为风"，因此理解为"呼吸产生气息"，并直译为"そく（息）き（気）也"。

（7）帝江，"歌舞"本来是名词，蓝本中的"自识歌舞"本意为"能识别出歌舞"，词书作者却将作为名词的"歌舞"理解为动词，词书直译过来文意为"名叫'自识'的人在歌舞"。

（8）驺虞，对蓝本的理解两处有误。一为"林氏国在海外"，词书理解为"林氏国的海上"。二是对"乃释文王"的理解，意思应该是纣王释放了文王，但词书将"释文"理解成了一个名词，直译为"释文灭亡"。至于"灭亡"之意源自何处，枥尾武认为是词书作者知道商纣王后来为周文王所灭，因此自己添加上了这样的文意。① 但还有一个可能，是词书作者将"释文王"的"王"解释成了同音字"亡"，因此做出了这样的理解。

（9）穷奇，作者可能是将蓝本中的"其形状如牛，骣尾蝟，嗥狗，斗乃助不直者，能食人"断句为"其形状如牛，骣尾，蝟嗥，狗斗乃助，不直者能食人"。由此将本意"穷奇见到有人争斗，会帮助不正直的一方，它还会吃人"理解为"如果名叫蝟的兽和狗相斗，穷奇就会帮助它。不正直的穷奇常食人"。

（10）九尾狐，词书作者可能是将"栢杯子出征"断句为"栢杯子出"，因此造成了词书直译时的不通。

（11）狰，作者似未正确理解文意，对"丘洛谷出在北海外"的翻译有歧义，本意是丘洛谷出现在北海外，但作者似乎理解为狰出自丘洛谷。

（12）䮝马，没有将"穆天子传"理解为古籍名，大约是作者不具备基本汉籍知识的原因，而将"穆天子"理解为人，"传"理解为动词了，这样直译成日文，文意是混乱的。此外没有正确理解"在巴蛇之北，高山之南出焉"一句，原文意为䮝马出现在巴蛇的北边、高山的南边，但作者理解为是从巴蛇之北移

---

① 枥尾武：《成城大学図書館藏「怪奇鳥獣図卷」における鳥獣人物図の研究稿》，载《成城国文学论集》2002年第28辑，第70页。

动到了山之南。

（13）貚，蓝本中"其音夺众声"，《文林妙锦》注释为"讲能作百种声也"，但《图卷》作者还是理解为"听见的声音，把声音夺走了"。

（14）玄豹，与第六十七图旄马一般，未能将"穆天子传"理解为书名，而是直译为"穆天子传达"。

（15）天犬，很多文字的意思都理解错了，翻译也十分混乱。如"所现处主有刀兵"，将本来是"预示"之意的"主"理解为"主人"，造成了翻译的错误。而且，对"其行如风，声如雷，光如电"的断句和理解有误，本意为天犬行走时像风，声音如雷，发出的光像电。词书作者断句为"……如风声，如雷光……"，亦按照此顺序直译，造成了文意的错误。此外，原文"所生之日或数十"本意为天犬出现后能生存数十天，但词书作者似乎未能理解文意，进行了生硬的直译。

（16）兕，断句和理解上出现了错误。"善触。身重千斤"被断为"善触身，重千斤"，而且作者将意为体重的"重"理解为动词重叠、积累的意思，造成文义不通。

除了文意上的理解错误之外，词书中还出现了二十八处读音的错误和文字书写的错误[①]，由于部分无法确定是因为作者写错，还是出于实际蓝本并非《三才图会》《文林妙锦》的原因，故不再一一列出。总之，无论出自何种原因，造成如此多读音、字形上的错误，都可见作者的汉学水平有限。

作者还犯了一些常识性的错误。如"白鹿"词条作者写为"安南山"，但"安南"实际上是国名，即越南。如果不是因为底本的错误，那么作者可能不知有国家名为安南，缺乏相关常识。再如"青熊"词条，词书中有"东夷前来进献"之句，作者似乎并不知"东夷"是中国对日本的称谓，否则不会直接将带有歧视色彩的"东夷"二字直译为日文。

再如"赤狸"词条，《三才图会》中的记载为"西海有赤狸，周文王囚于姜里，

---

[①] 如"鹖鹖"的读音应为"がくさく"，但词书中写为"ごくりょ"，大约作者并不认识这两个汉字，于是取"鹖"的上半部分"狱"，根据其日语音读读为"ごく"。而"鹖"字上半部分的"族"被作者误写为"旅"，就取其音读将此字读为"りょ"。再如鵨鵨，"鵨"音应该是"よ"。词书的谬误，应该是将"鵨"作"涂"音"ちょ"了，可能是因为不认识这一汉字，就取了它的左半边，认作了"涂"。还有"青熊"，将"青熊"的"熊"误写为"態"，但读音没有读错，误写的"態"字日文音读为"たい"，词书仍取的是"熊"的读音"ゆう"，大约出自笔误。此外，第十二图白雉、第四十五图黠犬的词书中都提到了"周成王"，其中第十二图的读音是"じゃうわう"，与此图不一致；第四十五图的读音是"せいわう"，与此图一致。由此可见，词书作者并不是按照日文的常用读法标音的，甚至常常在不理解文意的前提下就生硬地翻译，造成文意的混乱与错误。诸如此类的错误共计二十八处。

散宜生得之，献纣，遂免西伯之难"①。此兽是海外珍兽，献给纣王后文王才得以被释放，是作为文王脱羑里神话的一部分。由于《三才图会》《文林妙锦》都错将"羑里"写为"姜里"，《图卷》也因循了此误。可见作者汉学修养不佳，对中国古籍并不熟悉。

非但对中国经典不熟悉，作者可能对日本典籍涉猎也不多。如"白雉"词条中，词书提到"汉光武帝的时候，（此鸟）也出现过"，这与日本历史上的记录不符，作者却不加判断地直接采用了蓝本中的说法。白雉是日本历史上具有重要地位的鸟，日本知识分子应对相关内容和典故非常熟悉。公元650年，一只来自穴户国的白雉被呈献给孝德天皇，法师认为这是祥瑞的象征，于是天皇下诏改元白雉。这是日本历史上著名的事件。《日本书纪》中也提到，僧旻法师说："周成王时，越裳氏来献白雉……"②但提到汉朝接受白雉进献时，《日本书纪》记载当时的皇帝是汉明帝。③总之，日本史书《日本书纪》中的说法与中国万宝全书中提到的"汉光武时日九真贡"的说法是有出入的。如果《图卷》的作者熟悉日本历史，理应知晓《日本书纪》中的词条记载，但他却对中国底本中的文字不加修饰地直接引用了。由此可见，《图卷》作者不仅中文学养不佳，而且对日本历史和典籍也并不熟悉。

总之，《图卷》的作者绘画素养颇高，但学术修养有限，不仅汉文阅读、翻译能力欠佳，而且对中国、日本的典籍都涉猎较浅，缺乏基本的常识。因此，《图卷》词书中谬误颇多，也对观看者的阅读造成了一定的困扰。尤其是与上节讨论的《唐物语》对比，更见《图卷》文字部分的敷衍与粗制滥造。这样满篇谬误的文字与精心绘制的图像相搭配，带给读者强烈的违和感，可能也反映出无论作者还是读者都更重视图像而对文字相对关注较少的事实。

2. 关于"错简"及《图卷》的缺失

错简是校勘学术语，特指竹简前后次序错乱的现象。日语中也有"错简"一词，是借译自中文，并在实际使用的过程中扩充了词义。日语"错简"不仅指竹简排列错误，还可以指绘卷前后顺序粘错的情况。我们在借用这一日文词汇时，为避免与中文词汇产生混杂，特用双引号标出。

奈良绘卷是卷轴形式的长卷，但事实上整幅长卷往往不是由一张完整的纸

---

① 王圻、王思义编集：《三才图会》，上海古籍出版社，1988年，第2231页。
② 舍人亲王著，坂本太郎等校注：《日本书纪》，岩波书店，1967年，第450页。
③ "百济君曰：'后汉明帝永平十一年白雉在所间焉，云云。'"舍人亲王著，坂本太郎等校注：《日本书纪》，岩波书店，1967年，第450页。

图 22　《怪奇鸟兽图卷》局部
（收藏于日本成城大学图书馆）

绘成，而是由若干小幅纸张粘贴而成的，我们在一些奈良绘卷中可以明显看出粘贴的痕迹。这些绘卷历经多年，粘贴处十分容易开胶，造成绘卷中小幅纸张的脱落，因此在后期修复时，需要小心地重新粘好。而修复师们未必总能正确判断绘卷中小幅纸张的先后顺序，当粘贴顺序错误时，就造成了"错简"。这在日本奈良绘中是较为常见的现象，也多有学者进行讨论。但是至今仍未有学者发现《图卷》中很可能也存在着顺序粘错的情况。

最开始产生怀疑，是发现《图卷》前十五图皆为鸟类，第十六图突然插入神陆，显得十分突兀，而之后第十七图为鹊神、十八图为"卑方鸟"①，此后直到二十二图䟽斯也都为鸟类。另外发现，在第十八图卑方鸟前面写有"禽类"二字，根据文字书写的位置可判断是小标题，意指卑方鸟为禽类之首，其后各图都属于禽类。可见作者是分类绘制，而非随意排列。之后五图确实都属禽类，但显然《图卷》第一图精卫至第十五图絜钩也都属于禽类，为何要将小标题写在第十八图处，而前面又插入了神陆这个明显属于不同类别的图像呢？而且䟽斯后面紧接着是第二十三图强良，此处并没有出现类似的小标题来标明显然不属于禽类的强良属于什么类别。同样的小标题另有"兽类"，出现在第三十一图白泽前面，显然意指白泽为兽类之首，且此后诸图都属于兽类。白泽之后的四十六图确实都可归为兽类，那么它之前的烛阴、帝江等又被归为哪一类呢？按照目前《图卷》的分类方法，似乎从第一图精卫至第十七图鹊神没有归类，

---

① "卑方鸟"的写法是中国日用类书中的错误，应为"毕方鸟"，日本延续了此误。

第三章　江户时代：锁国背景下的《山海经》接受　|　179

第十八图至第三十图被归为禽类，第三十一图白泽至第七十六图龙马被归为兽类，这样的分类显然是有问题的。

根据成城大学公布的高清版电子资源，我们可以仔细观察《图卷》的接缝处，并发现整幅《图卷》是由十幅小图组成的。我们不禁怀疑，是否因为先后顺序错误，而造成了《图卷》中鸟兽分类的错乱？那么，正确的顺序又是怎样的？

根据图像可知，"错简"现象大约存在于第三十一图白泽之前，因此重点梳理并讨论十幅小图中的前五幅。根据观察，每一小幅图由七至八个鸟兽神祇组成，分别如下：

第一幅：精卫、鸾鸾、螱鼠、数斯、凫徯、驼鸡、鶐、鹖鹖（1—8）
第二幅：鳲鹖、长尾鸡、马鸡、白雉、瞿如、鹈、絜钩（9—15）
第三幅：神陆、鹊神、卑方鸟、玄鹤、鸾、比翼鸟、疎斯（16—22）
第四幅：强良、神魃、奢尸、烛阴、帝江、相抑氏、蟹擅、鲛（23—30）
第五幅：白泽、驺虞、穷奇、类、朱獳、彘、孟槐、駮（31—38）

根据《文林妙锦》等万宝全书"诸夷门"上层"山海异物"中的分类，其中第三幅中的神陆、鹊神和第四幅中的强良、神魃、奢尸、烛阴、帝江、相抑氏、蟹蠾、鲛等属于"神类"；第一幅和第二幅都被归为"禽类"，另外第三幅中的卑方鸟至疎斯也都是"禽类"；第五幅至第十幅中所有都被归为"兽类"。而且在"诸夷门"的"山海异物"中，排列顺序是神类、禽类、兽类，后面还有鱼虫类。

既然蓝本是建阳日用类书，那么《图卷》作者对这些鸟兽神祇的分类应与"山海异物"中的分类一致。《图卷》中的词书部分也可为证。多数词书中都明确写出了分类。如精卫的词书为"发鸠山有鸟，名叫精卫……"，点明精卫是鸟，即属于禽类。而神陆的词书则明确提到"昆仑的左面是天帝的神明"，点明神陆为神。鹊神词书中提到"鹊山之神"、强良词书中提到"大荒之中，北面有神"等，它们明显被归为神类。白泽的词书中则是"东望山有兽"，点明属于兽类。总之，《图卷》的作者对这些鸟兽神祇有明确的分类，分类方式与"诸夷门"中"山海异物"的分类一致。

既然如此，我们有理由怀疑《图卷》的原本顺序也是神类在先，其次是禽类，最后是兽类。即第四幅小图在最前，其次是第三幅，然后是一二或是二一，接下来是第五幅，第六幅至第十幅的顺序暂且不做怀疑。换言之，前五幅的正确顺序是四三一二五或四三二一五。从《图卷》本身来看，接缝拼接处确实有疑似粘错的证据，第二幅小图中最后的絜钩和第三幅小图之首的神陆之间所留空白部分过大，大约是其他接缝处两图之间空白部分的三倍以上。如果原本顺序可能是四三一二五的话，那么絜钩是禽类的最后一图，后面应接兽类的第一图白泽，这样两个类别之间留有稍大空间是相对合理的。而且如果按照四三一二五的顺序，那么神陆的前面应该接第四幅最后的鞁，图与接缝处之间的空隙极小，那么按照原本的顺序粘贴，是不会留下目前这么大的空白部分的。

如此调换顺序，问题看似解决了，但却无法解释神类前面为何缺少小标题。我们进一步推想，很可能目前的《图卷》不仅存在先后顺序粘错的问题，还存在缺页的问题。根据卑方鸟前的"禽类"和白泽前的"兽类"小标题可知，《图卷》作者是模仿"诸夷门"的"山海异物"而对这些鸟兽神祇进行分类的，没有理由单独缺少神类的标题。而且目前的《图卷》中，如果第六至第十幅小图的顺序正确，那么第七十六图龙马是整幅图卷的结尾，龙马图确实绘制得极为精致，而且背景十分华丽、宏大。龙马长着龙首、马身，身后有双翼，从奔腾的河水中出现，踏浪而行，岸边山石嶙峋，河中浪花翻涌。整幅《图卷》中是很少出现背景的，仅有的几处背景如白雉、卑方鸟、厌火兽也都是在脚下点缀了几个石块，因此龙马图中恢宏的背景是十分特别的。作者之所以为龙马图安排如此恢宏的背景，很可能就是想为整幅《图卷》做出漂亮的收尾。那么，《图卷》的开头部分是否应该前后呼应，也有较为精致、宏大的背景出现呢？

如果按照四三一二五的顺序，第四图中的强良为整幅《图卷》的开头部分，但强良图中并没有任何背景。那么，如果《图卷》有缺页的话，还有哪些神祇可能被收录呢？通过比对《文林妙锦》的"山海异物"可知，尚有俞儿、袿泰、蓐收、骄虫四神未被《图卷》收录，而《五车拔锦》的"山海异物"中，神类还收录了天吴。这五个神祇很可能就是《图卷》缺失部分的内容。根据《图卷》中每一小幅图中由七至八个鸟兽神祇构成可判断，如果存在缺失的第一幅图，长度不会差别太大，如果收录了五个神祇的话，其余部分可能是宏大的背景，或者还存在图卷名、序言等部分。然而由于缺乏确切证据，关于《图卷》缺失问题的讨论暂时仅能停留在推测阶段。

## 四、小结

《图卷》是《山海经》的次生文献——晚明日用类书"诸夷门"中的鸟兽神祇形象日本化后的结果，但直接的蓝本恐怕并不是先行研究中所认为的《文林妙锦》，而是一部与之十分接近的建阳日用类书。《图卷》的作者虽然绘画技术卓越，但汉文学养有限，因此造成翻译生硬、谬误众多的结果。此外，现藏的《图卷》应存在顺序粘错甚至有所缺失的问题，我们怀疑原本《图卷》是按照神类、鸟类、兽类顺序排布的。《图卷》可归类于江户时代流行于民间的《山海异形》系列绘卷，它们的风行与江户时代兴起的博物学热潮有关。人们阅读、购买此类绘卷，在消遣娱乐的同时，也有学习知识的目的。

绘画者在进行创作时，在动物和神祇形象中融入了日本本土的元素。比如不少鸟兽、神祇都长着人面，并留着日式的发型。如凫溪、鵸䳜、䮝、䴅、神陆、当庚等，发型为典型的江户时代武士头，中间剃光，两侧留长，被称为"月代"。此外还有女性形象，如奢尸、相抑氏为贵族女性中常见的披肩发，烛阴则是头顶高盘的日式发髻。另外，《图卷》绘制十分注重细节，如神陆、相抑氏都长了九张面孔，但每张表情都不同，夸张的面部表情也是日本绘画的特色。此外值得注意的是，《图卷》作者除了在这些鸟兽、神祇身上增添日本元素之外，也十分尊重蓝本中的画法。很多出自《山海经》的神奇动物早已传至日本，并在日本的传播中形成了较为固定的形象。如九尾狐化作鸟羽天皇的宠妃玉藻前，是美女的形象；天狗化作鸟羽、红鼻的凶恶僧人形象；烛阴在《和汉三才图会》及著名妖怪画家鸟山石燕（1712—1788）笔下具有明显的男性特征；白泽则因为其能够驱邪、避免噩梦的功能而受到民间欢迎，逐渐成为面上三目、身上三目、背上长角、尾似祥云的固定形象。但这些形象在《图卷》中，仍然较为忠实地沿用了万宝全书系统中的形象，而未采用日本人所熟知的形象。总之，绘制者具有自己独特的审美特征。

## 第五节　庶民的戏作图本：《姬国山海录》

现藏于日本东北大学附属图书馆"狩野文库"的《姬国山海录》，是南谷先生（生卒年不详）作于宝历十二年（1762）的一部图文本怪物集，张西艳认为其也可归于类书。[①]此书为手写本，学者近藤瑞木认为恐怕是只此一册的孤本。[②]全书由二十五幅彩图构成，画风拙朴可爱，记录了部分日本各地出现过的怪兽与妖虫，并在各图之中附有汉文文字说明，记录其出产地、外形特征及生活习性等信息。伊藤清司认为，江户时代《山海经》的流行引起了日本民间效仿其

---

① 张西艳：《〈山海经〉在日本的传播和研究》，线装书局，2020年，第83—84页。
② 近藤瑞木编：《百鬼缭乱——江户怪谈·妖怪绘本集成》，株式会社国书刊行会，2002年，第295页。

制作"和制山海经"的热潮，这些作品多图文并茂，往往出自"好事家"之手。[①]近藤瑞木提出《姬国山海录》就是这类"和制山海经"的代表作之一。[②]

事实上，从《姬国山海录》的命名就可明显看出模仿《山海经》的痕迹。"姬国"是日本的俗称之一，早在公元8世纪初，《常陆国风土记》中就有"古者、自相摸国足柄岳坂以东诸县、惣称我姬国"[③]之说。关于这一称谓的来源，一说是源自日本人是吴泰伯子孙的传说，因为泰伯为周太王之子，姬姓，故有此称。另一说是因为天照大神、神功皇后均为女性，便由此得名。总之，这部书以"姬国"冠"山海录"之名，有"日本版《山海经》"的含义。此外，书中序言明确提到："才本邦近也[④]，所见山川之异物亦无数。或人三十年来数每见闻识之，予请看之，颇可比《山海经》。"[⑤]这也是此书模仿《山海经》的直接证据。

近年来，《姬国山海录》因参与日本国内一系列的妖怪展览而受到关注，一些妖怪形象被制成文化创意产品，受到民众的广泛欢迎。学界认为这些朴素的妖怪展示了日本妖怪形象被定型化之前的样子，具有一定的研究价值。[⑥]同时，所录妖怪具有独特性是《姬国山海录》的另一个研究价值所在。这些妖怪未出现在其他典籍中，它们在体现作者个人审美趣味的同时，也是当时日本民间流行的妖怪传说的缩影。目前已有一些学者关注到此书，最早有2002年近藤瑞木编著的《百鬼缭乱——江户怪谈·妖怪绘本集成》，其中因版权问题只收录了二十三图并进行"翻刻"，另外撰有解题短文对图本做出简要说明。2002年，佐藤初美在东北大学附属图书馆报发表了《姬国山海录》的介绍文章；2017年，张西艳也在博士学位论文中对其有所提及。这些研究均提到《姬国山海录》是对《山海经》的模仿之作，并认为这类"和制山海经"的流行与江户时代博物学的兴盛以及民众对于妖怪话题的浓厚兴趣有关。本节将在已有研究的基础上，探究《姬国山海录》接受《山海经》的机制：在模仿时接受了什么、忽略了什么？哪些内容和形式发生了改变？与当时的社会文化背景有着怎样的关系？

---

① 伊藤清司、矶部祥子：《怪奇鳥獣図卷：大陸からやって来た異形の鬼神たち》，工作舍，2001年，第11页。"好事家"即好事之徒，指喜好风流之人。
② 近藤瑞木编：《百鬼缭乱——江户怪谈·妖怪绘本集成》，株式会社国书刊行会，2002年，第295页。
③ 《风土记》，植垣节也校注、译，小学馆，1997年，第354页。
④ 此句文义不通，疑有误。
⑤ 近藤瑞木编：《百鬼缭乱——江户怪谈·妖怪绘本集成》，株式会社国书刊行会，2002年，第254页。
⑥ 近藤瑞木编：《百鬼缭乱——江户怪谈·妖怪绘本集成》，株式会社国书刊行会，2002年，第296页。

第三章 江户时代：锁国背景下的《山海经》接受

## 一、接受的表现——日本版《山海经》

除通过书名与序言可以看出《姬国山海录》对《山海经》的模仿之外,其内容与形式也与《山海经》有一致之处。

1. 内容的一致性——言"怪"

《姬国山海录》的完整序言如下:

> 天者万物父,地万物母[①],造化成于其中。阴阳相摩,品物流形,变化无方,或牝牡,或雌雄,或大小,或黑白,或强弱,皆不得同矣。天下之民,一尺面,亿兆殊形,方寸心,亿兆异向,是非造化自然之妙而何也?草木、鸟兽、鱼鳖,亦各非一,可谓造化之幽妙乎?昔时禹治洪水,救灾忧也,高山大川,无不至境于兹。其所逢、其所观,珍寄(奇)神异之物几多,因所以作《山海经》也。盖人者,二气之纯粹者也。然其所禀于天,有清浊而贤愚分焉。故受偏斜不正之气,则怪物不可无也。才本邦近也[②],所见山川之异物亦无数。或人三十年来数每见闻识之,予请看之,颇可比《山海经》。最出乡里之俗说而近虚诞者多矣,今省之,撰其正者,戏题之名《姬国山海录》,看人勿笑之也。
>
> 维时宝历十二壬午夏五月书之[③]

序言首先从三个层面论证了《山海经》中"怪物"存在的合理性和真实性:其一,天地造化万物,本就各有不同,无奇不有;其二,古时候大禹走遍天下,《山海经》中的神异之物都是他亲眼所见;其三,人由纯粹的阴阳二气化生,而不够纯粹的、不正的气聚在一起,则会化生出各种怪物。在证明了《山海经》中记载的诸"怪"具有真实性之后,作者又将视线从中国转到日本,认为仅仅是日本境内的山川之中,也生活着无数的"怪物"。作者三十年来所见、所闻的"怪"中,固然有不少流于虚妄,但还是仔细考证、挑选了一些最为可信者辑录于一册,形成了这部《姬国山海录》。

《姬国山海录》所收录的二十五个"怪物"多为体型较小的怪虫,另有个别形似龟、鱼、蛤蟆的小型怪兽,以及两个妇人产下的怪胎。它们的怪异之处

---

① 此句不工整,疑应为"天者万物父,地者万物母"。
② 此句文义不通,疑有误。
③ 笔者"翻刻"自近藤瑞木编:《百鬼缭乱——江户怪谈·妖怪绘本集成》,株式会社国书刊行会,2002年,第253—254页。

主要体现在以下三个方面。

其一，它们均罕见。这些"怪物"只有少部分有名字或俗称，有些是目击者根据其外形特征进行的命名，而多数则使用"此虫"或"此怪物""此物"等来指称，并在文字中明确表示"不知何物"[1]。可见所录都是闻所未闻、超出一般民众认知之外的生物。比如第十三图，作者描述为"状似螺，非蚣，头在上下，不识何虫也"[2]。此虫长有两个头，一上一下，作者将其命名为"二头虫"。另有两个怪胎的记录，一个长了三只腿，另一个长了两个头，大概是如今医学术语中的"连体婴儿"现象，在人类历史上确是较为罕见的。

其二，它们有些具有危害性。如被信浓州怪虫舔舐后会生虫病；被平部郡灵蝶虫蜇伤后极为痛痒，轻者生病，重者甚至会死亡；下总国怪虫会散发恶臭；隐岐州的天毒鬼具有强烈的毒性，它所爬行过的地面会被染成黄色。更有些"怪物"会造成严重的危害，如松前地区的海鬼会吞食儿童，常有在海边玩耍的儿童为其所害；加贺国出产的似人鱼的怪兽，口吐火焰，烧毁了几千所房屋。这些造成严重危害的"怪物"更接近妖怪，与《山海经》中食人的怪兽性质类似。

其三，它们可能具有某种特殊的习性或神奇的功能。如口中吐火的加贺国怪兽；以石头作为食物，甚至能把坚硬的石头咬穿的山州石虫；还有武州发现的匣中小蛇，传说是阴伏的龙，一旦上天就可以呼风唤雨。

结合图文记载以及序言可知，"怪"是贯穿整部图本的关键词，也是图中所收录之物的核心特征。既然《姬国山海录》这部"怪物集"是仿《山海经》而作，那么显然在作者南谷先生眼中，《山海经》已经成了"天下怪物总集"的代名词。正如序中所言："昔时禹治洪水，救灾忧也，高山大川，无不至境于兹。其所逢、其所观，珍寄（奇）神异之物几多，因所以作《山海经》也。"南谷先生认为，大禹正是为了记录这些出自天下山川中的怪异之物，才写作了《山海经》。

事实上，江户时代有相当一部分知识分子将《山海经》理解为怪物集，而且如南谷先生一般，认为这些妖怪是真实存在的。江户前期的医师中山三柳（1614—1684）在宽文十年（1760）出版的文集《醍醐随笔》中记载了这样一则当时的民间传说：

  一个土佐国的人进入深山猎鹿，当他吹起鹿笛时，突然间山中发

---

[1] 如第一图，参见近藤瑞木编：《百鬼缭乱——江户怪谈·妖怪绘本集成》，株式会社国书刊行会，2002年，第255页。

[2] 近藤瑞木编：《百鬼缭乱——江户怪谈·妖怪绘本集成》，株式会社国书刊行会，2002年，第267页。

出轰鸣声，像大风吹过一样的，茅草向两旁分开，仿佛是什么人要过来了。他躲进树丛举起火枪等待着，看见对面的五倍子树上伸出了一个头，是一个鬓发雪白而美丽、眉目秀丽、容颜姣好的女子。她的头有寻常女子的三四个头合起来那样大，但头下面却没有身体，真是恐怖至极。他刚打算开枪，突然想到若是打偏了岂不是大祸临头，于是依旧一动不动地躲藏着。那个头颅左右看了看便暂时退去了，又像一阵大风吹过一样，茅草向两旁分开，仿佛是沿着原来的路回去了。这个人便也头也不敢回地逃走了。正如《山海经》中记载有狍鸮、马肠、奢尸和烛阴这样的奇怪之物一般，深山之中还存在着许许多多非比寻常的禽兽。①

  作者中山三柳不仅相信这则山中出现巨大美女头颅的传说为真，而且相信《山海经》中所记载的怪奇鸟兽均为真实存在的，相信在人迹罕至的山中"异界"，必然生活着"常世"没有的妖怪、异兽。文中提到的狍鸮、马肠、奢尸、烛阴，都是《山海经》中记载的神祇、怪兽或不寻常之物。其中，狍鸮是出自《北山经》的眼睛长在腋下的食人怪兽，马肠则出自《中次四经》的"釐举之山"条："雒水出焉，而东北流，注于玄扈之水，其中多马肠之物。"② 郝懿行认为这里的"马肠"就是《中次二经》"蔓渠之山"中人面虎身的食人怪兽"马腹"。③ 奢尸与烛阴则是形象怪异的神祇，分别出自《海外东经》与《海外北经》。显然中山三柳认为《山海经》是记载了各种神祇、怪兽的典籍，而且其中所载神怪是真实可信的。

  江户时代的知识分子不仅认为《山海经》的性质是怪物集，而且认为它是具有权威性的"天下怪物总集"，但凡是妖怪就理应被收录其中。古狼野干所作的黄表纸妖怪图集《百鬼夜讲话物语》中收录了一个名叫"蓑颭"的妖怪，图中的

---

 ① 原文如下："一土佐の国の人奥山に入て、鹿をとらんとて鹿笛を吹ぬれば、にはかに山なりさわぎて、風の吹ことく一筋のほど茅葦左右へわかれ、何ものやらん来ると見えし。樹間にかくれ居て鉄砲さしあて待ぬるに、むかふのふし木の上へ頭ばかりをさしあげたる、色白く鬢髪うるはしく、眉目はれやかにてかほよき女也けり。されどつねの女の頭三ツ四ツ合たるほど大きなるが、頭より下は出さざれば見えず、かきりなくすさましかりける。あはや鉄砲はなたんと思ひけれど、若し打はつしたらん時は大事なるべしと、やはらうごかさねば、かのくびしばし見まはして引こみぬるに、又風吹ことく茅左右へわかれ、本の路筋にかへりぬと見ゆ、我もあとをさへ見ずにげたりけると語りぬ。『山海経』にいひけん鴞、馬腸、奢尸、燭陰のたくひのものにやあらん、ふかき山にはつねならぬ禽獣も多かめり。"参见中山三柳：《醍醐随笔》（上），见富士川游等编：《杏林丛书》（第三辑），吐凤堂书店，1924 年，第 182 页。
 ② 袁珂：《山海经校注》，北京联合出版公司，2013 年，第 121 页。
 ③ 郝懿行注见袁珂《山海经校注》（北京联合出版公司，2013 年）第 121 页，"马腹"见第 114 页。

图 23　蓑貒

（出自古狼野干：《百鬼夜讲化物语》。参见近藤瑞木编：《百鬼缭乱——江户怪谈·妖怪绘本集成》，株式会社国书刊行会，2002年，第24页）

文字部分写道："《山海经》中的遗漏之物"（山海経のあまりものなるや），即《山海经》未收录的妖怪。但事实上，蓑虺完全是由日本本土自创的妖怪，近藤瑞木认为其原型是鸟山石燕《百器徒然袋》绘卷中的付丧妖怪[①]蓑草鞋，是古狼野干将其与动物鼩鼱形象结合而创造的。在这样的前提下，作者提出它是《山海经》的遗漏之物，恐怕并不是在责怪《山海经》有疏漏，而是借此强调它作为妖怪的身份，也可从语境中分析出《山海经》具有"天下怪物总集"的性质。

当然，部分江户时代知识分子将《山海经》理解为怪物集，这样的认知具有一定的局限性，是《山海经》在传播和接受过程中发生的曲解或误读现象。刘捷在研究中国的《山海经》接受史时提出，原本完整的知识体系在历史发展中被不断拆分、重组、变化，从而产生了不同的理解。[②]同一部典籍来到日本这个异文化语境中，在被接受的过程中也发生了类似的现象。当然，日本人的相关认知除受到时代思想潮流、文化语境的影响之外，还可能受到中国知识分子的认识、评价的影响。但归根结底，之所以"怪"会从原本完整的知识体系中"脱颖而出"，主要原因是随着社会发展，人类的理性认知程度也逐渐提高，《山海经》中古老的知识体系早已无法解释这个世界。因此在知识分子的眼中，《山海经》地理志的性质愈来愈弱，其中的"怪物"也愈来愈得到突显。在中国如此，在日本亦然。

因此，我们看到模仿《山海经》而作的《姬国山海录》完全无视《山海经》原本的地理志属性，忽略了原本按照方向、山系顺序记录的天下各地自然地理、人文地理状况，而只是聚焦于其中所载的神祇与怪兽，将其视为一部"怪物集"进行了模仿。

2. 形式的一致性——相似的结构与真实存在的"怪物"

《姬国山海录》是《山海经》的仿作，二者形式上的一致性可从三个方面

---

[①] 付丧妖怪，即日常器物化身的妖怪。日本人认为，被人类丢弃而不再使用的器具会心生怨念，在一百年后会化成妖怪。

[②] 参见刘捷：《驯服怪异：〈山海经〉接受史研究》，上海文化出版社，2017年。如第122页提到，两汉时期的纬书作者将《山海经》中的知识填充入了他们所设计的知识体系中，使得这些符应相关的内容成了新神学世界观的一部分；第155页提到，类书对《山海经》的引用和拆解，破坏了原有的完整知识体系，使得原本作为知识原点的《山海经》神话成了后世知识总体中的片段，这也为后人对其产生怀疑埋下了伏笔；第164页提到，由于《博物志》对《山海经》的选择性引用和接受，使得关于远国异人、奇珍物产的部分从整个神话知识体系中被挑选出来，成为西晋知识体系的一部分；第171页提到，由这类"博物""述异"重新揉搓出了一个新的神祇、怪物、异人组成的《山海经》；第202页提到，明代的书商为了吸引读者，将能引发浓厚兴趣的"异常""蛮荒"部分挑选出来，将原本的《山海经》置换成了关于外部世界的知识总汇。

切入分析。第一，反映在描述"怪物"时的语言结构中。《山海经》中《山经》部分的"怪物"出现在某山之中，《海经》《荒经》则出现在某国之中，描述时会在地点之后提及它的外形特征，发出怎样的声音，是否对人有害，是否具有某种功效。如《南次一经》"青丘之山"条中关于九尾狐的记录："有兽焉，其状如狐而九尾，其音如婴儿，能食人；食者不蛊。"① 而《姬国山海录》中的一些描述也具有类似的结构，如第五图："此虫出于下总国葛饰郡山冈村永宝寺境内之池，其长六尺九寸，恶臭甚矣，惣身如虾蟆，其声如雏。"② 二者的描述顺序虽然并不完全一致，但是基本结构是类似的。

第二，形式上的一致性还反映在"怪物"的形象特征上。《山海经》中的"怪物"常常是几种物种的组合，如《中次二经》阳山中的化蛇，长着人面、豺身、鸟翼。③《海外北经》朝阳之谷中的神灵天吴，外形也是人与兽的结合体："其为兽也，八首人面，八足八尾。"④《姬国山海录》中的"怪物"也有这样的外形特征，只不过使用了"如""似"这样的修辞手法。比如武州出现之物"其状大似虾蟆，两目光秀，手足爪如猫"⑤，再如加贺国蓝渊海中之物"其状如鱼，头有角，面如女人"⑥。虽然修辞手法不同，但两部典籍中"怪物"的构成方式是类似的。《山海经》中还有一种"怪物"是在动物原有身体特征的基础上发生了形变，体现在某种器官的数量增多或减少，如《南次一经》基山中的鹟鸺，长着"三首、六目、六足、三翼"⑦，《姬国山海录》中也有身体两端各长了一个头的双头虫。

第三，形式上的一致性还反映为"怪物"的范围遍布全国。在《山海经》的世界中，《山经》部分覆盖了境内，《海经》和《荒经》则是境外，其中境内无论方位和距离远近，都生活着各种"怪物"。《姬国山海录》中的各图都详细注明了"怪物"的出产地，考证其地理范围，最北到达今北海道境内的渡岛半岛、本州岛北部的青森县，最南到今九州岛的熊本县、福冈县，还有今东京、京都附近，以及本州岛北部的石川县、岛根县、广岛县等地，可见其搜集范围遍布日本全境。然而，《姬国山海录》中的记录并不是按照地域分布的，其顺

---

① 袁珂：《山海经校注》，北京联合出版公司，2013年，第5页。
② 近藤瑞木编：《百鬼缭乱——江户怪谈·妖怪绘本集成》，株式会社国书刊行会，2002年，第259页。
③ 袁珂：《山海经校注》，北京联合出版公司，2013年，第113页。
④ 袁珂：《山海经校注》，北京联合出版公司，2013年，第228页。
⑤ 近藤瑞木编：《百鬼缭乱——江户怪谈·妖怪绘本集成》，株式会社国书刊行会，2002年，第275页。
⑥ 近藤瑞木编：《百鬼缭乱——江户怪谈·妖怪绘本集成》，株式会社国书刊行会，2002年，第273页。
⑦ 袁珂：《山海经校注》，北京联合出版公司，2013年，第5页。

序也不具有规律性,这与《山海经》有所不同。

除具有相似的结构之外,《姬国山海录》与《山海经》形式上的一致性还体现在都将收录的"怪物"视为真实的存在。《山海经》是托名大禹所作,用大禹圣人的身份为典籍赋予了权威性,表明其中所言皆为真实。而《姬国山海录》也格外强调其内容的真实性,正如序言中提到"最出乡里之俗说而近虚诞者多矣",因此要仔细甄别,挑选出可信度高的收录于其中。所录均为作者"三十年来数每见闻识之",即亲眼所见、亲耳所闻的"怪物"。关于"怪物"出现地点的记录十分严谨而具体,不仅记录了国名、郡名、村名、山名,有时还会出现宅邸主人的姓名,甚至具体是在家宅的哪个位置出现。比如名叫大蛭的怪虫,就产自"武州江户四谷千駄溪,户田氏之别业池中"[①]。第十图似蝶的不知名飞虫则是羽化于"相州镰仓建长寺屋尾上"[②]。还会详细注明时间,如"宝历九年春"[③]"宝历壬午岁四月"[④]等。如果是作者闻说的"怪物",一般会详细注明信息的来源,如奥陆怪虫是"津轻刺史之臣尾长八郎亲看之也"[⑤]。另有一出自安藤主水庭院中石头下面的怪虫,则是"予朋友乃看之也"[⑥]。甚至遇到目击者改名的情况,也要将前后姓名都标出,松平德三郎宅邸出现的怪虫,在文字末尾注明了"德三郎此时名市之丞,后改德三郎"[⑦]。有些还提及了"怪物"的去向,或是蓄养了一段时间("取畜虫笈半月许"[⑧]),或是被人杀死("土人以枪杀之"[⑨]),还有的不知其所踪("后入岩窟,不知其所去也"[⑩])。

综上所述,《姬国山海录》是《山海经》仿作的证据可从书名、序言和正文中寻找,其中正文的内容与形式都具有模仿的痕迹。内容上,《姬国山海录》在接受《山海经》时,突出了其中的"怪",而未将其中内容视为一个完整的知识体系,这是接受过程中发生的曲解现象,主要原因与人们对世界的认识水平不同有关。形式上,除了叙述结构相似之外,二者都强调了内容的真实性,

---

[①] 近藤瑞木编:《百鬼缭乱——江户怪谈·妖怪绘本集成》,株式会社国书刊行会,2002年,第260页。
[②] 近藤瑞木编:《百鬼缭乱——江户怪谈·妖怪绘本集成》,株式会社国书刊行会,2002年,第264页。
[③] 近藤瑞木编:《百鬼缭乱——江户怪谈·妖怪绘本集成》,株式会社国书刊行会,2002年,第273页。
[④] 近藤瑞木编:《百鬼缭乱——江户怪谈·妖怪绘本集成》,株式会社国书刊行会,2002年,第275页。
[⑤] 近藤瑞木编:《百鬼缭乱——江户怪谈·妖怪绘本集成》,株式会社国书刊行会,2002年,第258页。
[⑥] 近藤瑞木编:《百鬼缭乱——江户怪谈·妖怪绘本集成》,株式会社国书刊行会,2002年,第272页。
[⑦] 近藤瑞木编:《百鬼缭乱——江户怪谈·妖怪绘本集成》,株式会社国书刊行会,2002年,第268页。
[⑧] 近藤瑞木编:《百鬼缭乱——江户怪谈·妖怪绘本集成》,株式会社国书刊行会,2002年,第268页。
[⑨] 近藤瑞木编:《百鬼缭乱——江户怪谈·妖怪绘本集成》,株式会社国书刊行会,2002年,第258页。
[⑩] 近藤瑞木编:《百鬼缭乱——江户怪谈·妖怪绘本集成》,株式会社国书刊行会,2002年,第269页。

作者南谷先生在肯定《山海经》中诸"怪"为真的基础上展开了对本国"怪物"的搜集，并通过严谨、具体的描述表现了它们的真实性。

## 二、模仿的动力与文本的变异

那么，南谷先生为何要仿《山海经》而创作一部《姬国山海录》呢，它模仿《山海经》的动力和原因是什么？另外，在这部由南谷先生打造的日本版《山海经》中，所收录怪物的表现形式也与原版《山海经》有所不同，主要体现在图画的视觉再现与妖怪形象的滑稽性、趣味性上。发生这样的文本变异，与江户时代的社会背景、文化语境有着怎样的关系？下文将围绕模仿的动力、文本的变异及原因这两个问题进行论述。

### 1. 模仿的动力——"翻案"的创作手法

探究《姬国山海录》模仿《山海经》的动力，与日本文学艺术创作传统中独有的"翻案"手法有关。中文的"翻案"意为推翻既有定论，在日语中则指一种创作手法，指模仿既有的文艺作品，"舍弃原作的时代背景，而使外来题材归化"[①]，并在细节上做出改动。我们在使用这一日文术语时，为避免与中文词汇产生混淆，将以双引号进行标注。严绍璗认为，日本文学早在奈良、平安时就开始了对中国文学的"翻案"，镰仓时代已自成一体，江户时代则伴随明清小说的流行而得到广泛应用。[②]潘文东认为"翻案"是日本文学中一种极为普遍的现象，并在江户时代达到顶峰，数百部明清小说不断传至日本并很快被翻译成日文，进一步被"翻案"，可以说几乎每部作品都有日文"翻案"作品。[③]

比如《水浒传》传入日本后受到欢迎，很快就在翻译之余出现了"翻案"的《本朝水浒传》《倾城水浒传》等一系列作品。其中最著名的是曲亭马琴（1767—1848）的《南总里见八犬传》，书中的"八犬士"即八位义士，是"一百单八将"的浓缩版。小说在故事主线及结构排布、具体人物形象塑造、开头结尾的写作手法以及具体场面的描述上，都可看出对《水浒传》的模仿痕迹，是在原作基础上改造的日本版《水浒传》。诸如此类的例子举不胜举，如明代人瞿佑《牡丹灯记》的"翻案"《牡丹灯笼》、《白蛇传》的"翻案"《蛇性之

---

[①] 严绍璗、王晓平：《中国文学在日本》，花城出版社，1990年，第108页。
[②] 严绍璗、王晓平：《中国文学在日本》，花城出版社，1990年，第108页。
[③] 潘文东：《从译介学的角度看日本的"翻案文学"》，载《苏州大学学报》（哲学社会科学版）2008年第4期，第94—97页。

淫》、《聊斋志异》的"翻案"《雨月物语》等，都是较为成功的作品。

可以说，"翻案"是江户时代十分流行的文学创作手法，不限于演义小说，而且涉及传奇、志怪、通俗文学等各方面。这当然与日本民族善于模仿的特征有关。潘文东认为，日本文化自古就有以模仿为荣的传统，这与它从发端时就处于低势地位，一直以他文化为师有关。[①]在这样的文化背景及时代潮流中，知识分子仿《山海经》而作出一批"和制山海经"并不足为奇。南谷先生仿《山海经》而作《姬国山海录》，其动力也与日本民族的文化特征及江户时代的"翻案"风气密切相关。

2. 文本的变异之一——博物学热潮下的视觉再现

江户时代传入日本的各版本《山海经》多带有插图，和刻版《山海经》中也有插图，多是以整页的形式排布，一般在一页的自然景物中会出现多种鸟兽、神祇或远国异人，而且正文和插图往往不会出现在同一页中。在插图版《山海经》中，图像只是点缀，文字仍然是重点。而《姬国山海录》并未沿用这种形式，在这部绘本中，图像显然成了主角。那么，为何《姬国山海录》要用一页一"怪"、一"怪"一图、图文并置的方式，将来自日本国各地的"怪物"汇集一册，进行集中的再现呢？与上节讨论的《怪奇鸟兽图卷》一样，发生文本变异与受到江户时代博物学热潮的影响有关。

所谓博物学（natural history），是在大航海的历史背景下，当全球性的未知事物大量进入欧洲视野时，人们尝试对其进行分类、排列、整理而形成的学科。可以说，博物学重新建构了一套认识世界的方法。博物学中最重要的组成部分是分类学（taxonomy），但在"分类"正式进入学科体系之前，人们对自然的辨识和分类行为实则古已有之，可以说任何文化中都存在着历史悠久的民间分类学。在日本，民众对于自然与世界的认知自古就不断受到中国的影响。来自中国的名物不断与本土知识发生融合，并在中国传来的分类框架基础上形成了日本的分类体系。17世纪初《本草纲目》传至日本并对日本本草学产生了深远影响，围绕对其进行阐释及为其作注，日本的医家、学者对日本的植物、动物、矿物等进行了详细的考证，这也被学者认为是日本博物学的开端。[②]"博物"一词虽然来自中国，但"博物学"一词却是由日本人翻译西方 natural history 的学

---

[①] 潘文东：《从译介学的角度看日本的"翻案文学"》，载《苏州大学学报》（哲学社会科学版）2008年第4期，第94—97页。

[②] 刘华杰：《一本日本江户时代的博物学佳作》，载《文汇报》2019年7月15日。

科之名而创造的。

江户时代，一方面受到《本草纲目》及其引起的日本本草学热潮影响，另一方面大量经荷兰传来的西方自然科学知识进入日本，二者共同激发了日本知识分子重新了解自然、认识世界的兴趣。18世纪初，将军德川吉宗曾赞叹荷兰动物图谱《动物图说》的绘图精密细腻，这也的确道出了欧洲博物画与中国画最大的不同之处。中国绘画追求气韵与意境，欧洲绘画则注重写实，即前者将审美价值放置在首位，后者的首要目的则是事物的精准再现。江户时代的知识分子、本草学家认识到图像在辨识、描述和再现自然物时的重要作用，因此主持并推进了一系列博物画的绘制工作，并取中国与西方绘画的两家之长，逐渐形成了兼具写实与审美的日本博物画风格。江户时期不仅出现了众多谱印本博物图，民间更流传有大量的写本博物图，绘画者也不局限于专业画师，上至贵族，下至武士、普通百姓，各社会阶层均出现了博物画的绘制者，可见当时博物学的流行。

《姬国山海录》在全国范围内收集可信的"怪物"，并以文字、彩图并置的形式呈现，是受到了江户时代这股博物学热潮的影响。江户时代的博物学是一种以描述为主的知识形态，把此前日本历史上所积累的名物认知重新进行分类，并系统地整合在一起，辅以图像进行再现。这一行为背后的根本动力是加深对自然的了解、对外部世界进行整理使之变得有秩序，从而能够进一步掌控自然与世界。我们看到江户时代出现了收录植物的《本草图谱》《草木实谱》，收录鸟类的《百鸟图》《水禽谱》，收录虫的《千虫谱》《虫谱图说》，收录鱼介的《鱼谱》《海月·蛸·乌贼类图卷》，等等。对于从海外传来的奇珍异兽，也有专门的《外国珍禽异鸟图》《奇鸟生写图》等进行收录。这可视为江户时代日本人对自然界动植物进行有秩序的分类及再现的尝试。那么，当人们见到、听闻超出一般常识之外的奇特生物时，会产生无法将其归类的焦虑，为了克服这种焦虑以及由此催生的恐惧，人们将它们归类并统称为"怪物"，对其进行详细描绘与视觉再现，从而将其秩序化并纳入人们的知识体系。《姬国山海录》就是这一目的之下的产物。

在各个版本的"山海经图"中，"怪物"都是最重要的组成部分，对比中国多数较为粗糙的黑白版"山海经图"，《姬国山海录》中的彩色图像不仅更加清晰、突出细节，而且绘制时态度严谨，追求写实。对于细节的追求，从"怪物"身上的毛发、斑点、鳞片、牙齿刻画的细腻程度中可见一斑。比如松平德三郎宅邸出现的怪虫，光是其翅膀就使用了三至四种颜色勾勒、填色，上面布满了不规则斑点,其背部的纹路、腹部的花纹、头部的硬毛都绘制得十分清晰,无疑是受到了西洋博物画的影响。再如山州发现的怪虫,为了突出它"贯石食之"的特征,特别画出了口内的数十颗尖牙,笔触细腻,毫无敷衍。除对细节的追求之外,还可看出作者对于写实的追求。如下总国出现的怪虫,为了尽可能全面、立体、真实地反映其形貌特征,作者在同一页绘制了两幅图,分别是从上向下的观察视角和侧面的观察视角,从中甚至可以看出作者具有某种科学严谨的精神。而且为了进行辨析与考证,作者常引用《本草纲目》《三才图会》《异物志》《和汉三才图会》等文献进行观点佐证。可见受到博物学严谨、科学态度的影响,《姬国山海录》力求真实反映诸"怪"的外形特征,从而达到辨识、分类、再现的目的。

3. 文本的变异之二——滑稽的"怪物"

第二个文本的变异之处在于,这些"怪物"的形象均十分滑稽,具有拟人特征。与中国诸版本"山海经图"中的"妖怪"不同,《姬国山海录》中的怪虫、怪鱼多具有人的特征。首先,"怪物"多长有五官,武州怪虫甚至还长有眉毛,松前的海鬼长有夸张的红唇,肥前州灵龟长有鼻子和胡须等。此外,它们还会做出似人的表情,如丹波州的怪虫似在微笑;奥陆怪虫眼睛瞥向斜下方做出不屑一顾的神情;信浓怪虫用后足站立,双手弯曲放在口边吐出舌头做惊吓状,宛若游戏的孩童。哪怕是会造成重大危害的"怪物",在外形上也具有无害性,这样的绘画风格与表现妖怪恐怖特征的绘画具有较大差异。为何南谷先生笔下的"怪物"如此滑稽可爱,大约有如下两个原因。

第一,妖怪的拟人化风格是日本妖怪文化的传统,在增加趣味性的同时,也有消解恐怖、克服恐惧的功能。

首先简要回顾日本的"妖怪观"。平安时代及以前常用"物怪"一词来指称超出一般认知范围的现象或物体,如鬼、怨灵、妖怪或作祟的神灵等,人们惧怕"物怪",常通过祭祀安抚它们,以期规避灾害。平安末期至中世,妖怪的形象逐渐向视觉化方向发展,一些如《地狱草纸》的佛教绘画作品及《百鬼夜行绘卷》之类的绘卷物中,出现了大量的妖怪形象。比起《地狱草纸》中妖怪的骇人形象,16世纪开始出现的诸版本《百鬼夜行绘卷》中,妖怪逐渐呈现出拟人化、趣味化的特征。《百鬼夜行绘卷》中出现了不少器物妖怪和动物妖怪,它们长着和人一样的五官、四肢,排成队列行走,作出夸张而滑稽的动作,图像生动活泼,充满动感。小松和彦等学者共收集了六十四个《百鬼夜行绘卷》

的版本，上至室町时代下至江户末期，无一不呈现出这样的特征。不仅如此，江户时代出现的诸多妖怪绘卷中，也常见拟人化的妖怪形象，如《化物婚礼绘卷》《妖怪四季风俗绘卷》等。

尤其是各类妖怪绘卷中常出现的"付丧神"，即器物妖怪，其形象可谓是妖怪拟人风格的代表。器物本是无生命的物体，因为被人制造、使用，沾染上了人的气息，因此被认为具有了生命特征。其理论依据是"物老成精"的思想，正如葛洪《抱朴子》中所言"万物之老者，其精悉能假托人形"[1]，崇福寺所藏室町时代的《付丧神绘卷》卷首附《阴阳杂记》也提道："器物历经百年，化为精灵，诓骗人心，号付丧神。"[2] 因此"付丧"的读音为"つくも"，又可写作"九十九"，为即将满百年的意思。中世及江户时代的妖怪绘卷中出现了大量的付丧神形象，或是由锅釜、灯台、服饰等生活用具所化，或是由佛具、乐器等宗教、娱乐用品所化，甚至还有由弓箭、铠甲、大刀等武器所化，它们在原有形象的基础上长出五官与四肢。绘卷中的付丧神多呈现出无害的形象，并用夸张的肢体做出滑稽的动作，极具趣味性。

将日常所用之物想象为无害的妖怪，体现了日本文化中人与妖怪距离很近的特征，正如小松和彦提到，江户时代的艺术创作中常见到人与妖一同饮酒、玩乐，可见他们之间的感情是十分亲密的。[3] 正是受到这一传统的影响，《姬国山海录》中的诸"怪"也呈现出拟人化的特征，显得十分可爱。但究其原因，除了增加趣味性之外，将原本骇人的妖怪塑造成滑稽的形象，还有消解原本的恐怖感，缓解未知带来的焦虑的功能，有助于人们克服对妖怪的恐惧心理。将原本抽象的妖怪形象具象化，本身就是在象征层面掌控妖怪，将其塑造为引人发笑的形象，恐惧感得到了进一步消解。将恐怖怪异与滑稽可笑两种元素融为一体甚至成为江户时代庶民文化的一种风气，近藤瑞木认为可称为一种"恶搞"（パロディ），是妖怪不断现世化、卑俗化的体现。[4]

第二，"怪物"形象的滑稽性、趣味性与江户时代"戏作"风气的流行有关。

"戏作文学"即抱持游戏目的而作的非严肃作品，具体是指江户时代日本

---

[1] 葛洪著，王明校释：《抱朴子内篇校释》，中华书局，1985年，第300页。
[2] 日文原文为：器物百年を経て、化して精霊を得てより、人の心を誑す、これを付喪神と号すと云へり。
[3] 小松和彦：《妖怪》，宋衡译，新星出版社，2016年，第49页。
[4] 近藤瑞木编：《百鬼缭乱——江户怪谈·妖怪绘本集成》，株式会社国书刊行会，2002年，第282页。

流行的一类通俗小说，包括人情本、洒落本、滑稽本、黄表纸、合卷等多种文体形式。这些文学作品以滑稽、逗笑为主要特征，主要受众是城市中的普通商人和手工业者，即文化程度不高的町人群体。江户时代的"戏作"一词最初出现在汉诗领域，一些文人出于游戏态度模仿中国诗人的作品，较为有名的有《新年戏作仿白乐天体》等。此后，"戏作"的使用逐渐扩散到其他文学及艺术领域，包括小说、戏剧、绘本等。江户时代政治趋于稳定，经济稳定增长，文化发展繁荣，市民阶层不断发展壮大。"戏作"之所以受到欢迎，是因为迎合了町人阶层追求现世享乐的审美趣味，这些轻松愉快、引人发笑的作品满足了读者的阅读需求，而且"显示出一种以现实价值为本位，利欲、物欲、色欲乃人之常情和共识的伦理精神"①。

江户时代，妖怪文化与戏作的风气相结合，出现了一系列怪谈小说、妖怪绘本，以及以妖怪为题材的歌舞伎狂言等戏剧和其他文学艺术形式。民间还兴起了被称作"百物语"的游戏，是一种出于消遣、娱乐目的的怪谈会。当夜幕降临，游戏参与者身着青衣，在一间漆黑的房间内点燃一百盏"青行灯"②，并在旁边摆放一面镜子。准备工作就绪后，游戏参与者集中到附近另一间幽暗的房间，开始轮流讲述鬼怪故事。讲完故事的人要摸黑去往点灯的房间吹灭一盏灯，再原路返回，如此循环重复，直到讲完第一百个故事的人吹灭最后一盏灯，传说此时就会有真正的鬼怪来到现场。③事实上，这个游戏是很难完成的，不仅一夜之间难以讲完一百个故事，而且人们也不会在现场见到真正的妖怪。人们热衷于这项娱乐活动的原因，除了讲述故事具有娱乐性之外，还因为召唤鬼怪行为中层层递进的恐惧所带来的刺激感。总之，江户时期人们与妖怪的距离是很近的，在"谈怪"蔚然成风的社会氛围下，妖怪似乎变得不再恐怖，而是与民众的生活产生密切联系，甚至成为娱乐活动的重要组成部分。

那么，以南谷先生为代表的文人为何会热衷于"戏作"，又为何要在作品的题目、序言中对此进行强调呢？据勾艳军研究认为，戏作文学诞生和盛行的享保（1716—1736）和宽政（1789—1801）年间，官僚系统和政治文教事业中的世袭制在某种程度上固化了社会阶级，使得普通文人丧失了步入上层社会的

---

① 张海萌：《江户时代文学的特质与分类》，见天津市社会科学界联合会编：《新规划·新视野·新发展——天津市社会科学界第七届学术年会优秀论文集》，天津人民出版社，2011年，第404—410页。
② 即用青色纸张糊成的油灯。
③ 关于"百物语"的玩法，参见王静：《从妖怪浮世绘看日本——平安、江户时代民俗文化研究》，中国传媒大学出版社，2019年，第151页。

机会，这些怀才不遇的知识分子只能投身于本业之外的学问、艺术领域去寻求精神寄托。然而，深受儒家正统文学观影响的知识分子从内心深处认为投身戏作是"不务正业"的行为，因此哪怕偶有作品，多数也只是在同好、友人之间传阅，并无向社会推广的意图。[①] 出于这种矛盾心理，文人会在自己的作品中添加一"戏"字以示区别，将其归类于难登大雅之堂的作品，以避免受到正统文学的批评与排斥。正如南谷先生在《姬国山海录》序言中强调道："戏题之名《姬国山海录》，看人勿笑之也。"

## 三、小结

综上所述，江户时代民间出现了众多仿《山海经》而作的怪物集"和制山海经"，手写本居多而刊刻本少见，多为文人的游戏之作。《姬国山海录》是其中保存较为完好、最具代表性的手写图文本之一，它对《山海经》的模仿不止体现在书名、序言和正文中，而且书中的内容、形式都有明显的模仿痕迹。当然，它在模仿时仅局限于对"怪物"的收集、记录层面的接受，而对其他的部分如山川地理的记录、海外异国及人物的描述、神祇崇拜与祭祀等内容，则采取了忽略的态度。换言之，《姬国山海录》是在将《山海经》视为"天下妖怪总集"的前提下进行的仿作。探讨模仿的动力，应是江户时代文坛盛行的"翻案"风气，同时与民间知识分子之间流行的"中国趣味"相关。另外，《姬国山海录》在模仿《山海经》时发生了一定的文本变异，主要体现在两个方面。第一，受到了江户时代博物学热潮的影响，"怪物"以文字、彩图并置的形式呈现，创作以名物辨识、分类、精准视觉再现为目的。第二，尽管"怪物"具有一定的危害性，但形象均十分滑稽，具有拟人特征。这不仅是日本妖怪文化的传统，能够增加趣味性，消解恐惧感，而且与江户时代流行的"戏作"风气有关。

---

① 勾艳军：《日本近世戏作小说的中国文学思想渊源》，载《日本问题研究》2012年第2期，第55—60页。

# 第四章　总结

## 一、日本接受《山海经》的特点

在回溯了日本古代至近世对《山海经》及相关次生文献的接受史之后，我们发现虽然各个时代在接受的内容、方式、途径上有所不同，但接受的过程贯穿了千余年的历史，是持续不断发生的，因此具有一定的整体性。探究日本接受《山海经》的总体特点，我们回到接受的三个层次，即知识的学习、内容的化用与创造、形式的模仿。

首先是知识的学习。有充分证据表明至晚在奈良时代，日本社会已经知晓《山海经》，并可能通过类书了解到其中所记载的部分内容，将其视为真实的知识进行学习和接受，长屋王宅邸遗址出土的"山□経曰大"木简可以为证。平安时代被称为"类聚的世纪"，日本为了在短期内快速吸收大量传来的中国知识而编纂了不少类书，从海量的典籍中针对性地抽出有用的"知识束"，再分门别类地进行归纳整理。《山海经》因具有博物学性质而一向被作为中国类书内容的重要来源，日本在编纂类书时或直接搬运中国类书中的内容，或重新补充中日典籍中的内容，《山海经》被频繁引用。而这些或真实或出于想象的知识通过不断引用而被反复强调，从而获得了某种权威，被主流社会认定为真实的知识。到了中世末期江户初代，伴随本草学知识的发展和西方理性思想的传入，则开始有知识分子质疑《山海经》中内容的真实性。

其次是内容的化用与创造。在崇尚汉魏六朝文风的平安时代，《昭明文选》等文学典籍中大量记载的赋体文对日本文坛影响甚巨，《山海经》中涉及神怪的部分更是为文人造典、用典提供了灵感。《山海经》中部分远国异人的形象也影响深远，其中长臂人、长脚人的形象或与神道教中的神祇融合，不仅在禁中守护着天皇御殿，在民间也成了地方守护神。江户时代伴随庶民文化的繁荣，以《山海经》为基本构成的"异国人物知识体系"融合了日本本土和西方文化中的异域想象，进入小说、戏剧、绘画、"见世物"等多种形式的文艺创作。同时，受到博物学热潮的影响，民众出于知识学习和娱乐消遣等目的，以图文并置的形式吸收了《山海经》及其次生文献中的部分"怪异"内容，创作出《唐物语》《怪奇鸟兽图卷》等绘本、绘卷作品。

最后是形式的模仿。早在日本律令制国家的最初形成阶段，统治根基尚不稳固的大和朝廷就以强化中央集权、整肃天下秩序为根本政治目的，以《山海经》为重要蓝本编纂了日本的全境地理志《风土记》。可知在奈良初期的日本，《山海经》已为上层贵族阶级所熟知，其地理志的性质也得到了凸显。到了江户时代，《山海经》则成为"天下怪物总集"的代名词，民间出现了以《姬国山海录》为代表的一批"和制山海经"，即民间文人以游戏为目的创作的图文并茂的妖怪绘本，在庶民阶层广泛流传。

当然，在此提出并展开论述的文化现象相较日本文化中《山海经》留下的痕迹而言恐是挂一漏万。尽管如此，我们仍然能够透过这些幸运留存的吉光片羽了解到《山海经》在日本流播并被接受的特点与规律。我们注意到，接受的顺序是从上流社会逐渐向民间发展的。

由于日本古代的文化长期为贵族阶层所垄断，因此与众多典籍一样，《山海经》初传入日本时是上层社会率先阅读、接受的，前文提及长屋王遗址出土的写有"山海经"字样的木简即为证据，橘直干《秋萤照帙赋》中的"山经卷里疑过岫，海赋篇中似宿流"之句亦可为证。平安时代融入了《山海经》典故的文学作品，其作者也均为贵族及官员。以引用《山海经》超过三次的《宇津保物语》《本朝文粹》《菅家文草》《和汉朗咏集》[①]为例：《宇津保物语》的作者虽已不考，但书中对贵族生活的描写极为细致生动，可以据此判断作者应有贵族生活的经历；《本朝文粹》收录的 427 篇汉诗文，其作者均为文人、官员及僧侣，编者藤原明衡更是出身名门望族；《菅家文草》的作者菅原道真出身官员世家，醍醐天皇时位列右大臣；《和汉朗咏集》的作者藤原公任在平安中期官至正二位权大纳言。平安时代，庶民百姓中少有能接触到汉文典籍者，因此当时《山海经》尚未被普通民众接受。

平安时代之后，《山海经》的影响范围逐渐由上流社会向庶民社会扩展，其中内容以传说、歌谣、图像等多种形式广泛传播。室町时代，文人将民间流

---

① 这一统计出自松田稔：《「山海経」の基礎の研究》，笠间书院，1995 年，第 481—483 页。

传的九尾狐化作美女玉藻前的传说整理成了《玉藻草子》，又用文字记录了民间讲述玉藻前死后化作石头的歌谣《杀生石》。根据学者松田稔的统计，江户时代受到《山海经》影响的文学作品众多，如文人随笔《孔雀楼笔记》、画论随笔《山中人饶舌》、小说《风流志道轩传》《椿说弓张月》等都多次引用《山海经》。[1] 江户时期的各种类书中更是直接或间接引用了大量典籍中的内容，可见此时的《山海经》已经深入普通民众的知识体系。而民众喜爱的浮世绘作品中也有大量以妖怪为题材的创作，不少百姓熟知的妖怪形象也源自《山海经》。

值得注意的是，虽然日本对《山海经》的接受是从上流社会逐渐走向民间的动态发展过程，但造成这一现象的原因并不在于典籍本身，而是日本接受中华经典的共同特点。换言之，上文所述特点并非《山海经》所独有，除此之外，我们亦需关注典籍被日本文化接受时的特殊性。我们发现，《山海经》在奈良、平安时代被视为"地志文献"，中世末期、江户时代则被视为"妖怪集成"，这一转变固然受到中国学术史上《山海经》地位变化及相关评价带来的影响，但也与日本的妖怪文化发展密切相关。事实上，讨论日本对《山海经》的接受，重点就是探究日本文化如何看待其中的"怪异"内容。

从《山海经》的典籍生成视角出发，由于其中内容多属于古老的知识系统，因此存在"真实地理"与"怪力乱神"相互交错的情况。这也是其在学术史上定位混乱的根本原因，知识分子对《山海经》的评价往往与当时社会主流文化对"怪异"的评价密切相关。纵观《山海经》在日本的接受史，可以说无论是在上流社会还是民间，典籍及相关次生文献的流播、接受都几乎未曾受到任何阻碍[2]。

这一点在与同处于东亚汉字文化圈的朝鲜进行横向对比时更为突出。《山海经》虽然很早就传入朝鲜，但其主流文化因受儒家思想尤其程朱理学的影响深远而对非理性的"怪力乱神"评价极低，故而典籍始终未被允许刊刻，在民间的流播程度亦较低。朝鲜知识分子对《山海经》内容有选择地接受，如认同朝鲜为《山海经》中的"君子国"，并全然接受了其中记载的"其人好让不争。有薰华草，朝生夕死"[3]之说。"薰华草"即李睟光《芝峰类说》中所载"堇花草"

---

[1] 松田稔：《「山海経」の基礎の研究》，笠间书院，1995年，第481—483页。
[2] 除了江户时期《山海经》一度被禁之外，其在日本的传播几乎未曾受到过任何阻碍。1630年，江户幕府颁布禁书令，《山海经》亦在其列，直到1720年禁书令缓和，典籍方可正常流入日本。尽管曾经短暂被禁，但日本民众对于《山海经》内容的接受、喜爱却未曾停止。
[3] 袁珂：《山海经校注》，北京联合出版公司，2013年，第226页。

与"木槿花",书中又提及唐玄宗称朝鲜为"槿花乡"[1]。可以说,朝鲜仅仅接受了《山海经》中真实、致用的部分,至于超出理性经验之外的内容则被主流社会风气所排斥。

反观日本,无论主流文化还是大众文化,对《山海经》的兴趣都恰好集中于超出理性经验之外的部分,如山川异物、奇鸟怪兽、鬼怪神祇、远国异人等,而日本人对于非理性内容的包容与其文化本身的特点相关。如果将日本社会接受外来文化的机制视为滤网的过滤过程,那么与日本文化深层结构相悖的内容无疑会遭到排斥,得以保留的必然是符合日本文化生态、适宜作为材料参与建构日本本土文化的部分。事实上,日本历史上从未真正全盘接受过外来文化,一切的学习与接受都以"为我所用"作为第一要义。换言之,被接受的外来文化只是用来在本土文化深层结构的骨架之上继续搭建的材料,日本文化在这一动态持续的过程中不断丰满,但文化结构本身并未因材料的叠加、更迭而发生改变。由此可知,《山海经》中的"怪异"部分被日本大量接受并作为建构自身文化的材料,自然也是因为其符合日本文化的深层结构。

## 二、何以为"怪"?

欲厘清日本接受《山海经》中"怪异"部分的机制,即日本文化深层结构中神怪的所处位置,首先要从人类思维如何理解"怪"来切入讨论。

人类通过命名、描述、分类来认识客观世界,并试图通过这一系列活动将原本混沌的外部世界变得秩序化,从而趋利避害,获取更大的生存空间。然而,尽管人类知识领域不断扩大、认知能力不断提高,但我们始终无法彻底了解并完全掌控世界。即无法被认识、难以被掌控的危险领域始终存在,这就是神怪所处的空间。初民可能会对遥不可及的天体、难以捉摸的自然灾害、拥有人类不具备能力的动物既惧怕又崇拜。其中受到祭祀者被称作神灵,人们期望得到其庇佑、免遭其伤害;不受祭祀者则被视为妖怪,人们对其感到恐惧,渴望躲避或降伏它们。伴随人类文明的发展,一些曾经无法被认知、掌控的神怪在科学话语中得到了阐释,但未知却永远无法被消灭,难以预料并规避的危险也始终存在,因此在人类的认知体系中,神怪始终占有一席之地。

正如日本第一位妖怪学者井上圆了(1858—1919)将"妖怪"定义为一切

---

[1] 李晬光:《芝峰类说》(上),见朝鲜古书刊行会编:《朝鲜群书大系》第21辑,朝鲜古书刊行会,1915年,第41页。原文为:"《山海经》曰:海东有君子国,衣冠带剑,好让不争。有槿花草,朝生夕死。……唐玄宗谓新罗号为君子之国,且高丽时表词称本国为槿花乡,盖以此也。"

怪异现象的统称："在宇宙物心诸相之中，平常道理所不能解释的，我们称之为妖怪，或称为不可思议。"① 在此基础上，他参照现代学术的学科分类建构了妖怪学的学术体系，将"假怪"（可以用科学解释的自然的妖怪）进一步细分为"物怪"和"心怪"，分别对应物理学及心理学可解释的现象。有趣的是，尽管井上氏创立妖怪学的宗旨是破除迷信，但建设学科架构时却不得不"拂假怪开真怪"②，即将部分客观存在、无法用科学解释的妖怪归入"真怪"一类。这无疑暗合了前文所论及的初民思维逻辑，现代科学虽然致力于通过收编"怪异"而"破除迷信"，却不得不仍在科学话语体系中为非理性存在留有一定的空间。尽管"以科学来破解所有妖怪，终是一场徒劳"③，但井上氏所做的工作仍然意义重大，妖怪学的创立可视为一种弥合"怪异"与科学之间无法逾越之鸿沟的尝试，也为科学话语体系中无处安放的神与怪提供了容身之所。

由此可见，"怪"远在现代科学创立之前就与人类相伴，并将在科技持续发展、人类认知能力不断提高的过程中长期与我们共存。换言之，"怪"是人类将客观世界秩序化过程中无法忽视的一部分，甚至它本身就存在于人类的思维结构之中。正如法国人类学家列维-斯特劳斯所认为的，人类思维并非低级朝向高级、感性朝向理性、幼稚朝向成熟的单向进化过程，原始思维（野性的思维）与理性思维（思维处于被驯化的状态）是人类固有的两种思维状态，而这样的人类深层思维结构是古今一致的。④ 在这一理论视域下，科学的理性思维只是人类思维暂处于一种被驯化的状态，相较"野性思维"而言并不具有天然的优越性。因此，"怪"作为非理性的存在，既是人类思维处于未经驯化状态时对客观世界产生的认知结果，也是先于现代科学体系存在的无法消灭又难以绕开的存在。

以此作为前提可知，当我们关注日本对《山海经》的接受何以突显了"怪异"时，实际上关注的应是"怪异"未曾在日本文化中受到阻碍的原因。对于东亚汉字文化圈而言，儒家思想对非理性之"怪力乱神"的排斥以及对相关思想的桎梏作用不容忽视。在对儒家经典《论语》的诠释史上，关于"子不语怪力乱神"的解释众说纷纭，但"不语"并非否认其存在应是较为明确的，毕竟祭祀

---

① 井上圆了：《妖怪玄谈》，哲学书院，1897 年，第 1 页。
② 井上圆了：《妖怪学讲义录：总论》，蔡元培译，中州古籍出版社，2016 年，第 6 页。
③ 苏筱：《"妖怪学"小考》，载《北方工业大学学报》2020 年第 4 期，第 60 页。
④ 参见克洛德·列维-斯特劳斯：《野性的思维》，李幼蒸译，中国人民大学出版社，2006 年；陈连山：《列维-斯特劳斯的神话思维理论浅说》，载《长江大学学报》（社科版）2015 年第 12 期，第 1—5 页。

本就是儒家礼制重要的组成部分,而鬼神正是祭祀活动的直接对象。即便如此,对鬼神"不语"与"敬而远之"的儒学基本立场毕竟对知识分子对待神怪的态度产生了消极影响。在中国,迫于主流话语对"怪"的钳制作用,文人在进行神怪文学创作时总会显得缩手缩脚,往往不得不通过曲解或攀附等途径来谋求创作空间。① 在中国的《山海经》学术史上,伴随理性认知的发展,典籍性质经历了从地理志到小说的变迁,其地位的浮沉也与儒家思想的发展变化相关。如在玄学盛行而儒学相对黯淡的魏晋时期,《山海经》得到广泛传播并影响了一系列文学著作的生成;而在儒学重获生机、理学迅速发展的南宋时期,以朱熹为代表的知识分子则对《山海经》持贬斥态度。② 总体而言,大量的"怪异"内容使得《山海经》难以在儒学主导的传统文化语境中获得认可。在朝鲜亦然,研究认为尽管《山海经》早在4世纪至6世纪就已传入朝鲜,其中部分内容也很早就对贵族墓葬产生了影响,但直到高丽时代(918—1392)普通知识分子才有机会阅读典籍。③ 据《李朝实录》记载,成宗二十四年(1492)曾有人进献《酉阳杂俎》,却遭到大臣的集体反对,认为其中怪诞不经的内容对帝王无益。④ 受朱子学影响至深的朝鲜主流话语对"怪异"何等排斥,由此可见一斑。

相较中国和朝鲜而言,儒学传入日本后虽然对其思想文化影响甚巨,但正如前文提到日本历史上从未真正全盘接受过任何一种外来文化,而是在其文化固有的深层结构之上将"为我所用"作为大前提,对外来材料进行筛选、切割并吸收入自身文化中,使其以一种被改造的状态继续生长。儒学思想亦是如此,日本吸收了其中"仁、义、忠、孝"的价值观并将其转化为武士道精神中的"忠孝一体",更将"忠孝"提至"仁义"之前,强调对天皇的绝对忠诚。这实际上是对神道教信仰进行的补充。自8世纪以来大和政权便通过构建"天皇为神灵后代"的政治神话来强调统治的合法性,神道教信仰也从此成为立国之本。神道教不但祭祀神灵,其神话叙事中也不乏八岐大蛇这样的怪物,因此承认鬼神的存在是由"万物有灵"发展而来的神道教的底色。对于日本而言,吸收儒学思想的底线是不能动摇神道教的信仰根基。因此,就算德川幕府推崇极力排斥非理性存在的朱子学,但朱子学仍然很快被改造并在民间发展成为诸多理念

---

① 这一观点参见刘勇强:《神怪小说创作的精神桎梏与解套策略》,载《明清小说研究》2015年第2期,第75—93页。
② 陈连山:《〈山海经〉学术史考论》,北京大学出版社,2012年,第64—117页。
③ 郑在书:《〈山海经〉和韩国文化》,民音社,2019年,第92—107、158—177页。
④ 末松保和编纂:《李朝实录》(第十八册),学习院东洋文化研究所,1953—1966年,第611页。

不同的学派，一些学派甚至与神道教联合，形成了"神儒同理""神儒合一"的观点。可见儒学在日本非但未曾挤压"怪异"的生存空间，反而一定程度上被原本的神道教思想收编，进一步为神怪的存在提供了理论合法性。当然，日本儒学史上也出现了少数如室鸠巢（1658—1734）这样对神道思想持怀疑态度的学者，但总体而言，"天皇为现人身"的信仰作为天皇统治合法性的基础不容置疑。

也正因神道教由自然崇拜、泛灵信仰的原始宗教发展而来，故而日本神灵与妖怪的界限并不十分清晰，日语词汇"神"（かみ）既可指神祇，也包括死者的灵魂、变成精怪的动物、植物甚至无生命的石头等，还包含妖怪。神道教认为，拥有超自然力量的存在无论善恶皆可作为崇拜的对象，同时神灵往往具有多重神格，其中稳定而散发善意时被称为"和魂"，发怒而危害人类时则被称为"荒魂"。基于承认神格的两面性，不仅妖怪可以被收编并转化为当地守护神，而且人们相信神灵发怒时也会做出危害一方之事。可见在日本文化的深层结构中，"怪异"是与常态并存的、客观世界中不可或缺的一部分。

### 三、未来的研究展望

讨论至此，绪论部分提出的核心问题一定程度上得到了解决，我们尝试对日本文化接受《山海经》的深层机制进行总结。对于人类而言，"怪异"本身即存在于我们的思维结构之中，是我们在认识客观世界、将万物秩序化的过程中无法绕开的一部分。对于日本而言，万物有灵的神道教信仰构成了民族文化的底色，而中国传来的儒释道思想、西方传来的科技与知识都未能动摇其文化结构本身，可以说妖怪始终与日本文化共存。因此，当《山海经》及其次生文献传至日本，无论真实还是想象的内容都能够被主流话语接受，并对日本文化产生深远影响。

日本对《山海经》的接受是一个宏大的话题，涉及时间长、文献类型多、资料亦十分庞杂。受到篇幅、学力所限，在研究过程中难免出现通过"点"而管窥"面"时造成的疏漏，诚望本书能够抛砖引玉，得到专家学者的批评指正。同时，书稿在撰写过程中受到新冠疫情的影响，难以赴日查询相关资料，也造成了一些资料的空缺，实为憾事。其中本书未能涉及的西尾市所藏《上野义刚集》中的《山海经辨》（1735）、东洋大学图书馆所藏的佛教典籍《拟山海经》（1702）等文献，学界亦鲜见讨论，有待来日补足。此外，日本历史上出现的大量受到《山海经》影响的绘本绘卷及艺术作品，除本书所论及之外，还有平安末期的

《鸟兽人物戏画》、室町时代的《百鬼夜行绘卷》、江户时代的多种妖怪绘卷等，亦具有相当的研究价值，有待我们的进一步关注。

本书所讨论的是中国典籍朝向日本的单向流动，笔者在写作过程中由此生发并思考了另一个相关问题，即近代以来日本文化朝向中国的回流现象。以《山海经》中的"怪异"部分为例，其无疑成为日本妖怪文化发展中重要的资料来源，但日本却在近代率先建构起妖怪学的学科体系，并以此作为理论支撑发展出多样的当代妖怪文化。反观中国，日本妖怪学科曾在近代被引入并产生了一定程度的影响，但未能在现代学术体系中获得合法地位。可以说在我国，"怪异"仍然未能在主流话语中被适宜安放，这恰与文学史上相关作品及素材的积淀之丰厚、民间相关信仰及口传叙事的分布之广泛构成了一组悖论。期待未来妖怪学学科之建设与进一步完善，可以为古今丰富的神魔、妖怪文化开辟合法的讨论空间。

# 参 考 文 献

## 一、古籍文献

[1] 郭璞，蒋应镐.山海经[M].明代刊本.日本国立国会图书馆藏.
[2] 吕不韦.吕氏春秋[M].上海：上海古籍出版社，1989.
[3] 郑玄.毛诗传笺[M].北京：中华书局，2018.
[4] 黄晖.论衡校释[M].北京：中华书局，1990.
[5] 陈寿.三国志[M].北京：中华书局，1982.
[6] 王明.抱朴子内篇校释[M].北京：中华书局，1985.
[7] 郝懿行.山海经笺疏[M].济南：齐鲁书社，2010.
[8] 张华，等.博物志：外七种[M].上海：上海古籍出版社，2012.
[9] 范晔.后汉书[M].北京：中华书局，2000.
[10] 房玄龄，等.晋书[M].北京：中华书局，1974.
[11] 李延寿.南史[M].北京：中华书局，1975.
[12] 李肇，赵璘.唐国史补 因话录[M].上海：上海古籍出版社，1979.
[13] 魏徵，等.隋书[M].北京：中华书局，1973.
[14] 徐坚，等.初学记[M].北京：中华书局，2004.
[15] 罗大经.鹤林玉露[M].北京：中华书局，1983.
[16] 翁元圻.困学纪闻注[M].北京：中华书局，2016.
[17] 朱熹.楚辞集注 楚辞辩证[M].台北：台湾商务印书馆，1986.
[18] 刘双松.文林妙锦万宝全书[M].万历四十年书林安正堂刊本.
[19] 王圻，王思义.三才图会[M].上海：上海古籍出版社，1988.
[20] 高步瀛.文选李注义疏[M].北京：中华书局，1985.
[21] 黄遵宪.日本国志[M].天津：天津人民出版社，2005.

[22] 孙希旦.礼记集解[M].北京：中华书局，1989.

[23] 王闿运.尔雅集解[M].长沙：岳麓书社，2010.

[24] 贝原笃信.大和本草[M].手抄本.永田调兵卫，宝永六年.

[25] 丹岳野必大千里.本朝食鉴[M].江户平野氏传左卫门，元禄十年刊.

[26] 泊如运敞.寂照堂谷响集[M].东京：佛书刊行会，1912.

[27] 大槻磐溪：《宁静阁集》：三集[M]//富士川英郎，等.诗集日本汉诗：第十七卷.东京：汲古书院，1989.

[28] 槙郁.和汉音释书言字考节用集[M].须原屋茂兵卫，元禄十一年刊.

[29] 谷重远.秦山集[M].明治四十三年刊.

[30] 谷川士清.倭训刊[M].篠田伊十郎等抄，文政十三年.

[31] 谷斗南.家相图说[M].日本国立国会图书馆藏手抄本.

[32] 后白河法皇.梁尘秘抄[M].东京：岩波书店，1965.

[33] 菅野真道，等.续日本纪[M].东京：经济杂志社，1897.

[34] 菅原道真.菅家文草　菅家后集[M].东京：岩波书店，1966.

[35] 井原西鹤.西鹤集[M].东京：岩波书店，1960.

[36] 橘成季.古今著闻集[M].东京：岩波书店，1966.

[37] 林鹅峰.鹅峰林学士文集[M]//相良亨，等.近世儒家文集集成：第十二卷.东京：ぺりかん社，1997.

[38] 平泽旭山.漫游文草[M]//王强.日本汉诗文集：17.南京：凤凰出版社，2018.

[39] 山梨稻川.咏古十三首：其九[M]//诗集日本汉詩.东京：汲古书院，1987.

[40] 舍人亲王.日本书纪[M].东京：岩波书店，1967.

[41] 寺岛良安.和汉三才图会[M].东京：吉川弘文馆，1906.

[42] 松下见林.异称日本传[M]//近藤瓶城.史籍集览：第20册.东京：近藤活版所，1901.

[43] 平田笃胤.古史传[M].东京府士族平田以志刻印，明治二十年刊.

[44] 狩谷棭斋，野口恒.笺注倭名类聚抄[M].东京：曙社出版部，1930-1931.

[45] 太安万侣.古事记[M].东京：岩波书店，1982.

[46] 藤原基经.日本文德天皇实录[M]//孙锦泉.日本汉文史籍丛刊：第二辑第七册.上海：上海交通大学出版社，2014.

[47] 藤原明衡.本朝文粹注释[M].京都：内外出版，1922.

[48] 藤原忠平等.延喜式[M]//黑板胜美编.国史大系（第二十六卷）.东京：吉川弘文馆，1965.

[49] 万亭应贺，河锅晓斋.晓斋百图[M].[刊者不明]，日本国立国会图书馆藏.

[50] 惟宗直本.令义解[M].东京：吉川弘文馆，1966.

[51] 藤原佐世.日本国见在书目录[M].宫内厅书陵部所藏室生寺本.东京：名著刊行会，1996.

[52] 羽地朝秀.琉球国中山世鉴[M].那霸：国吉弘文堂，1933.

[53] 小山田与清.松屋笔记[M].东京：国书刊行会，1908.

[54] 小野兰山，小野职孝士德，井口望之苏仲.重订本草纲目启蒙[M].和泉屋善兵卫等，弘化四年刊.

[55] 新井白石，足立栗园.新井白石修养训[M].东京：富田文阳堂，1915.

[56] 行誉.壒囊钞[M].林甚右卫门，正保三年刊.

[57] 大津有一.伊势物语[M].东京：岩波书店，1957.

[58] 高木市之助，等.平家物语[M].东京：岩波书店，1959-1960.

[59] 国书刊行会.吾妻镜：吉川本[M].东京：国书刊行会，1915.

[60] 河野多麻.宇津保物语[M].东京：岩波书店，1959-1962.

[61] 后藤丹治.太平记[M].东京：岩波书店，1961-1962.

[62] 佐伯常磨.保元物语[M]//国民图书株式会社.日本文学大系：第14卷.东京：国民图书株式会社，1925.

[63] 鹰见爽鸠，等.秉烛或问珍[M].宝永七年手写本.

[64] 源顺.倭名类聚抄[M].那波道圆，元和三年刊.

[65] 源通具，等.新古今和歌集[M].东京：岩波书店，1959.

[66] 斋部广成，藤原容盛.古语拾遗[M].[出版者不明]，1869.

[67] 植垣節也.风土记[M].东京：小学馆，1997.

[68] 中山三柳.醍醐随笔[M]富士川游，等.杏林丛书：第三辑.东京：吐凤堂书店，1924.

[69] 滋野贞主.秘府略[M].东京：八木书店，1997.

[70] 佐久间象山，北泽正诚.象山先生诗钞[M].东京：日就社，1878.

[71] 藤原公任.和汉朗咏集[M].东京：合资会社富山房，1909.

[72] 金富轼.三国史记[M].长春：吉林文史出版社，2003年.

［73］ 末松保和.李朝实录［M］.东京：学习院东洋文化研究所，1953-1966.

［74］ 清少纳言.枕草子［M］.周作人，译.北京：北京联合出版公司，2018.

## 二、学术专著

［1］ 博伊德－巴雷特，纽博尔德.媒介研究的进路：经典文献读本［M］.汪凯，刘晓红，译.北京：新华出版社，2004.

［2］ 陈连山.《山海经》学术史考论［M］.北京：北京大学出版社，2012.

［3］ 池田龟鉴.平安朝的生活与文学［M］.玖羽，译.成都：四川人民出版社，2019.

［4］ 村井康彦.出云与大和：探寻日本古代国家的原貌［M］.吕灵芝，译.北京：社会科学文献出版社，2020.

［5］ 渡边信一郎.中国古代的王权与天下秩序：从日中比较史的视角出发［M］.徐冲，译.北京：中华书局，2008.

［6］ 高木智见.先秦社会与思想：试论中国文化的核心［M］.何晓毅，译.上海：上海古籍出版社，2011.

［7］ 葛饰北斋.北斋漫画：3编［M］.爱知：片野东四郎刊本，1878.

［8］ 台湾政治大学中国文学系.道南论衡［M］.台北：台湾政治大学，2012.

［9］ 井上圆了.妖怪学讲义录：总论［M］.蔡元培，译.郑州：中州古籍出版社，2016.

［10］ 列维－斯特劳斯.野性的思维［M］.李幼蒸，译.北京：中国人民大学出版社，2006.

［11］ 李学勤.失落的文明［M］.上海：上海文艺出版社，1997.

［12］ 李卓.近代化过程中东亚三国的相互认识［M］.天津：天津人民出版社，2009.

［13］ 佚名.伊势物语［M］.林文月，译.南京：凤凰出版社，2011.

［14］ 刘捷.驯服怪异：《山海经》接受史研究［M］.上海：上海文化出版社，2017.

［15］ 陆坚，王勇.中国典籍在日本的流传与影响［M］.杭州：杭州大学出版社，1990.

［16］ 潘钧.日本汉字的确立及其历史演变［M］.北京：商务印书馆，2013.

［17］ 山下克明.发现阴阳道：平安贵族与阴阳师［M］.梁晓弈，译.北京：社会科学文献出版社，2019.

［18］斯威夫特.格列佛游记［M］.廖文豪，译.广州：广州出版社，2007.

［19］孙猛.日本国见在书目录详考［M］.上海：上海古籍出版社，2015.

［20］孙士超.唐代试策文化东渐与日本古代对策文研究［M］.北京：中国社会科学出版社，2018.

［21］天津市社会科学界联合会.新规划·新视野·新发展：天津市社会科学界第七届学术年会优秀论文集［M］.天津：天津人民出版社，2011.

［22］丸山真男.日本政治思想史研究［M］.王中江，译.北京：生活·读书·新知三联书店，2000.

［23］王家骅.儒家思想与日本文化［M］.杭州：浙江人民出版社，1990.

［24］王静.从妖怪浮世绘看日本：平安、江户时代民俗文化研究［M］.北京：中国传媒大学出版社，2019.

［25］王敏.思想政治教育接受论［M］.武汉：湖北人民出版社，2002.

［26］王鑫.妖怪、妖怪学与天狗：中日思想的冲突与融合［M］.北京：社会科学文献出版社，2019.

［27］位迎苏.伯明翰学派的受众理论研究［M］.北京：中国传媒大学出版社，2011.

［28］武夷山朱熹研究中心.朱子学与21世纪国际学术研讨会论文集［M］.西安：三秦出版社，2001.

［29］小松和彦.妖怪［M］.宋衡，译.北京：新星出版社，2016.

［30］严绍璗.比较文学与文化"变异体"研究［M］.上海：复旦大学出版社，2011.

［31］严绍璗.日本古代文学发生学研究［M］.北京：北京大学出版社，2020.

［32］严绍璗.日藏汉籍善本书录［M］.北京：中华书局，2007.

［33］严绍璗.中日古代文学关系史稿［M］.长沙：湖南文艺出版社，1987.

［34］严绍璗、王晓平.中国文学在日本［M］.广州：花城出版社，1990.

［35］杨伯峻.列子集释［M］.北京：中华书局，1979.

［36］叶舒宪，萧兵，郑在书.山海经的文化寻踪："想象地理学"与东西文化碰触［M］.武汉：湖北人民出版社，2004.

［37］伊藤清司.中国的神兽与恶鬼：《山海经》的世界［M］.增补修订版.史习隽，译.北京：商务印书馆，2019.

［38］佚名.平家物语［M］.郑清茂，译.南京：译林出版社，2017.

［39］虞万里.倭名类聚抄［M］//徐兴庆.东亚文化交流与经典诠释.台北：

台湾大学出版中心，2008.
［40］袁珂.山海经校注［M］.北京：北京联合出版公司，2013.
［41］乐黛云，陈珏.北美中国古典文学研究名家十年文选［M］.南京：江苏人民出版社，1996.
［42］张昆将.德川日本儒学思想的特质：神道、徂徕学与阳明学［M］.台北：台湾大学出版中心，2007.
［43］张西艳.《山海经》在日本的传播和研究［M］.北京：线装书局，2020.
［44］安田元久.源义经［M］.东京：新人物往来社，2004.
［45］长泽规矩也.和刻本汉籍分类目录［M］.东京：汲古书院，1976.
［46］川瀬一马.古辞書の研究［M］.东京：雄松堂出版，1986.
［47］大庭脩.江戸時代における唐船持渡書の研究［M］.大阪：关西大学东西学术研究所，1967.
［48］大庭脩.江戸時代における中国文化受容の研究［M］.京都：同朋舍，1984.
［49］岛津久基.义经传说与文学［M］.东京：明治书院，1935.
［50］都出比吕志.古代国家はいつ成立したか［M］.东京：岩波书店，2011.
［51］饭田瑞穗.古代史籍の研究［M］.东京：吉川弘文馆，2000.
［52］歌川国芳画，铃木重三.国芳［M］.东京：平凡社，1992.
［53］和岛村教育委员会.和岛村埋藏文化财调查报告书：第7集［M］.新潟：和岛村教育委员会，1998.
［54］荒野泰典.近世日本と東アジア［M］.东京：东京大学出版会，1988.
［55］吉田幸一.异国物语［M］.东京：古典文库，1995.
［56］近藤瑞木.百鬼缭乱：江户怪谈·妖怪绘本集成［M］.东京：株式会社国书刊行会，2002.
［57］井上圆了.妖怪玄谈［M］.东京：哲学书院，1887.
［58］滝川政次郎.日本人の国家観念と国体観念［M］.东京：新潮社，1958.
［59］奈良国立文化财研究所.平城京長屋王邸宅と木簡［M］.东京：吉川弘文馆，1991.
［60］鮎泽信太郎，等.鎖国時代日本人の海外知識：世界地理·西洋史に関する文献解題［M］.东京：原书房，1978.
［61］日本浮世绘协会原色浮世绘大百科事典编集委员会.原色浮世绘大百科事典：第四卷［M］.东京：大修馆书店，1981.

[62] 三谷博.思考明治维新[M].东京：有志社，2006.

[63] 神宮司厅古事类苑出版事务所.古事类苑[M].东京：神宮司厅，1896-1914.

[64] 松田稔.『山海経』の基礎的研究[M].东京：笠间书院，1995.

[65] 天理大学附属天理图书馆.奈良绘本集：8[M].奈良：天理大学出版部，2020.

[66] 窪田藏郎.鉄の考古学[M].东京：雄山阁出版，1973.

[67] 丸山二郎.日本書紀の研究[M].东京：吉川弘文馆，1955.

[68] 西岛定生.日本歷史の国際環境[M].东京：东京大学出版会，1985.

[69] 小岛宪之.上代日本文学と中国文学：出典论を中心とする比較文学的考察：上[M].东京：墒书房，1962.

[70] 小谷部全一郎.成吉思汗は源義経也[M].东京：富山房，1924.

[71] 小松茂美.日本绘卷大成[M].东京：中央公论社，1979.

[72] 艺能史研究会.日本庶民文化史料集成[M].东京：三一书房，1976.

[73] 伊藤清司，矶部祥子.怪奇鳥獸図卷：大陸からやって来た異形の鬼神たち[M].东京：工作舍，2001.

[74] 朝仓无声.见世物研究[M].京都：思文阁，1999.

[75] 真弓常忠.古代の鉄と神々[M].东京：学生社，1985.

[76] 中田薰.古代日韩交涉史断片考[M].东京：创文社，1956.

[77] 海野一隆.江戸時代刊行の東洋系民族図譜の嚆矢[M]//東洋地理学史研究：日本篇.大阪：清文堂出版，2005.

[78] 李睟光.芝峰类说：上[M]//朝鲜古书刊行会.朝鲜群书大系：第21辑.京城：朝鲜古书刊行会，1915.

[79] 郑在书.《山海经》和韩国文化[M].首尔：民音社，2019.

[80] WENDY G. Renaissance Revivals: City Comedy and Revenge Tragedy in the London Theatre 1576-1980[M]. Chicago: University of Chicago Press, 1986.

## 三、期刊论文

[1] 陈建梅.日本文学中的"蓬莱"意象及其流变[J].日语学习与研究，2019（2）.

[2] 陈连山.列维-斯特劳斯的神话思维理论浅说[J].长江大学学报（社科

版），2015（12）．

［3］ 陈连山．山海经对异族的想象与自我认知［J］．北京大学学报（哲学社会科学版），2012（1）．

［4］ 陈伟．试论日本早期国家官制的形成与发展［J］．古代文明，2008（4）．

［5］ 董恩林．论周代分封制与国家统一［J］．华中师范大学学报（人文社会科学版），1998．

［6］ 勾艳军．日本近世戏作小说的中国文学思想渊源［J］．日本问题研究，2012（2）．

［7］ 韩东育．关于日本"古道"之夏商来源说［J］．社会科学战线，2013（9）．

［8］ 荆木美行．日本古代的风土记与唐代的图经［J］．中国文化研究，2004（4）．

［9］ 井上亘．类聚的世纪：古代日本吸收中国文化的方法［J］．文史哲，2012（5）．

［10］ 蓝弘岳．从江户日本看中国：在"慕华"与"脱华"之间［J］．文化纵横，2017（2）．

［11］ 林忠鹏．《倭名类聚抄》与中国典籍［J］．重庆师院学报（哲学社会科学版），2000（2）．

［12］ 刘晓峰．从中国四大传说看异界想象的魅力［J］．民族艺术，2017（2）．

［13］ 刘晓峰．妖怪学研究［J］．民间文化论坛，2016（6）．

［14］ 刘勇强．神怪小说创作的精神桎梏与解套策略［J］．明清小说研究，2015（2）．

［15］ 娄雨婷．日本古代律令制国家的形成与特点［J］．北华大学学报（社会科学版），2019（3）．

［16］ 马昌仪．明清山海经图版本述略［J］．西北民族研究，2005（3）．

［17］ 马昌仪．明代中日山海经图比较：对日本《怪奇鸟兽图卷》的初步考察［J］．中国历史文物，2002（2）．

［18］ 马昌仪．山海经图的传承与流播［J］．广西民族学院学报（哲学社会科学版），2004（2）．

［19］ 马伟，佟淑玲．论日本列岛土著部落与大和政权之关系［J］．佳木斯大学社会科学学报，2009（6）．

［20］ 米彦军．日本《风土记》述论［J］．沧桑，2011（5）．

［21］ 闵宽东．在韩国中国古典小说的传入与研究［J］．明清小说研究，1997（4）．

［22］ 潘宁，郑爽．关于《山海经》与日本"妖怪文化"的对照研究［J］．度

假旅游，2019（2）．

[23] 潘文东．从译介学的角度看日本的"翻案文学"[J]．苏州大学学报（哲学社会科学版），2008（4）．

[24] 瞿亮．江户时代日本史学中的早期民族主义[J]．外国问题研究，2011（3）．

[25] 汪俊琼．中国语境下动画生产机制研究：基于"文化菱形"建构理论[J]．知与行，2020（1）．

[26] 王鑫．中国"妖怪学"研究的历史回顾[J]．日本学研究，2013．

[27] 王昕宇．东渡的《山海经》与日本的夜行百鬼关系考[J]．艺苑，2018（5）．

[28] 吴新锋，刘晓峰．妖怪学与秩序：《从中国四大传说看异界想象的魅力》问答、评议与讨论[J]．民族艺术，2017（2）．

[29] 吴弋斐，于仰飞．中国《山海经》与日本动漫妖怪文化研究[J]．视听，2020（12）．

[30] 严绍璗．古代日本文化与中国文化会合的形态[J]．文史知识，1987（2）．

[31] 严绍璗．确立解读文学文本的文化意识：关于日本古代文学的发生学研究的构想[J]．日本研究，1999（4）．

[32] 严绍璗．"文化语境"与"变异体"以及文学的发生学[J]．中国比较文学，2000（3）．

[33] 杨立影，赵德宇．"日本型华夷秩序"辨析[J]．古代文明，2021（1）．

[34] 姚文放．重审接受美学：生产性批评范式的凝练[J]．社会科学战线，2020（5）．

[35] 叶春生．日本的"妖怪学"[J]．民俗研究，2004（1）．

[36] 伊藤清司．日本的山海经图：关于《怪奇鸟兽图卷》的解说[J]．王汝澜，译．中国历史文物，2002（2）．

[37] 占才成．《古事记》序"化熊出爪"用典考释：兼论"爪"字之辨[J]．日语学习与研究，2015（1）。

[38] 张步天．《山海经》研究史初论[J]．益阳师专学报，1998（2）．

[39] 张登本，孙理军，汪丹．《神农本草经》与《山海经》《本草纲目》的关系：《神农本草经》研究述评之二[J]．中华中医药学刊，2010（7）．

[40] 张西艳．《山海经》与日本江户文学[J]．浙江学刊，2019（6）．

[41] 张西艳．《山海经》中的"人鱼"形象在日本的变异[J]．人文丛刊，2014．

[42] 张宪生．试析日本近代民族主义的历史背景[J]．东南亚纵横，2007（8）．

［43］张哲俊.踏实的学风　实在的研究：记严绍璗教授的学术道路和学术建树［J］.中国比较文学，2000（2）.

［44］赵季玉.《文选》在古代日本的流传与影响［J］.海南大学学报（人文社会科学版），2020（5）.

［45］郑利锋.《日本国见在书目录》著录《山海经》卷数考辨［J］.山东图书馆季刊，2007（3）.

［46］练晓琪，纪晓建.《山海经》对古代中医学著作影响管窥［J］.内蒙古中医药，2012（9）.

［47］刘寒青.日本汉文古辞书引文模式研究：以《倭名类聚抄》为例［J］.中国文字研究，2019（2）.

［48］坂卷甲太.《异国物语》《三国物语》：未刊仮名草子解题稿（1）［J］.东横国文学，1979，11（3）.

［49］长谷川彰.幕末期における物価変動の地域比較：特産地帯と中央市場［J］.桃山学院大学经济经营论集，1979，21（12）.

［50］池田哲郎.佐久間象山と蘭学：象山蘭書志［J］.福岛大学学艺学部论集，1958（1）.

［51］川崎晃.古代史雜考二題：山海経と越中・能登木簡［J］.高冈市万叶历史馆纪要，2000（10）.

［52］大木京子.『異国物語』諸本とその変遷——錯綜する異国情報の一端を見る［J］.国文学论考，2005（41）.

［53］海野一隆.『異国物語』の種本［J］.日本古书通信，2004（9）.

［54］井手至.風土記地名説話と地名［J］.人文研究，1963，14（4）.

［55］齐藤研一.『朝比奈島遊び』を読む［J］.文学，2009（5）.

［56］石黑吉次郎.御伽草子『御曹子島渡』の馬人島など［J］.日本文学，1999（2）.

［57］水野耕嗣.「手長足長」彫刻の発生とその展開：近世山車彫刻の図様に関する研究［J］.饭田市美术博物馆研究纪要，2010（20）.

［58］松冈芳惠.大江文坡の対外観［J］.东洋大学大学院纪要，2008（45）.

［59］松田稔.『論衡』『山海経』：「鬼門・神荼・鬱」の記述を中心として［J］.国学院杂志，2005（11）.

［60］桐本东太，长谷山彰.『山海経』と木簡：下ノ西型遺跡出土の繪画板をめぐって［J］.史学，2001（2）.

[61] 枥尾武.成城大学図書館蔵『怪奇鳥獣図巻』における鳥獣人物図の研究稿 [J].成城国文学論集，2002（28）.
[62] 尾崎勤.『怪奇鳥獣図巻』と中国日用類書 [J].汲古，2004（45）.
[63] 武藤元信.風土記と山海経との類似 [J].东洋学艺杂志，1907，24（306）.
[64] 新美保秀.日本文学中にあらわれた漢籍の統計的研究 [J].国語と国文学，1954（6）.
[65] 杨雅丽.『和漢三才図会』の引用書目 [J].外国語学会志，2018（48）.
[66] 岩城贤太郎.「朝比奈」という勇将：狂言『朝比奈』のシテ造型と近世期への展開 [J].武蔵野大学能乐资料中心纪要，2018（29）.
[67] 孟宽仁.《风土记》与中国古方志的渊源管窥 [J].日本研究，1992（2）.

## 四、学位论文

[1] 陈晨.日本辞书《倭名类聚抄》研究 [D].山西大学，2014.
[2] 耿钧.西方受众对中国艺术的接受机制研究 [D].东南大学，2018.
[3] 李健.吉田兼俱的神道思想研究：以"根叶花实说"为核心 [D].北京大学，2016.
[4] 林丹燕.论购物中心的艺术空间：基于文化菱形的视角 [D].上海交通大学，2018.
[5] 刘全波.魏晋南北朝类书编纂研究 [D].兰州大学，2012.
[6] 刘莎莎.晚明民间日用类书诸夷门"远国异兽"研究 [D].山西师范大学，2016.
[7] 张帆.《山海经》与《怪奇鸟兽图卷》中的异兽形象对比研究 [D].北京服装学院，2015.
[8] 朱丹丹.文化菱形视域下真实案件改编的韩国电影研究 [D].湖南大学，2016.

## 五、其他资料

[1] 马昌仪.中日山海经古图之比较研究 [C].中国东方文化研究会学术研究年会论文集．2005.
[2] 刘华杰.一本日本江户时代的博物学佳作 [N].文汇报，2019-07-15.

附录一

# 《唐物语》与《三才图会》《文林妙锦》比对及异同分析

附录一选取现藏于法国国家博物馆的奈良绘本《唐物语》中同《山海经》有关的内容，与《三才图会》《文林妙锦万宝全书》（以下简称《文林妙锦》）中的相关图像和记载进行比对分析。选取国家分别有瓠犬国、交胫国、无腹国、聂耳国、三身国、狗骨国、长人国、三首国、丁灵国、奇肱国、无䏿国、一臂国、长毛国、柔利国、一目国、长脚国、长臂国、羽民国、穿胸国、女人国、不死国、氐人国、小人国共 23 个。国名前的序号为该图像在《唐物语》中出现的顺序。三幅图像从左至右分别出自《唐物语》《三才图会》《文林妙锦》，具体页码在国名后作注进行说明。词书为《唐物语》中图像旁的手写日文草体字，笔者参考吉田幸一在《异国物语》（1995）中的"翻刻"进行了重新识别，原文中的另起一行用空格表示。释文部分是对词书进行的整理，为原文加上句读并将部分假名整理为汉字。中文翻译部分为笔者自译，将日文词书译为现代汉语。其后列出《三才图会》《文林妙锦》《山海经》中的相关文字记载，并对其异同进行简要说明和分析。

40. 瓠犬国 [①]

词书：

此国昔帝嚳　高辛氏のとき　宮中に老女　有耳のうち　より蚕のまゆのことくなるも　のを生す　瓠に入てをくに化して犬となる其色五色なり名つけて瓠犬といふ時に呉将軍むほんをおこす　瓠犬ひそかに呉将が首をくわ

---

[①] 王圻、王思义编集：《三才图会》，上海古籍出版社，1988 年，第 819 页；刘双松：《文林妙锦万宝全书》（卷四），万历四十年（1612）书林安正堂刊本，第 29 页。

へてかへる帝よ　ろこひて宮女を給ふ犬女をつれて南山に入三　年のうちに男子十二人を生むみな是人なり帝長沙の武陵蛮の主とせり其子わか父の犬なることをはちてひそかにはかつて是をころ　せり今瓠犬の国そのするゑなり

**释文：**

此国、昔帝嚳高辛氏の時、宮中に老女有、耳の内より蚕の繭の如くなる物を生す。瓠に入て置くに化して犬となる。其色五色なり、名付けて瓠犬と言ふ。時に吴将軍謀反を起こす、瓠犬秘かに吴将が首を銜へて帰へる、帝喜びて宮女を給ふ。犬、女を連れて南山に入、三年の内に男子十二人を生む、皆是人なり、帝長沙の武陵蛮の主とせり。其子、我が父の犬なる事を恥ちて秘かに謀って、是を殺せり。今瓠犬の国、その据えなり。

**翻译：**

这个国家在过去帝黉（嚳）高辛氏的时候，宫中有个老女，从耳内长出了像蚕茧一样的东西，放在瓠中化为了犬。犬身长着五种颜色，被称为瓠犬。吴将军谋反的时候，瓠犬悄悄将他的首级衔了回来，帝十分高兴，把宫女赐给了它。瓠犬带着宫女进入南山，三年中生下十二名男子，全都是人类，帝册封它为长沙武陵蛮主。儿子们因为自己的父亲是犬而感到羞耻，于是密谋杀掉了它。如今的瓠犬国就是这样来的。

**《三才图会》：**

盘瓠者，帝黉（嚳）高辛氏，宫中老妇有耳疾，挑之，有物如茧，以瓠离盛之，以盘覆之，有顷化为犬，五色，因名瓠犬。时有犬戎之寇，募能得其将吴将军者，妻以女。瓠犬俄衔人头诣阙下，乃吴将军之首也。帝大喜，欲报之事，未知所宜。女闻帝下令，不可违信，因请行，帝不得已，以女妻之。瓠犬负女入南山石室中，三年生六男六女，其母复以状白帝，于是迎诸子，言语侏僳，帝赐以石山大泽，其后滋蔓，长沙武陵蛮是也。

**《文林妙锦》：**

帝黉（嚳）高辛氏，宫中老妇有耳疾，挑之，有物如茧，以瓠离盛之，以盘覆之，有顷化为犬，五色，因名瓠犬。时有犬戎之寇，募能得其将吴将军者，妻以女。瓠犬俄衔人头诣阙下，乃吴将军之首也。帝大喜，欲报之事，未知所宜。女闻帝下令，不可违信，因请行，帝不得已，以女妻之。瓠犬负女入南山石室中，三年生六男六女，其母状白帝，帝迎诸子，言语侏离，帝赐以石山大泽与众居住，其后滋蔓，长沙武陵蛮是也。好着芒心、接罗，名芋缀，以稻记年月，葬时以笋向天，俗谓刺北斗。相传盘瓠初死，置于树下，以笋刺之下，其后为象临。

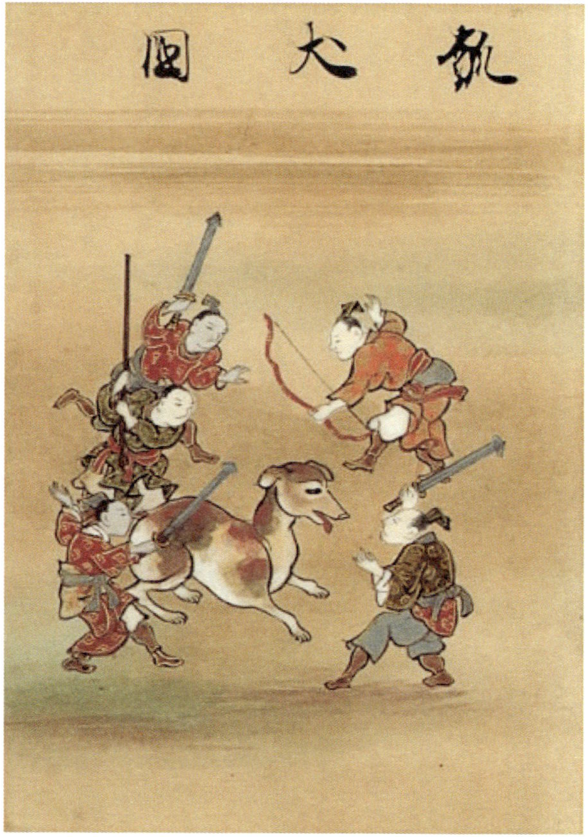
瓠犬國

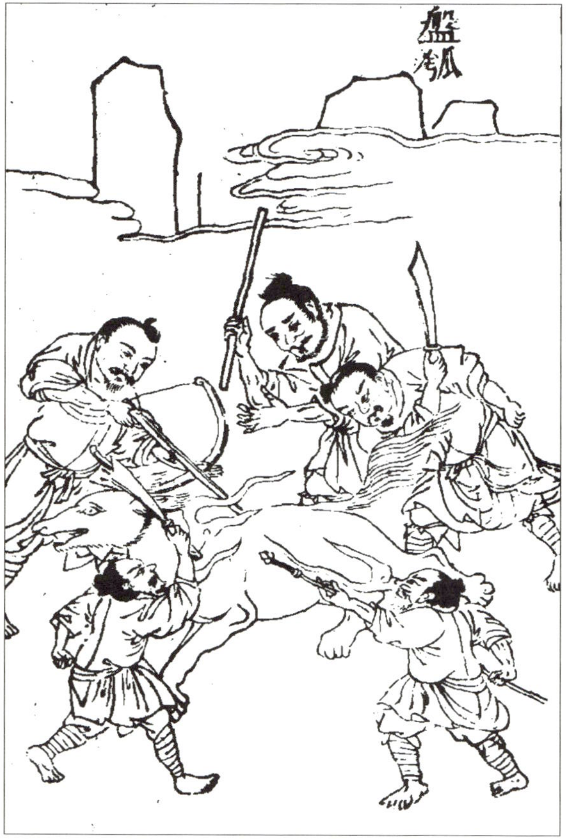
盤瓠

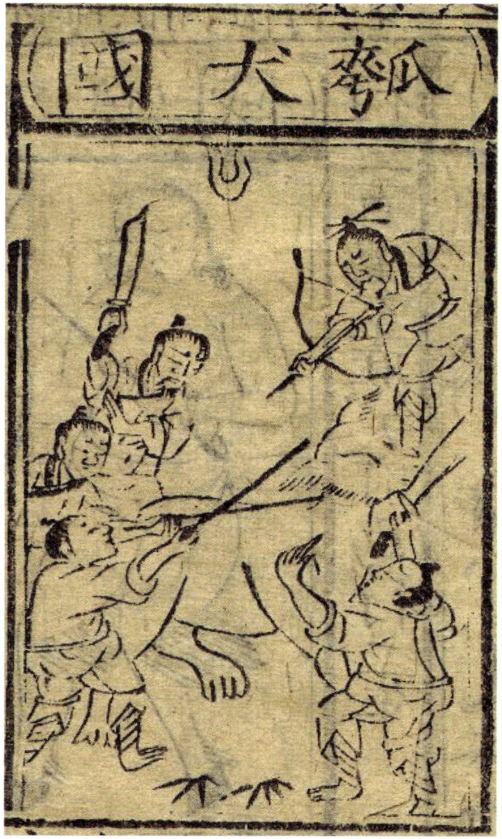
瓠犬國

时五子耻其父犬也，谋而杀之。

**《山海经》：**

其东有犬封国。（郭璞云："昔盘瓠杀戎王，高辛以美女妻之，不可以训，乃浮之会稽东海中，得三百里地封之，生男为狗，女为美人，是为狗封之国也。"）贰负之尸在大行伯东。犬封国曰犬戎国，状如犬。有一女子，方跪进杯食。①

"瓠犬国"词条中，《唐物语》明显与《文林妙锦》一致，而与《三才图会》不一致的图文记载有三处：①国名，《三才图会》为"盘瓠"，和《唐物语》《文林妙锦》不一致。②图像，犬的头朝向右侧，图中的五个人为左三右二，左后、左前、右前的人都手举宝剑，右后的人手持弓箭，《唐物语》与《文林妙锦》构图一致。而《三才图会》的构图则完全是左右翻转的，即犬头朝向左侧，五个人为左二右三。③文字，《唐物语》中提到儿子们长大后因为父亲是狗而感到羞耻，于是密谋杀掉了它。这段记载在《三才图会》中并未出现，《文林妙锦》中则有所提及。

43. 交胫国②

**词书：**

此国人両の足　もちれまかれり　そのはしる事　風のことし　となり

**释文：**

此国人両の足、戻れ曲がれり、その走る事、風の如しとなり。

**翻译：**

这个国家的人，两只脚扭曲相交，跑起来像风一样。

**《三才图会》：**

交胫国国人，脚胫曲戾而相交。

**《文林妙锦》：**

国人脚胫戾曲而相交也。

**《山海经》：**

交胫国在其东，其为人交胫。一曰在穿匈东。③

---

① 袁珂：《山海经校注》，北京联合出版公司，2013年，第267—269页。
② 王圻、王思义编集：《三才图会》，上海古籍出版社，1988年，第859页；刘双松：《文林妙锦万宝全书》（卷四），万历四十年书林安正堂刊本，第35页。
③ 袁珂：《山海经校注》，北京联合出版公司，2013年，第182页。

交脛國人軀脛曲戾而相交

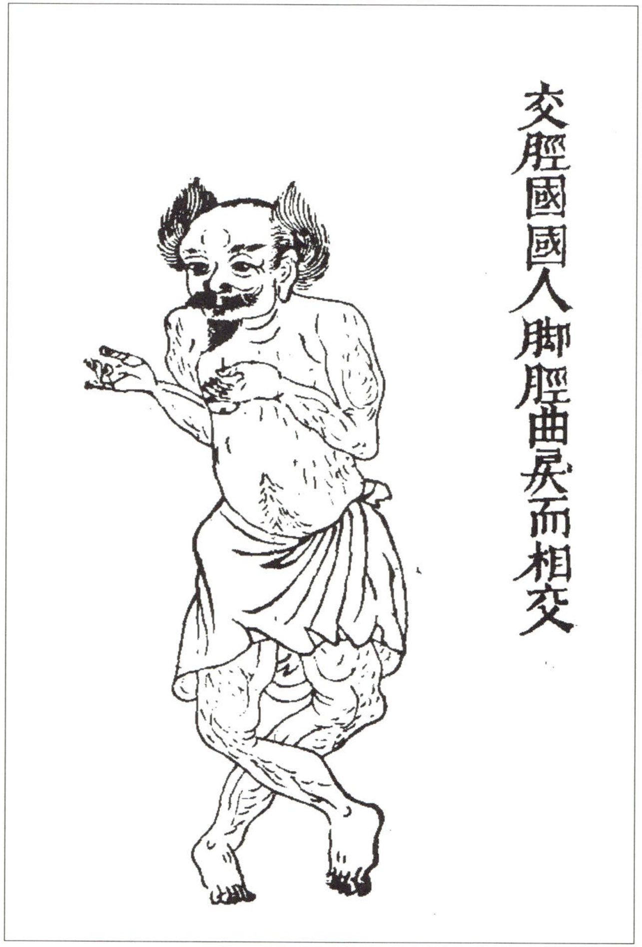

"交胫国"词条中,《唐物语》明显与《三才图会》一致,而与《文林妙锦》不一致的图文记载有一处:图像,人物的面部朝向,《唐物语》与《三才图会》更为一致,均朝向人物的右前方。而《文林妙锦》图中,人物的面部是朝向自己的左下方。

《唐物语》明显与《文林妙锦》一致,而与《三才图会》不一致的图文记载有两处:①图像,根据肚脐形状、下身服饰上的飘带等细节观察,《唐物语》与《文林妙锦》更为一致。②文字,《三才图会》为"交胫国国人",《文林妙锦》为"国人",《唐物语》为"此国人",似与《文林妙锦》更接近。此外,谈到国人双脚的形态时,《三才图会》描述为"曲戾",《文林妙锦》为"戾曲",《唐物语》为"戾れ曲がれり",应是译自"戾曲",与《文林妙锦》一致。

50. 无腹国[①]

**词书:**
此国海の東南に　あり国人男女共　にみなはらなし

**释文:**
此国海の東南にあり、国人男女共に皆腹無し。

**翻译:**
这个国家在大海的东南方,国人无论男女,都没有腹部。

**《三才图会》:**
无腹国在海东南,男皆无腹肚。

**《文林妙锦》:**
其国在东南,男女皆无腹肚。

**《山海经》:**
无肠之国在深目东,其为人长而无肠。[②]

"无腹国"词条中,《唐物语》明显与《三才图会》一致,而与《文林妙锦》不一致的图文记载有一处:文字,《文林妙锦》为"在东南",《三才图会》为"在海东南",而《唐物语》中也提到"在海的东南",与《三才图会》一致。

---

① 王圻、王思义编集:《三才图会》,上海古籍出版社,1988年,第859页;刘双松:《文林妙锦万宝全书》(卷四),万历四十年书林安正堂刊本,第33页。
② 袁珂:《山海经校注》,北京联合出版公司,2013年,第214页。

無腹國在海東南男乃皆無腹肚

《唐物语》明显与《文林妙锦》一致，而与《三才图会》不一致的图文记载有两处：①图像，人物的身体朝向，《唐物语》及《文林妙锦》一致，而《三才图会》相反。另外，《唐物语》《文林妙锦》中的人物均做出双手交叉抱肘的动作，而《三才图会》的手部动作则与二者截然不同。面部特征方面，《三才图会》中人物长有胡须，也与二者不同。②文字，《三才图会》为"无腹国"，《文林妙锦》为"其国"，《唐物语》为"此国"，与《文林妙锦》更为接近。《三才图会》为"男皆无腹肚"，《文林妙锦》为"男女皆无腹肚"，《唐物语》直译为汉语是"男女都没有腹部"，与《文林妙锦》一致。

51. 聂耳国[①]

**词书：**
此国無腹国の東に　有国人身はとらの　紋ありて耳なか　き事ひさをすき　たりゆく時はその　耳をさゝけてゆく　といふなり

**释文：**
此国無腹国の東に有。国人身は虎の纹ありて、耳長き事、膝を過ぎたり、行く時はその耳を捧げて行くと言ふなり。

**翻译：**
这个国家在无腹国的东边。国民身上长着虎纹，耳长过膝，据说行走的时候要用手捧着耳朵。

**《三才图会》：**
聂耳国在无腹国东，其人虎文，耳长过腰，手捧耳而行。

**《文林妙锦》：**
在无腹国东，其人虎纹，耳长过腰，行则以手捧耳。

**《山海经》：**
聂耳之国在无肠国东，使两文虎，为人两手聂其耳。

"聂耳国"词条中，《唐物语》明显与《文林妙锦》一致，而与《三才图会》不一致的图文记载有一处：文字，《三才图会》是"虎文"，《文林妙锦》是"虎纹"，《唐物语》与《文林妙锦》一致。

---

① 王圻、王思义编集：《三才图会》，上海古籍出版社，1988年，第858页；刘双松：《文林妙锦万宝全书》（卷四），万历四十年书林安正堂刊本，第33页。

聶耳國在無䏿國東其人虎文耳長過腰手
捧耳而行

《唐物语》中与《三才图会》《文林妙锦》均出入较大的图文记载有两处：①图像，《三才图会》《文林妙锦》中的人物身上均布满了虎文，而《唐物语》中的人物皮肤则与普通人无二。②文字，《三才图会》《文林妙锦》都提到"耳长过腰"，但《唐物语》直译过来确实"耳长过膝"，与二者皆不同。

52. 三身国①

**词书：**

此国鑿齒国の　東にあり其人　かしらひとつに　して身はみつ　あり

**释文：**

此国鑿齒国の東に有、其人頭一つにして、身は三つ有。

**翻译：**

这个国家在凿齿国的东边，国民长着一个脑袋，三个身体。

**《三才图会》：**

三身国在凿齿国东，其人一首三身。

**《文林妙锦》：**

在凿齿国东，其人一首三身。

**《山海经》：**

三身国在夏后启北，一首而三身。②

"三身国"词条中，《唐物语》明显与《文林妙锦》一致，而与《三才图会》不一致的图文记载有一处：图像，人物手臂的方向及手部的动作，以及人物的面部特征，《唐物语》与《文林妙锦》更为接近。《三才图会》的人物长有胡须，另二者无。

58. 狗骨国③

**词书：**

此国人皆人の　身にして犬の　かしらなり身　になかき毛有　て又衣を

---

① 王圻、王思义编集：《三才图会》，上海古籍出版社，1988年，第856页；刘双松：《文林妙锦万宝全书》（卷四），万历四十年书林安正堂刊本，第34页。

② 袁珂：《山海经校注》，北京联合出版公司，2013年，第194页。

③ 王圻、王思义编集：《三才图会》，上海古籍出版社，1988年，第829页；刘双松：《文林妙锦万宝全书》（卷四），万历四十年书林安正堂刊本，第32页。

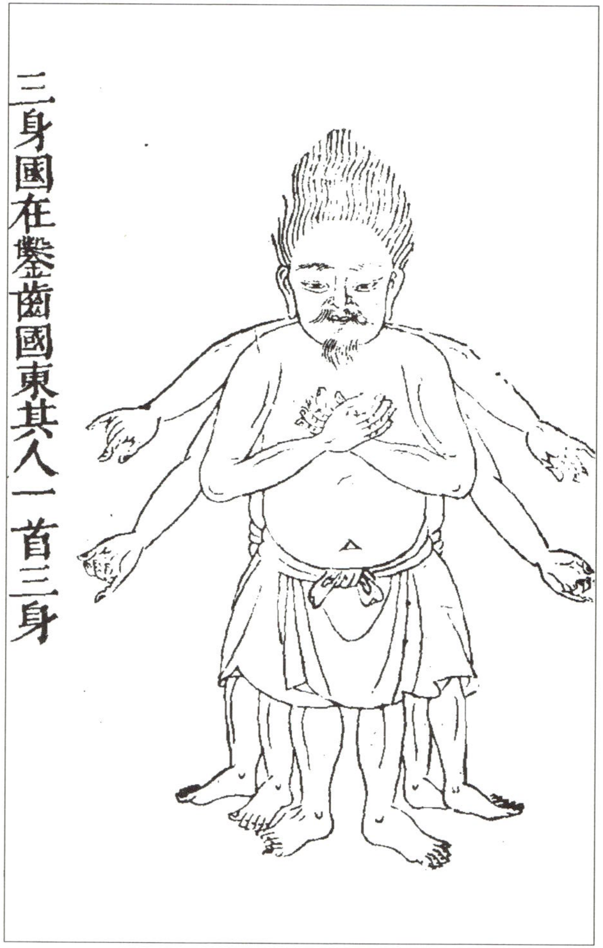

三身國在鑿齒國東其人一首三身

着す　ものいふこと葉　犬のほゆるか　ことし其つまは皆人にしてよく漢語に通す　貂鼠皮を衣とし犬人と夫婦として穴にすめ　りむかし中国の人其国にいたる犬人の妻其人をにけかへらしむ犬人これををふ時　帯十余筋をおとす犬人これをくわへて穴に　持帰り此内にのかれかへりぬと云応天府より行事　二年二月にいたる

**释文：**

此国、人皆人の身にして、犬の頭なり、身に長き毛有て、又衣を着ず、物言ふ言葉犬の嘷ゆるか如し。其妻は皆人にして、良く漢語に通す、貂鼠皮を衣とし、犬人と夫婦として穴に住めり。昔、中国の人其国に至る、犬人の妻其人を逃げ帰らしむ。犬人此を追ふ時、帯十余筋を落とす。犬人此を銜へて穴に持帰り、此内に退かれ帰りぬと云。応天府より行事二年二月に至る。

**翻译：**

据说这个国家，国民都长着人的身体、狗的头，身上长有长毛，而且不穿衣服，说话时的语言就像犬吠一般。他们的妻子都是人，颇通晓汉语，以貂鼠皮为衣，与犬人结为夫妇，居住在洞穴中。过去，有中国人来到这个国家，犬人的妻子让他逃回去。当犬人追他的时候，他带着十余支筷子，（把筷子一支一支）扔掉。趁犬人把筷子衔回洞穴的时间，（这个中国人）得以逃回去。从应天府出发，要行走两年两个月才能到达。

**《三才图会》：**

狗国人身狗首，长毛不衣，语若犬嘷。其妻皆人，能汉语，衣貂鼠皮。穴居，食生，妻女食熟，自相嫁娶。昔有中国人至其国，妻使逃归，与箸十余双，教其每走十余里遗一箸。狗见其家物，必衔归。其人乃脱，则追不及矣。至应天府行二年二个月。

**《文林妙锦》：**

其国人身狗首，长毛不衣，语若犬嘷。其妻皆人，能汉语，衣貂鼠皮。穴居，食生，女食熟，自相嫁娶。昔有中国人至，妻使逃归，与箸十余双，教其每走十余里遗一箸。狗见其家物，必衔归。其人乃脱，则追不及矣。至应天府马行二年二个月。

**《山海经》（与"瓠犬国"同）：**

其东有犬封国。（郭璞云："昔盘瓠杀戎王，高辛以美女妻之，不可以训，乃浮之会稽东海中，得三百里地封之，生男为狗，女为美人，是为狗封之国也。"）

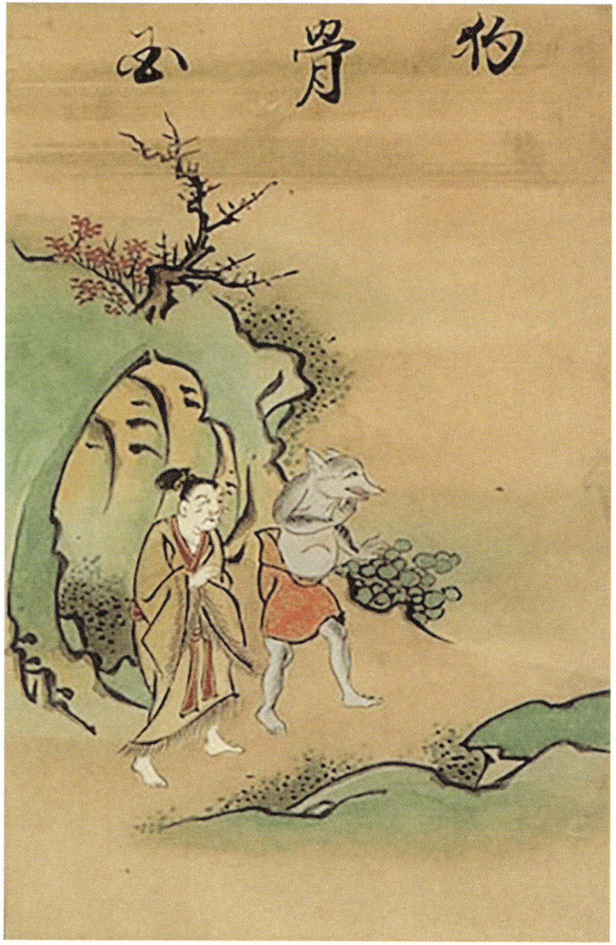
狗骨国

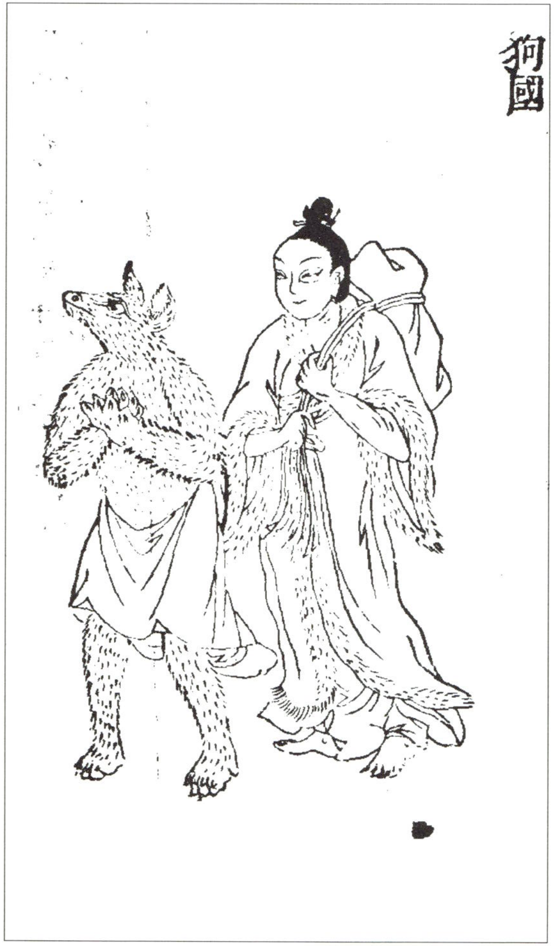
狗國

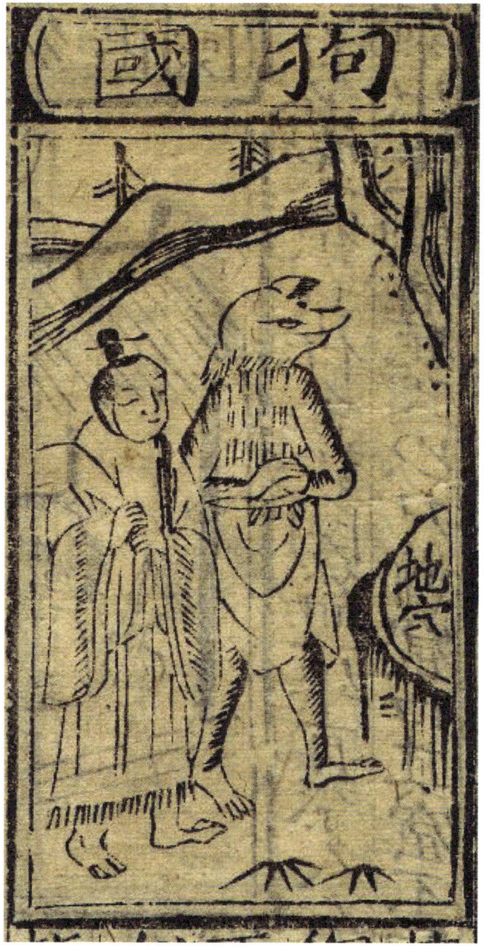
狗國

貳负之尸在大行伯东。犬封国曰犬戎国，状如犬，有一女子，方跪进杯食。[1]

"狗骨国"词条中，《唐物语》明显与《三才图会》一致，而与《文林妙锦》不一致的图文记载有一处：文字，《三才图会》为"中国人至其国"，与《唐物语》一致，《文林妙锦》则为"中国人至"。此外，《三才图会》为"行二年二个月"，与《唐物语》一致，《文林妙锦》则为"马行二年二个月"。

《唐物语》明显与《文林妙锦》一致，而与《三才图会》不一致的图文记载有两处：①图像，构图上《唐物语》与《文林妙锦》都是狗在右，女人在左，女人跟随着狗向前走。而《三才图会》的图像则是左右翻转的，即狗在左，女人在右。②文字，《三才图会》是"狗国"，《文林妙锦》为"其国"，《唐物语》为"此国"，与《文林妙锦》更为接近。

《唐物语》中与《三才图会》《文林妙锦》均出入较大的图文记载有一处：国名，《三才图会》《文林妙锦》均为"狗国"。

59. 长人国[2]

**词书：**

此国の人たけ　三四丈なり昔　明州の商人　海を渡るとき　霧ふかく風あ　らくして舟　のむかふかたをわきまへすやう／＼霧はれ風やみて後　ひとつの嶋につくふねよりあかりて薪木をとらんと　するにたちまちにひとりの長人をみる其行こと　飛かことしあき人おとろきおそれてにけまとひ　ふねにかへる長人この人をおふて海にかけ　いる船人強弩の大弓をはなつにのかるゝ　事をえたり

**释文：**

此国の人長三四丈なり。昔、明州の商人海を渡る時、霧深く風荒くして、舟の向かふ方を辨えず。漸う霧晴れ風止みて後、一つの嶋に着く。舟より上がりて、薪木を取らんとするに、忽ちに一人の長人を見る。其行事飛が如し、明人驚き恐れて逃げ惑ひ、舟に返へる。長人此人を追ふて、海に駆けいる。

---

[1] 袁珂：《山海经校注》，北京联合出版公司，2013 年，第 267—269 页。
[2] 王圻、王思义编集：《三才图会》，上海古籍出版社，1988 年，第 856 页；刘双松：《文林妙锦万宝全书》卷四，万历四十年书林安正堂刊本，第 31 页。

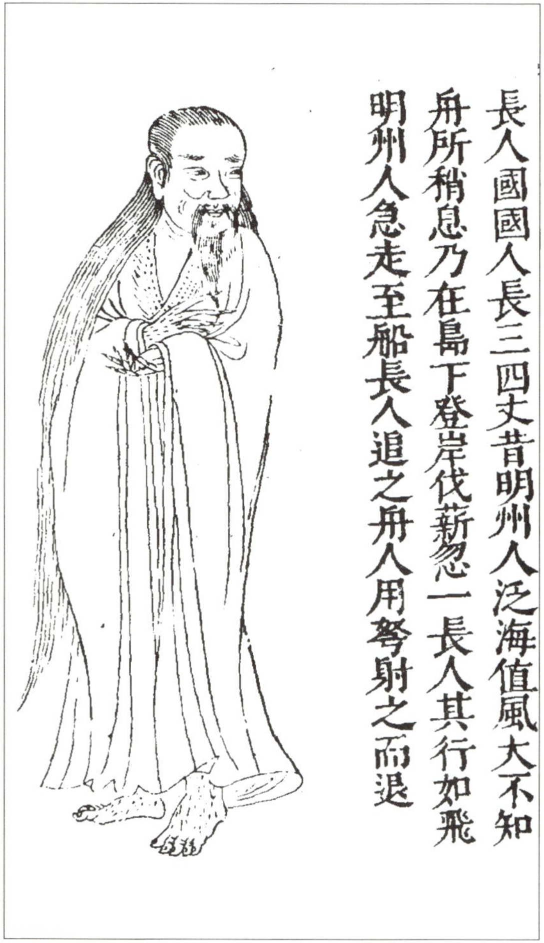

長人國國人長三四丈昔明州人泛海值風不知
舟所輸忽乃在最下帶岸茂對忽一長人其行如飛
明州人急走至船長人退之舟人用等射之而退

船人強弩の大弓を放つに退かるる事を得たり。

**翻译：**

这个国家的人高三四丈。从前，明州的商人在渡海时，雾气浓重，狂风大作，难以辨别舟行的方向。等到终于雾散风止之后，到达了一个小岛。（商人）下船上岸，想要去砍伐一些薪柴，却忽然看见一个巨人。巨人行走像飞一样快，明（州）人吓坏了，惊慌失措地逃回船上。巨人对他们紧追不舍，（甚至）下海追逐他们。船上的人用强弩朝他们放箭，这才击退了巨人。

**《三才图会》：**

长人国，国人长三四丈。昔明州人泛海，值风大，不知舟所，稍息，乃在岛下登岸伐薪。忽一长人，其行如飞，明州人急走至船，长人追之，舟人用弩射之而退。

**《文林妙锦》：**

国人长三四丈。昔明州二人泛海，值雾昏风大，不知舟所向，天稍开，乃在岛下登岸伐薪。忽闻一长人，其行如飞，二人急走至船，高①岸，长人入海追之，遂前执知，舟人用弩射之而退，方得脱。

**《山海经》：**

大人国在其北，为人大，坐而削船。一曰在䲔丘北。②

"长人国"词条中，《唐物语》明显与《文林妙锦》一致，而与《三才图会》不一致的图文记载有一处：文字，《文林妙锦》中的"雾昏""舟所向""天稍开""入海追之"等细节，都是《三才图会》中没有出现的。其中《三才图会》直接提到"风大"，而没有"雾昏"；"不知舟所"，而没有"向"字；没有出现"天稍开"的细节；"长人追之"，而没有提到"入海"。而这几处细节，《唐物语》中的描述都和《文林妙锦》一致。

《唐物语》中与《三才图会》《文林妙锦》均出入较大的图文记载有两处：①图像，《三才图会》及《文林妙锦》都是单人像，而《唐物语》却是左边为一中年男子，右边为一手捧珊瑚的童子的构图。②文字，《三才图会》《文林妙锦》都提到"明州人"，《唐物语》进一步点明是"明州的商人"。此外，《三才图会》是"忽一长人"，《文林妙锦》是"忽闻一长人"，《唐物语》却是"忽

---

① 疑似是"离"的误写。
② 袁珂：《山海经校注》，北京联合出版公司，2013 年，第 224 页。

见一长人"。

68. 三首国①

**词书：**
此国人むかし夏　后の时に有一　身にして三つ　のかしらあり

**释文：**
此国人、昔夏後の時に有。一身にして、三つの頭有。

**翻译：**
这个国家的人，早在夏后的时候就存在了。（国民）有一个身体、三个头。

**《三才图会》：**
三首国在夏后启北，其人一身三首。

**《文林妙锦》：**
在夏后启北，其人一身三首。

**《山海经》：**
三首国在其东，其为人一身三首。②

"三首国"词条中，《唐物语》明显与《文林妙锦》一致，而与《三才图会》不一致的图文记载有一处：图像，《唐物语》《文林妙锦》中的人物均为左腿盘坐、右腿弯曲的右舒坐姿态，而《三才图会》中人物则反之，为左舒坐。

《唐物语》中与《三才图会》《文林妙锦》均出入较大的图文记载有一处：文字，前面加上一句"这个国家的人，早在夏后的时候就有了"。而这是《三才图会》《文林妙锦》中皆未出现的。

77. 丁灵国③

**词书：**
此国海内にあり国　人ひさより下に毛　を生して足は　马のことしよくはし　るにみつからその　足に鞭うつ一日に　三百里を行应天　府より行事

---

① 王圻、王思义编集：《三才图会》，上海古籍出版社，1988年，第856页；刘双松：《文林妙锦万宝全书》（卷四），万历四十年书林安正堂刊本，第34页。
② 袁珂：《山海经校注》，北京联合出版公司，2013年，第184页。
③ 王圻、王思义编集：《三才图会》，上海古籍出版社，1988年，第847页；刘双松：《文林妙锦万宝全书》（卷四），万历四十年书林安正堂刊本，第29页。

附录一 | 233

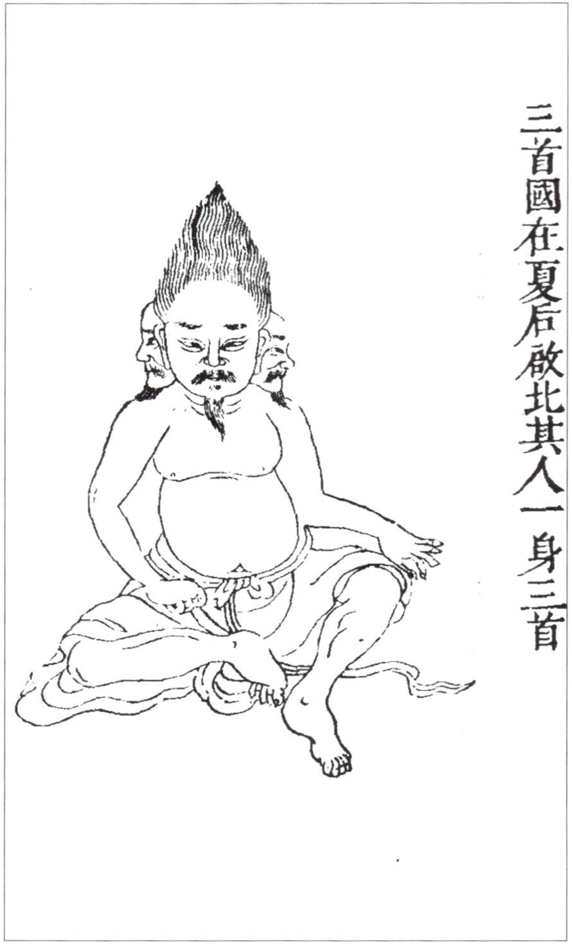

三首國在夏后啟北其人一身三首

丁靈國在海內人從膝下生毛馬蹄善走日驅
其郵一日可行三百里至應天府馬行一年

二年に　いたる

**释文：**

此国海内に有、国人膝より下に毛を生して、足は馬の如し、よく走るに自ら其足に鞭打つ、一日に三百里を行。応天府より行事二年に至る。

**翻译：**

这个国家位于海内，国民从膝盖以下长有毛发，像马（蹄）一样。常在奔跑时用鞭子打自己的脚，一日之内可以跑三百里。从应天府出发走两年可以到达（丁灵国）。

**《三才图会》：**

丁灵国在海内，人从膝下生毛，马蹄善走，自鞭其脚，一日可行三百里，至应天府马行二年。

**《文林妙锦》：**

在海内，人从膝下生毛，马蹄善走，自鞭其脚，一日可行三百里，至应天府马行二年。

**《山海经》：**

有钉灵之国，其民从膝已下有毛，马蹄善走。①

"丁灵国"词条中，《唐物语》明显与《文林妙锦》一致，而与《三才图会》不一致的图文记载有一处：图像，《唐物语》与《文林妙锦》中都是人物面朝其左侧，右手执一马鞭。而《三才图会》则与二者明显不同，手中并未执鞭，身体朝向也相反。

81. 奇肱国②

**词书：**

此国人よく飛　車を作りて風　にしたかひて遠　ゆく昔殷の　湯王の時奇　肱国の人く　るまにのり　て西風によつて豫州にきたる湯王其車を　やふりて国民にみせしめすその〻ち十年を　へて東風吹とき奇肱の人またくるまを　つくりてかへる其国玄玉門の西一万里に　あり

---

① 袁珂：《山海经校注》，北京联合出版公司，2013年，第389页。
② 王圻、王思义编集：《三才图会》，上海古籍出版社，1988年，第864页；刘双松：《文林妙锦万宝全书》（卷四），万历四十年书林安正堂刊本，第17页。

奇肱國能為飛車從風遠行湯時西風至
豫州湯破其車後十年東風至乃使乘車輸國

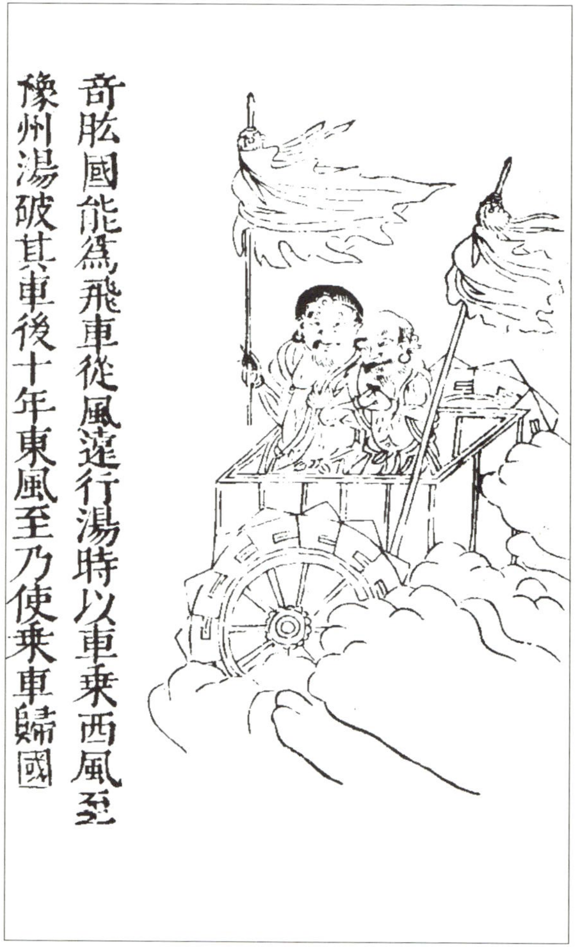

**释文：**

此国人よく飛車を作りて、風に従ひて遠行く。昔、殷の湯王の時、奇肱国の人車に乗りて西風によって、豫州に来る。湯王其車を破ぶりて、国民に見せ示ず。其の後十年を経て、東風吹時奇肱の人又車を作りて返へる。其国玄玉門の西一万里に有。

**翻译：**

这个国家的人常会制作飞车，乘风去往远方。从前在殷商汤王时，奇肱国人乘车顺着西风到达了豫州。汤王毁掉了他们的飞车，不给国民看。之后过了十年，刮起了东风的时候，奇肱（国）的人又制作了一辆飞车，返回了（自己的国家）。这个国家位于玄玉门以西一万里的地方。

**《三才图会》：**

奇肱国能为飞车，从风远行。汤时以车乘西风至豫州，汤破其车，后十年东风至，乃使乘车归国。

**《文林妙锦》：**

国人能为飞车，从风远行。汤时奇肱人以车乘西风至豫州，汤破其车，不以示民，后十年东风至，乃使乘车复归其国。玄王门之西一万里。

**《山海经》：**

奇肱之国在其北，其人一臂三目，有阴有阳，乘文马。[1]（郭璞《山海经图赞》：妙哉工巧，奇肱之人，因风构思，制为飞轮。凌颓遂轨，帝汤是宾。[2]）

"奇肱国"词条中，《唐物语》明显与《文林妙锦》一致，而与《三才图会》不一致的图文记载有一处：文字，《文林妙锦》中提到"玄王门之西一万里"，《三才图会》中无，《唐物语》中有，不过是"玄玉门"而非"玄王门"。而且提到汤王毁掉飞车之后，《文林妙锦》加了一句"不以示民"，《三才图会》则无，《唐物语》延续了《文林妙锦》的说法。

《唐物语》中与《三才图会》《文林妙锦》均出入较大的图文记载有两处：①图像，《唐物语》中的"飞车"和《三才图会》《文林妙锦》中的都不同。《唐物语》中的飞车只有前后有围栏，左右没有，而另外两图中的飞车是四面围栏。②文字，《三才图会》《文林妙锦》中都提到"汤时"，而《唐物语》中进一

---

[1] 袁珂：《山海经校注》，北京联合出版公司，2013年，第195页。
[2] 郭璞传，郝懿行笺疏，张鼎三、牟通点校，张鼎三通校：《山海经笺疏》，齐鲁书社，2010年，第5082页。

步解释为"从前在殷商汤王的时候"。《文林妙锦》是"玄王门",《唐物语》是"玄玉门",《三才图会》中无。

82. 无𦛬国[①]

**词书**：

此国人腹の うちに腸な し土を食 として穴に すむ男女し するも の皆 土にうつむ そのこゝろくちすして百年の後又化して人 となる其肺の蔵くちすして百二十年に 又化して人となり其肝の蔵くちすして 八十年に人となる其国三蛮国に同し となる

**释文**：

此国人腹の内に腸無し、土を食として、穴に住む。男女死するもの、皆土に埋積む。其心朽ちずして、百年の後又化して、人と成る。其肺の蔵朽ちずして、百二十年に又化して人と成り。其肝の蔵朽ちずして、八十年に人と成る。其国三蛮国に同じとなる。

**翻译**：

这个国家的人腹内没有肠子，以土为食，住在洞穴中。无论男女，死后即刻用土掩埋。心脏不朽，百年后又变化为人。肺部不朽，一百二十年之后又变化为人。肝脏不朽，八十年后又变为人。这个国家即是三蛮国。

**《三才图会》**：

无𦛬国在北海，人无肚肠，食土，穴居，男女死即埋之，其心不朽，百年化为人。膝不朽，埋之百二十年化为人。肝不朽，埋之八年化为人。

**《文林妙锦》**：

（无臀国）即二国蛮，在北海，其人无臀，无肚肠，食土，穴居。死者即埋，其心不朽，百年复化为人。肺不朽，百二十年化为人。肝不朽，八十年复化为人。

**《山海经》**：

无𦛬之国在长股东，为人无𦛬。（郭璞云："𦛬，肥肠也。其人穴居，食土，无男女，死即埋之，其心不朽，死百廿岁乃复更生。"）[②]

---

[①] 王圻、王思义编集：《三才图会》，上海古籍出版社，1988年，第866页；刘双松：《文林妙锦万宝全书》（卷四），万历四十年书林安正堂刊本，第32页。

[②] 袁珂：《山海经校注》，北京联合出版公司，2013年，第208—209页。

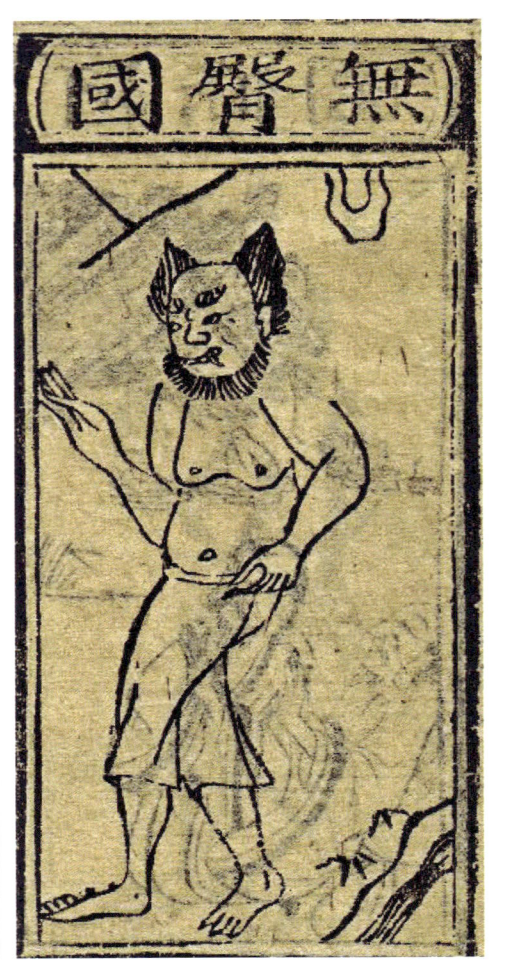

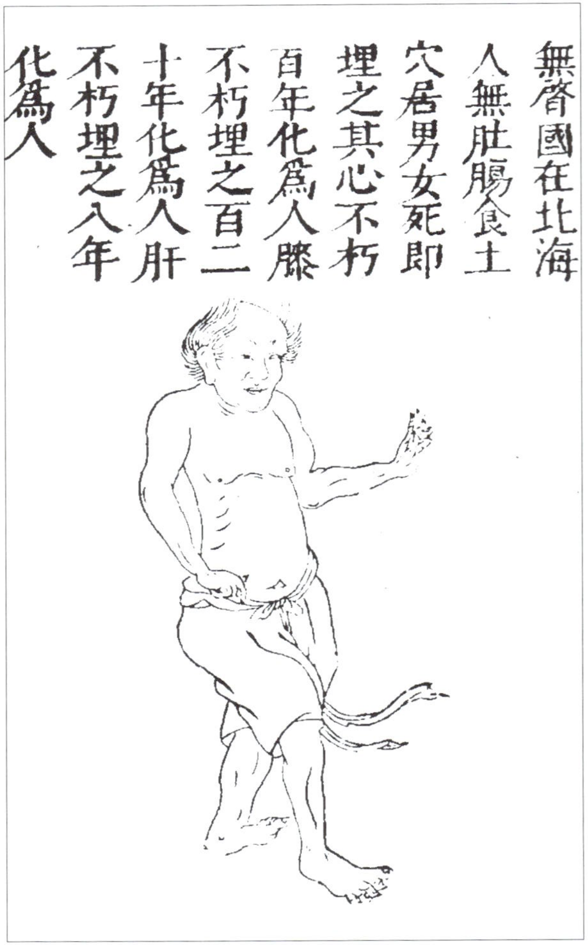

無啓國在此海土食腸食人無肚腸男女居穴處其人死即朽心不朽埋之百年化為人埋之百年化為人肝埋之八年化為人

"无脊国"词条中,《唐物语》明显与《三才图会》一致,而与《文林妙锦》不一致的图文记载有三处:①国名,《唐物语》《三才图会》均为"脊",《文林妙锦》中却写为"臀",即"无臀国"。②图像,人物下身服饰上的飘带装饰,《唐物语》与《三才图会》同,《文林妙锦》中并无装饰。③文字,《三才图会》与《唐物语》都提到"(无论)男女死即埋",但《文林妙锦》中没有提到"无论男女"。

《唐物语》明显与《文林妙锦》一致,而与《三才图会》不一致的图文记载有两处:①图像,《唐物语》中人物身体朝向其右侧,身体姿态大致与《文林妙锦》一致,而且两图中的人物都长有络腮胡。《三才图会》中人物不仅没有长胡子,而且身体朝向也与另两图不一致。②文字,提到"心不朽""肝不朽"时,《三才图会》中是"化为人",《文林妙锦》是"复化为人",《唐物语》直译为"又",与《文林妙锦》文意更接近。《文林妙锦》《唐物语》中的"肺不朽",在《三才图会》中为"膝不朽"。"肝不朽"处,二者都是"八十年",《三才图会》却为"八年"。

《唐物语》中与《三才图会》《文林妙锦》均出入较大的图文记载有一处:文字,《文林妙锦》提到"即二国蛮",《唐物语》是"即三蛮国",《三才图会》中无。

85. 一臂国[①]

**词书:**

此国人一目一孔一　手一足半躰　にしてあひなら　ひてゆく西海　の北にあり

**释文:**

此国人一目、一孔、一手、一足、半躰にして相並びて行く、西海の北に有り。

**翻译:**

这个国家的人(长着)一个眼睛、一个鼻孔、一只手、一只脚,(两个)半体相合并才能行走。位于西海的北面。

---

① 王圻、王思义编集:《三才图会》,上海古籍出版社,1988年,第851页;刘双松:《文林妙锦万宝全书》(卷四),万历四十年书林安正堂刊本,第35页。

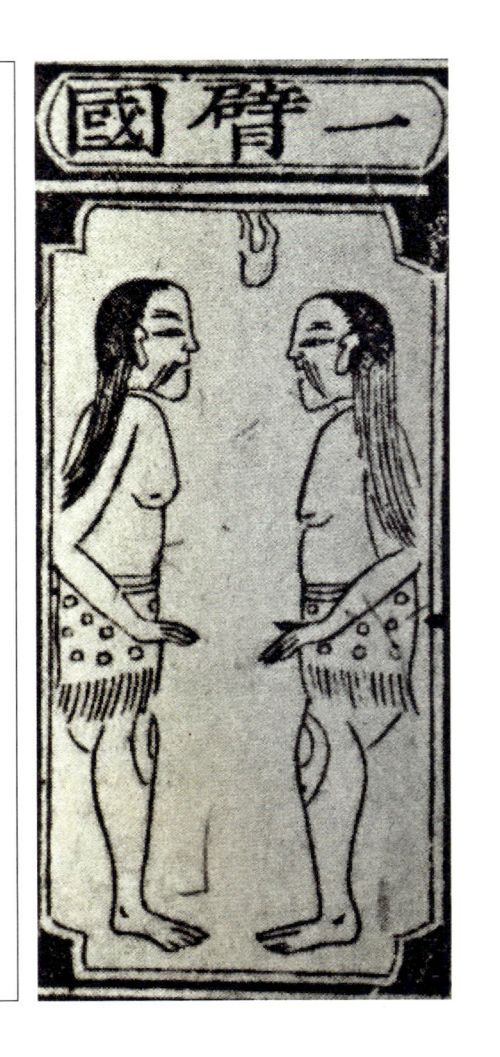

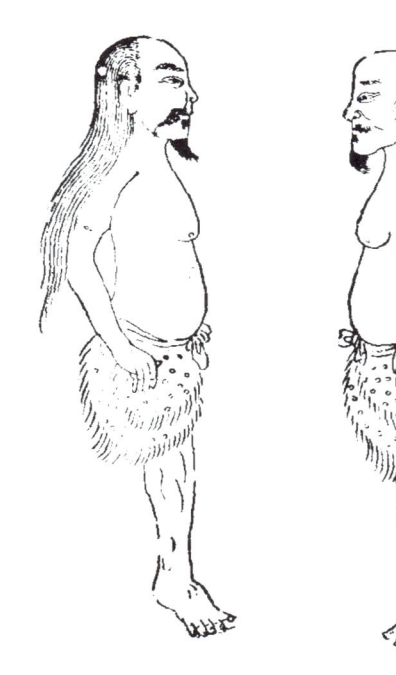

比翼國在其北，其人一目一手一足，有鶼鶼之鳥，比翼相合。

《三才图会》：

一臂国在西海之北，其人一目、一孔、一手、一足，半体比肩，犹鱼鸟相合。

《文林妙锦》：

在西海之北，其人半体，一目、一孔、一手、一足，比肩，如鱼鸟相合。

《山海经》：

一臂国在其北，一臂一目一鼻孔。①

"一臂国"词条中，《唐物语》明显与《三才图会》一致，而与《文林妙锦》不一致的图文记载有一处：文字，《文林妙锦》中"半体"出现在描述一臂国形象之前，而另二者则是在描述形象之后提到"半体比肩"。

87. 长毛国②

**词书：**

応天府よりゆく事二年十ヶ月にして　いたる国人みな其身に長毛あり城池人　家田畠あり其国人はなはた短少なり　晋の永嘉四年中国にきたれり

**释文：**

応天府より行く事二年十ヶ月にして至る。国人皆其身に長毛有り。城池、人家、田畠有り。其国人甚だ短少なり。晋の永嘉四年中国に来たれり。

**翻译：**

从应天府出发要两年十个月能到（这个国家）。国民身上都长有长毛。（这个国家）有城池、人家、田地。国民长得十分短小。晋朝的永嘉四年，（有这个国家的人）来过中国。

《三才图会》：

长毛国，妇人做王子，身有长毛，有城池，种田。至应天府行二年十个月，晋永嘉四年曾获此人。

《文林妙锦》：

妇人做王子，身有长毛，有城池，种田。至应天府行二年零十个月。《山海经》云，毛民国在玄服之北，居大海中，洲岛上，为人短小，面体尽毛，穴居

---

① 袁珂：《山海经校注》，北京联合出版公司，2013年，第195页。
② 王圻、王思义编集：《三才图会》，上海古籍出版社，1988年，第861页；刘双松：《文林妙锦万宝全书》（卷四），万历四十年书林安正堂刊本，第28页。

附录一 | 243

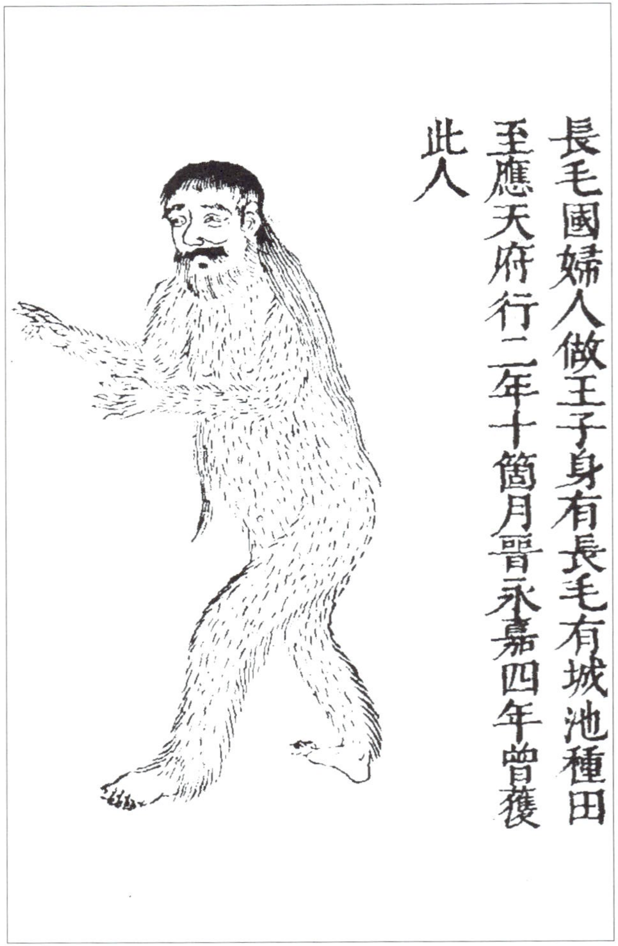

長毛國婦人做王子身有長毛有城池種田
主應天府行二年十箇月晉永禾四年曾獲
此人

晋永嘉四年曾获此人。

**《山海经》：**

毛民之国在其北，为人生毛。一曰在玄股北。[①]

"长毛国"词条中，《唐物语》明显与《文林妙锦》一致，而与《三才图会》不一致的图文记载有两处：①图像，《三才图会》中的人物赤身裸体，周身长满了长毛，且体态动作也与另二者不同。《唐物语》及《文林妙锦》中的人物虽然赤足，但穿着不系扣的短袖上衣。②文字，《文林妙锦》提到长毛国人"为人短小"，《唐物语》中也有提及，但《三才图会》中无。

《唐物语》中与《三才图会》《文林妙锦》均出入较大的图文记载有一处：图像，《唐物语》中人物并未长有长毛，不仅与《三才图会》《文林妙锦》中均不同，而且与文字资料也不符。

91. 柔利国[②]

**词书：**

此国一目国の水　辺にあり其人　ひさうしろへま　かりてふしまた　うしろにむか　ひて一手一足　なり

**释文：**

此国、一目国の水辺に在り。其人膝後ろへ曲がりて、節又後ろに向かひて、一手一足なり。

**翻译：**

这个国家在一目国的水边，国民的膝盖向后弯曲，关节也是朝后的，（长着）一只手、一只脚。

**《三才图会》：**

柔利国，国人曲膝向前，一手一足。《山海经》云在一目国东。

**《文林妙锦》：**

其国在一目国东，其人反膝，曲足居上，一手一足。

---

① 袁珂：《山海经校注》，北京联合出版公司，2013年，第234页。
② 王圻、王思义编集：《三才图会》，上海古籍出版社，1988年，第863页；刘双松：《文林妙锦万宝全书》（卷四），万历四十年书林安正堂刊本，第35页。

附录一 | 245

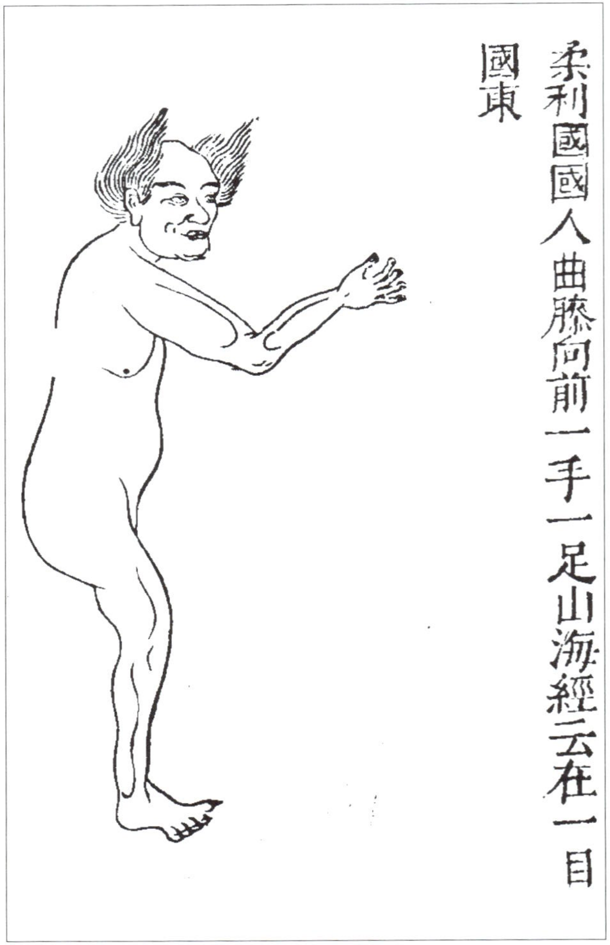

柔利國人曲形句前一手一足山海經云在一目國東

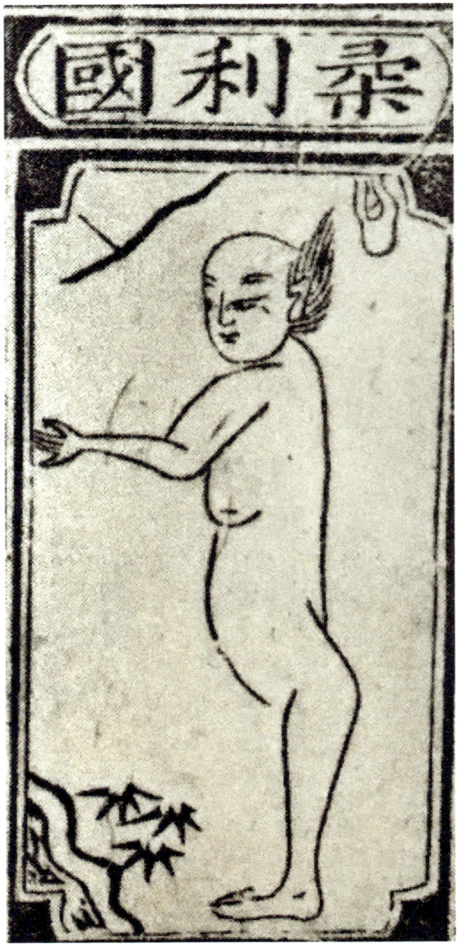

**《山海经》：**
柔利国在一目东，为人一手一足，反膝，曲足居上。一云柔利之国，人足反折。[1]

"柔利国"词条中，《唐物语》明显与《文林妙锦》一致，而与《三才图会》不一致的图文记载有一处：文字，《文林妙锦》为"反膝"，《三才图会》为"曲膝向前"，《唐物语》为"膝盖向后弯曲"，意思与《文林妙锦》接近。

《唐物语》中与《三才图会》《文林妙锦》均出入较大的图文记载有两处：①图像，《唐物语》中的形象与《三才图会》《文林妙锦》皆有所不同。《唐物语》是头朝左、膝盖朝右弯曲，脚向右、手臂向右弯曲。《三才图会》是头朝右、膝盖朝右弯曲，脚向右、手臂向右弯曲。《文林妙锦》是头朝左、膝盖朝右弯曲，脚向左、手臂向左弯曲。②文字，《三才图会》《文林妙锦》都提到柔利国在"一目国东"，但《唐物语》却为"在一目国的水边"。

## 95. 一目国 [2]

**词书：**
北海の外に人　有一目有て　其面の中に　つけり其外　はつね人の　ことし

**释文：**
北海の外に人有、一目有て、其面の中に付けり。其外は常人の如し。

**翻译：**
北海之外有（一目国）人，一只眼睛长在面孔的中央。此外长相如同常人一般。

**《三才图会》：**
一目国在北海外，其人一目当其面，而手足皆具也。

**《文林妙锦》：**
在北海外，其人一目当其面，而手足皆俱也。

---

[1] 袁珂：《山海经校注》，北京联合出版公司，2013年，第211页。
[2] 王圻、王思义编集：《三才图会》，上海古籍出版社，1988年，第852页；刘双松：《文林妙锦万宝全书》（卷四），万历四十年书林安正堂刊本，第35页。

附录一 | 247

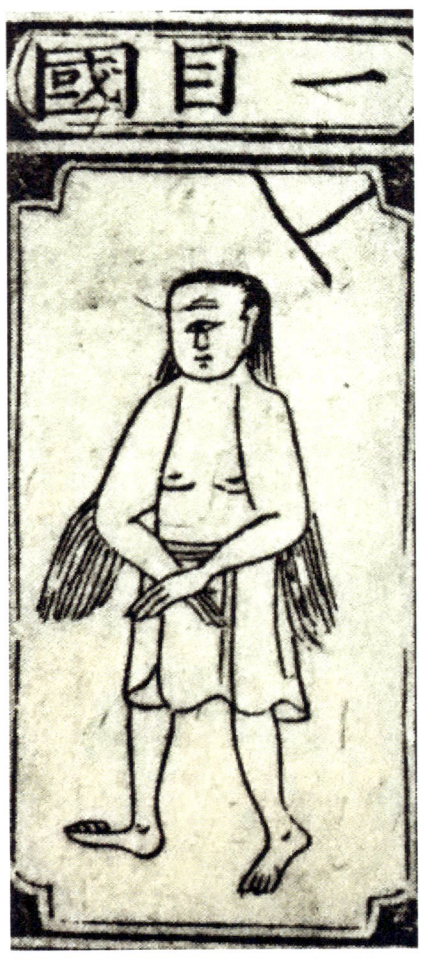

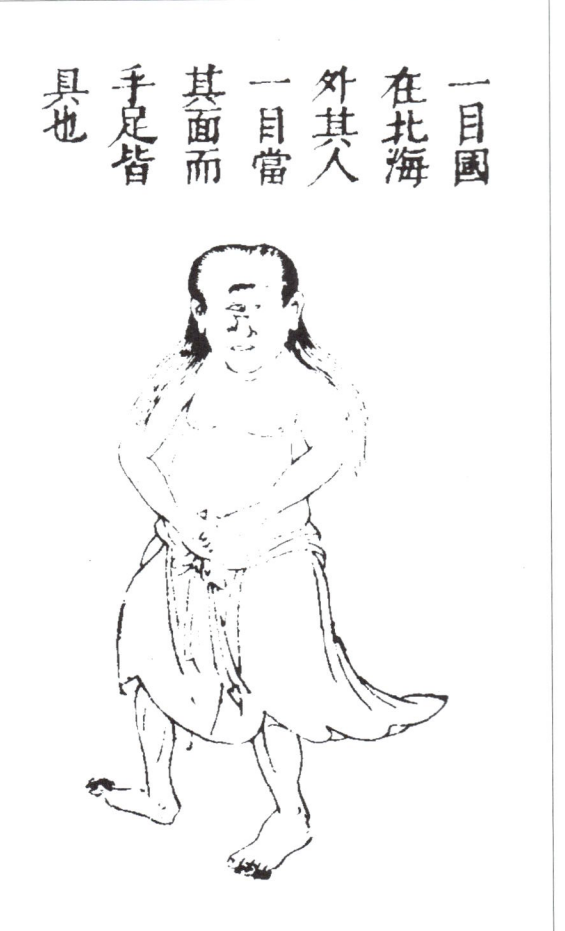

一目國一目海此人目當面而生其人一手一足皆具也

《山海经》：

一目国在其东，一目中其面而居。一曰有手足。①

"一目国"词条中，《唐物语》中与《三才图会》《文林妙锦》均出入较大的图文记载有两处：①图像，《唐物语》中人物姿态与《三才图会》《文林妙锦》皆不同。后二者的人物是直立，双手交叠放在腹部。而《唐物语》中的人物则是身体向其右边前倾，双手向前摆动的姿态。②文字，《唐物语》直译成中文有一句"此外长相如同常人一般"，而《三才图会》《文林妙锦》中则是"手足皆具（俱）"，《唐物语》中的文意应为后者文意的引申。

98. 长脚国②

**词书**：

此国長臂国と　其道近し其国　の人常に長ひ　国の人ををふて　海に入て魚を　取其足なかさ　一丈ありとなり

**释文**：

此国長臂国と其道近し、其国の人常に長臂国の人を負ふて海に入て魚を取。其足長さ一丈ありとなり。

**翻译**：

这个国家离长臂国很近，国民常常背着长臂国的人入海捕鱼。据说（长脚国民）腿长一丈。

《三才图会》：

长脚国人与长臂国近，其人常负长臂人入海捕鱼。

《文林妙锦》：

与长臂国近，其人常负长臂人入海中捕鱼。

《山海经》：

长股之国在雄常北，被发。一曰长脚。③

"长脚国"词条中，《唐物语》明显与《文林妙锦》一致，而与《三才图会》

---

① 袁珂：《山海经校注》，北京联合出版公司，2013年，第210页。
② 王圻、王思义编集：《三才图会》，上海古籍出版社，1988年，第859页；刘双松：《文林妙锦万宝全书》（卷四），万历四十年书林安正堂刊本，第34页。
③ 袁珂：《山海经校注》，北京联合出版公司，2013年，第205页。

長脚國人、班長臂國泣甚人、常負長臂人入海捕魚

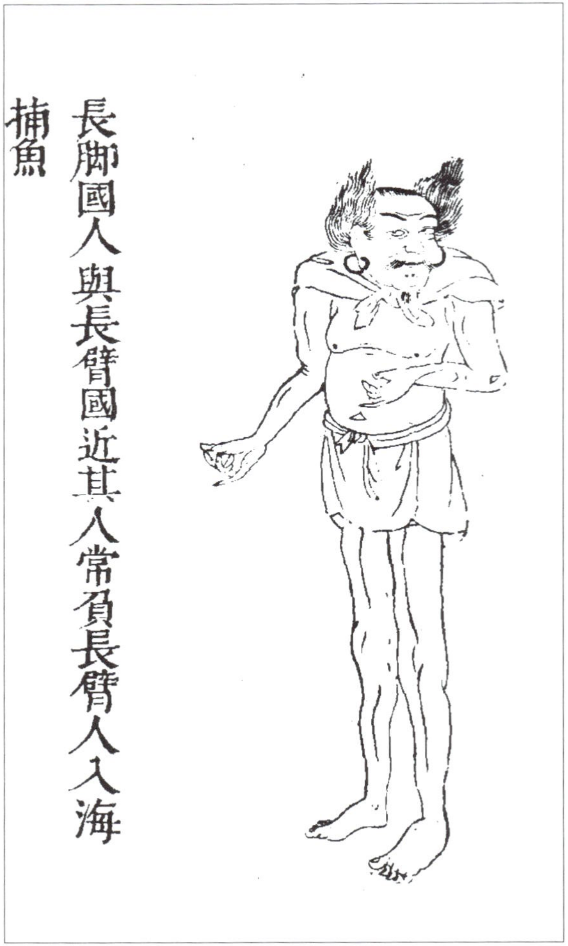

不一致的图文记载有一处：图像，《唐物语》与《文林妙锦》一致，都是身体朝向其左，面部朝向其右后，而且身体动作、姿态、装扮皆一致。《三才图会》则明显与二者不同。

《唐物语》中与《三才图会》《文林妙锦》均出入较大的图文记载有两处：①图像，《三才图会》《文林妙锦》的图像都特意拉长了人物的腿部，《唐物语》中的人物腿部长度与普通人无二。②文字，《唐物语》中提到"腿长一丈"，而《三才图会》《文林妙锦》中皆未提到其国民腿部的长度。

99.长臂国[①]

**词书：**

此国大海の東に　あり国人手を　たるれはなかく　して地に　いたるむかし一人有海中にしてひとつの布衣をひろふ　其たけ一丈にあまる是長臂国人の衣なりといふ

**释文：**

此国大海の東に在り、人手を垂るれば、長くして地に至る。昔一人有、海中にして一つの布衣を拾ふ、其長一丈に余る、是長臂国人の衣なりと言ふ。

**翻译：**

这个国家在大海的东边，国民手臂很长，可以垂到地上。过去有一个人在海中捡到一件布衣，大约长一丈有余，传说就是长臂国人的衣服。

**《三才图会》：**

长臂人在海之东，人垂手至地。昔有人在海中得一布衣，袖各长丈余。

**《文林妙锦》：**

在海之东，人垂手至地。昔一人在海得衣，各长一丈有余。

**《山海经》：**

长臂国在其东，捕鱼水中，两手各操一鱼。一曰在焦侥东，捕鱼海中。[②]

"长臂国"词条中，《唐物语》明显与《三才图会》一致，而与《文林妙锦》不一致的图文记载有一处：文字，提到过去有人在海中捡到衣服时，《三才图

---

[①] 王圻、王思义编集：《三才图会》，上海古籍出版社，1988 年，第 859 页；刘双松：《文林妙锦万宝全书》（卷四），万历四十年书林安正堂刊本，第 34 页。

[②] 袁珂：《山海经校注》，北京联合出版公司，2013 年，第 186 页。

附录一 | 251

長臂國譜

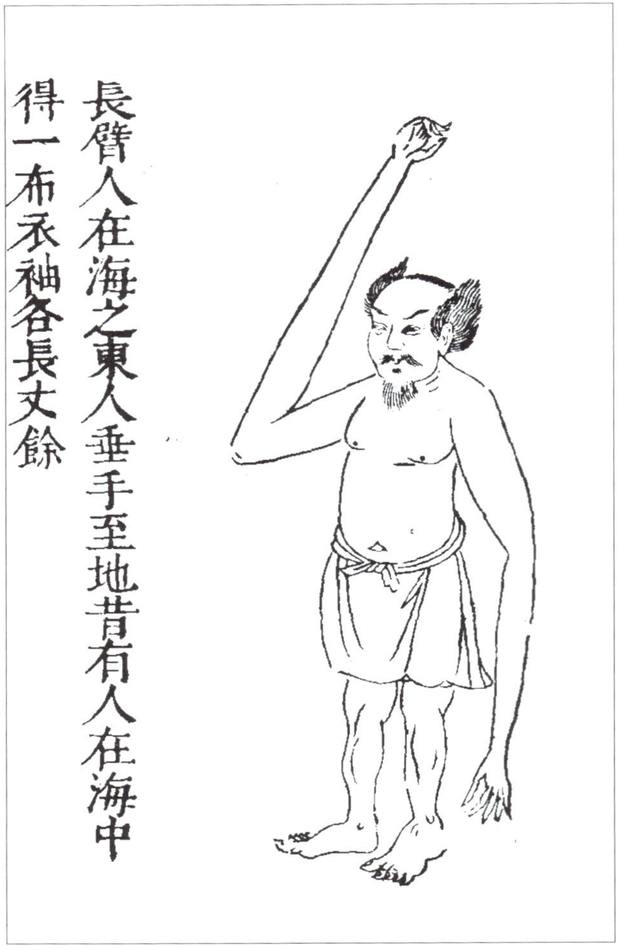

長臂人在海中,尋常人垂手至地者。有人在海中得二布,長臂人各長丈餘,神色永。

長臂國

会》是"布衣",与《唐物语》一致,而《文林妙锦》则是"衣"。

《唐物语》明显与《文林妙锦》一致,而与《三才图会》不一致的图文记载有一处:文字,《三才图会》提到"袖各长丈余",但《文林妙锦》与《唐物语》中都没有强调"袖子",只是说衣服长丈余。

《唐物语》中与《三才图会》《文林妙锦》均出入较大的图文记载有一处:图像,《三才图会》《文林妙锦》的图像都特意拉长了人物的手臂,《唐物语》中的人物手臂的长度与普通人无二,并不符合文字中"手臂可以垂到地上"的说明。此外,《唐物语》中人物手部、腿部姿势也与二者略有不同。

100. 羽民国[①]

**词书**:

海の東南に 羽民の国有 岸崖の間に 住してまなこあ かくかしら白く 手足人の ことくにして 其身に毛あり又ふたつのつはさ有てよく飛に遠き事あたはす子を生するに卵なり

**释文**:

海の東南に羽民の国有、岸崖の間に住して、眼赤く、頭白く、手足人の如くにして、其身に毛有り、又二つの翼有て、よく飛に遠き事能はず、子を生するに卵なり。

**翻译**:

大海的东南方有个羽民国,(国民)住在悬崖之间,长着红色的眼睛、白色的头,手和脚都和人长得一样,他们的身上长着毛,还长着两个翅膀。(羽民国人)能飞,但不能飞太远,生孩子是卵生。

**《三才图会》**:

羽民国在海东南崖巘间,有人长颊鸟喙,赤目白首,生毛羽,能飞不能远,似人而卵生。

**《文林妙锦》**:

在海东南崖献间,有人良颊鸟喙,赤目白首,生毛羽,能飞不能远,似人而卵生。

---

① 王圻、王思义编集:《三才图会》,上海古籍出版社,1988年,第857页;刘双松:《文林妙锦万宝全书》(卷四),万历四十年书林安正堂刊本,第7页。

羽民國在海東南產毆間有人長頰鳥喙赤目
白首生毛羽能飛不能遠似人而卵生

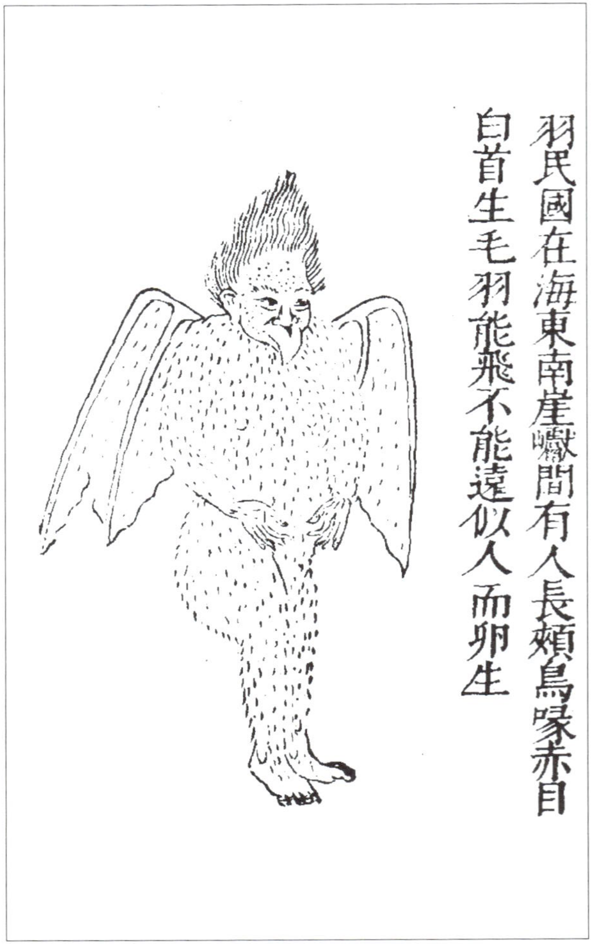

**《山海经》：**

羽民国在其东南，其为人长头，身生羽。一曰在比翼鸟东南，其为人长颊。①

"羽民国"词条中，《唐物语》明显与《文林妙锦》一致，而与《三才图会》不一致的图文记载有一处：图像，《唐物语》与《文林妙锦》的图像接近，都是身体朝向其右前方，双手于胸前互相交握，光头。《三才图会》则与二者截然不同，不仅身体朝向左前方，而且裸体，周身长满羽毛，头上长有毛发，手部、脚部动作也与二者不同。

《唐物语》中与《三才图会》《文林妙锦》均出入较大的图文记载有两处：①图像，《三才图会》《文林妙锦》中人物的面孔均有鸟类的特征，如长有尖喙等，但《唐物语》中的人物面部则完全与常人无二。②文字，《唐物语》提到"手和脚都和人长得一样"，而《三才图会》《文林妙锦》中均未出现这句话。这可能是《唐物语》作者进行的解释。

107. 穿胸国 ②

**词书：**
此国人皆むねに　あな有くらゐた　かき者は棍をそ　のむねにとをしいやしきもの是　をかつきてゆくと　なり

**释文：**
此国人皆胸に竅有、位高き者は棍を其胸に通し、卑しき者是を担ぎて行くとなり。

**翻译：**
据说这个国家的人胸口都有洞，地位高的人用棍子穿过胸口，让地位低下的人抬着走。

**《三才图会》：**
穿胸国在盛海东，胸有窍，尊者去衣，令卑者以竹木贯胸枱之。

**《文林妙锦》：**
其人胸有窍，尊者欲行，以棍穿胸窍，令卑者扛之。

---

① 袁珂：《山海经校注》，北京联合出版公司，2013年，第175页。
② 王圻、王思义编集：《三才图会》，上海古籍出版社，1988年，第860页；刘双松：《文林妙锦万宝全书》（卷四），万历四十年书林安正堂刊本，第20页。

貫胸國

貫胸國在盛海東，胸有竅，尊者去衣，令卑者以竹木貫之而擡之。

**《山海经》**：

贯匈国在其东，其为人匈有窍。一曰在载国东。[①]

"穿胸国"词条中，《唐物语》明显与《文林妙锦》一致，而与《三才图会》不一致的图文记载有两处：①图像，《唐物语》与《文林妙锦》构图一致，抬着的卑者与被抬着的尊者都面朝其右，而且背景中有一棵树。《三才图会》中的人物皆面朝其左侧，而且没有背景。②文字，《唐物语》与《文林妙锦》中都提到穿过胸口的是"棍子"，《三才图会》中则提到是以"竹木"穿过胸口。另外，《三才图会》中提到该国位置在"盛海东"，而且尊者被抬时要"去衣"，另二者中则未提及。

## 108. 女人国 [②]

**词书**：

此国東北海のす　みに有国のう　ちに男子なし　若男子ゆく時　はかえさす　女みな井の水　に影をうつしてすなはちはらむ　また女子をうむといふなり

**释文**：

此国東北海の隅に有、国の内に男子無し、若男子行く時は返さず。女皆井の水　に影を映して、即孕む、又女子を生むと言ふなり。

**翻译**：

这个国家位于东北海角，国内没有男子，年轻男子去往则有去无回。据说（这个国家的）女子都是用井水照一照，就会即刻有孕，生下的还是女孩子。

**《三才图会》**：

女人国在东南海上，水东流，数年一泛。莲开长尺许，桃核长二尺。昔有舶舟飘落其国，群女携以归，无不死者。有一智者夜盗船得去，遂传其事。女人遇南风，裸形感风而生。又云有奚部、小如者部抵界，其国无男，照井而生。

---

① 袁珂：《山海经校注》，北京联合出版公司，2013年，第181页。
② 王圻、王思义编集：《三才图会》，上海古籍出版社，1988年，第827页；刘双松：《文林妙锦万宝全书》（卷四），万历四十年书林安正堂刊本，第28页。

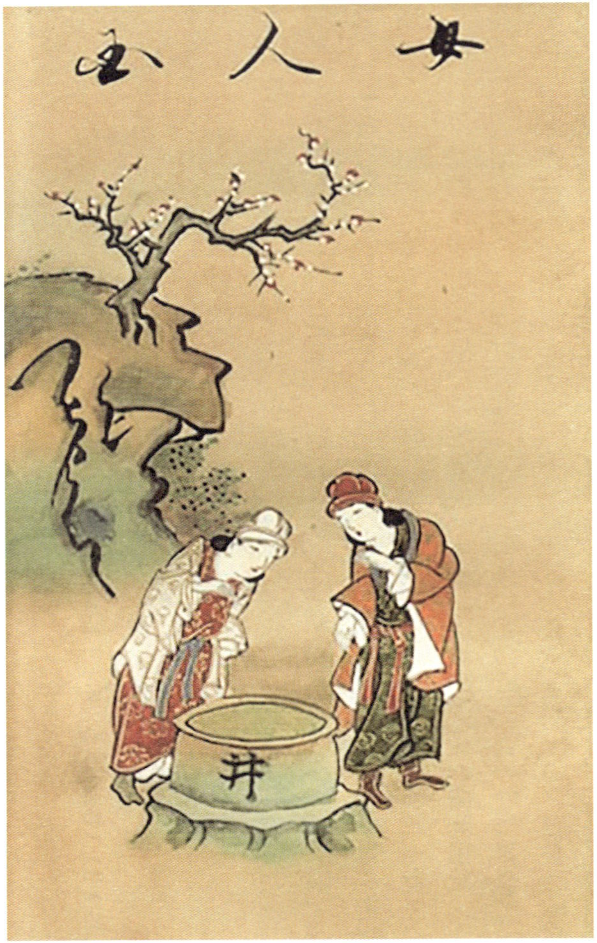
井

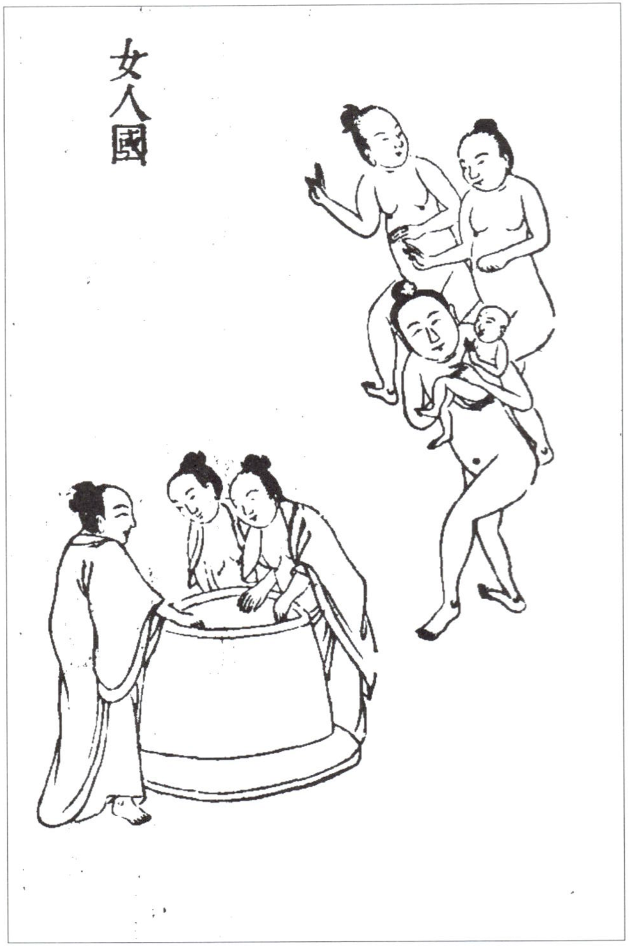
女人國

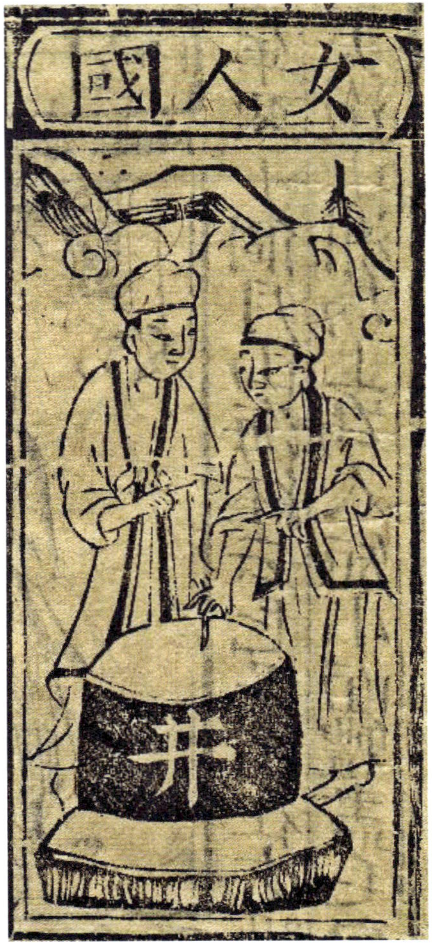
女人國
井

《文林妙锦》：

居东北海角，其国无男子，照井即有孕，亦生女也。

《山海经》：

女子国在巫咸北，两女子居，水周之。一曰居一门中。[1]

"女人国"词条中，《唐物语》明显与《文林妙锦》一致，而与《三才图会》不一致的图文记载有两处：①图像，《唐物语》和《文林妙锦》构图一致，是两个女子在井边向内看，井上写有明显的"井"字。而《三才图会》则是三个女子在井边向内看，另有三名妇女说笑着朝井边走来，其中一名妇女手中还抱着婴儿。②文字，《唐物语》与《文林妙锦》基本一致，而《三才图会》所记载的则是截然不同的故事，是属于另一体系的关于"女人国"的传说。而且，三者中这个国家所在的位置也不同，《三才图会》说在"东南海上"，另二者则说在"东北海角"。

《唐物语》中与《三才图会》《文林妙锦》均出入较大的图文记载有一处：文字，《文林妙锦》和《三才图会》都提到"其国无男"，而《唐物语》中在此句后面加了一句"如果有男子到来，有去无回"。

117. 不死国[2]

**词书**：

此国穿胸国　の東にあり　其人身くろく　してうるし　のことく命なかくして死す　ることなしつ　ねに丘土に住す樹有不死樹と名つく是を食するに命なかし又赤泉あり是をのむに老せす

**释文**：

此国穿胸国の東に在り。其人身黒くして、漆の如く、命長くして、死する事無し。常に丘土に住す。樹有、不死樹と名付く、是を食するに命長し。又赤泉有り、是を飲むに老せず。

**翻译**：

这个国家在穿胸国的东边。国民身体像漆一样黑，长寿不死。（不死国民）

---

[1] 袁珂：《山海经校注》，北京联合出版公司，2013年，第201页。
[2] 王圻、王思义编集：《三才图会》，上海古籍出版社，1988年，第866页；刘双松：《文林妙锦万宝全书》（卷四），万历四十年书林安正堂刊本，第20页。

不死國在穿胸國東其為人黑色壽不死員園乃山上有不死樹食之乃壽亦有赤泉飲之不老

通常居住在丘土。这里有名叫不死树的树，吃了它就会长命百岁。又有赤泉，喝下它就不会衰老。

**《三才图会》：**

不死国在穿胸国东，其人黑色，长寿不死，居园丘上。有不死树，食之乃寿，有赤泉，饮之不老。

**《文林妙锦》：**

在穿胸国东，其人黑色，居园丘土。有不死树，食之长寿，有赤泉，饮之不老。国人长寿不死。

**《山海经》：**

不死民在其东，其为人黑色，寿，不死，一曰在穿匈国东。[①]

"不死国"词条中，《唐物语》明显与《三才图会》一致，而与《文林妙锦》不一致的图文记载有一处：文字，《三才图会》和《唐物语》都在描述国民身体黑色之后，提到"长寿不死"，而《文林妙锦》则是在描述的最后才提到"长寿不死"。

《唐物语》明显与《文林妙锦》一致，而与《三才图会》不一致的图文记载有两处：①图像，《唐物语》与《文林妙锦》构图基本一致，都是皮肤黝黑之人坐在树下石头上，身体和面部皆朝向其右前方，手中拿着一片叶子。而《三才图会》则构图不同，手中没有拿叶子，身体朝向也不同。②文字，描述国民居住之地时，《唐物语》《文林妙锦》都说居住在"丘土"，《三才图会》为"丘上"。

《唐物语》中与《三才图会》《文林妙锦》均出入较大的图文记载有一条：文字，《三才图会》与《文林妙锦》中都提到"其人黑色"，而《唐物语》中多了一句"像漆一样"来形容其程度，是前二者中没有的。此外，描述国民居住地时，《三才图会》为"居园丘上"，《文林妙锦》为"居园丘土"，而《唐物语》为"居丘土"，没有出现"园"字。

---

[①] 袁珂：《山海经校注》，北京联合出版公司，2013年，第182页。

128. 氐人国[①]

**词书：**

此国建木国の西 にあり其国人 おもては人にして 手も又人の こと しむねより 上は人なりといへ ともそれより下は うをのことし

**释文：**

此国建木国の西に在り、其国人面は人にして、手も又人の如し。胸より上は人なりと云へとも、其れより下は魚の如し。

**翻译：**

这个国家在建木国的西边，国民长着人的面孔，手也如同人手一般。胸部以上是人的样子，但（胸部）以下却和鱼一样。

**《三才图会》：**

氐人国在建木西，其状人面、鱼身、无足，胸已[②]上似人，已下似鱼也。

**《文林妙锦》：**

在建木国西，其状已上人面人手，已下皆似鱼也。

**《山海经》：**

氐人国在建木西，其为人人面而鱼身，无足。[③]

"氐人国"词条中，《唐物语》明显与《三才图会》一致，而与《文林妙锦》不一致的图文记载有一处：文字，《唐物语》和《三才图会》都提到国民"胸已上似人"，而《文林妙锦》中并无。

《唐物语》明显与《文林妙锦》一致，而与《三才图会》不一致的图文记载有两处：①图像，人物身体朝向，《唐物语》与《文林妙锦》相同，均为朝向其左侧。而《三才图会》的构图则正相反，为朝向右侧。②文字，描述该国方位时，《唐物语》和《文林妙锦》均提到在"建木国西"，而《三才图会》中则是"建木西"，而无"国"字。此外，前二者中都提到国民长着"人手"，而《三才图会》中无。

---

① 王圻、王思义编集：《三才图会》，上海古籍出版社，1988年，第848页；刘双松：《文林妙锦万宝全书》（卷四），万历四十年书林安正堂刊本，第35页。

② 应为"以"。

③ 袁珂：《山海经校注》，北京联合出版公司，2013年，第247页。

氐人國在其西 其為人人面而魚身 無足

氐人國 其人狀如人 身以上 以下魚也

## 130. 小人国①

**词书：**

此国東方に　小人国あり人　のたけわつか　に九寸海鸛　常にかけりて
やゝくらふこの　ゆへに国人ゆくときは大勢むらかりつれてゆ　くと云なり

**释文：**

此国東方に小人国有り、人の長僅かに九寸、海鸛常に駆けりてやや食らふ。此の故に、国人行く時は大勢群かり連れて行くと云なり。

**翻译：**

据说这个国家位于东方，（叫作）小人国，国民身长仅有九寸，海鹤常常驱赶（他们并）一点点吞食。正因如此，国民出行时需要众人结伴而行。

**《三才图会》：**

东方有小人国，名曰靖，长九寸，海鹤遇而吞之。 放，逐也。

**《文林妙锦》：**

东方有小人国，名曰靖。身长九寸，海鹤遇而吞之，不敢孤行。

**《山海经》：**

有小人国，名靖人。②

"小人国"词条中，《唐物语》明显与《三才图会》一致，而与《文林妙锦》不一致的图文记载有一处：文字，谈到小人国人容易被海鹤吞食，因此出门时需要注意，《三才图会》的描述为"出则群行"，与《唐物语》的直译"出行时需要众人结伴而行"相一致。而《文林妙锦》的说法为"不敢孤行"，虽然意思一样，但说法与另二者不同。

《唐物语》明显与《文林妙锦》一致，而与《三才图会》不一致的图文记载有两处：①图像，《唐物语》与《文林妙锦》构图一致，均为天上飞着一只鹤，似要捕食地面上的小人，而小人则数人排成一排结伴而行。无论是鹤的方向、姿态，还是小人的身体朝向均一致。而《三才图会》的构图则与二者截然不同，不仅未出现鹤，而且人物也是数人为一组，而非所有人排成一排。②文字，《文林妙锦》和《唐物语》中为"身长九寸"，《三才图会》中没有"身"字，而是"长九寸"。

---

① 王圻、王思义编集：《三才图会》，上海古籍出版社，1988年，第858页；刘双松：《文林妙锦万宝全书》（卷四），万历四十年书林安正堂刊本，第34页。
② 袁珂：《山海经校注》，北京联合出版公司，2013年，第293页。

小人國

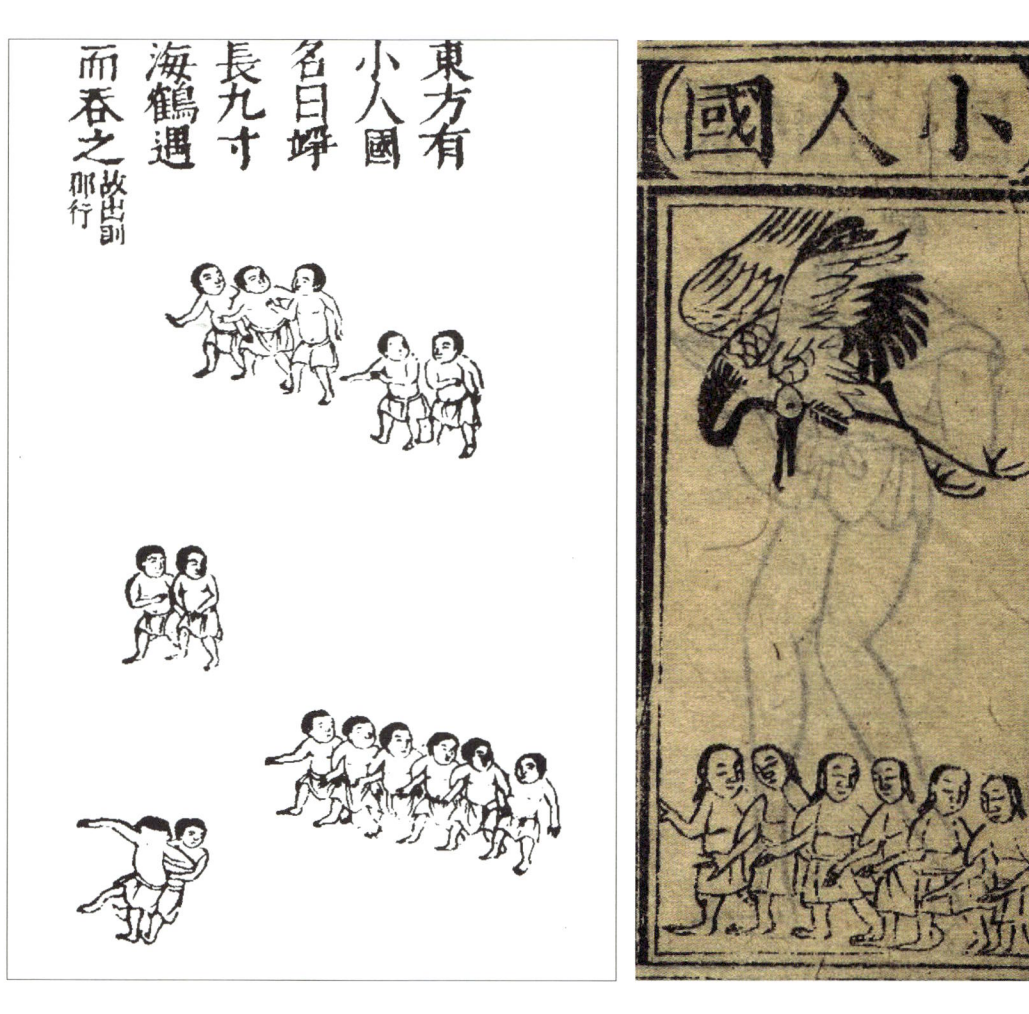

東方有小人圖
名曰諍十尋
海鶴吞之
故出行
邪也

小人

《唐物语》中与《三才图会》《文林妙锦》均出入较大的图文记载有一处：文字，《三才图会》《文林妙锦》都提到小人国的国民"名曰靖"，而《唐物语》中则未提及。

**附录二**

# 《怪奇鸟兽图卷》与《三才图会》《文林妙锦》比对及异同分析

　　附录二选取现藏于日本成城大学图书馆的奈良绘卷《怪奇鸟兽图卷》内容,与《三才图会》《文林妙锦》中的相关图像和记载进行比对。鸟兽神祇前的序号为该图像在《怪奇鸟兽图卷》中出现的顺序。三幅图像从左至右分别出自《怪奇鸟兽图卷》《三才图会》《文林妙锦》,具体页码在鸟兽神祇名后作注进行说明。其中,若《三才图会》或《文林妙锦》中无所载则不收录。词书为《怪奇鸟兽图卷》中图像旁的手写日文草体字,笔者参考伊藤清司、矶部祥子在《怪奇鳥獣図卷:大陸からやって来た異形の鬼神たち》(2001)中的"翻刻"进行了重新识别,并对二位专家的"翻刻"存有不同意见之处用脚注进行了说明。原文中的另起一行用空格表示。释文部分是对词书进行的整理,为原文加上句读并将部分假名整理为汉字。中文翻译部分为笔者自译,将日文词书译为现代汉语。由于原文多有意义不明之处,而笔者采取直译之法,因此译文也难免有不通顺之处,矶部祥子认为是《怪奇鸟兽图卷》的词书书写者未能读通理解原文的缘故造成的。[①]确实无法识别之处则用"?"表示。其后列出《山海经》《三才图会》《文林妙锦》中的相关文字记载,无记载则写"无"。其中与《怪奇鸟兽图卷》词书内容的一致之处用下划线标出。

---

[①] 伊藤清司、矶部祥子:《怪奇鳥獣図卷:大陸からやって来た異形の鬼神たち》,工作舎,2001年,第20页。

1. 精卫①

**词书：**

はつきう山鳥　ありせいゐいと　なつくみつから　其名をなくこれ　神のうのせう　ぢよけいのむかし

**释文：**

発鳩山鳥あり、精衛と名付く、自ら其名を鳴く。これ、神農の少女娃の昔。

**翻译：**

发鸠山有鸟，名叫精卫，名字就是它的叫声。它是神农的小女儿娃过去（的样子）。

**《山海经·北山经》：**

又北二百里，曰发鸠之山，其上多柘木。有鸟焉，其状如乌，文首、白喙、赤足，名曰精卫，其鸣自詨②。是炎帝之少女曰女娃，女娃游于东海，溺而不返，故为精卫，常衔西山之木石，以堙于东海。③

**《三才图会·鸟兽一卷》：**

发鸠山有鸟，状如鸟④，白首赤啄⑤，名曰精卫，其名自呼。是神农之少女，名女娃。昔游东海，溺而不返，化为精卫，常收⑥西山之木石，以填东海。

**《文林妙锦》：**

发鸠山有鸟，状如乌，白首赤喙，名曰精卫，自名自呼⑦。是神农之少女，名女娃，昔迪⑧东海，溺而不返，化为精卫，常收⑨西山之林石⑩，以填东海。

---

① 王圻、王思义编集：《三才图会》，上海古籍出版社，1988年，第2157页；刘双松：《文林妙锦万宝全书》（卷四），万历四十年书林安正堂刊本，第7页。
② 詨，音 xiào，呼唤。
③ 袁珂：《山海经校注》，北京联合出版公司，2013年，第83页。
④ "鸟"应为"乌"的误写。
⑤ "啄"为"喙"的误写。
⑥ "收"为"衔"的误写。
⑦ "自名"为"其名"的误写。自名自呼不通。
⑧ "迪"为"游"的误写。
⑨ "收"为"衔"的误写。
⑩ "林石"为"木石"的误写。

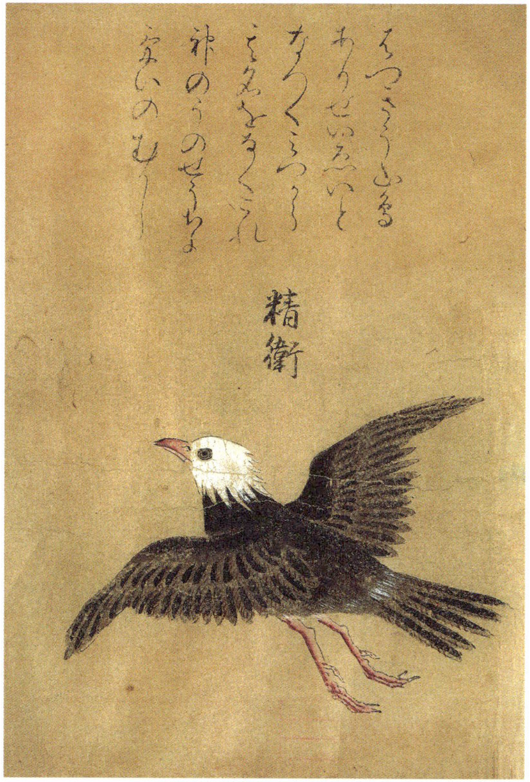
精衛

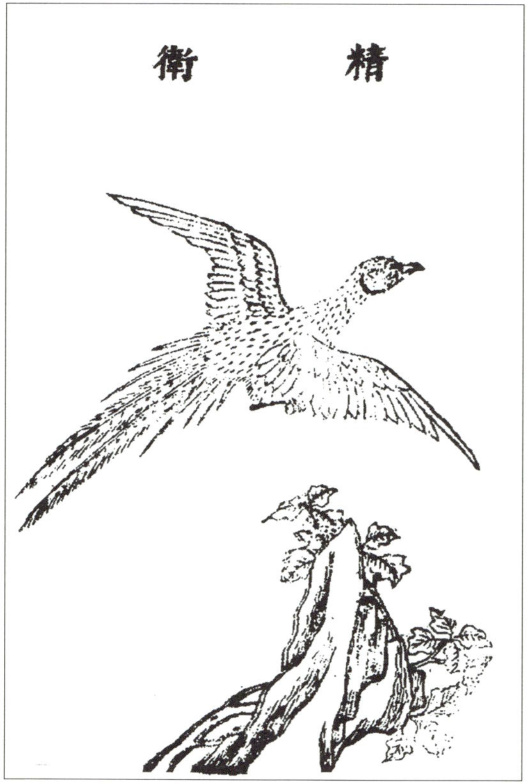
精衛

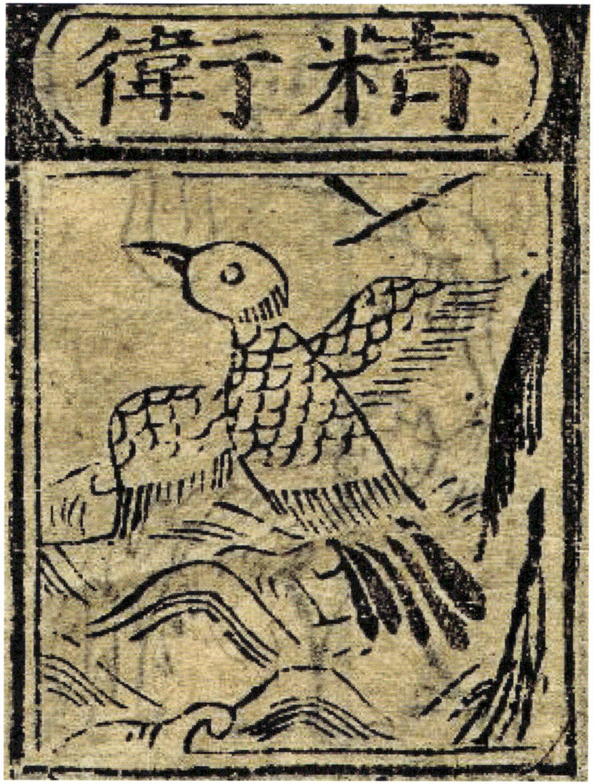
精衛

2. 鹓鶵①

**词书：**

たんけつ山こ　くりよといふ　鳥ありほうの　そくなり周　の時岐山に
なく

**释文：**

丹穴山、鸞りよと言ふ鳥あり、鳳の属なり、周の時岐山に鳴く。

**翻译：**

丹穴山有鸟，名鹓鶵，属于凤凰一类，周朝时曾在岐山鸣叫。

《山海经》：无

《三才图会·鸟兽二卷》：

<u>丹穴山有鹓鶵者，凤之属也</u>，亦神鸟也。如凤五色而多紫。《国语》曰："周之兴也，<u>鹓鶵鸣于岐山</u>。"

《文林妙锦》：

<u>丹穴山有鹓鶵者，凤之属也</u>，亦神鸟也。如凤五色而多紫。《国语》曰："周之兴也，鸾②<u>鶵鸣于岐</u>。"


3. 蛩鼠③

**词书：**

くふ山にしそ　といふ鳥あり　あらはるゝとき　は大ひでりす

**释文：**

拘扶山に蛩鼠と言ふ鳥あり、現るる時は大旱す。

**翻译：**

拘扶山有鸟，名叫蛩鼠，它一出现就会发生大旱灾。

《山海经·东山经》：

又南三百里，曰栒状之山……<u>有鸟焉</u>，其状如鸡而鼠毛，<u>其名曰蛩鼠</u>，见

---

① 王圻、王思义编集：《三才图会》，上海古籍出版社，1988年，第2191页；刘双松：《文林妙锦万宝全书》（卷四），万历四十年书林安正堂刊本，第8页。

② 鸾：凤凰的一种。《山海经·西山经》："女床之山，有鸟，其状如翟，名曰鸾鸟，见则天下安宁。"虽然意思相近，但此处应是"鹓"的误写。

③ 王圻、王思义编集：《三才图会》，上海古籍出版社，1988年，第2194页；刘双松：《文林妙锦万宝全书》（卷四），万历四十年书林安正堂刊本，第9页。

鸞鳥

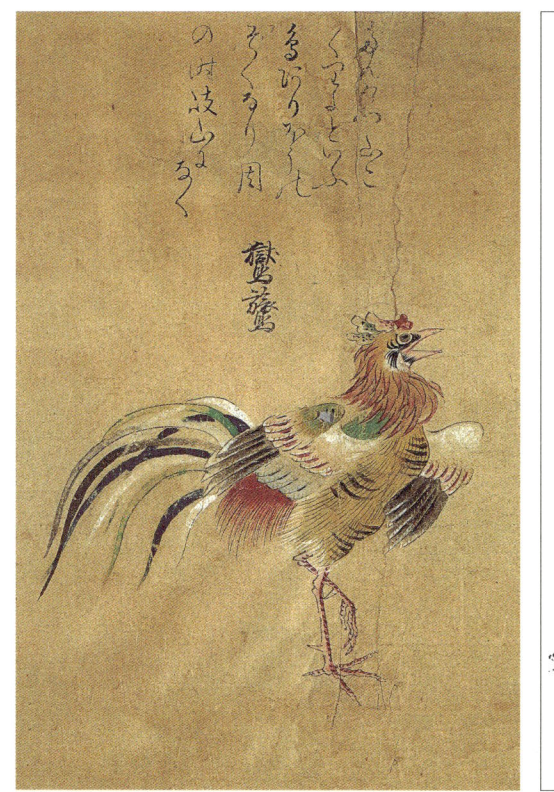

鸞鳥 有鸞山　鸞者鳳之屬亦神鳥也　五色而赤如鳳國語曰鸞鷟鳴于岐山鷟亦鳳之屬也多紫色周之興也

耸鼠

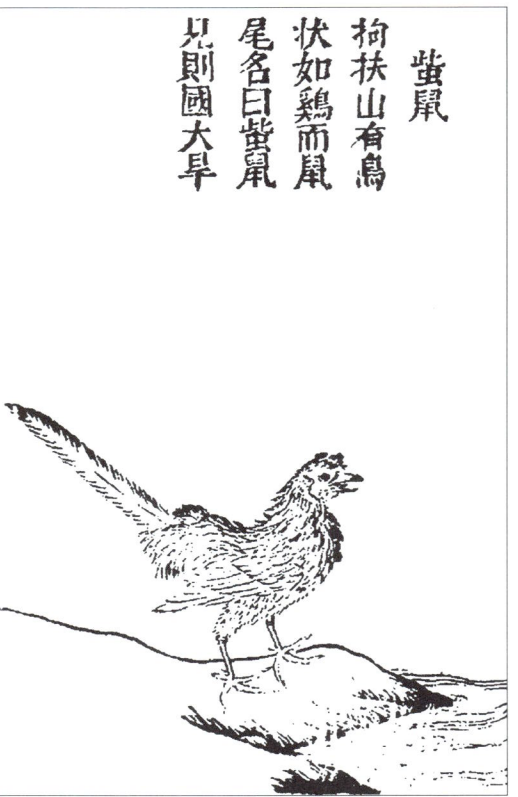

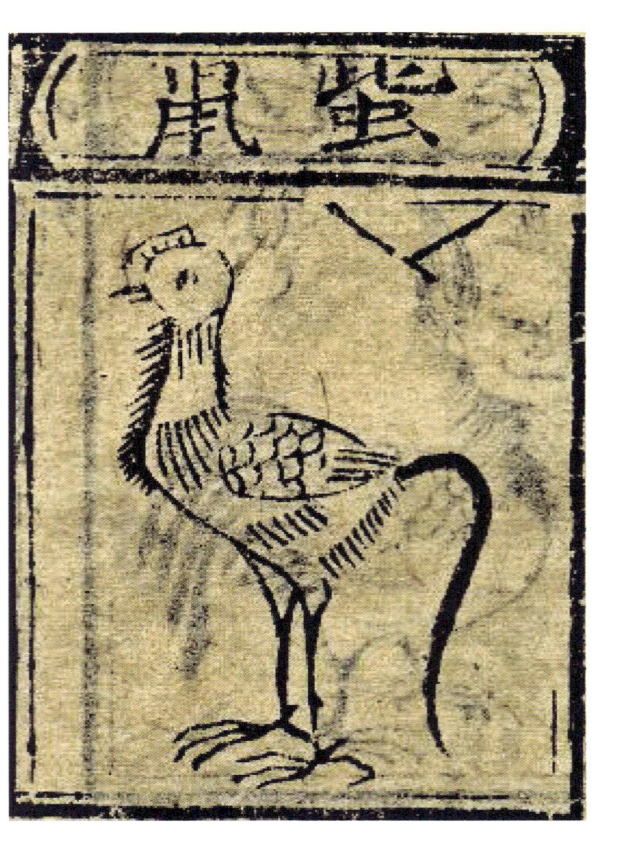

黄鼠
有鳥
鼠而
名鳳
曰皇
黄大
鼠草
則國

狗
扶
如
雞
尾
兒
則
國
早

则其邑大旱。①

《三才图会·鸟兽二卷》：

拘扶山有鸟，状如鸡而鼠尾，名曰蚩鼠，见则国大旱。

《文林妙锦》：

拘扶山有鸟，状如鸡而鼠尾，名曰蚩鼠，见则大旱。


4. 数斯②

**词书：**

すしといふ鳥　なりわか身を　くらひてやする

**释文：**

数斯と言ふ鳥なり、我が身を食らいて、癭する。

**翻译：**

有鸟名数斯，吃了自己的身体后，会消瘦。

《山海经·西山经》：

西南三百八十里，曰皋涂之山。……有鸟焉，其状如鸱而人足，名曰数斯，食之已瘿。③

《三才图会·鸟兽二卷》：

卓涂山有鸟，状如鸦，人足，名曰数斯，食之已瘿。

《文林妙锦》：

其状如鸦，人足，名瘿斯，食之已瘿。


5. 鳬徯④

**词书：**

ろくたい山に　とりありふ　けいといふ其　なをみつから　よはふあらは　るゝ時ひやうらん　おこる

---

① 袁珂：《山海经校注》，北京联合出版公司，2013年，第93页。
② 王圻、王思义编集：《三才图会》，上海古籍出版社，1988年，第2191页；刘双松：《文林妙锦万宝全书》（卷四），万历四十年书林安正堂刊本，第9页。
③ 袁珂：《山海经校注》，北京联合出版公司，2013年，第27页。
④ 王圻、王思义编集：《三才图会》，上海古籍出版社，1988年，第2195页；刘双松：《文林妙锦万宝全书》（卷四），万历四十年书林安正堂刊本，第9页。

敷斯山有鳥焉其狀如鵰人足名曰敷斯食之已癭

鳧溪山有鳥焉 其狀如雄雞而人面 名曰鳧徯 其鳴自呼也 見則天下有兵

释文：

鹿台山に鳥あり、凫徯と言う、其名を自ら呼ばう。現るる時、兵乱起こる。

翻译：

鹿台山有鸟，名叫凫徯，名字就是它的叫声，它一出现就会发生兵乱。

《山海经·西山经》：

又西二百里，曰<u>鹿台之山</u>……<u>有鸟焉</u>，其状如雄鸡而人面，<u>名曰凫徯</u>，<u>其鸣自叫也</u>，<u>见则有兵</u>。①

《三才图会·鸟兽二卷》：

<u>鹿台山有鸟</u>，状如雄鸡，人面，<u>名曰凫溪</u>，<u>其鸣自呼</u>，<u>见则主国有兵</u>。

《文林妙锦》：

<u>鹿台山有鸟</u>，形如雄鸡，人面，<u>名曰凫溪</u>，<u>自鸣自呼</u>，<u>见则有兵</u>。


6. 驼鸡②

词书：

西山鳥あり　かしら高事　七尺たけいと　なづく

释文：

西山鳥あり、頭高事七尺、駝鶏と名付く。

翻译：

西山有鸟，头高七尺，名叫驼鸡。

《山海经》：无

《三才图会》：无

《文林妙锦》：

<u>西山有鸟</u>，<u>头高七尺余</u>，曰驼鸡，状亦如鸡。


7. 鹈③

词书：

長せつ山中　鳥あり名づ　けてしゅとい　ふ出る時は其国主　おほし

---

① 袁珂：《山海经校注》，北京联合出版公司，2013 年，第 32 页。
② 刘双松：《文林妙锦万宝全书》（卷四），万历四十年书林安正堂刊本，第 10 页。
③ 王圻、王思义编集：《三才图会》，上海古籍出版社，1988 年，第 2191 页；刘双松：《文林妙锦万宝全书》（卷四），万历四十年书林安正堂刊本，第 8 页。

附录二 | 277

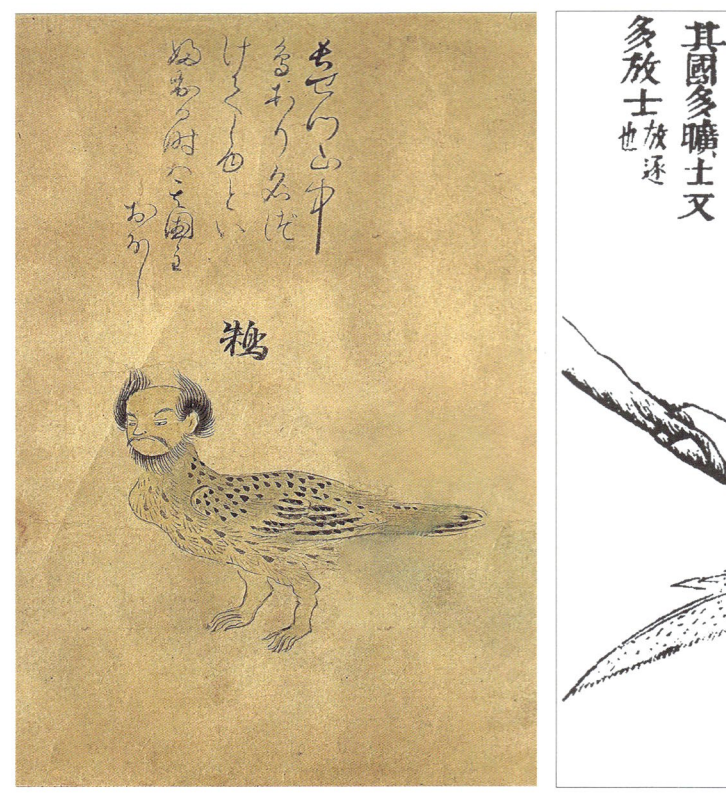

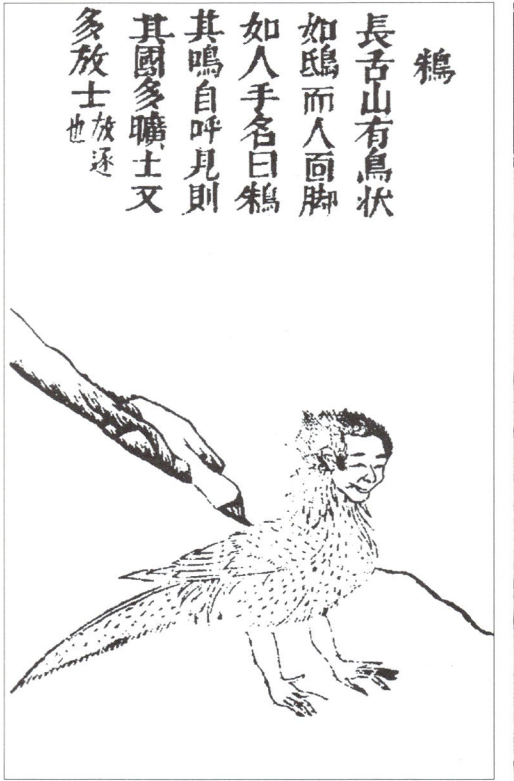

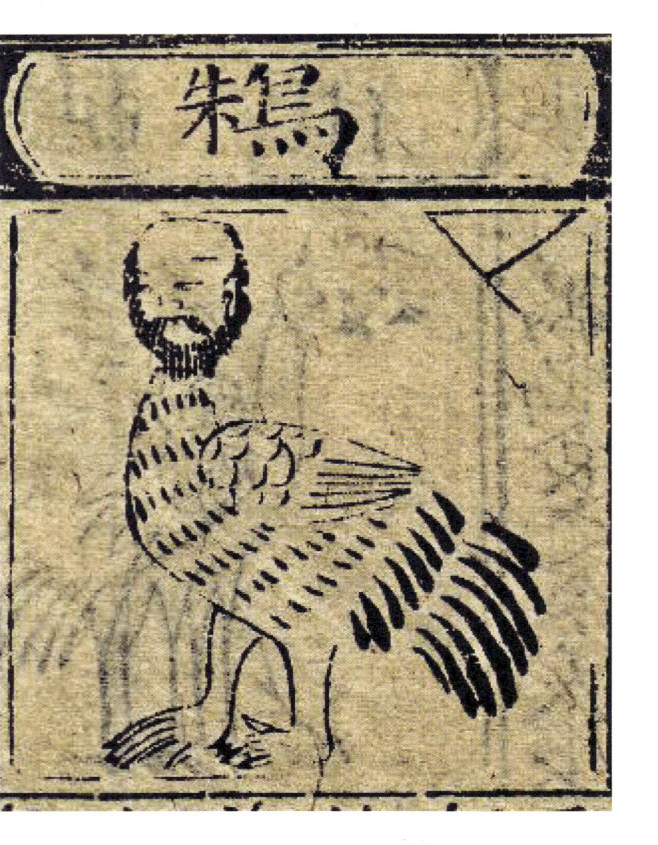

梟陽國山有鳥狀人面同脚鳥見人則曰鵂如笑手自呼咩遂逐所人鳴其爾多矣破士也

**释文**：

長舌山中鳥あり、名付けて鴸と言ふ、出る時は其国主多し。

**翻译**：

长舌山中有鸟，名叫鴸，它一出现，这个国家就会出现很多的主人。

**《山海经·南山经》**：

《南次二经》之首，曰柜山，西临流黄，北望诸毗，东望长右。……有鸟焉，其状如鸱而人手，其音如痹，<u>其名曰鴸</u>，其名自号也，<u>见则其县多放士</u>。①

**《三才图会·鸟兽二卷》**：

长舌山有鸟，状如鸱而人面，脚如人手，<u>名曰鴸</u>，其鸣自呼，<u>见则其国多旷士，又多放士</u>。<sub>放，逐也。</sub>

**《文林妙锦》**：

<u>长舌山有鸟</u>，其形状如鸱而首人面，脚如人手而鸟身，<u>名曰鴸</u>，其鸣自呼，<u>见则其国主多旷士，又多放士</u>。<sub>放，逐也。</sub>


8. 鵸鵌②

**词书**：

よくまう山のうち　きてうと鳥あり　よくわらふふく　すれはへいをぎよ③　すへし

**释文**：

翼望山の内、鵸鵌と鳥あり、よく笑ふ。服すれば、兵を禦すべし。

**翻译**：

翼望山之内，有叫鵸鵌的鸟，十分爱笑。如果服用了它，就可以刀枪不入。

**《山海经·西山经》**：

西水行百里，至于翼望之山……<u>有鸟焉，其状如乌，三首六尾而善笑，名曰鵸鵌，服之使人不厌</u>④，<u>又可以御凶</u>。⑤

---

① 放士，即被放逐的人。袁珂：《山海经校注》，北京联合出版公司，2013年，第7页。
② 王圻、王思义编集：《三才图会》，上海古籍出版社，1988年，第2193页；刘双松：《文林妙锦万宝全书》（卷四），万历四十年书林安正堂刊本，第8页。
③ 伊藤清司、矶部祥子将其识别为"に"，笔者认为应为"よ"。
④ 厌，又作魇，即梦中惊叫，或是梦中感觉被重物压住无法动弹。
⑤ 袁珂：《山海经校注》，北京联合出版公司，2013年，第50—51页。

鵸䳜（音奇徐）

䳜鵌山有鳥焉其狀如烏三首六尾善笑名曰鵸䳜服之使人不睚又可以禦凶佩之可以已兵

《山海经·北山经》：

又北三百里，曰带山……有鸟焉，其状如乌，五采而赤文，名曰鹡鸰，是自为牝牡，食之不疽。①

《三才图会·鸟兽二卷》：

翼望山有鸟，状如乌，三首六尾，自为牝牡，善笑，名曰鹡鸰，服之不昧，佩之可以御兵。

《文林妙锦》：

翼望山之中有鸟，其形状如乌而三首六尾，自为牝牡，善笑，其名曰鹡鸰，服之令人不眯<sup>音眯，物入目中曰眯</sup>，佩之可御兵。

9.鹍鸰②

**词书：**

たんやう山　鳥ありこよ　となつくぎ　よ火をもつ　てすへし

**释文：**

たん陽山鳥あり、鹍鸰と名付く、禦火を以てすべし。

**翻译：**

桓阳山有鸟，名叫鹍鸰，可以用它来御火。

《山海经·中山经》：

又东二百里，曰丑阳之山……。有鸟焉，其状如乌而赤足，名曰鹍鸰，可以御火。③

《三才图会·鸟兽二卷》：

杻阳山有鸟，状如鸟④，其足赤色，名曰鹍鸰，可以御火。

《文林妙锦》：

杻阳山有鸟，状如乌，足赤色，名曰鹍鸰，可以御火。

---

① 袁珂：《山海经校注》，北京联合出版公司，2013年，第61页。
② 王圻、王思义编集：《三才图会》，上海古籍出版社，1988年，第2191页；刘双松：《文林妙锦万宝全书》（卷四），万历四十年书林安正堂刊本，第6页。
③ 袁珂：《山海经校注》，北京联合出版公司，2013年，第162页。
④ "鸟"为"乌"的误写。

鴆鳥
山有鳥
其足鳴
如雞日
其鳥鴆
色各赤
可以禦火
鴆

10. 长尾鸡①

**词书：**

てうせん鳥有　ちやうひけいと　なづく

**释文：**

朝鮮鳥あり、長尾鶏と名付く。

**翻译：**

朝鲜有鸟，名叫长尾鸡。

**《山海经》：** 无

**《三才图会》：** 无

**《文林妙锦》：**

朝鮮有鳥，狀如鷄，其毛長三尺，名曰長毛鷄。


11. 马鸡②

**词书：**

かこく山鳥あり　はけいとなづく

**释文：**

嘉谷山鳥あり、馬鶏と名付く。

**翻译：**

嘉谷山有鸟，名叫马鸡。

**《山海经》：** 无

**《三才图会》：** 无

**《文林妙锦》：**

嘉谷山有鳥，狀如鷄，嘴脚皆紅，羽毛青緑，名曰馬鷄。


12. 白雉③

**词书：**

あんなん鳥あ　り周のじやう　わうの時ゑつたうし　らいけんす又かん
の光武の時も出る

---

① 刘双松：《文林妙锦万宝全书》（卷四），万历四十年书林安正堂刊本，第10页。
② 刘双松：《文林妙锦万宝全书》（卷四），万历四十年书林安正堂刊本，第10页。
③ 刘双松：《文林妙锦万宝全书》（卷四），万历四十年书林安正堂刊本，第9—10页。

284 | 日本《山海经》接受研究

附录二 | 285

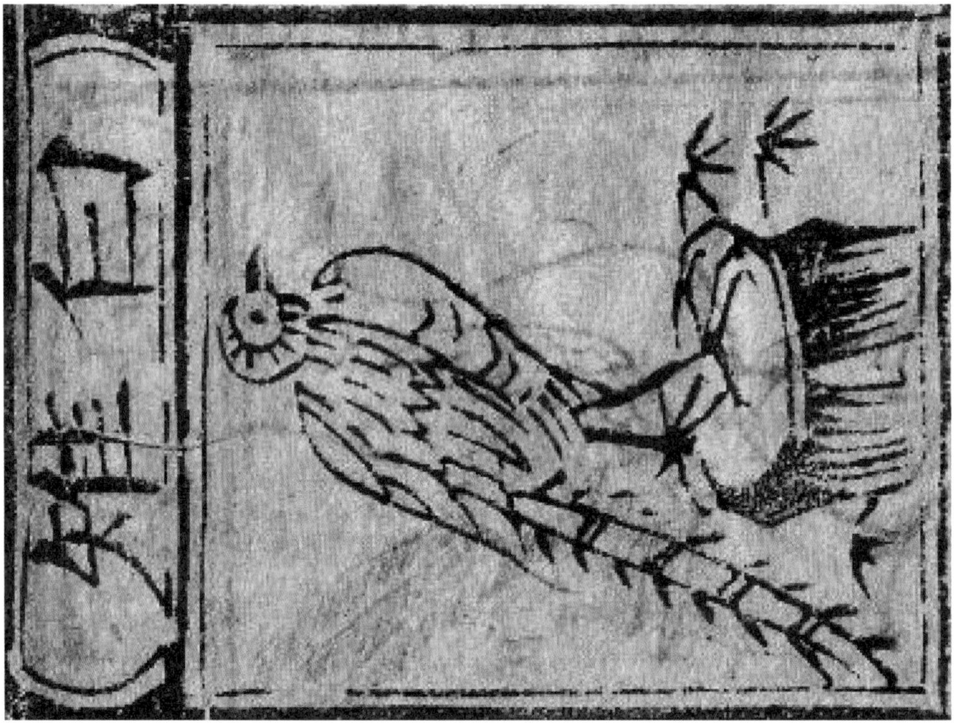
白雉

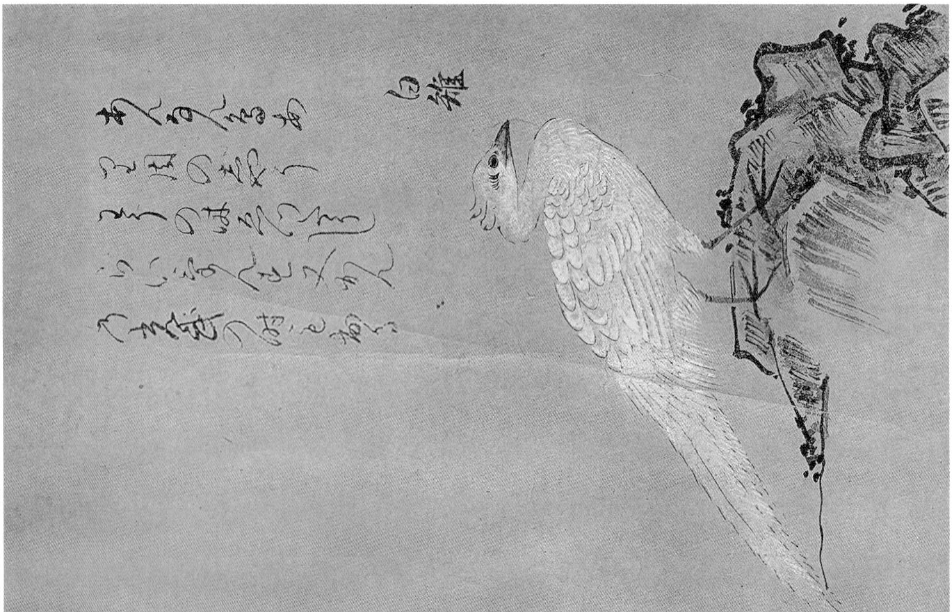
白雉

**释文：**

安南鳥あり、周の成王の時、越棠氏来獻す。又、漢の光武の時も出る。

**翻译：**

安南有鸟，周成王的时候，越棠氏来进献过。此外，汉光武帝的时候，（此鸟）也出现过。

《山海经》：无

《三才图会》：无

《文林妙锦》：

安南有鸟，狀如雉，色白，名曰白雉。周成王时，越棠氏来献，汉光武时曰九真贡。

13. 瞿如[①]

**词书：**

たうくわ山鳥　ありくじよ　となづく　みつからその名　をよぶ

**释文：**

禱過山鳥あり、瞿如と名付く。自ら其の名を呼ぶ。

**翻译：**

祷过山有鸟，名叫瞿如，叫声就是它的名字。

《山海经·南山经》：

东五百里，曰祷过之山……有鸟焉，其状如鵁，而白首、三足、人面，其名曰瞿如，其鸣自号也。[②]

《三才图会·鸟兽二卷》：

祷过山有鸟，狀如鵁，似凫脚而小，长尾，白首，三面，二足。名曰瞿如，其鸣自呼。

《文林妙锦》：

祷过山有鸟，狀如鵁，似凫脚而小，延尾，白首，三面，二足。名曰瞿如，其名亦自呼。

---

① 王圻、王思义编集：《三才图会》，上海古籍出版社，1988年，第2194页；刘双松：《文林妙锦万宝全书》（卷四），万历四十年书林安正堂刊本，第9页。

② 袁珂：《山海经校注》，北京联合出版公司，2013年，第14页。

如有鳥
雖似龜
禍過二
洪如畫
脚小而
白者三
足名曰
其鳴自呼
曰雚如

14. 鶒①

**词书：**

此鳥がくと　名づくる也

**释文：**

此鳥鶒と名付くる也。

**翻译：**

此鸟名叫鶒。

**《山海经·西山经》：**

又西二百二十里，曰三危之山……有鳥焉，一首而三身，其狀如鶒，其名曰鴟。②

**《三才图会·鸟兽二卷》：**

三危山有鳥，一首三身，狀如雕，黑文而赤頸，名曰鶒。

**《文林妙锦》：**

一首三身，狀如雕，黑紋而赤頸，名曰鶒。


15. 絜钩③

**词书：**

磹山鳥あり　けいきんと名　づく出る時は　国しつゑきお　ほし

**释文：**

磹山鳥あり、絜鈎と名付く。出る時は、国疾疫多し。

**翻译：**

磹山有鸟，名叫絜钩。它出现的时候，国家会频繁发生疫病。

**《山海经·东山经》：**

又南五百里，曰磹山……有鳥焉，其狀如鳧而鼠尾，善登木，其名曰絜鈎，見則其國多疫。④

**《三才图会·鸟兽二卷》：**

磹山<sub>磹，音真</sub>有鳥，狀如鳧而鼠尾，善登木，名曰潔鈎，見則国多疾疫。

---

① 王圻、王思义编集：《三才图会》，上海古籍出版社，1988年，第2193页；刘双松：《文林妙锦万宝全书》（卷四），万历四十年书林安正堂刊本，第6页。

② 袁珂：《山海经校注》，北京联合出版公司，2013年，第48页。

③ 王圻、王思义编集：《三才图会》，上海古籍出版社，1988年，第2192页；刘双松：《文林妙锦万宝全书》（卷四），万历四十年书林安正堂刊本，第6页。

④ 袁珂：《山海经校注》，北京联合出版公司，2013年，第100页。

樂鳥　有鳥焉　其狀如雞　三首三尾六目而三足　名曰樂　食之無臥
赤頸

鸐 音狄

有鳥而木
狀如雉
雉善鬥
見則國多疫
鼠尾白㴱
名曰鸐

**《文林妙锦》：**

硾<sup>音真</sup>山有鸟，状如凫而鼠尾，善登木，名曰絜钩，见则国多疾疫。

16. 神陆①

**词书：**

こんろんのたり　てん帝のしん　しんろくとなつ　くるあり

**释文：**

崑崙のたり、天帝の神、神陸と名付くるあり。

**翻译：**

昆仑的左面是天帝的神明，名叫神陆。

**《山海经·西山经》**

西南四百里，曰昆仑之丘，是实惟帝之下都，神陆吾司之。其神状虎身而九尾，人面而虎爪；是神也，司天之九部及帝之囿时。②

**《三才图会·人物十四卷》**

昆仑之丘，有天帝之神曰神陆，一名坚吾，其状虎身、人面、九首，司九域之。

**《文林妙锦》：**

昆仑之左③，天帝之神，曰神陆，一云坚吾。其状虎身、九首、人面，司九域之事。

17. 鹊神④

**词书：**

しやく山の神　しやくしんとな　つく

**释文：**

鹊山の神、鹊神と名付く。

---

① 王圻、王思义编集：《三才图会》，上海古籍出版社，1988年，第869页；刘双松：《文林妙锦万宝全书》（卷四），万历四十年书林安正堂刊本，第4页。
② 袁珂：《山海经校注》，北京联合出版公司，2013年，第42页。
③ 应为"昆仑之丘"，"左"为"丘"的误写。
④ 王圻、王思义编集：《三才图会》，上海古籍出版社，1988年，第870页；刘双松：《文林妙锦万宝全书》（卷四），万历四十年书林安正堂刊本，第4页。

昆崙之丘有神人面虎身有文有尾皆白處之其下有弱水之淵環之其外有炎火之山投物輒然其中有人戴勝虎齒有豹尾穴處名曰西王母此山萬物盡有
（『山海經』「大荒西經」）

陸吾　崑崙之丘、天帝之下都、神陸吾司之。其神狀虎身而九尾、人面而虎爪。是神也、司天之九部及帝之囿時。

鸙山之神其狀龍身而鳥首
祠之禮毛瘞用一藻玉瘞

鵁神

**翻译：**

鹊山之神，名叫鹊神。

**《山海经·南山经》：**

凡鹊山之首，自招摇之山，以至箕尾之山，凡十山，二千九百五十里。其神状皆鸟身而龙首，其祠之礼：毛用一璋玉瘗，糈用稌米，一璧，稻米，白菅为席。①

**《三才图会·人物十四卷》**

鹊山之神，其状鸟身龙首，古者祠之，礼用璋璧以献。

**《文林妙锦》：**

鹊山之神，鸟身龙首，古者祠之，礼用璋璧以献。

18. 毕方鸟②

**词书：**

義しやう山に　鳥ありひはう　てうとなつくかん武てい　の時あしひとつある鶴を　さゝけることあり東方さく　かいはく卑はう鳥といふといへり

**释文：**

義章山に鳥あり、卑方鳥と名付く。漢武帝の時足一つある鶴を献げることあり。東方朔が曰く：「卑方鳥と言ふ。」と言へり。

**翻译：**

义章山有鸟，名叫卑方鸟。汉武帝的时候，有人进献独足鹤，东方朔说："这是卑方鸟。"

**《山海经·西山经》：**

又西二百八十里，曰章莪之山……有鸟焉，其状如鹤，一足，赤文青质而白喙，名曰毕方，其鸣自叫也，见则其邑有讹火。③

**《山海经·海外南经》：**

毕方鸟在其东，青水西，其为鸟人面一脚。一曰在二八神东。④

---

① 袁珂：《山海经校注》，北京联合出版公司，2013年，第7页。
② 王圻、王思义编集：《三才图会》，上海古籍出版社，1988年，第2171页；刘双松：《文林妙锦万宝全书》（卷四），万历四十年书林安正堂刊本，第4页。
③ 袁珂：《山海经校注》，北京联合出版公司，2013年，第46—47页。
④ 袁珂：《山海经校注》，北京联合出版公司，2013年，第176页。

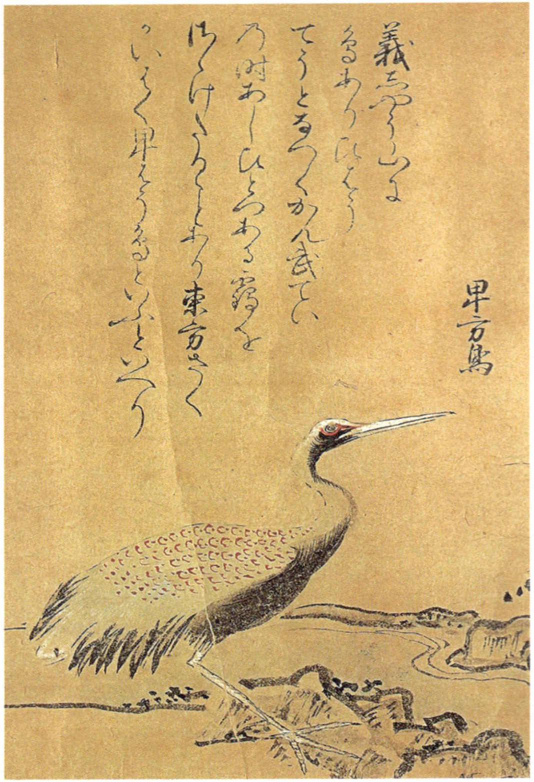

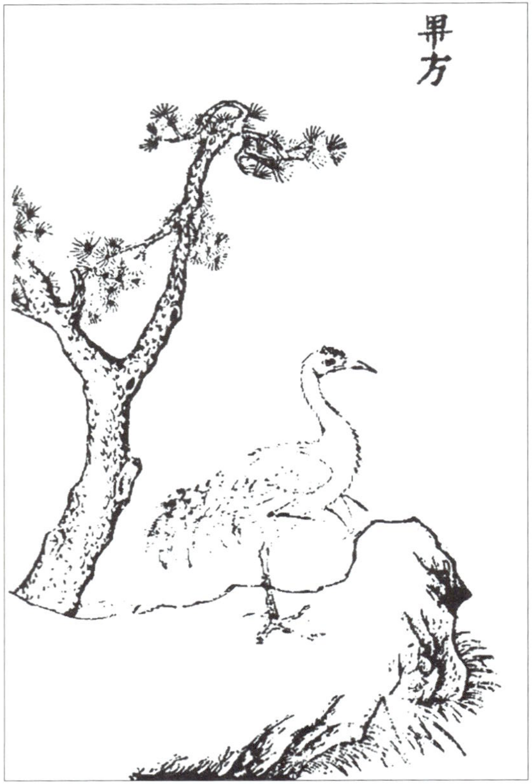
畢方

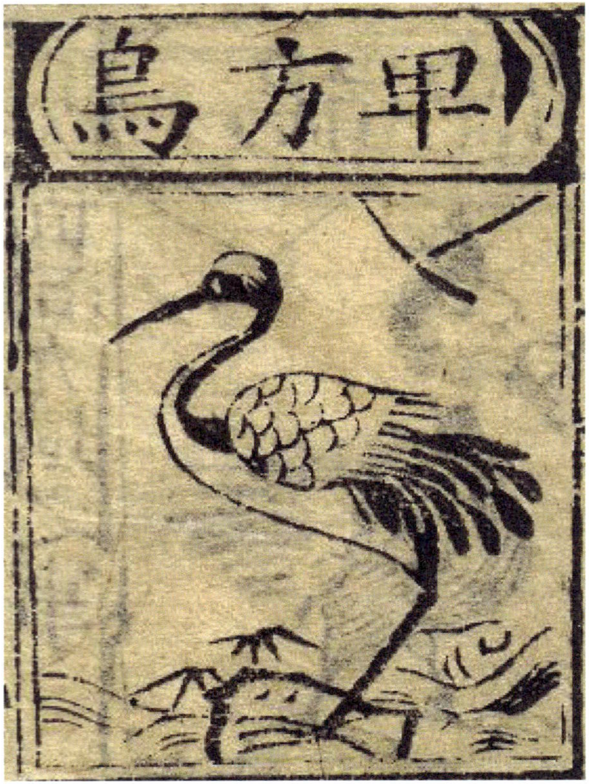
畢方鳥

**《山海经·海内西经》：**

弱水、青水出西南隅，以东，又北，又西南，过毕方鸟东。①

**《三才图会·鸟兽一卷》：**

义章山有鸟，状如鹤，一足，赤文白喙，名曰毕方，见则有寿。《尚书实》②云："汉武帝有献独足鹤者，人皆以为异。东方朔奏曰：'《山海经》云毕方鸟也。'验之果是。"

**《文林妙锦》：**

义章山有鸟，状如鹤，一足，赤纹白喙，名曰卑方鸟，见则有寿。《尚书实》云："汉武帝时，有献独足鹤者，人皆以为怪异。东方朔奏曰：'《山海经》云卑方鸟也。'验之果是。"

19. 玄鹤③

**词书：**

雷山にけんくわく　といふありくろき　所うるしのことし　いのち三百六十さい黄ていこん　ろん山にかくならふ時　とひかける

**释文：**

雷山に玄鹤と言ふあり、黒き所漆の如し、命三百六十歳。黄帝崑崙山に楽習ふ時、飛ひ翔る。

**翻译：**

雷山有叫玄鹤的（鸟），（身上）黑色的地方就像漆一样，寿命三百六十岁。黄帝在昆仑山习乐的时候，有玄鹤飞翔。

**《山海经》：** 无

**《三才图会·鸟兽一卷》：**

雷山有玄鹤者，粹黑如漆，其寿满三百六十岁，则色纯黑。王者有音乐之节则至。昔黄帝习乐于昆仑山，有玄鹤飞翔。

**《文林妙锦》：**

雷山有玄鹤者，粹黑如漆，其寿满三百六十岁，则色纯黑。王者以昔④乐之

---

① 袁珂：《山海经校注》，北京联合出版公司，2013年，第260页。
② 应为《尚书故实》。
③ 王圻、王思义编集：《三才图会》，上海古籍出版社，1988年，第2158页；刘双松：《文林妙锦万宝全书》（卷四），万历四十年书林安正堂刊本，第6页。
④ "以昔"为"有音"之误。

附录二 | 297

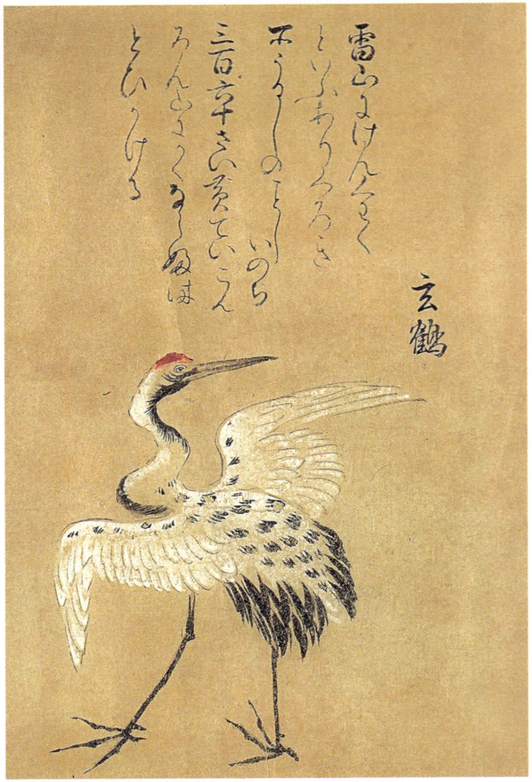
玄鶴

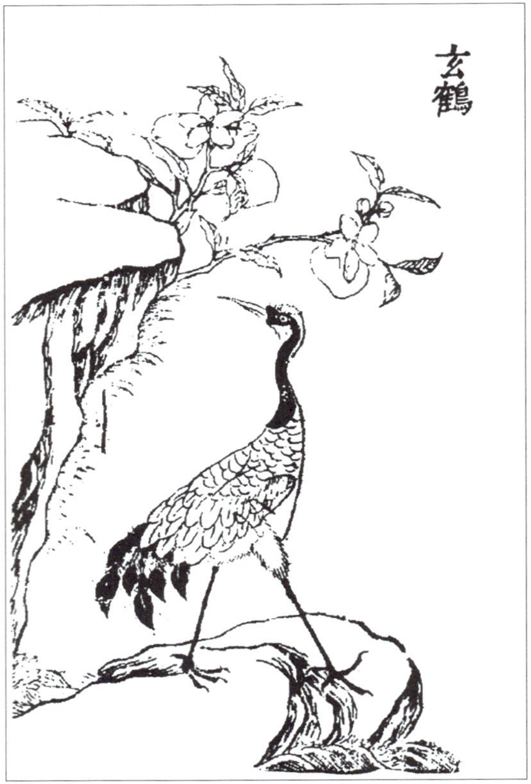
玄鶴

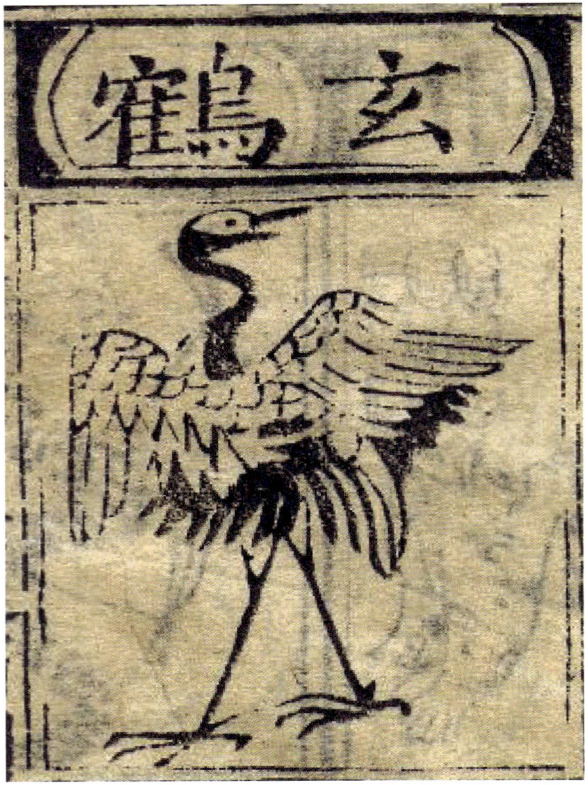
玄鶴

节则至。昔黄帝习乐于昆仑山，有玄鹤飞翔。

20. 鸾[①]

**词书：**

ちよしやう山鳥　ありらんとなつく　あらはるれは天下　たいらかなり

**释文：**

女牀山鳥あり、鸞と名付く。現るれば、天下平らかなり。

**翻译：**

女牀山有鸟，名叫鸾。它一出现，就会天下太平。

**《山海经·西山经》：**

西南三百里，曰女牀之山……有鸟焉，其状如翟而五采文，名曰鸾鸟，见则天下安宁。[②]

**《三才图会·鸟兽一卷》：**

《说文》云："鸾，神灵之精也。赤色，五采，鸡形。鸣中五音，颂声作则至。"一曰青凤为鸾，鸾，雌曰和，雄曰鸾。旧曰鸾血作膠可续弓弩、琴瑟之弦。或曰鸾，凤之亚也，始生类凤，久则五采变易。当上古时，鸾舆顺动，此鸟辄集车上，雄鸣于前，雌应于后。后世不能致，作和鸾以象之。因谓之鸾仗。[③]

**《文林妙锦》：**

女来山[④]有鸟，状如翟，玉乘毕备。身如雉而尾长，名曰鸾，见则天下太平。周成王时，西戎曾将来献。[⑤]

21. 比翼鸟[⑥]

**词书：**

けつこう国に　ひよくてう有　ふたつの鳥あは　せてとふわう　しやかう/\のとく　ある時出るなり

---

① 王圻、王思义编集：《三才图会》，上海古籍出版社，1988年，第2156页；刘双松：《文林妙锦万宝全书》（卷四），万历四十年书林安正堂刊本，第7页。
② 袁珂：《山海经校注》，北京联合出版公司，2013年，第31页。
③ 王圻、王思义编集：《三才图会》，上海古籍出版社，1988年，第2156页。
④ 应为"女牀山"。
⑤ 刘双松：《文林妙锦万宝全书》（卷四），万历四十年书林安正堂刊本，第7页。
⑥ 王圻、王思义编集：《三才图会》，上海古籍出版社，1988年，第2157页；刘双松：《文林妙锦万宝全书》（卷四），万历四十年书林安正堂刊本，第6页。

附录二 | 299

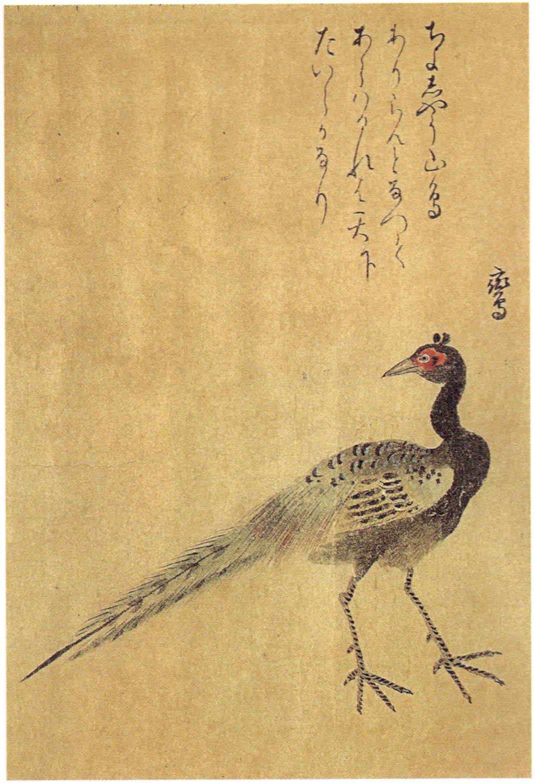
鸞

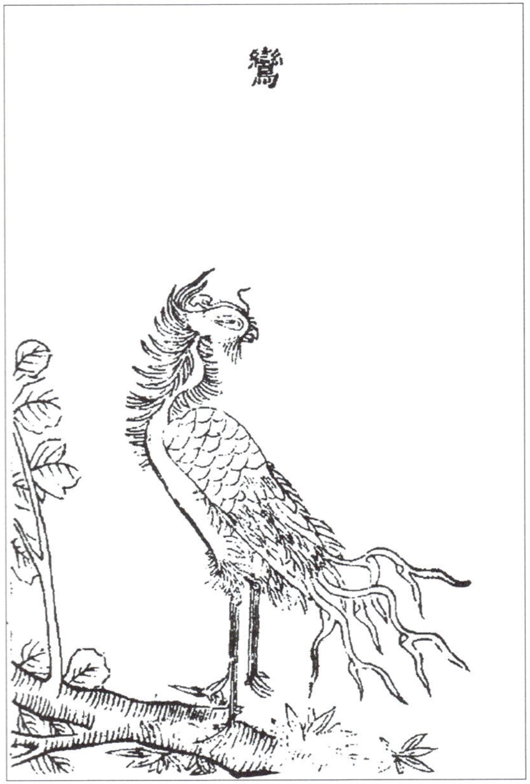
鸞

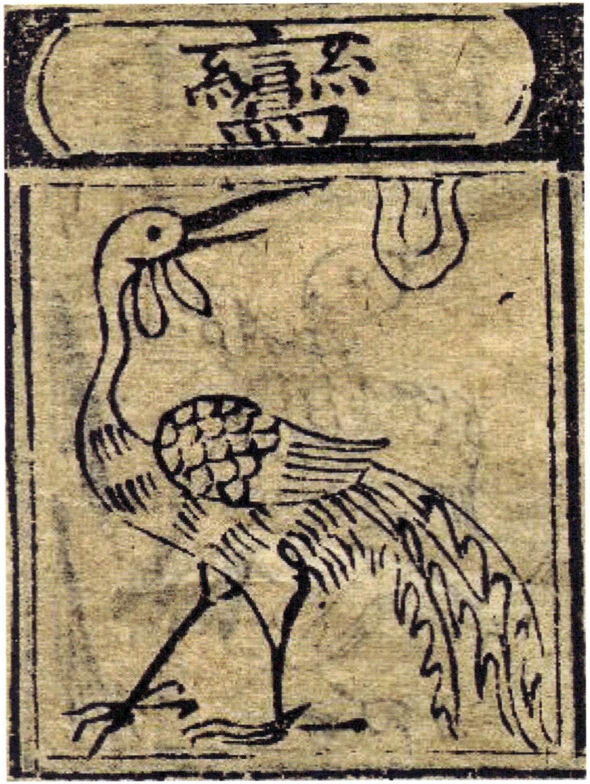
鸞

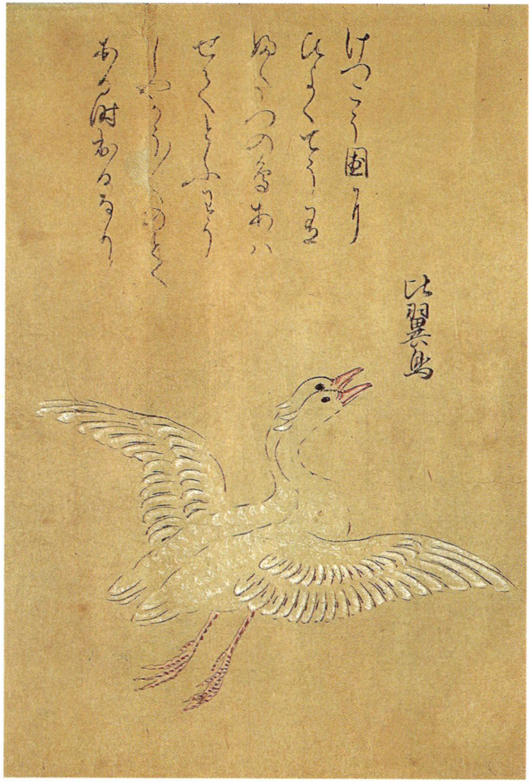
比翼鳥

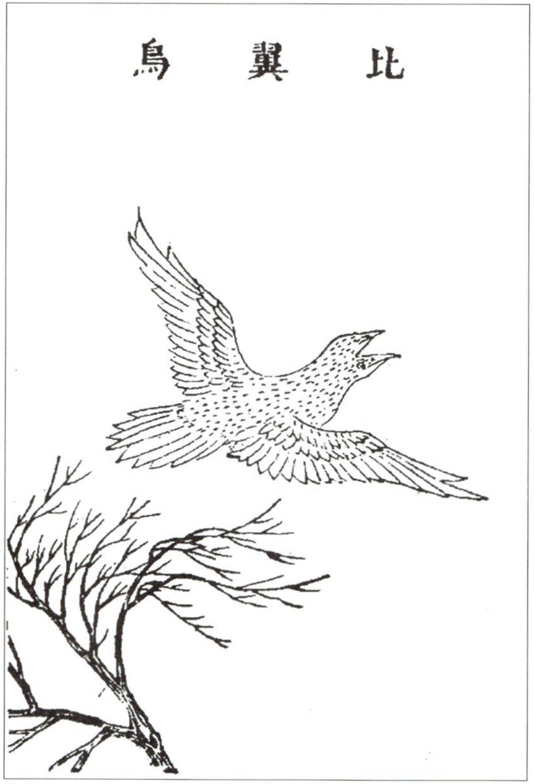
比翼鳥

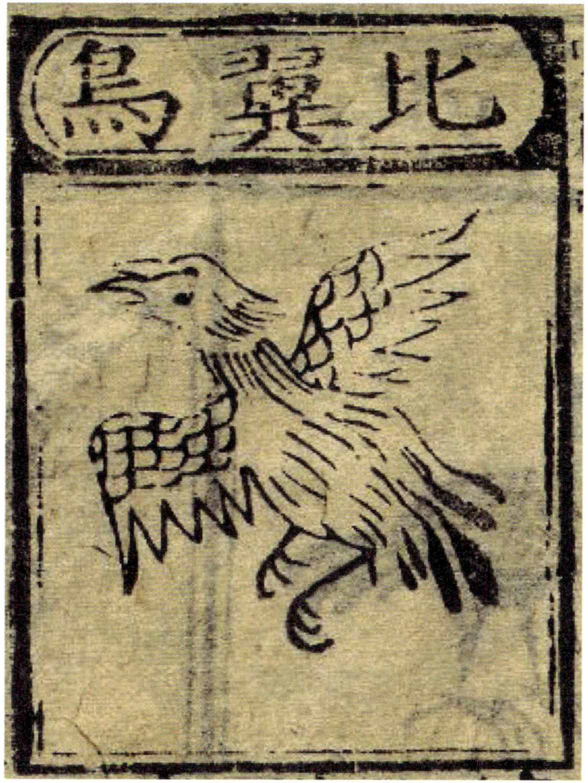
比翼鳥

**释文：**

結こう国に比翼鳥有、二つの鳥合はせて飛ぶ。王者孝行の徳ある時出るなり。

**翻译：**

结勾国有比翼鸟，两只鸟合起来才能飞。如果王者有孝行之德，它就会出现。

**《山海经·西山经》：**

《西次三经》之首，曰崇吾之山……有鸟焉，其状如凫，而一翼一目，相得乃飞，名曰蛮蛮，见则天下大水。①

**《山海经·海外南经》**

比翼鸟在其东，其为鸟青、赤，两鸟比翼。一曰在南山东。羽民国在其东南，……一曰在比翼鸟东南……②

**《三才图会·鸟兽一卷》：**

结胷国有比翼鸟。《尔雅》云："南方有比翼鸟，不比不飞，谓之鹣鹣。"注云："似凫，青赤色，一目一翼，相得乃飞。"王者有孝德于幽远则至。

**《文林妙锦》：**

结胸国有比翼鸟。《尔雅》云："南方有比翼鸟，不比不飞，谓之鹣鹣。"注云："似凫，其状一目一翼，而青赤色，相得乃飞。"王者有孝德幽远，则其禽乃至矣。

22. 疎斯③

**词书：**

くわんたい山　鳥あり人をみ　ては則をどる　そきと名つ　くるなり

**释文：**

灌題山鳥あり、人を見ては則踊る。疎きと名付くるなり。

**翻译：**

灌题山有鸟，见到人就会跳跃，名叫疎斯。

---

① 袁珂：《山海经校注》，北京联合出版公司，2013年，第35页。
② 袁珂：《山海经校注》，北京联合出版公司，2013年，第175页。
③ 王圻、王思义编集：《三才图会》，上海古籍出版社，1988年，第2195页；刘双松：《文林妙锦万宝全书》（卷四），万历四十年书林安正堂刊本，第6页。

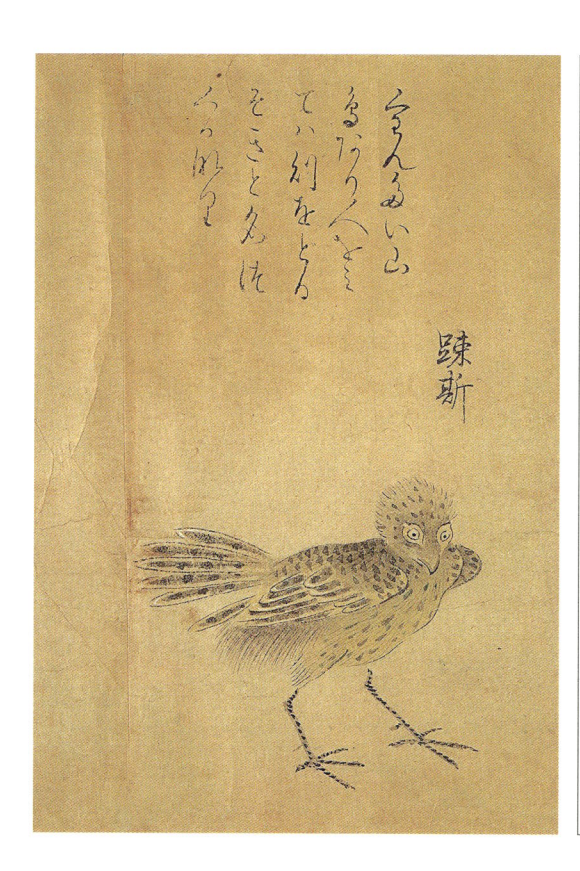

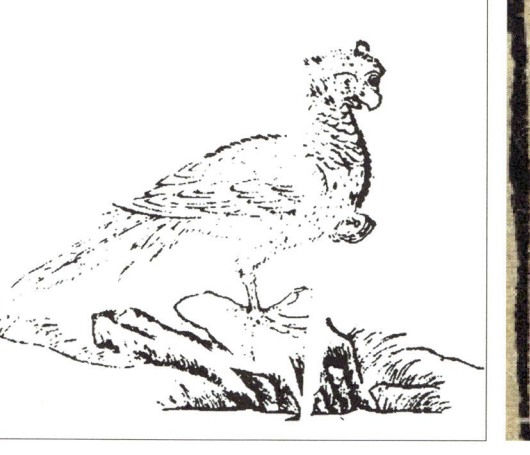

竦斯有鳥焉其狀如雌雉而人面見人則躍其名自呼曰竦斯鳴

《山海经·北山经》：

又北三百二十里，曰灌题之山……有鸟焉，其状如雌雉而人面，见人则跃，名曰竦斯，其名自呼也。①

《三才图会·鸟兽二卷》：

灌题山有鸟，状如雌雉，反面，见人乃跃，名曰竦斯，其名自呼。

《文林妙锦》：

灌题山有鸟，状如雌雉，反面，见人乃跃，名曰竦斯，自名自呼。

23. 强良②

**词书**：

大くはうの中きた　にしんありきやう　りやうといふ

**释文**：

大荒の中、北に神あり、強良と言ふ。

**翻译**：

大荒之中，北面有神，名叫强良。

《山海经·大荒北经》：

大荒之中，有山名曰北极天柜，海水北注焉。……又有神衔蛇操蛇，其状虎首人身，四蹄长肘，名曰彊良。③

《三才图会·鸟兽四卷》：

大荒山北极外，有（神）口衔蛇，其状虎首人身，四蹄长肘，名强良。

《文林妙锦》：

大荒之中，山名北极，有神唧④蛇，其状虎首人身，四蹄长肘，名曰强良。

---

① 袁珂：《山海经校注》，北京联合出版公司，2013年，第66—67页。
② 王圻、王思义编集：《三才图会》，上海古籍出版社，1988年，第2237页；刘双松：《文林妙锦万宝全书》（卷四），万历四十年书林安正堂刊本，第2页。
③ 袁珂：《山海经校注》，北京联合出版公司，2013年，第359页。
④ "唧"即"衔"。

強良

大荒北極外有強良衔蛇其状
虎首人身四蹄長肘名強良

24. 神魃①

**词书：**

かう山にしんはつ　といふものあり

**释文：**

剛山に神魃と言ふものあり。

**翻译：**

刚山有被称作神魃者。

**《山海经·西山经》：**

又西百二十里，曰刚山……刚水出焉，北流注于渭。是多神䰩，其状人面兽身，一足一手，其音如钦。②

**《三才图会·鸟兽四卷》：**

刚山多神魃，亦魑魅之类，其状人面兽身，一手一足，所居处无雨。

**《文林妙锦》：**

刚山多神魃，亦魑魅之类，其状人面兽身，一手一足，所居处无雨。


25. 奢尸③

**词书：**

大人こくにしや　ひのししんしや　しとなつく

**释文：**

大人国に奢比の尸神、奢尸と名付く。

**翻译：**

大人国有奢比之尸神，名叫作奢尸。

**《山海经·海外东经》：**

大人国在其北……奢比之尸在其北，兽身、人面、大耳，珥两青蛇。一曰肝榆之尸在大人北。④

---

① 王圻、王思义编集：《三才图会》，上海古籍出版社，1988年，第2237页；刘双松：《文林妙锦万宝全书》（卷四），万历四十年书林安正堂刊本，第3页。

② 袁珂：《山海经校注》，北京联合出版公司，2013年，第54页。

③ 王圻、王思义编集：《三才图会》，上海古籍出版社，1988年，第871页；刘双松：《文林妙锦万宝全书》（卷四），万历四十年书林安正堂刊本，第3页。

④ 袁珂：《山海经校注》，北京联合出版公司，2013年，第225页。

神魖　亦

神魖多其状
剛山多神魖
人面獸身
一手
兩足所居無草木

奢尸

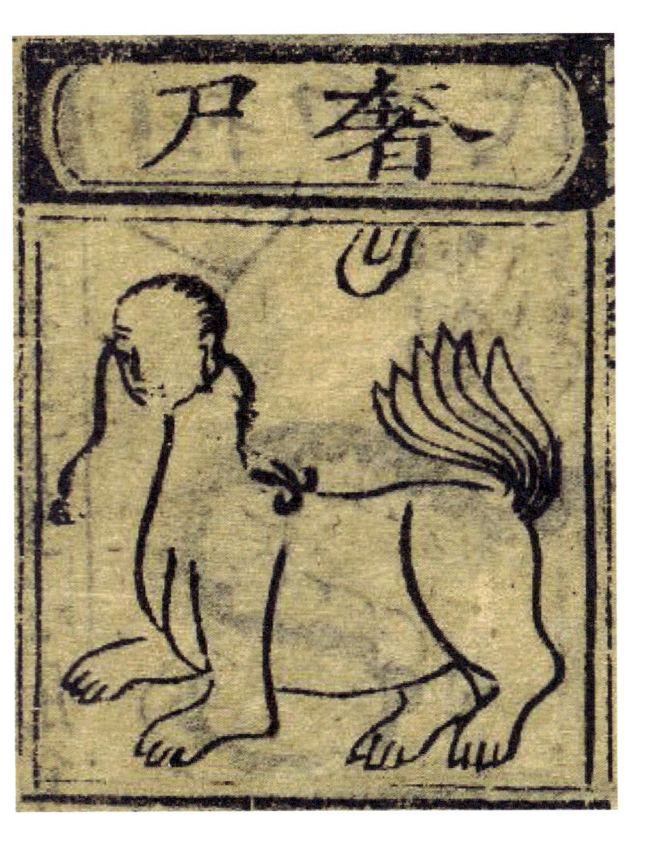

奢尸大獸此國名 人面兩蛇身 耳珥兩青蛇 以青蛇貫耳 命之奢尸

奢尸

《山海经·大荒东经》：

有神，人面、犬耳、兽身，珥两青蛇，名曰奢比尸。①

《三才图会·人物十四卷》：

奢比之尸，神名。在大人国北，兽身、人面、大耳。珥两青蛇，以蛇贯耳，云肝俞之尸。

《文林妙锦》：

奢比之尸，神名。在大人国北，兽身人首，人面大耳，珥两青蛇。以虮贯耳，云肝俞之尸。


26. 烛阴②

**词书：**

せうさんに神あり③　しよくいんとなつく　風しんなりみる事　ひるたりなく事　よるたりのますく　らはすしてそくき也

**释文：**

鍾山に神あり、燭陰と名付く、風神なり。視る事昼たり、鳴く事夜たり、飲ず食らはずして、息気也。

**翻译：**

钟山有神，名叫烛阴，是风神。它（睁开眼）看的话就是白昼，鸣叫的话就是黑夜。它不饮不食，呼吸产生气息。

《山海经·海外北经》：

钟山之神，名曰烛阴，视为昼，瞑为夜，吹为冬，呼为夏，不饮，不食，不息，息为风，身长千里。在无䏿之东。其为物，人面，蛇身，赤色，居钟山下。④

《山海经·大荒北经》：

西北海之外，赤水之北，有章尾山。有神，人面蛇身而赤，直目正乘，其瞑乃晦，其视乃明，不食不寝不息，风雨是谒。是烛九阴，是谓烛龙。⑤

---

① 袁珂：《山海经校注》，北京联合出版公司，2013年，第303页。
② 王圻、王思义编集：《三才图会》，上海古籍出版社，1988年，第870页；刘双松：《文林妙锦万宝全书》（卷四），万历四十年书林安正堂刊本，第2页。
③ 伊藤清司、矶部祥子在"翻刻"此处时未空格，特予修正。
④ 袁珂：《山海经校注》，北京联合出版公司，2013年，第209页。
⑤ 袁珂：《山海经校注》，北京联合出版公司，2013年，第369页。

西北海外，鍾山有神，名曰燭陰，視為晝，瞑為夜，吹為冬，呼為夏，不飲不食不息，息為風，身長千里，其狀人面龍身赤色。

**《三才图会·人物十四卷》：**

北海外，钟山有神，名曰烛阴，视为昼，瞑为夜，吹为冬，呼为夏，不饮不食，息气则为风，身长百里，其状人面龙身，赤色。

**《文林妙锦》：**

烛阴者，乃是北海之外，钟山有神[1]，名曰烛阴。其视为昼，其鸣为夜，其吹为冬，其呼为夏，不饮、不食，息气也，则为风。身长百里，其状人面龙身，赤色，居钟山之下。

27. 帝江[2]

**词书：**

天山に神あり自　しよく歌舞すて　いこうとなつく

**释文：**

天山に神あり、自識歌舞す。帝江と名付く。

**翻译：**

天山有神，自识歌舞，名叫帝江。

**《山海经·西山经》：**

又西三百五十里，曰天山……有神焉，其状如黄囊，赤如丹火，六足四翼，浑敦无面目，是识歌舞，实为帝江也。[3]

**《三才图会·人物十四卷》：**

天山有神，形状如皮囊，背上赤黄如火，六足四翼，混沌无面目，自识歌舞，名曰帝江。

**《文林妙锦》：**

天山之中有神，其形状如皮囊，背上赤黄如火，故云射[4]色黄而精光赤也，生有六足四翼，混沌无面目，自识歌舞，名曰帝江。

---

[1] 此句不通，前面有"乃是"，因此怀疑"钟山有神"应为"钟山之神"。
[2] 王圻、王思义编集：《三才图会》，上海古籍出版社，1988年，第871页；刘双松：《文林妙锦万宝全书》（卷四），万历四十年书林安正堂刊本，第2页。
[3] 袁珂：《山海经校注》，北京联合出版公司，2013年，第49页。
[4] "射"应为"身"的误写。

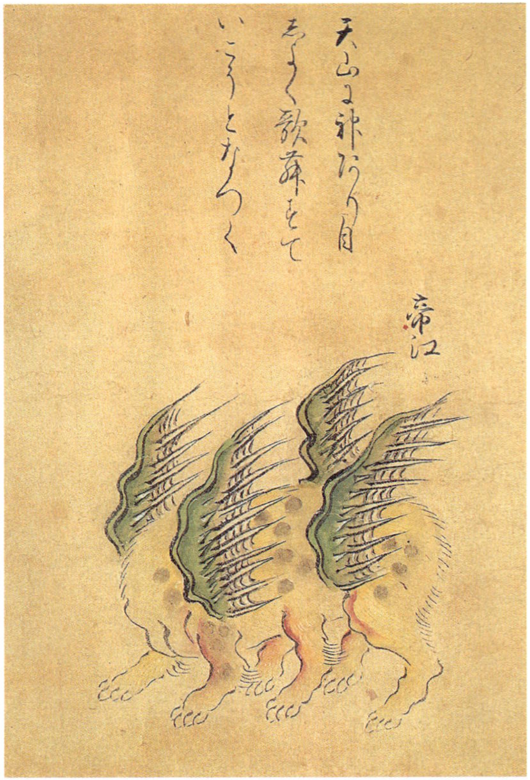

蠪

天山有神形
狀如䕩眚
上赤黃如火泚
六足四目
池雖無名
蒲識歌舞
江

天山有神　形狀如黃囊　赤如丹火　六足四翼　渾敦無面目　是識歌舞　實惟帝江也

28. 相抑氏[①]

词书：

こんろんの北に　うりの東さうよ　くしといふもの　あり

释文：

崑崙の北、柔利の東、相抑氏と言ふ者あり。

翻译：

昆仑的北边，柔利的东边，有被称作相抑氏的（怪物）。

《山海经·海外北经》：

共工之臣曰相柳氏，九首，以食于九山。相柳之所抵，厥为泽谿。禹杀相柳，其血腥，不可以树五谷种。禹厥之，三仞三沮，乃以为众帝之台。在昆仑之北，柔利之东。相柳者，九首人面，蛇身而青。不敢北射，畏共工之台。台在其东。台四方，隅有一蛇，虎色，首冲南方。[②]

《山海经·大荒北经》：

共工臣名曰相繇，九首蛇身，自环，食于九土。其所歍所尼，即为泽源，不辛乃苦，百兽莫能处。禹湮洪水，杀相繇，其血腥臭，不可生谷，其地多水，不可居也。禹湮之，三仞三沮，乃以为池，群帝是因以为台。在昆仑之北。[③]

《三才图会·人物十四卷》：

昆仑之北，柔利之东，有相抑氏者，共工之臣也。九首人面，蛇身青色，不敢北射，畏共之台。台四方，隅尽蛇。虎之形，首向南方。

《文林妙锦》：

昆仑之北，柔利之东，有相抑氏者，共工之臣也。其状九首人面，蛇身青色，不敢北射，畏共之台。宪四方，隅尽蛇。虎之形，但行立，首向南方。

29. 蟹擤[④]

词书：

陽山にしんしやあ　りふくいとなつく　あらはるゝときんは　其国大に

---

① 王圻、王思义编集：《三才图会》，上海古籍出版社，1988年，第871页；刘双松：《文林妙锦万宝全书》（卷四），万历四十年书林安正堂刊本，第3页。
② 袁珂：《山海经校注》，北京联合出版公司，2013年，第211页。
③ 袁珂：《山海经校注》，北京联合出版公司，2013年，第361页。
④ 王圻、王思义编集：《三才图会》，上海古籍出版社，1988年，第2250页；刘双松：《文林妙锦万宝全书》（卷四），万历四十年书林安正堂刊本，第3页。

附录二　| 313

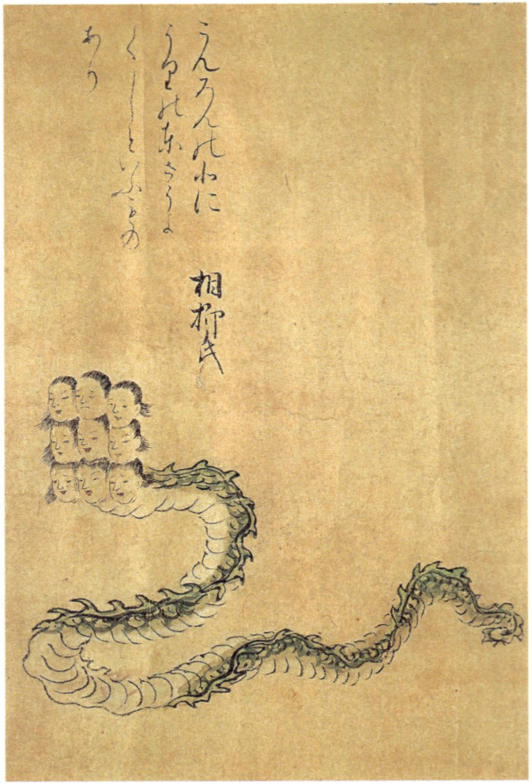

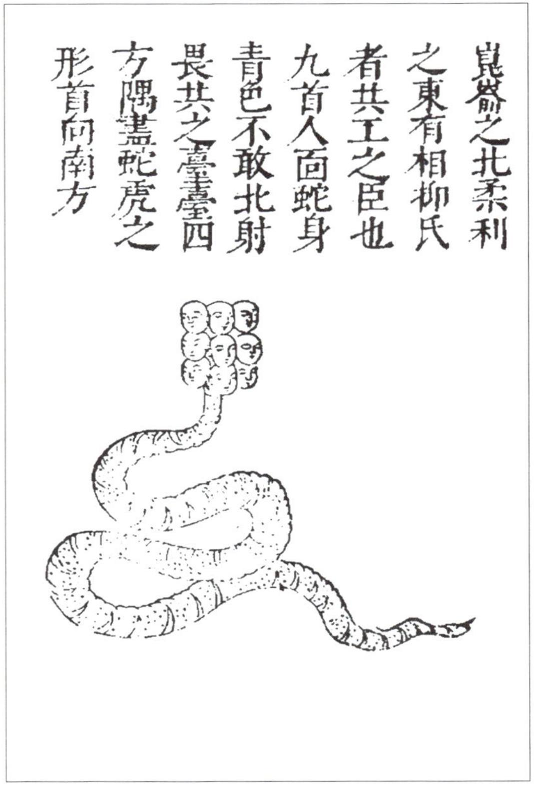

此柔利氏
之東有相柳氏
九首人面蛇身
青色不敢北射
畏共工之臺臺
在其東共工之臣也
首皆自食于九山
方陶畫盡蛇虺之
形首向南方

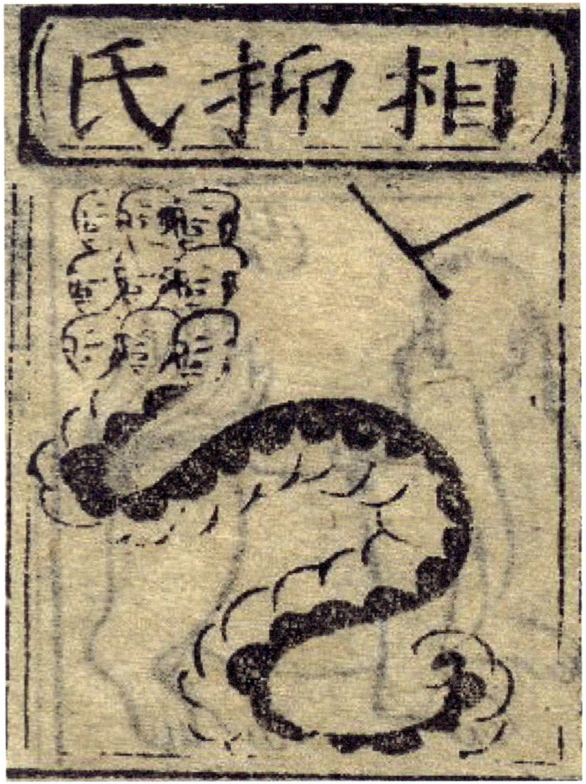

騰蛇

陽山有神蛇名曰騰蛇
一首兩身六足四翼見
則其國大旱湯時見

ひてり　す湯王の時に出て　九ねんひてりす

**释文：**

陽山に神蛇あり、蜚遺と名付く、現わるる時んは其国大に旱す。湯王の時に出て、九年旱す。

**翻译：**

阳山有神蛇，名叫蜚遺，它出现的时候，国家会发生大旱灾。汤王的时候（蜚遺）曾出现过，（天下连续）九年干旱。

**《山海经·西山经》：**

又西六十里，曰太华之山……<u>有蛇焉</u>，<u>名曰肥蟥</u>，六足四翼，<u>见则天下大旱</u>。[①]

**《三才图会·鸟兽五卷》：**

<u>阳山有神蛇，名曰蜚蟥</u>，一首两身，六足四翼，<u>见则其国大旱，汤时见</u>。

**《文林妙锦》：**

<u>阳山之中有神蛇，名曰蜚</u><sup>音蜚</sup><u>蟥</u>，其状如蛇，一首两身，六足四翼，<u>见则其国大旱，汤时曾见此神出焉</u>。

30. 鼓 [②]

**词书：**

鍾山の神をこ鼓となつくる有

**释文：**

鍾山の神を鼓と名付くる有。

**翻译：**

钟山的神，名叫鼓。

**《山海经·西山经》：**

又西北四百二十里，曰钟山，其子曰鼓，其状如人面而龙身，是与钦䲹杀葆江于昆仑之阳，帝乃戮之钟山之东曰嶢崖，钦䲹化为大鹗，其状如雕而黑文白首，赤喙而虎爪，其音如晨鹄，见则有大兵；鼓亦化为䳂鸟，其状如鸱，赤足而直喙，黄文而白首，其音如鹄，见则其邑大旱。[③]

---

[①] 袁珂：《山海经校注》，北京联合出版公司，2013年，第20页。

[②] 王圻、王思义编集：《三才图会》，上海古籍出版社，1988年，第869页；刘双松：《文林妙锦万宝全书》（卷四），万历四十年书林安正堂刊本，第4页。

[③] 袁珂：《山海经校注》，北京联合出版公司，2013年，第38页。

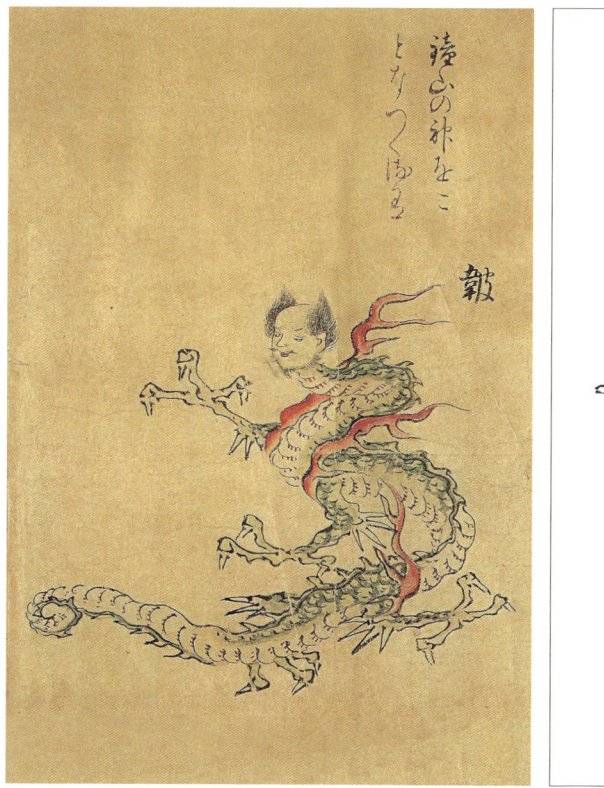

鍾山之神，名曰燭龍，視為晝，瞑為夜，人面而身。

《三才图会·人物十四卷》：

钟山之中有神，名曰鼓，其状龙身而人面。

《文林妙锦》：

钟山有神，名曰鼓，其状龙身而人面。


31. 白泽①

词书：

とうまう山に有　けた物はくたく　と名づくよくもの　いふ王者とくあ
きら　かにしてとをきに及　へは出る黄帝かり　して　これをうる鳥の語に
て　かいをのかる

释文：

東望山に有獣、白澤と名付く、よく物言ふ。王者徳明らかにして、遠き
に及べば出る。黄帝狩りして、これを得る、鳥の語にて、害を除かる。

翻译：

东望山有兽，名叫白泽，常常会言语。如果王者的德行能得到清楚的彰显，
并传播到远方，它就会出现。黄帝狩猎时，得到了它，它通过鸟语除害。

《山海经》：无

《三才图会·鸟兽四卷》：

东望山有泽兽者，一名曰白泽，能言语。王者有德，明照幽远则至。昔黄
帝巡狩至东海，此兽有言，为时除害。

《文林妙锦》：

东望山有泽兽者，一名曰白泽，能言语。王者有德，明照幽远则至也。昔
黄帝巡狩至东海，此兽有言，为时除害。


32. 驺虞②

词书：

林氏こくのうみ　にじんしうあり　なましき物をく　わす日に千里　を
ゆく紂これ　を得てしやくもん　ほろふ

---

① 王圻、王思义编集：《三才图会》，上海古籍出版社，1988 年，第 2223 页；刘双松：《文林妙
锦万宝全书》（卷四），万历四十年书林安正堂刊本，第 10 页。

② 王圻、王思义编集：《三才图会》，上海古籍出版社，1988 年，第 2203 页；刘双松：《文林妙
锦万宝全书》（卷四），万历四十年书林安正堂刊本，第 10—11 页。

白澤

白澤有獸
東望山有澤
者一名曰白澤
能言語王者有
德明照幽遠則
至昔黃帝巡狩
至東海此獸有
言為時除害

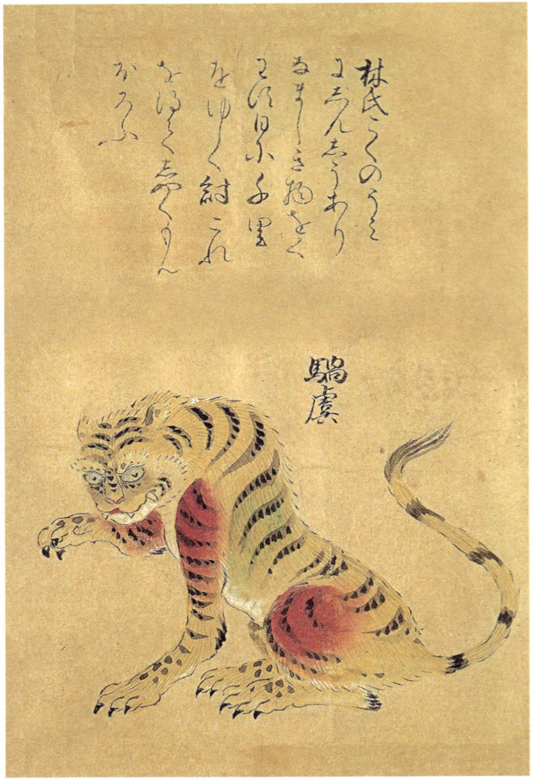
騶虞

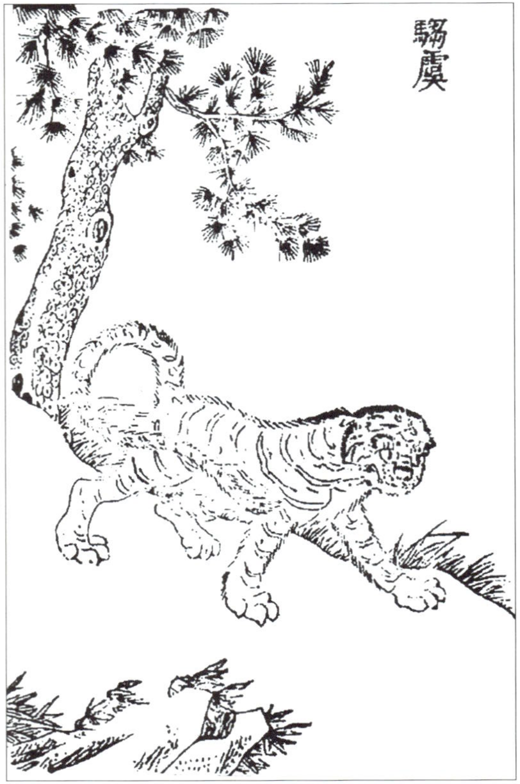
騶虞

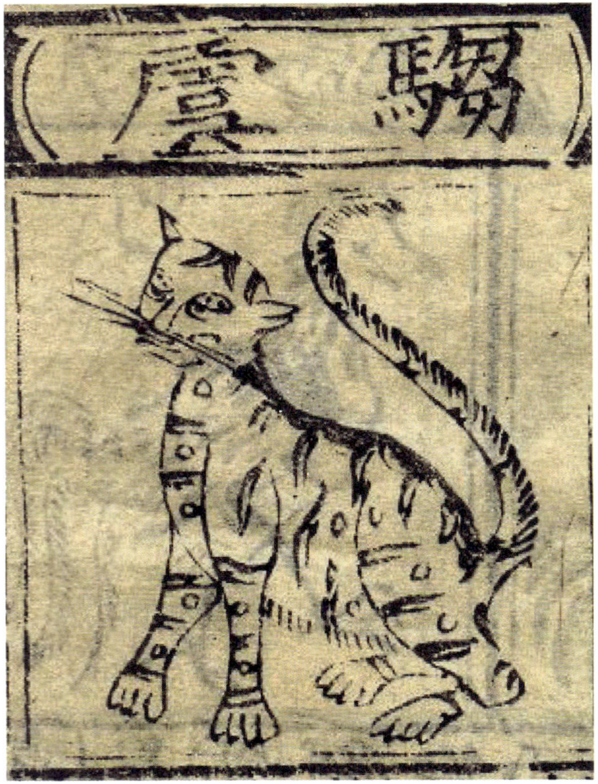
騶虞

**释文：**

林氏国の海に仁獣あり、生しき物を食わず、日に千里を行く。紂これを得て、釈文亡ぶ。

**翻译：**

林氏国的海上有仁兽，不吃活物，一日能行走千里。紂（王）得到了它，释文灭亡。

**《山海经·海内北经》：**

林氏国有珍兽，大若虎，五采毕具、尾长于身，名曰驺吾，乘之日行千里。①

**《三才图会》：**

林氏国在海外，有仁兽如虎，五采，尾长于身，不食生物，名曰驺虞，乘之日行千里。《六韬》云："紂囚文王，其臣闳夭求得此兽，献之紂，大悦，乃释文王。"

**《文林妙锦》：**

林氏国在海外，有仁兽如虎，五彩，尾长于身，不食生物，名曰驺虞，乘之日行千里。《六韬》云："紂囚文王，其臣问天求得此兽，献之紂，大悦，乃释文王。"


33. 穷奇 ②

**词书：**

てい山にけた　物あり名つけ　てきうきと　いふいといふけ　たものを　いぬ　かみあへはたすく　すくならぬは　よく　人をくらふ

**释文：**

てい山に獣あり、名付けて窮奇と言ふ。蝟と言ふ獣を犬噛み合へば助く。直ぐならぬは、よく人を食らふ。

**翻译：**

邽山有兽，名叫穷奇。如果名叫蝟的兽和狗相斗，（穷奇）就会帮助它。不正直的（穷奇）常食人。

---

① 袁珂：《山海经校注》，北京联合出版公司，2013年，第274页。
② 王圻、王思义编集：《三才图会》，上海古籍出版社，1988年，第2224页；刘双松：《文林妙锦万宝全书》（卷四），万历四十年书林安正堂刊本，第11页。

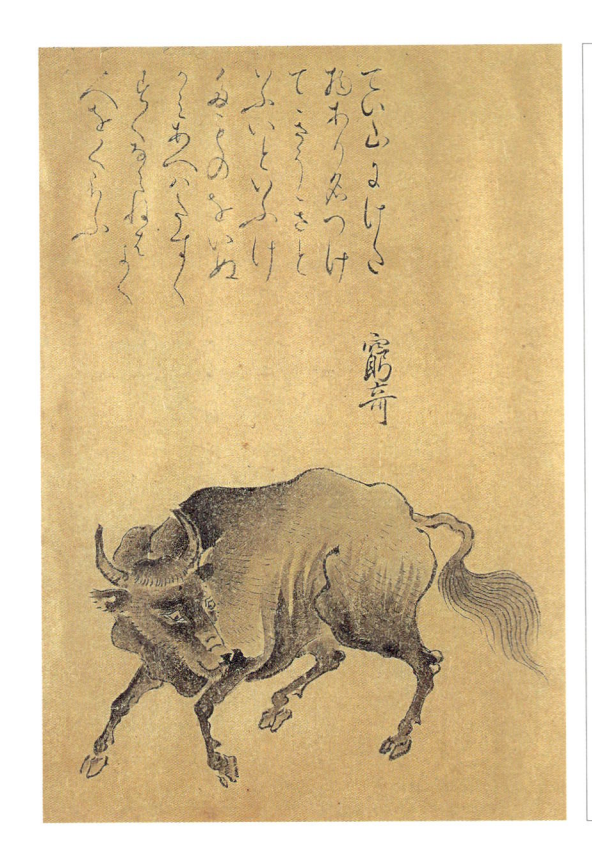

奇獸狀如馬有角毛音如助邦縣尾桐闢者名曰辣如不且不能食人亦奇

《山海经·西山经》：

又西二百六十里，曰邽山。其上有兽焉，其状如牛，蝟毛，名曰穷奇，音如獆狗，是食人。①

《山海经·海内北经》：

穷奇状如虎，有翼，食人从首始，所食被发，在蜪犬北。一曰从足。②

《三才图会》：

邽山有兽，状如牛，骡尾蝟毛，音如嗥狗，斗乃助③不直者，名曰穷奇，亦能食人。

《文林妙锦》：

邽山有兽，名曰穷奇，其形状如牛，骡尾蝟，嗥狗④，斗乃耳力不直者，能食人。


34. 类⑤

**词书：**

たんしゆ山に　るいといふけた　物あり

**释文：**

亶受山に类といふ獣あり。

**翻译：**

亶受山有名叫类的兽。

《山海经·南山经》：

又东四百里，曰亶爰之山，多水，无草木，不可以上。有兽焉，其状如狸而有髦，其名曰类，自为牝牡，食者不妒。⑥

《三才图会》：

亶受山有兽，状如貍，有发，名曰类，自为牝牡，食之能不妒。

《文林妙锦》：

亶受山有兽，状如泽，有发，名曰类，自为牝牡，食之而不妒。

---

① 袁珂：《山海经校注》，北京联合出版公司，2013年，第56页。
② 袁珂：《山海经校注》，北京联合出版公司，2013年，第271页。
③ "劦"即"助"，异体字。
④ 应为"骡尾蝟毛，音如嗥狗"，"毛""音如"三字漏刻。
⑤ 王圻、王思义编集：《三才图会》，上海古籍出版社，1988年，第2225页；刘双松：《文林妙锦万宝全书》（卷四），万历四十年书林安正堂刊本，第14页。
⑥ 袁珂：《山海经校注》，北京联合出版公司，2013年，第4页。

附录二 | 323

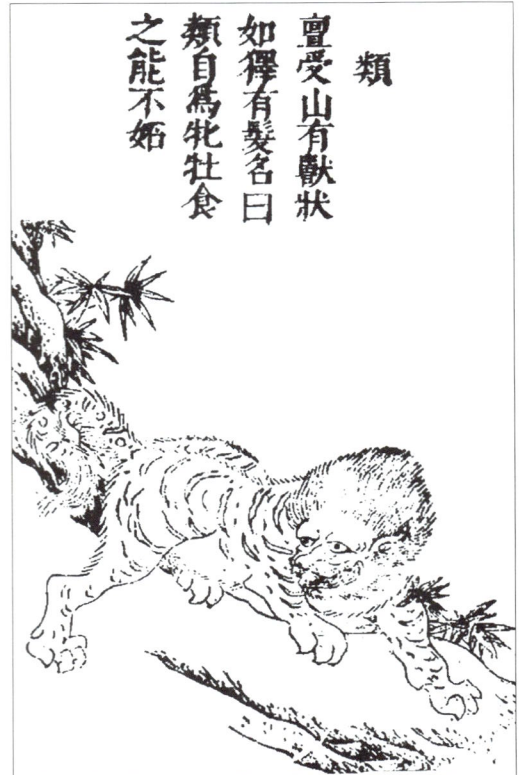

類 靈獸 山有獸
如 嬰兒 名曰
頰 目 為 牝 食
之 能 不 牡
姤 妬

35. 朱獳①

**词书：**

しゆじゆと　いふなくことみ　つからよはふ　あらはるれは　大に恐れあり

**释文：**

朱獳と言ふ、鳴くこと自ら呼ばふ、現はるれば、大（い）に恐②れあり。

**翻译：**

（有兽）叫作朱獳，叫声是自己的名字，它一出现，就会发生大的恐慌。

**《山海经·东山经》：**

又南三百里，曰耿山，无草木，多水碧，多大蛇。有兽焉，其状如狐而鱼翼，其名曰朱獳，其鸣自訆，见则其国有恐。③

**《三才图会》：**

耿山有兽，状如狐而鱼鬣，名曰朱獳，其鸣自呼，见则国有大恐。

**《文林妙锦》：**

耿山有兽，状如狐而鱼鬣，名曰朱儒，其鸣自呼，见则国有大恐。


36. 獂④

**词书：**

き山けたもの　ありていといふ　あらはるれば大　風あり

**释文：**

幾山獣あり、獂と言ふ、現はるれば大風あり。

**翻译：**

几山有兽，名叫獂，它一出现就会有大风。

**《山海经·中山经》：**

又东三百五十里，曰几山……有兽焉，其状如彘，黄身、白头、白尾，名曰闻獜，见则天下大风。⑤

---

① 王圻、王思义编集：《三才图会》，上海古籍出版社，1988 年，第 2233 页；刘双松：《文林妙锦万宝全书》（卷四），万历四十年书林安正堂刊本，第 14 页。
② 伊藤清司、矶部祥子将其识别为"怖"，笔者认为应为"恐"。
③ 袁珂：《山海经校注》，北京联合出版公司，2013 年，第 98 页。
④ 王圻、王思义编集：《三才图会》，上海古籍出版社，1988 年，第 2229 页；刘双松：《文林妙锦万宝全书》（卷四），万历四十年书林安正堂刊本，第 14 页。
⑤ 袁珂：《山海经校注》，北京联合出版公司，2013 年，第 163 页。

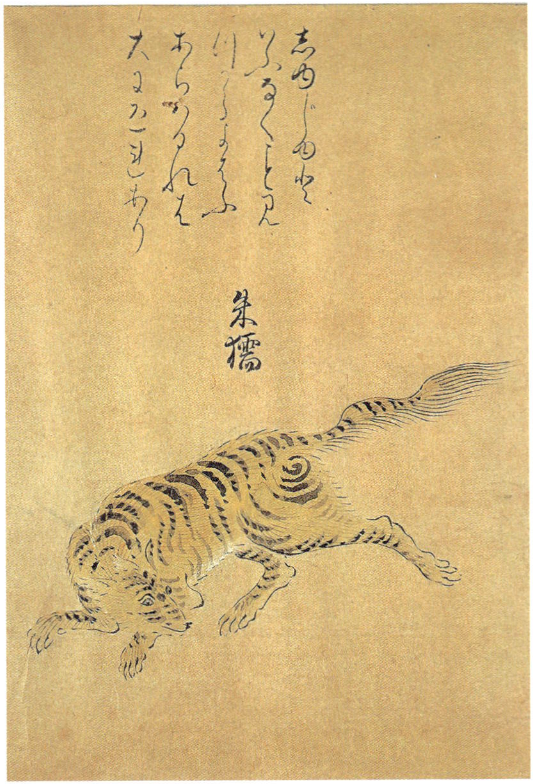

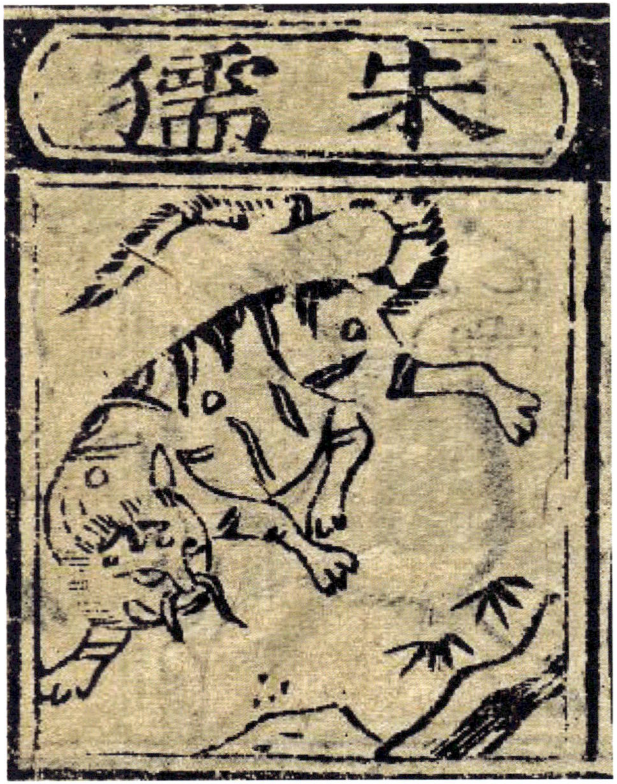

朱獳狀如狐而魚尾其鳴自呼名曰朱獳見則國有恐

蠬

大風　　蠬
風白首曰蠬
　首目尾黃
　見則身

《三才图会》：

<u>毚</u>，状如毚、黄身、白首、曰<sup>①</sup>尾，<u>见则大风</u>。<sup>②</sup>

《文林妙锦》：

<u>几山有兽</u>，状如毚、黄身、白首、白尾，<u>名曰毚，见则主有大风</u>。<sup>③</sup>

37. 猛槐<sup>④</sup>

**词书：**

しようめい山に　まうくわいと　いふけたもの　ありまうくわい　けうをふせく

**释文：**

譙明山に猛槐と言ふ獣あり。猛槐、凶を禦ぐ。

**翻译：**

譙明山有叫作猛槐的兽。猛槐能抵御凶邪之气。

《山海经·北山经》：

又北四百里，曰譙明之山……<u>有兽焉</u>，其状如貃而赤豪，其音如榴榴。<u>名曰孟槐，可以御凶</u>。<sup>⑤</sup>

《三才图会》：

<u>譙明之山有兽</u>，状如貃，赤毫，鲁猪也。其声如䲻鼠，<u>名曰猛槐，图之可以御凶</u>。

《文林妙锦》：

<u>譙明山有兽</u>，状如貃<sup>音丸</sup>，赤豪，鲁猪也。其一声如䲻<sup>音留</sup>鼠，<u>名曰猛槐，图之可以御凶</u>。

---

① "曰"为"白"的误写。
② 王圻、王思义编集：《三才图会》，上海古籍出版社，1988年，第2229页。
③ 刘双松：《文林妙锦万宝全书》（卷四），万历四十年书林安正堂刊本，第14页。
④ 王圻、王思义编集：《三才图会》，上海古籍出版社，1988年，第2224页。
⑤ 袁珂：《山海经校注》，北京联合出版公司，2013年，第62页；刘双松：《文林妙锦万宝全书》（卷四），万历四十年书林安正堂刊本，第15页。

猛㺋

猛㺋獸
㺋之山有
獸明之如禺
狀如禺赤毫
其音如言
名曰猛㺋
食人肉
羅鼠補之可以禦凶
圖

38. 駁①

**词书**：

中きよく山　けたものかう　となつく

**释文**：

中曲山獣、駁と名付く。

**翻译**：

中曲山（有）兽，名叫駁。

**《山海经·西山经》**：

又西三百里，曰中曲之山……有兽焉，其状如马而白身黑尾，一角，虎牙爪，音如鼓音，其名曰駁，是食虎豹，可以御兵。②

**《山海经·海外北经》**：

北海内……有兽焉，其名曰駁，状如白马，锯牙，食虎豹。③

**《三才图会》**：

中曲山有兽，状如马，白身黑尾，一角，虎足锯牙，音如振鼓，能食虎豹，名曰駁，佩之可以御凶。

**《文林妙锦》**：

中曲山有駁，状如马，白身黑尾，一角，虎足锯牙，音如振鼓，能食虎豹，佩之可以御凶。


39. 飞鼠④

**词书**：

天地山けた物　とふときんは　すなわちのふ　ひそ⑤と名づく

**释文**：

天地山獣、飛ぶ時んは即ち伸ぶ、飛鼠と名付く。

**翻译**：

天地山（有）兽，一飞起就会立刻展开身体，名叫飞鼠。

---

① 王圻、王思义编集：《三才图会》，上海古籍出版社，1988年，第2227页；刘双松：《文林妙锦万宝全书》（卷四），万历四十年书林安正堂刊本，第18页。
② 袁珂：《山海经校注》，北京联合出版公司，2013年，第56页。
③ 袁珂：《山海经校注》，北京联合出版公司，2013年，第221页。
④ 王圻、王思义编集：《三才图会》，上海古籍出版社，1988年，第2230页；刘双松：《文林妙锦万宝全书》（卷四），万历四十年书林安正堂刊本，第18页。
⑤ 伊藤清司、矶部祥子将其识别为"う"，笔者认为应是"そ"。

駃如有
馬獸
足狀
虎
能
食

中曲
白身
黑尾
一角
鋸牙
音如
振鼓
名曰
駃
佩之
可以
禦
虎豹
亦可
以
禁凶

駃

飛鼠

飛鼠 天地山有獸如兔鼯
即鼠脊首以其背毛飛飛
伸名曰飛鼠

飛鼠

《山海经·北山经》：
又东北二百里，曰天池之山……有兽焉，其状如兔而鼠首，以其背飞，其名曰飞鼠。①
《三才图会》：
天地山有兽，如兔而鼠首，以其背毛飞，飞即伸，名曰飞鼠。
《文林妙锦》：
天地山有兽，状如兔而鼠首，以其背毛飞，飞即伸，名曰飞鼠。

40. 嚣②

**词书：**
ゆじ山にかう　といふけた物　すめり

**释文：**
蝓次山に嚣と言ふ獣住めり。

**翻译：**
蝓次山中住着名叫嚣的兽。

《山海经·西山经》：
又西七十里，曰羭次之山……有兽焉，其状如禺而长臂，善投，其名曰嚻。③
《三才图会》：
蝓次山有兽，状如寓，长臂，善杀，名曰嚣。
《文林妙锦》：
蝓次山有兽，其状如寓，长臂，善杀，其名曰嚣。

41. 赤狸④

**词书：**
西かいにせきり　といふけた物あり　文わうきやうり　にとらはれさんき　せいこれをゑてち　うにけんず

---

① 袁珂：《山海经校注》，北京联合出版公司，2013年，第79页。
② 王圻、王思义编集：《三才图会》，上海古籍出版社，1988年，第2238页；刘双松：《文林妙锦万宝全书》（卷四），万历四十年书林安正堂刊本，第21页。
③ 袁珂：《山海经校注》，北京联合出版公司，2013年，第24页。
④ 王圻、王思义编集：《三才图会》，上海古籍出版社，1988年，第2231页；刘双松：《文林妙锦万宝全书》（卷四），万历四十年书林安正堂刊本，第21页。

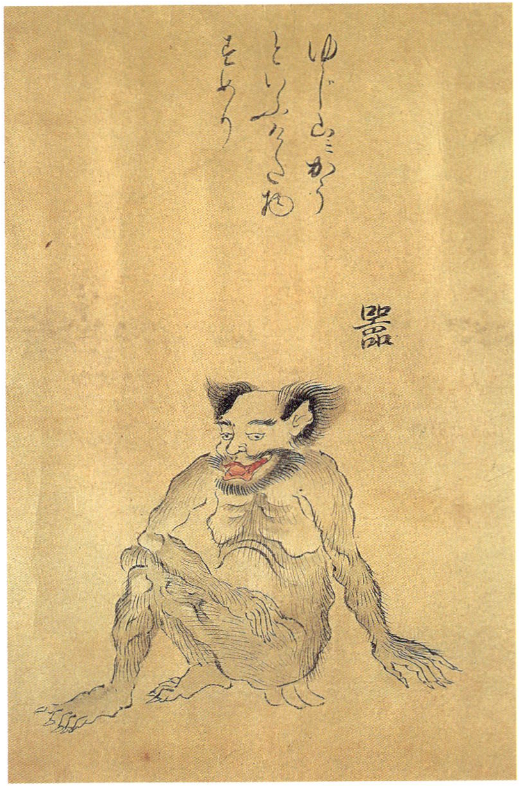

髐沐山有獸狀
如禺長臂善投
名曰髐

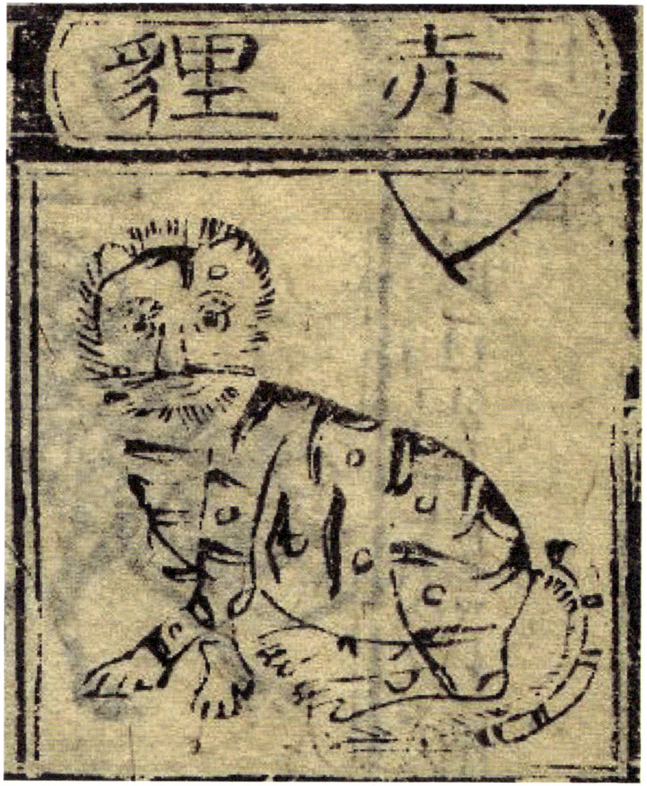

赤豹

赤豹用

西海有赤豹

文王囚於羑里

散宜生得之獻

紂逃免西伯之

難

**释文**：

西海に赤狸と言ふ獣あり、文王姜①里に囚われ、散宜生これを得て、紂に献ず。

**翻译**：

西海有名叫赤狸的兽，文王被囚禁于姜里时，散宜生得到了它，献给纣王。

**《山海经》**：无

**《三才图会·鸟兽四卷》**：

<u>西海有赤狸</u>，周文王囚于姜里，<u>散宜生得之</u>，<u>献纣</u>，遂免西伯之难。

**《文林妙锦》**：

<u>西海有赤狸</u>，周文王囚于姜里，<u>散宜生得之</u>，亦<u>献纣</u>。

42. 长麂②

**词书**：

ふきよく山に　ちやうていとて　けた物あり人に　あふてなけは　大みづいつる

**释文**：

浮玉山に、長麂とて獣あり。人に会ふて鳴けば、大水出。

**翻译**：

浮玉山有叫作长麂的兽，它遇到人叫的话，就会出现大水。

**《山海经·南山经》**：

又东五百里，曰<u>浮玉之山</u>……<u>有兽焉</u>，其状如虎而牛尾，其音如吠犬，其<u>名曰麂</u>，是食<u>人</u>。③

**《三才图会·鸟兽四卷》**：

<u>浮玉山有兽</u>，状如猴，四耳虎毛而牛尾，其音如犬吠，<u>名曰长麂</u>，食<u>人</u>，见则<u>大水</u>。

**《文林妙锦》**：

<u>浮玉山有长麂</u>，状如猴而四耳，虎毛而牛尾，其音如犬吠，食<u>人</u>，见则<u>大水</u>。

---

① "姜"为"羑"的误写。

② 王圻、王思义编集：《三才图会》，上海古籍出版社，1988年，第2226页；刘双松：《文林妙锦万宝全书》（卷四），万历四十年书林安正堂刊本，第22页。

③ 袁珂：《山海经校注》，北京联合出版公司，2013年，第10页。

長蛇

獌狿有獸狀
浮玉山有獸狀
如猴而牛尾四耳其音如䩵
名曰長
蛇食人見則大水

43. 天马①

**词书：**

はしやう山に　天はといふ　けものあり

**释文：**

馬成山に天馬と言ふ獣あり。

**翻译：**

马成山有叫作天马的兽。

**《山海经·北山经》：**

又东北二百里，曰马成之山……有兽焉，其状如白犬而黑头，见人则飞，其名曰天马，其鸣自訆。②

**《三才图会·鸟兽四卷》：**

马成山有兽，状如白犬，黑头，见人则飞，不由翅翼，名曰天马，其鸣自呼，见则丰穰。

**《文林妙锦》：**

马成山有天马，状如曰大③，黑首，见人则飞矣。


44. 羚羊④

**词书：**

かうせき山に　れいやうとい　へるけた物有

**释文：**

高石山に羚羊と言へる獣有。

**翻译：**

高石山有叫作羚羊的兽。

**《山海经》：** 无

**《三才图会》：** 无

**《文林妙锦》：**

高右山中有羚羊，首生一角而中实，极坚，能碎金刚寺石。

---

① 王圻、王思义编集：《三才图会》，上海古籍出版社，1988年，第2235页；刘双松：《文林妙锦万宝全书》（卷四），万历四十年书林安正堂刊本，第22页。
② 袁珂：《山海经校注》，北京联合出版公司，2013年，第78页。
③ "曰大"为"白犬"的误写。
④ 刘双松：《文林妙锦万宝全书》（卷四），万历四十年书林安正堂刊本，第24页。

天馬有獸狀如白犬黑頭見人則飛其名曰天馬其鳴自呼見則兵

340 | 日本《山海经》接受研究

45. 豹大 ①

**词书：**

きよさう国に　くたいとてけ　たものあり　たけ　三尺周のせいわ　うの時にけんす

**释文：**

渠搜国に豹大とて獣あり、長三尺。周の成王の時に献ず。

**翻译：**

渠搜国有叫作豹大的兽，长三尺。周成王的时候（被）进献。

**《山海经》：** 无

**《三才图会·鸟兽四卷》：**

渠搜国有豹犬，周成王时献之，豹犬者，露犬。身高三尺，有翼，能飞。

**《文林妙锦》：**

渠搜国有豹犬者，露犬也。高三尺，有翼，能飞。周成王时曾献。


46. 耳鼠 ②

**词书：**

にそといふけ　た物なく　こゑ　いぬのことし　百とくをふせく

**释文：**

耳鼠と言ふ獣、鳴く声犬の如し、百毒を禦ぐ。

**翻译：**

（有）叫作耳鼠的兽，叫声像犬一样，可以抵御百毒。

**《山海经·北山经》：**

又北二百里，曰丹熏之山……有兽焉，其状如鼠，而菟首麋身，其音如獆犬，以其尾飞，名曰耳鼠，食之不睬，又可以御百毒。③

**《三才图会》：** 无

**《文林妙锦》：**

丹薰山有耳鼠，状如鼠而兔首麋耳，音如鸣犬，以其髯飞，食之不眛，御百毒。

---

① 王圻、王思义编集：《三才图会》，上海古籍出版社，1988 年，第 2235 页；刘双松：《文林妙锦万宝全书》（卷四），万历四十年书林安正堂刊本，第 24 页。

② 刘双松：《文林妙锦万宝全书》（卷四），万历四十年书林安正堂刊本，第 24—25 页。

③ 袁珂：《山海经校注》，北京联合出版公司，2013 年，第 64 页。

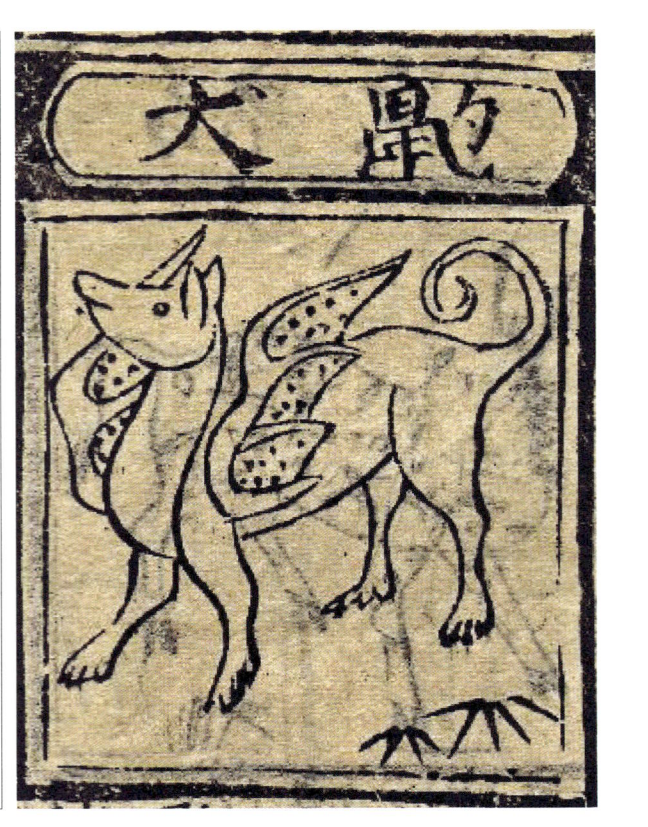

貂犬 有貂犬
樂浪國獻之
周成王時露犬
搜神記曰貂犬者身
有兩能
飛高三尺

附录二 | 343

47. 福禄①

**词书：**

くわいゑこくの　うちにけた物　ありふくろく　となづく

**释文：**

回回国の中に、獣あり、福禄と名付く。

**翻译：**

回回国中有兽，名叫福禄。

《山海经》中獂如的记载，《三才图会》中貜的图，与福禄外形有相似之处，共同列在下面以供对比。《文林妙锦》中有收录福禄。

《山海经·西山经》：

西南三百八十里，曰皋涂之山。……有兽焉，其状如鹿而白尾，马足人手而四角，名曰獂如。②

《三才图会·鸟兽三卷》：

貜，似猕猿而大，色青黑，能攫持人，好顾盼。长七尺，人行健走，名曰猿貜，或曰猳貜，又名马化。伺行道妇女有好者，辄盗之以去。《抱朴子》云："猿寿五百岁则变为貜，又有貁生西方深山，面如猕猿，体大如驴，善缘木，皆雌无雄，群貁相随。要路上强牵男子而三合之，十月而生，此亦貜之类也。"

《文林妙锦》：

<u>回回国中有兽，名曰福禄</u>，其状似驴而花纹可爱。


48. 灵羊③

**词书：**

くわいゑ国のうち　れいやうといふ　ありゆくには　くるまにのせてゆく

**释文：**

回回国の中、霊羊と言ふあり。行くには車に載せて行く。

---

① 王圻、王思义编集：《三才图会》，上海古籍出版社，1988年，第2207页；刘双松：《文林妙锦万宝全书》（卷四），万历四十年书林安正堂刊本，第24页。
② 袁珂：《山海经校注》，北京联合出版公司，2013年，第27页。
③ 王圻、王思义编集：《三才图会》，上海古籍出版社，1988年，第2217页；刘双松：《文林妙锦万宝全书》（卷四），万历四十年书林安正堂刊本，第24页。

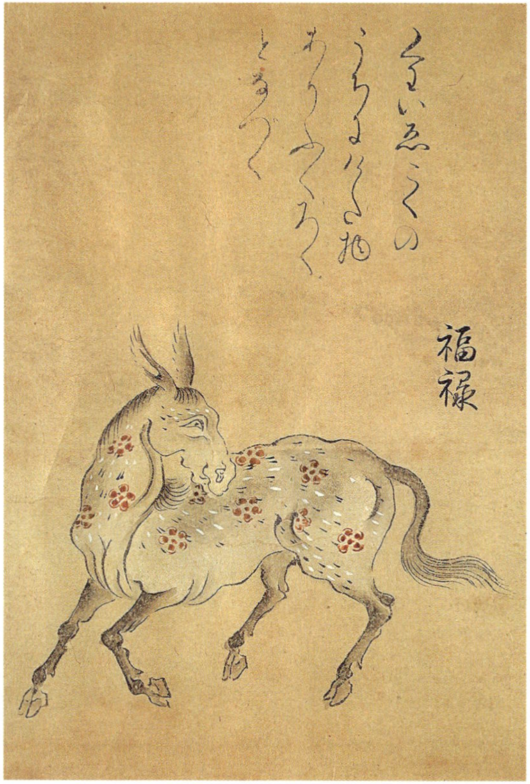
福禄
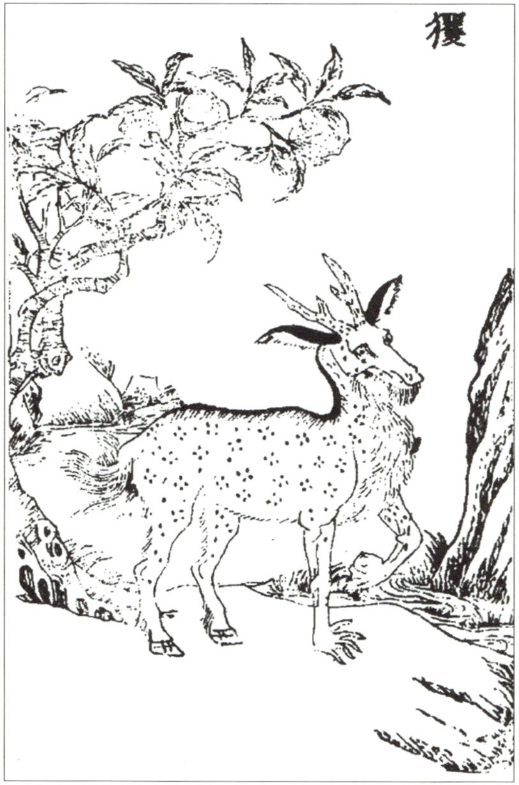
玃
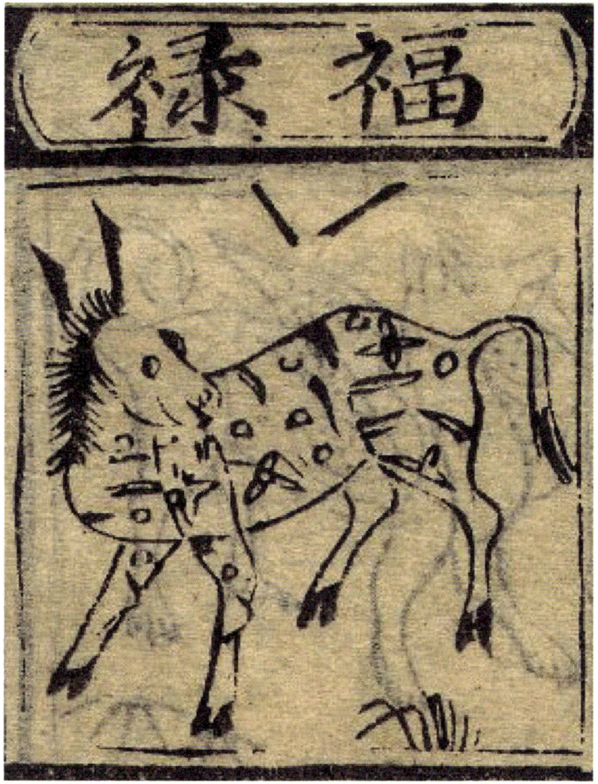
福禄

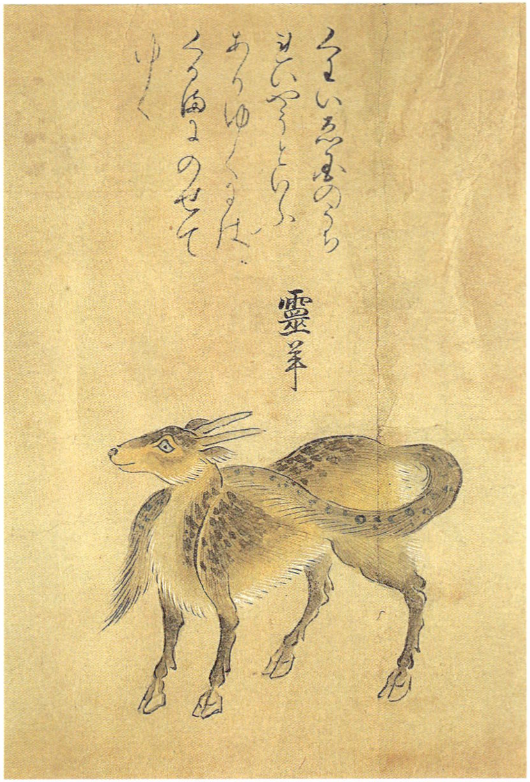

靈羊

麢似羊而大角圓
麢能預知夜有神
以角掛木不著地
其角辟去不祥人多食之
故能殺蛇蠱南人食之所侵
能免為虫蟲毒

靈羊

**翻译：**

回回国中，有叫作灵羊的（兽）。（它）行走的时候，要用车载着走。

《山海经》：无

《三才图会·鸟兽三卷》：

<u>麢</u>似羊而大角圆铳，好住山崖间，夜宿以角挂木，不着地。其角号为有神，故能辟去不祥，北人多食，南人食之能免为蛇虫所侵。

《文林妙锦》：

<u>回回国</u>中多灵羊，其尾重二十斤，<u>行以车载之</u>。


49. 吼①

**词书：**

さいはん大ゑ　こうといふけた　ものありじや　をしよくし　く　わひ
をのむ

**释文：**

西番大衛、吼と言ふ獣あり、邪を食し、怪を吞む。

**翻译：**

西番大卫有名叫吼的兽，（它）吃掉邪恶的东西，吞下妖怪。

《山海经》：无

《三才图会》：无

《文林妙锦》：

<u>西番大衛</u>有兽，身大若象，毛皆金黄色，腹毛四爪俱白，首生绿综，乱披至颈，眼似金铃，<u>食邪吞怪</u>，<u>其名曰吼</u>。


50. 猴②

**词书：**

くわつあこくの　山にこうおほし　人におぢずせう　うんのこゑを以て
よべは則　いづさいあれはふたつの大　こうまづ出大こうしよくして　のち
にぐんこうしよくす

---

① 刘双松：《文林妙锦万宝全书》（卷四），万历四十年书林安正堂刊本，第 26 页。
② 王圻、王思义编集：《三才图会》，上海古籍出版社，1988 年，第 2218 页；刘双松：《文林妙锦万宝全书》（卷四），万历四十年书林安正堂刊本，第 25 页。

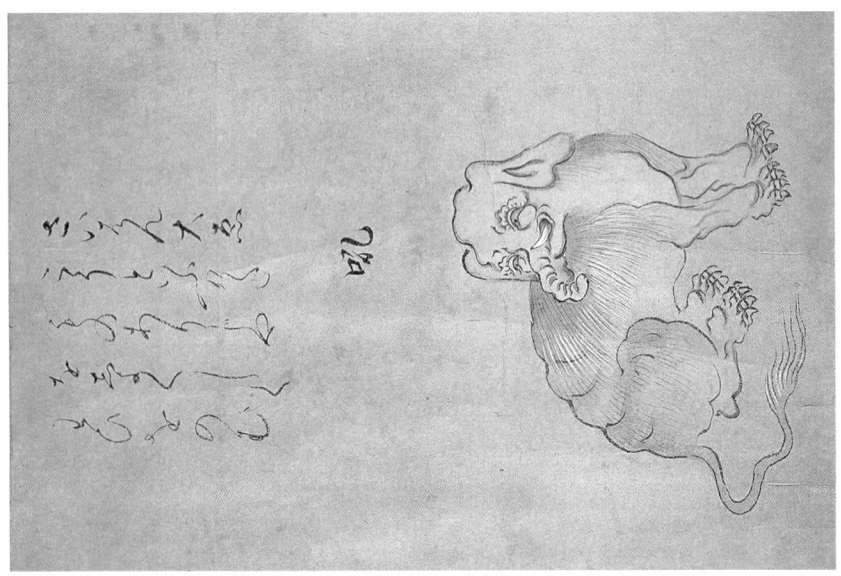

348 | 日本《山海经》接受研究

猴

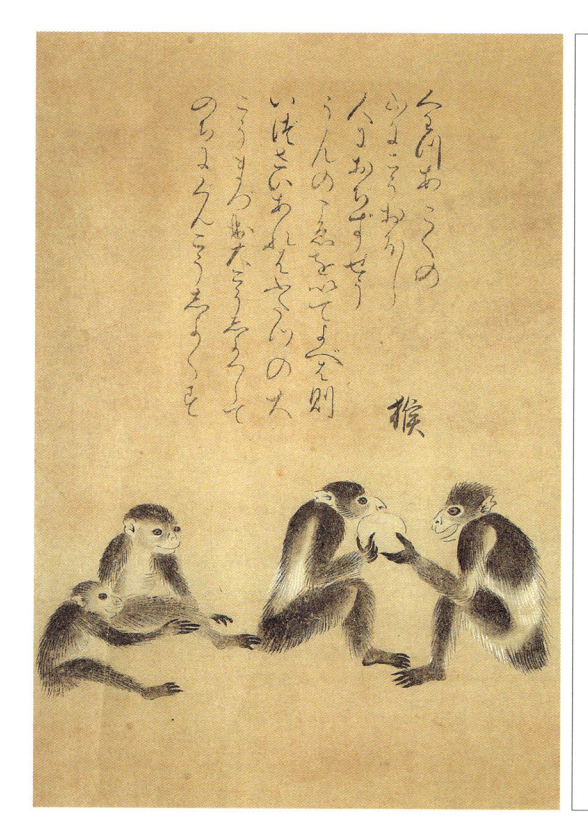

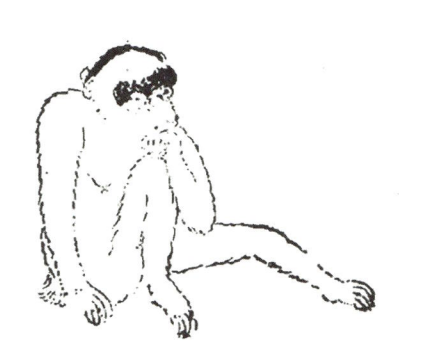

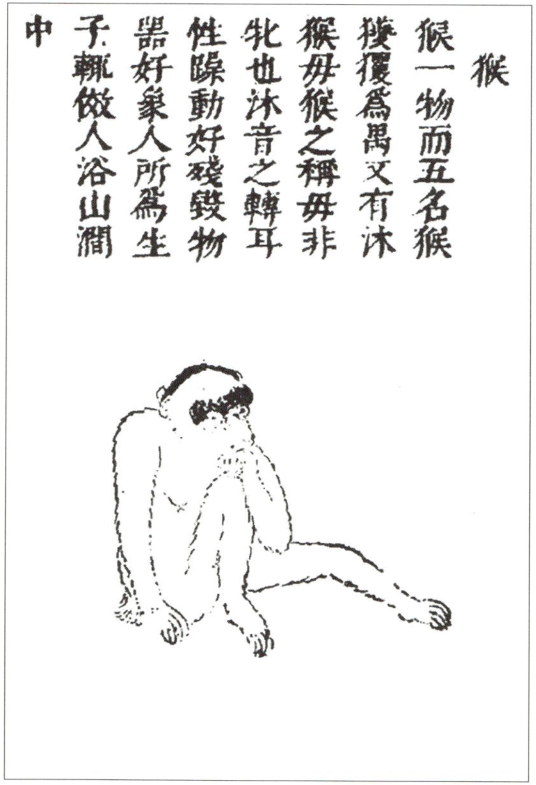

猴一物而五名猴沐
猴為禺文有母耳
撲獲猴之稱之韓非物
猴母也音之殘殷生
猴牝性噪動奸所山澗
化噐好人浴為
中子器巘做人
猴

**释文：**

くわつあ国の山に、猴多し。人に怖ぢず、霄雲の声を以て呼べば、則出。際あれば、二つの大猴先づ出、大猴食して後に羣猴食す。

**翻译：**

爪哇国的山中有很多猴子。（猴子）不怕人，用霄云一样的声音呼叫它们，就会出来。一有（进食的）机会，两只大猴先出来，大猴吃完之后群猴再吃。

《山海经》：无

《三才图会·鸟兽三卷》：

猴，一物而五名，猴猱玃为禺，又有沐猴、母猴之称。毋非牝也，沐音之转耳，性躁动，好残毁物器，好象人所为，生子辄伺人浴山涧中。

《文林妙锦》：

<u>爪哇国中，山多猴，不畏人，呼以霄云之声即出</u>，或投以果实，则有<u>二大猴先至</u>，土人谓之猴王、猴夫人，<u>食毕，群猴食其余</u>。

51. 㸲①

**词书：**

く山にけんといふあり　そのせいぐわんらうに　して人ころすへからす

**释文：**

句山に㸲と言ふあり、其の性頑狼にして、人殺すべからず。

**翻译：**

句山有叫作㸲的（兽），它的个性强硬而凶狠如狼，人不能杀它。

《山海经·南山经》：

又东四百里，曰洵山……有兽焉，其状如羊而无口，<u>不可杀也</u>，<u>其名曰㸲</u>。②

《三才图会》：无

《文林妙锦》：

<u>句山有㸲</u>，状如羊，无口而黑色，<u>其性顽狼</u>，<u>人不可杀</u>，其禀气自然。

---

① 刘双松：《文林妙锦万宝全书》（卷四），万历四十年书林安正堂刊本，第 25 页。
② 袁珂：《山海经校注》，北京联合出版公司，2013 年，第 11 页。

附录二 | 351

52. 白鹿①

**词书：**

安なん山のうち　白ろくありしん　げんていの時みゆ

**释文：**

安南山の中、白鹿あり。晋元帝の時見ゆ。

**翻译：**

安南山中有白鹿，晋元帝的时候曾经出现。

**《山海经·西山经》：**

又北百二十里，曰上申之山……兽多白鹿。②

**《三才图会》：** 无

**《文林妙锦》：**

安南山中有白鹿，晋元康初白鹿见交趾武宁县，宋元嘉又交趾曾献白鹿。


53. 厌火兽③

**词书：**

けんくわ国の　中にけんくわじう　といふありぎやう　ざする事人のことし

**释文：**

厭火国の中に、厭火獣と言ふあり、行坐する事人の如し。

**翻译：**

厌火国中有叫厌火兽的，（它）像人一样行走和坐着。

**《山海经·海外南经》：**

厌火国在其国南，兽身黑色，生火出其口中。一曰在讙朱东。④

**《三才图会·鸟兽四卷》：**

厌火国有兽，身黑色，火出口中，状似猕猴，如人行坐。

**《文林妙锦》：**

厌火国中有，其兽黑身，口中火出，名曰厌火兽。状似猕猴，行坐如人。

---

① 刘双松：《文林妙锦万宝全书》（卷四），万历四十年书林安正堂刊本，第26页。
② 袁珂：《山海经校注》，北京联合出版公司，2013年，第52页。
③ 王圻、王思义编集：《三才图会》，上海古籍出版社，1988年，第2236页；刘双松：《文林妙锦万宝全书》（卷四），万历四十年书林安正堂刊本，第22页。
④ 袁珂：《山海经校注》，北京联合出版公司，2013年，第178页。

附录二 | 353

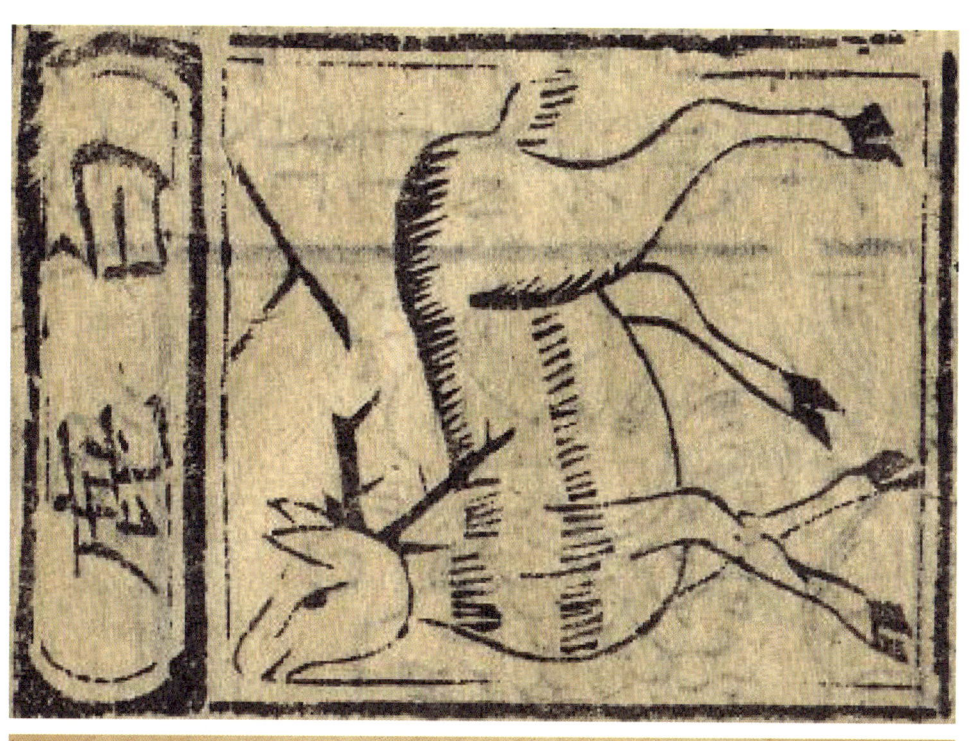

厭火獸

厭火獸身似獼猴
厭火國有獸色黑
厭火出口中行坐

厭火獸

54. 乘黄①

**词书：**

はくみん国に　しようわう有

**释文：**

白民国に、乗黄有。

**翻译：**

白民国有乘黄。

**《山海经·海外西经》：**

白民之国在龙鱼北，白身被发。有乘黄，其状如狐，其背上有角，乘之寿二千岁。②

**《三才图会·鸟兽四卷》：**

西海外白民国有乘黄马，白身被发，状如狐，其背上有角，乘之寿二千岁。

**《文林妙锦》：**

西海外白民国有乘黄马，白身彼③发，状如狐，其背上有角，乘之寿二千岁。


55. 猾裹④

**词书：**

げうくはう山に　こつさうとなつ　くるけたもの有こゑ　木きるをとのことし　あらわるれはいんゑき　おほし

**释文：**

尭光山に滑　と名付くる獣有、声木斫音の如し、現わるればいん役多し。

**翻译：**

尭光山有名叫滑裹的兽，（发出的）声音像砍树的声音，它一出现就会发生很多徭役。

**《山海经·南山经》：**

又东三百四十里，曰尭光之山……有兽焉，其状如人而彘鬣，穴居而冬蛰，

---

① 王圻、王思义编集：《三才图会》，上海古籍出版社，1988年，第2231页；刘双松：《文林妙锦万宝全书》（卷四），万历四十年书林安正堂刊本，第21页。
② 袁珂：《山海经校注》，北京联合出版公司，2013年，第204页。
③ "彼"为"被"的误写。
④ 王圻、王思义编集：《三才图会》，上海古籍出版社，1988年，第2235页；刘双松：《文林妙锦万宝全书》（卷四），万历四十年书林安正堂刊本，第25页。

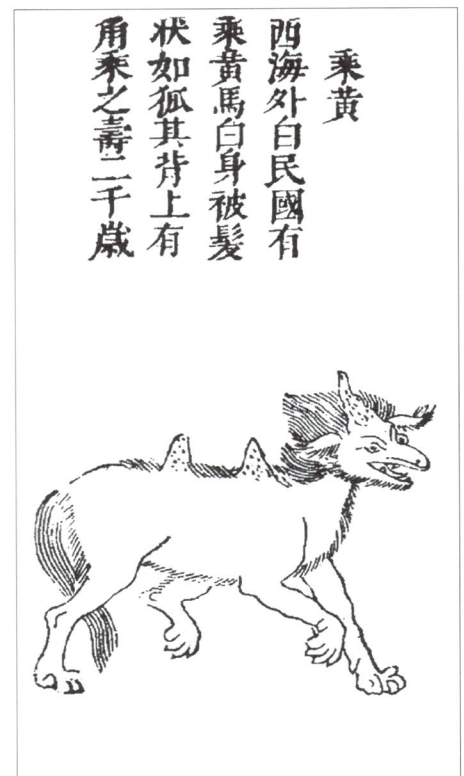

黃國有乘黃
西海外白民
有乘黃其狀
如狐背上有
角乘之壽二千歲

猩々

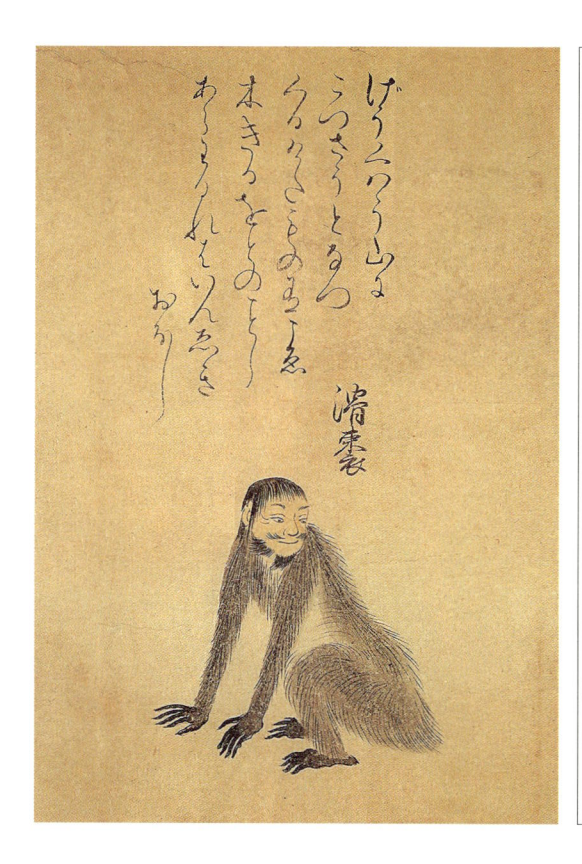

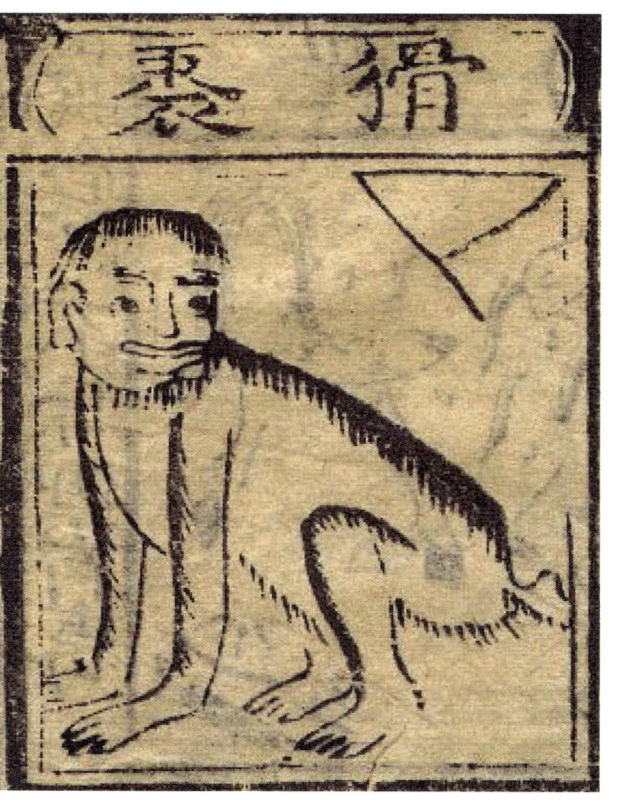

猩猩
裏有獸
光山
猩猴人面
狀
如各冬
獸各
萬穴居善
如
日狷最多
走
摩見
猩
棲枝

其名曰猾裹，其音如斫木，见则县有大繇。①

**《三才图会·鸟兽四卷》：**

尧光山有兽，状如猕猴，人面彘鬣，穴居冬蛰，名曰猾裹，音如斫水声，见多徭役。

**《文林妙锦》：**

尧光山有兽，其状如猕猴，人面彘髯，穴居冬蛰，名曰猾裹，音如斫木声，见则多徭役。


56. 酋耳②

**词书：**

しうにといふけた物　ゑいれい山にありこ　へうをくらふてた　ぶつをくはす

**释文：**

酋耳と言ふ獣、英霊山にあり。虎豹を食らふて、他物を食はず。

**翻译：**

叫作酋耳的兽，在英灵山。（它）吃虎豹，不吃其他东西。

**《山海经》：** 无

**《三才图会·鸟兽四卷》：**

英林山有酋耳，周成王时曾献之，尾长于身，食虎豹，王者威及四夷，则此兽至。

**《文林妙锦》：**

英灵山有兽，名酋耳，状如犬，尾长过身，不食他物，能食虎豹。


57. 蠦蛭③

**词书：**

ふそ山けた物あり　りうけいとなつく　こゑゑいじのことし

---

① 袁珂：《山海经校注》，北京联合出版公司，2013 年，第 9 页。
② 王圻、王思义编集：《三才图会》，上海古籍出版社，1988 年，第 2238 页；刘双松：《文林妙锦万宝全书》（卷四），万历四十年书林安正堂刊本，第 20 页。
③ 王圻、王思义编集：《三才图会》，上海古籍出版社，1988 年，第 2233 页；刘双松：《文林妙锦万宝全书》（卷四），万历四十年书林安正堂刊本，第 20 页。

茴耳

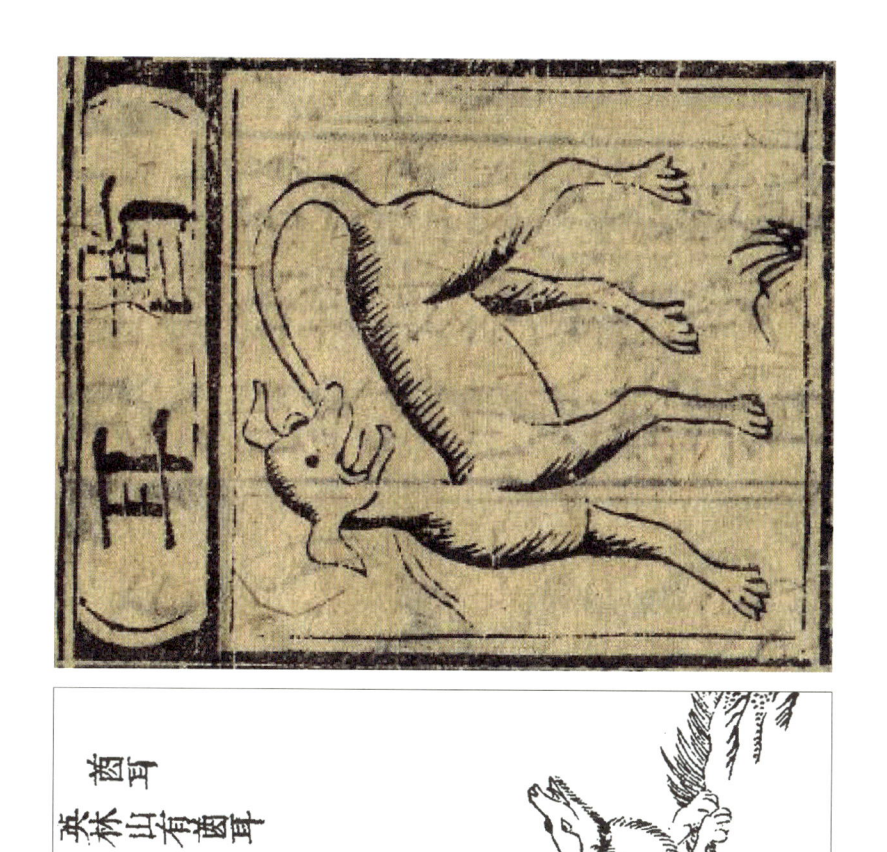

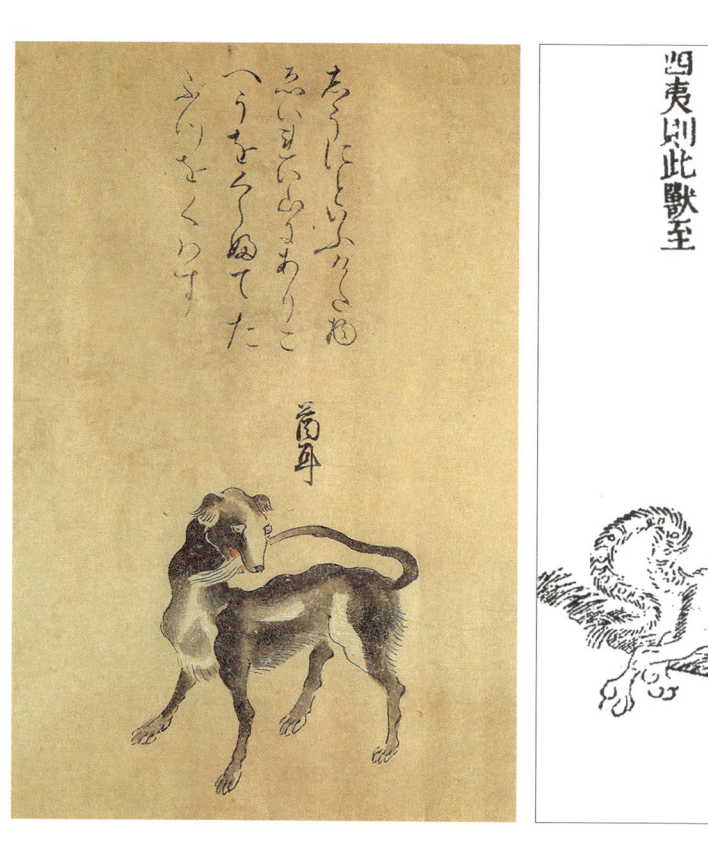

茴耳　有獸茴耳
山有茴耳獸
林氏食之
周成王時於身
之尾長兵威及
虎豹王者咸至
英剛此獸
過夷則

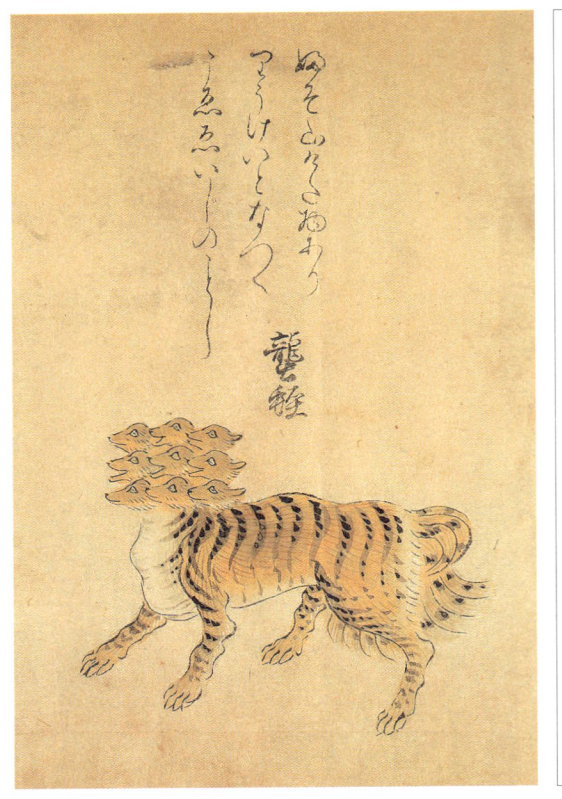

甕䖪其獸有
鳧麗山有
見鬼狐而九首
如爪九目
九尾虎音
甕辟昔如嬰
兒

**释文：**

鳧そ山獣あり、蠱蛭と名付く。声嬰児の如し。

**翻译：**

凫丽山有兽，名叫蠱蛭，声音像婴儿。

**《山海经·东山经》：**

又南五百里，曰<u>凫丽之山</u>……<u>有兽焉</u>，其状如狐，而九尾、九首、虎爪，<u>名曰蠱蛭</u>，其音如婴儿，是食人。①

**《三才图会·鸟兽四卷》：**

<u>凫丽山有兽</u>，其状如狐，而九首、九尾、虎爪，<u>名目</u>②<u>蠱蛭</u>，音如婴儿。

**《文林妙锦》：**

<u>凫丽山有兽</u>，状如狐，而九首、九尾、虎瓜③，<u>名蠱蛭，音如婴儿</u>。


58. 九尾狐④

**词书：**

せいきうこくに　きつねありき　うびこといふ　柏杯⑤子出この　ものを得たり

**释文：**

青丘国に狐有、九尾狐と言ふ。栢杯子出、此の物を得たり。

**翻译：**

青丘国有狐狸，名叫九尾狐。栢杯子出（征时），曾得到过此物。

**《山海经·南山经》：**

又东三百里，曰<u>青丘之山</u>……有兽焉，其状如狐而<u>九尾</u>，其音如婴儿，能食人；食者不蛊。⑥

**《山海经·海外东经》：**

<u>青丘国</u>在其北，其<u>狐</u>四足<u>九尾</u>。一曰在朝阳北。⑦

---

① 袁珂：《山海经校注》，北京联合出版公司，2013 年，第 100 页。
② "目"为"曰"的误写。
③ "瓜"为"爪"的误写。
④ 王圻、王思义编集：《三才图会》，上海古籍出版社，1988 年，第 2238 页；刘双松：《文林妙锦万宝全书》（卷四），万历四十年书林安正堂刊本，第 21 页。
⑤ 伊藤清司、矶部祥子将其识别为"杼"，笔者认为应是"杯"。
⑥ 袁珂：《山海经校注》，北京联合出版公司，2013 年，第 5 页。
⑦ 袁珂：《山海经校注》，北京联合出版公司，2013 年，第 228 页。

九尾狐

九尾狐在海東
青丘國有狐四足
九尾
北汲郡云櫝
芒芒出征得
一稚子
狐九尾

九尾狐

《山海经·大荒东经》：

有青丘之国，有狐，九尾。①

《三才图会·鸟兽四卷》：

青丘国在海东之北，有狐四足九尾，《汲邵》云："栢杯子出征，尝获一狐，九尾。"

《文林妙锦》：

青丘国在海东之北，有狐四足九尾，《汲郡竹书》云："栢杯子出征，尝获一狐，九尾。"

59. 臚疎②

**词书：**

ていさんにしう　ありくわんそと　なつく

**释文：**

帝山に獣あり、臚疎と名付く。

**翻译：**

帝山有兽，名叫臚疎。

《山海经·北山经》：

又北三百里，曰带山……有兽焉，其状如马，一角有错，其名曰臚疏，可以辟火。③

《三才图会·鸟兽四卷》：

带山有兽，状如马，首有角，可以错石，名曰臚疎。

《文林妙锦》：

帝山有兽，状如马，首有角，可以错石，名曰臚疎。

---

① 袁珂：《山海经校注》，北京联合出版公司，2013年，第297页。
② 王圻、王思义编集：《三才图会》，上海古籍出版社，1988年，第2225页；刘双松：《文林妙锦万宝全书》（卷四），万历四十年书林安正堂刊本，第14页。
③ 袁珂：《山海经校注》，北京联合出版公司，2013年，第61页。

附录二 | 363

騅騜

騅騜 常山有獸狀如
馬首有角可以
錯石名曰騅騜

60. 猛豹①

**词书：**

南山けたもの　ありまうへう　となつくとう　てつをしよく　とす

**释文：**

南山獣あり、猛豹と名付く、銅鉄を食とす。

**翻译：**

南山有兽，名叫猛豹，以铜铁为食。

**《山海经·西山经》：**

又西百七十里，曰南山……兽多猛豹，鸟多尸鸠。②

**《三才图会·鸟兽四卷》：**

南山有兽，名曰猛犳，似熊而毛彩，有光泽，其食铜铁。

**《文林妙锦》：**

南山有兽，名猛豹，似熊而尾有毛彩，其食铜铁。


61. 葱聋③

**词书：**

きぐ山けたもの　ありそうりう　となつく

**释文：**

き遇山獣あり、葱聋と名付く。

**翻译：**

符遇山有兽，名叫葱聋。

**《山海经·西山经》：**

又西八十里，曰符禺之山，其阳多铜，其阴多铁。其上有木焉，名曰文茎，其实如枣，可以已聋。……其兽多葱聋，其状如羊而赤鬣。④

**《三才图会·鸟兽四卷》：**

符遇山有兽，名曰葱聋，状如羊，赤鬣而黑首。

---

① 王圻、王思义编集：《三才图会》，上海古籍出版社，1988年，第2223页；刘双松：《文林妙锦万宝全书》（卷四），万历四十年书林安正堂刊本，第14页。
② 袁珂：《山海经校注》，北京联合出版公司，2013年，第25页。
③ 王圻、王思义编集：《三才图会》，上海古籍出版社，1988年，第2224页；刘双松：《文林妙锦万宝全书》（卷四），万历四十年书林安正堂刊本，第14页。
④ 袁珂：《山海经校注》，北京联合出版公司，2013年，第21页。

猛豹

猛豹
南山有獸名曰猛豹
豹似熊而毛彩有
光澤其食銅鐵

猛豹

羬

羬 有獸名羊
符遇山狀如羊
白首赤尾黑首
而赤鬣

《文林妙锦》：

符遇山有兽，名曰葱聋，状如羊，赤鬣，其首黑。

62. 㺊牛①

词书：

るい山けたもの　ありせんぎう　となづく

释文：

侯山獣あり、せん牛と名付く。

翻译：

侯山有兽，名叫㺊牛。

《山海经·西山经》：

又西二百里，曰翠山，其上多棕、楠，其下多竹、箭，其阳多黄金、玉，其阴多㺊牛、羬、麝……②

《山海经·北山经》：

又北二百里，曰潘侯之山……有兽焉，其壮如牛，而四节生毛，名曰㺊牛。③

《三才图会·鸟兽四卷》：

侯山有兽，状如牛，其足有四节而毛长，名曰㺊牛。

《文林妙锦》：

侯山有兽，状如牛，其足有四节而毛长，名曰㺊牛。

63. 狰④

词书：

じやうといふもの　きうらくこくを　出てほつかいのほか　にあり

释文：

狰と言ふ者、丘洛谷を出て、北海の外にあり。

---

① 王圻、王思义编辑：《三才图会》，上海古籍出版社，1988 年，第 2231 页；刘双松：《文林妙锦万宝全书》（卷四），万历四十年书林安正堂刊本，第 13 页。

② 袁珂：《山海经校注》，北京联合出版公司，2013 年，第 28 页。

③ 袁珂：《山海经校注》，北京联合出版公司，2013 年，第 67 页。

④ 王圻、王思义编辑：《三才图会》，上海古籍出版社，1988 年，第 2228 页；刘双松：《文林妙锦万宝全书》（卷四），万历四十年书林安正堂刊本，第 13 页。

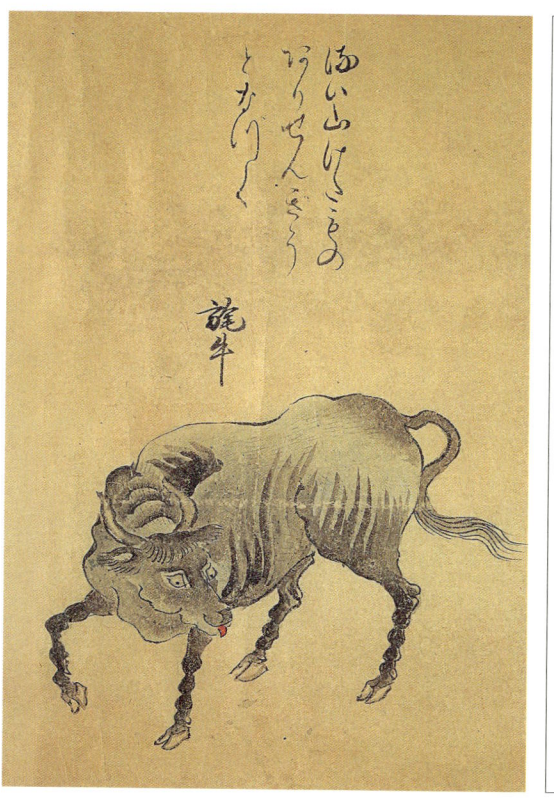

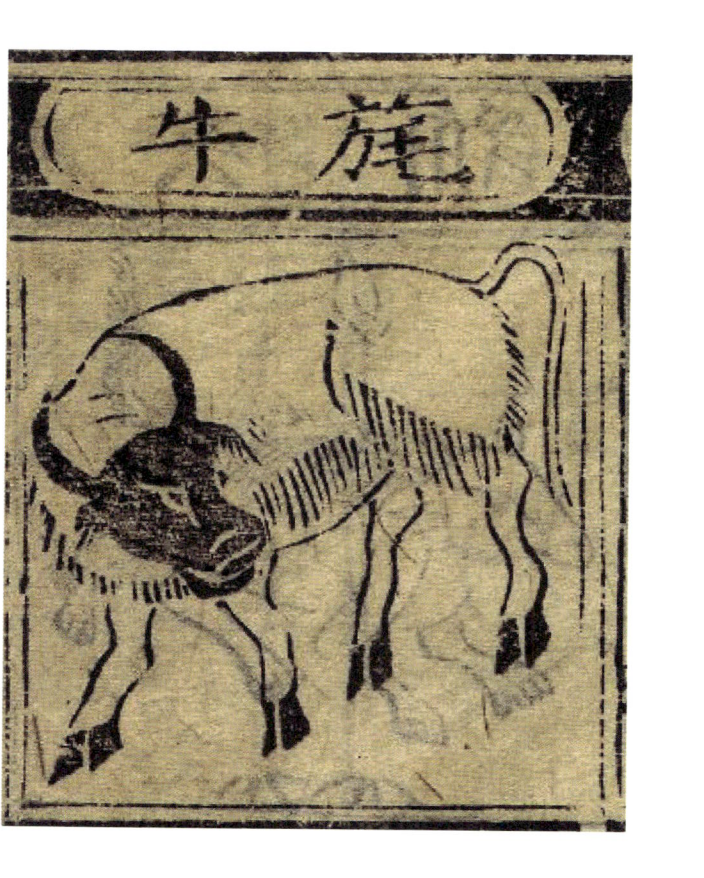

旄牛狀如牛而四節毛長
候山有獸名曰旄
牛其尾名曰旄

獰

獰狀如赤豹五
尾一角音如擊石

**翻译：**

叫作狰的（兽），出自丘洛谷，在北海之外。

**《山海经·西山经》：**

又西二百八十里，曰章莪之山，无草木，多瑶、碧。所为甚怪。有兽焉，其状如赤豹，五尾一角，其音如击石，其名如狰。①

**《三才图会·鸟兽四卷》：**

狰，状如赤豹，五尾一角，音如击石。

**《文林妙锦》：**

丘洛谷出在北海外，状如赤豹，五尾一角，名曰狰。


64. 青態 ②

**词书：**

せいゆうといへる　けものしうのせ　いわうの時天下たい　へいにして　とういよりこれを　らいけんす

**释文：**

青熊と言へる獣、周の成王の時、天下太平にして、東夷より此を来献す。

**翻译：**

叫作青熊的兽，是周成王的时候，天下太平，东夷前来进献的。

**《山海经》：** 无

**《三才图会·鸟兽四卷》：**

青山中有青熊者，周成王之时，天下太平，东夷之人屠何献也。

**《文林妙锦》：**

青熊，周成王时，天下太平，东夷曾有此兽来献。

---

① 袁珂：《山海经校注》，北京联合出版公司，2013年，第46页。
② 王圻、王思义编集：《三才图会》，上海古籍出版社，1988年，第2229页；刘双松：《文林妙锦万宝全书》（卷四），万历四十年书林安正堂刊本，第13页。青態，在词书中读为"青熊"，参见本书第177页①。

青熊

青熊
青山中有青熊
者周成王之時
天下太平東夷
之人角而獻也

青熊

65. 天狗①

**词书：**

いん山の中に　てんくといふ物　ありしやをくらふこゑ　ねこのことし　口てんく　これを佩して凶をふせくへし

**释文：**

陰山の中に天狗と言ふ物あり、蛇を食らふ、声猫の如し、口天狗。此を佩して、凶を禦ぐ可し。

**翻译：**

阴山中有叫作天狗之物，吃蛇，声音像猫一样，口天狗。（人）如果佩戴它，可以抵御凶邪。

**《山海经·西山经》：**

又西三百里，曰阴山。……有兽焉，其状如狸而白首，名曰天狗，其音如榴榴，可以御凶。②

**《三才图会·鸟兽四卷》：**

阴山有兽，状如狸，白首，名曰天狗，食蛇，其音如猫，佩之可以御凶。

**《文林妙锦》：**

阴山中有兽，状如狸，白首，食蛇，音如猫，名天狗，佩之可御凶。

66. 当庚③

**词书：**

きん山けた物　有たうかうと　なつくなく事は　みつからよぶあら　はるときは天下　ゆたかなり

**释文：**

欽山獣有、當庚と名付く、鳴く事は自ら呼ぶ。現はる時は、天下豊かなり。

**翻译：**

钦山有兽，名叫当庚，它的叫声是在呼唤自己。（它）出现的时候，天下

---

① 王圻、王思义编集：《三才图会》，上海古籍出版社，1988年，第2236页；刘双松：《文林妙锦万宝全书》（卷四），万历四十年书林安正堂刊本，第14页。

② 袁珂：《山海经校注》，北京联合出版公司，2013年，第47页。

③ 王圻、王思义编集：《三才图会》，上海古籍出版社，1988年，第2228页；刘双松：《文林妙锦万宝全书》（卷四），万历四十年书林安正堂刊本，第14页。

天狗

陰山有獸狀如狸白首
名曰天狗食蛇其音如
猫豭之可以禦凶

當庚山中有獸狀
如豚名曰當庚
其鳴自呼見則
天下大穰

丰收。

《山海经·东山经》：

又东南二百里，曰钦山……有兽焉，其状如豚而有牙，其名曰当康，其名自叫，见则天下大穰。①

《三才图会·鸟兽四卷》：

钦山中有兽，状如豚，名曰当庚，其鸣自呼，见则天下大穰。

《文林妙锦》：

钦山有兽，状如豚，人面，名曰当庚，其鸣自呼，见则天下丰。

67. 旄马②

**词书：**

なんかいの外③に　せばといふけ　ものあり穆　てんしつたふる所の　いひこうはなり　はじや　のきたから山の南に　いづ

**释文：**

南海の外に、せ馬と言ふ獣あり。穆天子傳ふる所の謂ひ豪馬なり、巴蛇の北から山の南に出。

**翻译：**

南海之外，有叫旄马的兽。是穆天子所传的地方所谓的豪马，从巴蛇的北边去往山的南边。

《山海经·海内南经》：

旄马，其状如马，四节有毛。在巴蛇西北，高山南。④

《三才图会·鸟兽四卷》：

南海外有旄马，状如马而足有四节垂毛，即《穆天子传》所谓毫马也。在巴地西北，高山之南。

《文林妙锦》：

南海之外有兽，形状似马而足有四节垂毛，名曰旄马，即是《穆天子传》所谓毫马也。在巴蛇之北，高山之南出焉。

---

① 袁珂：《山海经校注》，北京联合出版公司，2013年，第105页。
② 王圻、王思义编集：《三才图会》，上海古籍出版社，1988年，第2230页；刘双松：《文林妙锦万宝全书》（卷四），万历四十年书林安正堂刊本，第16页。
③ 伊藤清司、矶部祥子将其识别为"国"，笔者认为应为"外"。
④ 袁珂：《山海经校注》，北京联合出版公司，2013年，第248页。

馬旋毛如馬狀有旋毛而足有旄節善走
旄南海岸有旄馬即穆天子傳所謂髦馬也在巴地而此高山之南

旋馬

68. 獂①

**词书：**

けんはよくまう　山のうちにすむ　けた物也聲②し物　せいをうはふこれをしよく　すればわうだんをぢす

**释文：**

獂は翼望山の中に住む獣也。聞し物声を奪ふ。これを食すれば、黄疸を治す。

**翻译：**

獂是居住在翼望山中的兽。听见的声音，把声音夺走了。③ 如果吃了它，能够治疗黄疸病。

**《山海经·北山经》：**

又北四百里，曰乾山……有兽焉，其状如牛而三足，其名曰獂，其名自詨。④

**《三才图会·鸟兽四卷》：**

翼望山有兽，状如狸，五尾，名曰獂。又貊类，其音夺众声，食之可以治瘅。

**《文林妙锦》：**

獂者，生居翼望山中之兽也。其状如狸而五尾，名曰獂。说又貊类，其音夺众声讲能作百种声也，食之可以治瘅即黄病也。


69. 玄豹⑤

**词书：**

しんしうたく　にげんしう有　ほくてんしつ　たへていはくほくたくをかりしてこれをうる河　そうをまつると

---

① 王圻、王思义编集：《三才图会》，上海古籍出版社，1988年，第2232页；刘双松：《文林妙锦万宝全书》（卷四），万历四十年书林安正堂刊本，第17页。
② 伊藤清司、矶部祥子将其识别为"聞"，笔者认为应为"聲"。
③ 原文如此。
④ 袁珂：《山海经校注》，北京联合出版公司，2013年，第88页。
⑤ 王圻、王思义编集：《三才图会》，上海古籍出版社，1988年，第2225页；刘双松：《文林妙锦万宝全书》（卷四），万历四十年书林安正堂刊本，第13页。

狐

猿狀
青丘山有獸焉
其狀如狸而九尾
其音如嬰兒
能食人
食者不蠱
可以禦凶

狐

玄舮

滲瑰澤有玄舮
者穆天子俶於此澤
得玄舮以祭河淪
宗周禮曰舮地氣
然則死此地
使汝也

玄舮

**释文：**

渗瀷澤に玄貊有、穆天子傳へて曰く：「北澤を狩りして、此を得る、河宗を祭る」と。

**翻译：**

渗瀷澤中有玄貊，穆天子传达说："在北泽打猎得到此物，（用来）祭祀河宗。"

《山海经》：无

《三才图会·鸟兽四卷》：

渗瀷泽有玄貊者，《穆天子传》曰："天子猎于此泽，得玄貊以祭河宗。"《周礼》曰："貊蹹汝则死，此地气使然也。"

《文林妙锦》：

渗瀷<sup>音候</sup>泽有玄貊<sup>音洞</sup>者，《穆天子传》曰："天子猎于北①泽，得玄貊以祭河宗。"《周礼》曰："貊蹹汝则死，此地气使然也。"

70. 天犬 ②

**词书：**

天もん山赤けん ありてんけんと なつくあらはるゝ 所のあるしとうへい のことあり天くのせいくわう とひるちうしてしやうずむ まるゝ日よりす十ありくかせ のこゑのごとしいかつちのひかりに おなし吴楚七国そむく時 たうりやう山になく

**释文：**

天門山赤犬あり、天犬と名付く、現はるる所の主刀兵の事有。天狗の星光飛び流注して生ず、生まるる日より数十あり。狗、風の声の如し、雷の光に同じ。吴楚七国叛く時、たう梁山に鳴く。

**翻译：**

天门山有赤犬，名叫天犬，它出现之处的主人会有刀兵之事。天狗（之星）星光飞翔，流注生成（了赤犬），从它生成之日起过了几十天。它像风声，像雷光一样。吴楚七国叛乱的时候，它曾经在当梁山发出过犬吠声。

---

① "北"为"此"的误写。
② 王圻、王思义编集：《三才图会》，上海古籍出版社，1988年，第2233页；刘双松：《文林妙锦万宝全书》（卷四），万历四十年书林安正堂刊本，第14页。

附录二 | 381

天犬

天犬名慶
赤犬現之
山有其所
門天犬乃
日有兵流
月至者光
星光飛數
所日或十
生之日丈
其行如風
如雷聲如雷
反時當吠
曀過楚之國

**《山海经·大荒西经》：**

有金门之山，有人名曰黄姖之尸。有比翼之鸟。有白鸟，青翼，黄尾，玄喙。有赤犬，名曰天犬，其所下者有兵。①

**《三才图会·鸟兽四卷》：**

天门山有赤犬，名曰天犬，其所现处主有兵。乃天狗之星，光飞流注而生。所生之日或数十，其行如风，声如雷，光如电。吴楚七国反时，尝吠过梁野。

**《文林妙锦》：**

天门山有赤犬，名曰天犬，其所现处主有刀兵。乃天狗之星，光飞流注而生。所生之日或数十，其行如风，声如雷，光如电。吴楚七国叛时，尝吠过梁山。


71. 兕②

**词书：**

たうしう山に　じといふけた　物ありよく身　にふるゝ千きんを　かさねてかはか③たく　あつしよろいかふと　にせいす

**释文：**

祷しう山に兕と言ふ獣あり、善く身に触るゝ、千斤を重ねて、皮堅く厚し、鎧兜に制す。

**翻译：**

祷？山有名叫兕的兽，善于触碰身体，重千斤，皮坚硬而厚，可以制作铠甲。

**《山海经·南山经》：**

东五百里，曰祷过之山，其上多金、玉，其下多犀、兕，多象。④

**《山海经·海内南经》：**

兕在舜葬东，湘水南，其状如牛，苍黑，一角。⑤

**《三才图会·鸟兽四卷》：**

祷过山多兕，状如野牛，青色，一角长三尺余，似马鞍，善触。身重千斤，其皮坚厚，可以制铠。又曰兕似虎而小，不咥人，夜间独立绝顶山崖听泉声，

---

① 袁珂：《山海经校注》，北京联合出版公司，2013 年，第 343 页。
② 王圻、王思义编集：《三才图会》，上海古籍出版社，1988 年，第 2227 页；刘双松：《文林妙锦万宝全书》（卷四），万历四十年书林安正堂刊本，第 17 页。
③ 伊藤清司、矶部祥子"翻刻"时遗漏了"か"字。
④ 袁珂：《山海经校注》，北京联合出版公司，2013 年，第 14 页。
⑤ 袁珂：《山海经校注》，北京联合出版公司，2013 年，第 241 页。

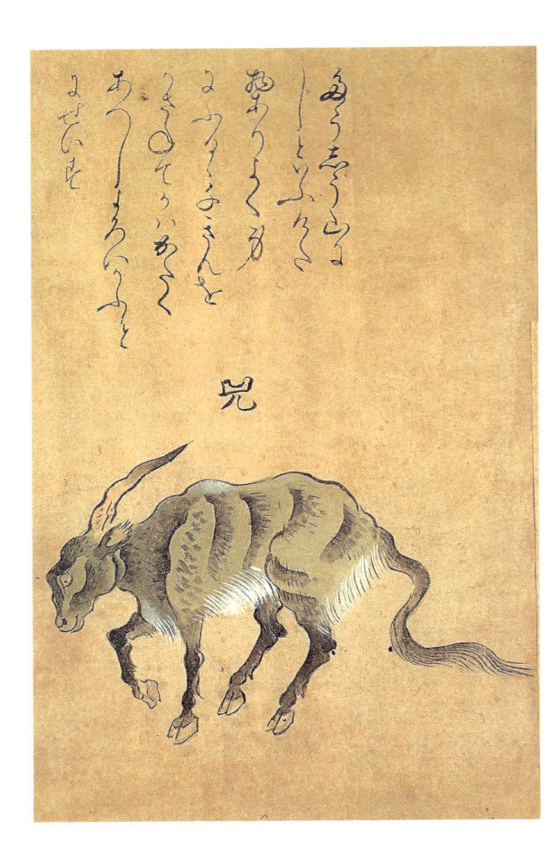

兕 狀如野牛 青色 二角 長三尺餘 其音如鳴鏑 重千斤 其身可以禦兵 又曰夜聽人咳而射人 小而不中則死 頂上有角絕堅 直至命方斃 其巢山崖閒 好群譁 譯者將眩咒其巢

好静，直至禽鸟鸣时，天将晓，方归其巢。

**《文林妙锦》：**

梼过山有兽，名曰兕，状如野牛，青色，一角长三尺余，似马鞍，善触。身重千斤，其皮坚厚，可以制铠。

## 72. 辣[1]

**词书：**

太ゑき山にけた物　ありとうとなづく　みつからそのなをなく

**释文：**

太ゑき山に獣あり、辣と名付く、自ら其の名を鳴く。

**翻译：**

太ゑき[2]山有兽，名叫辣，叫声就是自己的名字。

**《山海经·北山经》：**

又北三百里，曰泰戏之山……有兽焉，其状如羊，一角一目，目在耳后，其名曰辣辣，其名自訆。[3]

**《三才图会·鸟兽四卷》：**

泰戏山有兽，状如羊，一角一目，目在耳后，名曰辣，其鸣自呼。滹沱之水出焉，今滹江，河出雁门，卤城县南是也。此兽现时主国内祸起宫中，大不祥也。

**《文林妙锦》：**

泰戏山有兽，状如羊，一角一目，目在耳后，名曰辣，其鸣自呼。滹<sup>音呼</sup>沱之水出焉，今滹江，河出雁门，齿城县南是也。

## 73. 狡犬[4]

**词书：**

玉山にけた物　ありかうけんと　なつくいぬの聲　あらはるゝ時は天

---

[1] 王圻、王思义编集：《三才图会》，上海古籍出版社，1988年，第2218页；刘双松：《文林妙锦万宝全书》（卷四），万历四十年书林安正堂刊本，第11页。

[2] 日文假名"ゑき"无对应汉字。

[3] 袁珂：《山海经校注》，北京联合出版公司，2013年，第86页。

[4] 王圻、王思义编集：《三才图会》，上海古籍出版社，1988年，第2224页；刘双松：《文林妙锦万宝全书》（卷四），万历四十年书林安正堂刊本，第11页。

辣

辣 泰戲山有獸狀如羊
一角一目目在耳後
名曰辣 江南縣今濟
之木出焉 鴈門國
河也 麃出此獸音現時至不詳
是也 內禰起當中大

辣

狡

狡
玉山有獸焉
其狀而大
豹文
曰
牛角
其音
如吠犬
見則
其國
大穰
狡之驗也
云云

狡犬

下ゆたかなり

**释文：**

玉山に獣あり、狡犬と名付く、犬の声。現はるる時は、天下穣なり。

**翻译：**

玉山有兽，名叫狡犬，（发出）犬的声音。它出现的时候，天下会丰收。

**《山海经·西山经》：**

又西三百五十里，曰玉山，是西王母所居也。……有兽焉，其状如犬而豹文，其角如牛，其名曰狡，其音如吠犬，见则其国大穣。①

**《三才图会·鸟兽四卷》：**

玉山有兽，名曰狡，犬状而豹文，牛角而大声，巨口黑身，见则天下大穣。韩子云："穣岁之验也。"

**《文林妙锦》：**

玉山有兽，名曰狡犬，状如豹纹，牛角而犬声，巨口黑身，见则天下大穣。韩子云："穣岁之稔也。"

74.狒狒②

**词书：**

東やう国に　此けたものあり　ひひつとなつ　く

**释文：**

東陽国に此獣あり、狒狒と名付く。

**翻译：**

东阳国中有此兽，名叫狒狒。

**《山海经·海内南经》：**

枭阳国在北朐之西，其为人人面长唇，黑身有毛，反踵，见人笑亦笑；左手操管。③

**《三才图会·鸟兽三卷》：**

东阳国有寓寓，《尔雅》作佛佛，状似人，黑身披发，见人则笑，笑则唇掩其目。郭璞云："佛佛怪兽，披发猩足，获人则笑，唇蔽其目，终乃号咷，

---

① 袁珂：《山海经校注》，北京联合出版公司，2013年，第45页。
② 王圻、王思义编集：《三才图会》，上海古籍出版社，1988年，第2213页；刘双松：《文林妙锦万宝全书》（卷四），万历四十年书林安正堂刊本，第20页。
③ 袁珂：《山海经校注》，北京联合出版公司，2013年，第239页。

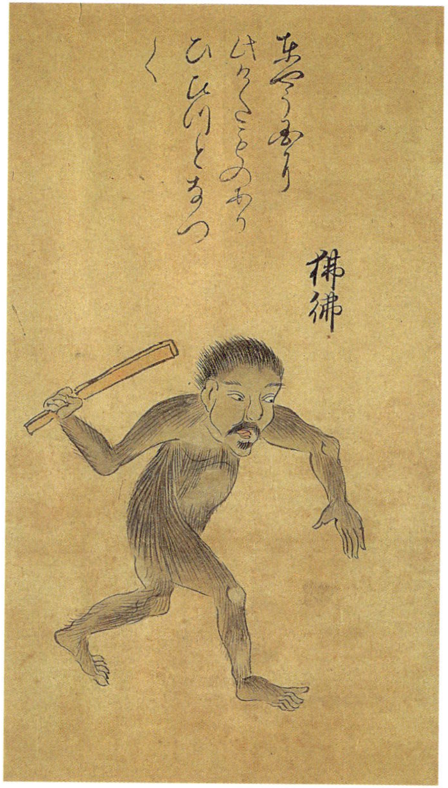
狒狒
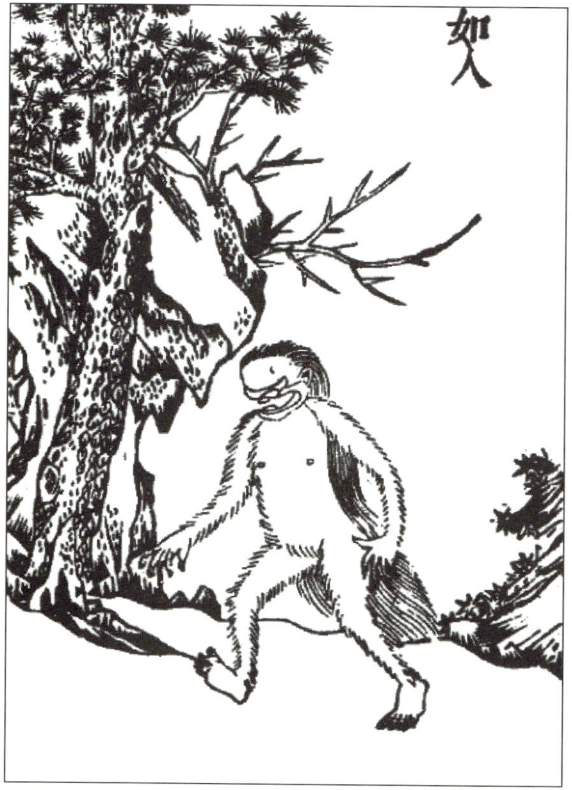
如人
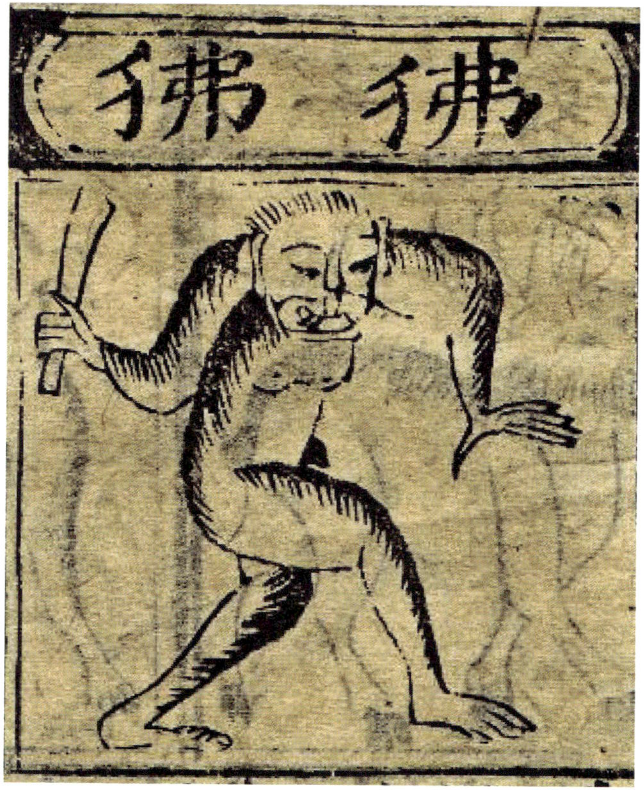
狒狒

反为我戳。"

**《文林妙锦》：**

东阳国有寓寓，《尔雅》作佛佛，状如人，面长，黑身披发，迅走食人。见人则笑，笑则唇掩其目。郭璞赞云："佛佛怪兽，披发猩竹，获人则笑，唇蔽其目，终乃号兆，反为我戳。"

75. 貘[1]

**词书：**

南はう山こくの中　けた物ありばくと　なづくかたちをゑに　かきてはしやをさけ　とうてつをくらいて　たもつをくらはず

**释文：**

南方山谷の中、獣あり、貘と名付く。形を圖に書きては、邪を避け。銅鉄を食らいて、他物を食らはず。

**翻译：**

南方山谷之中有兽，名叫貘。把它的形象画成图，可以辟邪。（它只）吃铜铁，不吃其他东西。

**《山海经》：无**

**《三才图会·鸟兽四卷》：**

南方山谷中有兽，名曰貘，象鼻犀目，牛尾虎足，身黄黑色。人寝其皮辟瘟，图其形可辟邪，舐食铜铁，不食他物。[2]

**《文林妙锦》：**

貘者，南方山谷之中有兽，象鼻犀目，牛尾虎足，身黄黑色，名曰貘。人寝其皮辟瘟，图其形可辟邪，舐食铜铁，不食他物。[3]

---

[1] 王圻、王思义编集：《三才图会》，上海古籍出版社，1988年，第2223页；刘双松：《文林妙锦万宝全书》（卷四），万历四十年书林安正堂刊本，第11—12页。

[2] 王圻、王思义编集：《三才图会》，上海古籍出版社，1988年，第2223页。

[3] 刘双松：《文林妙锦万宝全书》（卷四），万历四十年书林安正堂刊本，第11—12页。

貘

南方山谷中有獸名曰貘牛尾虎足鼻人寢其皮可辟瘟疫圖其形可辟邪魅食銅鐵不食他物其身黃黑色

## 76. 龙马[①]

**词书：**

まうかにりうは　いつたかさ八尺五　すん

**释文：**

孟河に龍馬出、高さ八尺五寸。

**翻译：**

孟河出龙马，高八尺五寸。

**《山海经》无**

**《三才图会·鸟兽三卷》：**

<u>孟河出龙马者</u>，仁马也，<u>高八尺五寸</u>，长颈，胳上有翼，旁有垂毛，蹈水不没。圣人能用人，则天不爱道，地不爱宾[②]，故河出龙马焉。

**《文林妙锦》：**

<u>孟河出龙马者</u>，仁马也，<u>高八尺五寸</u>，长颈，胳上有翼，旁有垂毛，蹈水不没。圣人能用人，则天下不爱道，地不爱宝，故河出龙马焉。

矶部祥子的"翻刻"错误：

矶部祥子的"翻刻"中有一些错误，已在上文中修正，主要有如下九处。

（1）凫徯，"ふけいといふゝ"的"ゝ"，应该是下文"其"字的一部分。下面左图是《怪奇鸟兽图卷》中被识别为"ゝ其"的部分，右图是《世间胸算用/大晦日ハ一日千金》中的两个"其"字。对比如下两图，可以看出它们是十分相似的。而且，无论是"ふけいといふふ"还是"ふ其なをみつからよはふ"都不通。由此判断，正确的"翻刻"应该是"ふけいといふ、其なをみつからよはふ"。

　　图卷"ゝ其"截图　　《世間胸算用/大晦日ハ一日千金》中的两个"其"字[③]

---

[①] 王圻、王思义编集：《三才图会》，上海古籍出版社，1988年，第2216页；刘双松：《文林妙锦万宝全书》（卷四），万历四十年书林安正堂刊本，第13页。

[②] "宾"为"宝"的误写。

[③] 参见人文学オープンデータ共同利用センター　日本古典籍くずし字データセット，http://codh.rois.ac.jp/char-shape/unicode/U+5176/，检索于2019年12月29日。

あうふさうそ
いつたうきハ尺ヌ
すん

龍馬

龍馬
孟河出龍馬者
仁馬也高八尺
五寸長頸胳上
有翼旁有垂毛
踏水不没聖人
能用人則天不
愛道地不愛寳
故河出龍馬

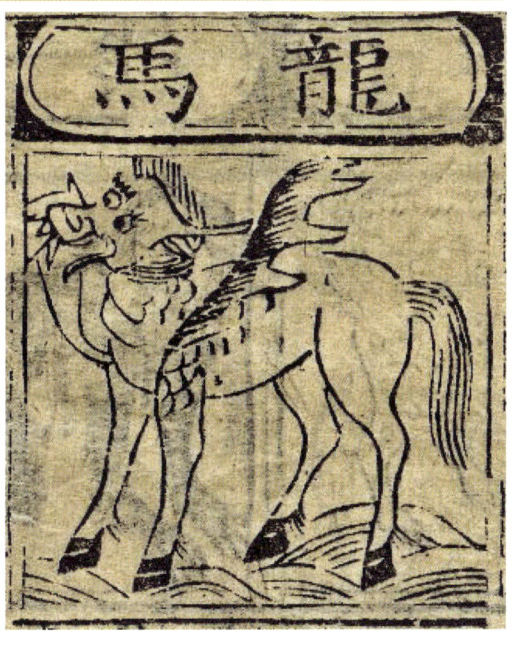

龍馬

附录二 | 393

（2）鶺鴒，"翻刻"为"兵をぎにすべし"，应为"兵をぎよすべし"。

（3）帝江，"翻刻"为"自志よく歌舞す"，应为"自しよく歌舞す"。

（4）朱獳，应该是"大に恐れあり"，而不是"大いに怖れあり"。

（5）飞鼠，将"ひそと名づく"的"そ"错识为"う"。如果是"ひう"，则其为"飞兔"，而"ひそ"是"飞鼠"。

（6）九尾狐，"栢杯子"，误识别为"柏杦子"。

（7）旄马，"なんかいの外"误识别为"なんかいの国"。

（8）貗，将"ききし""翻刻"为"聞し"，这并非直接"翻刻"，而是转译。

（9）兕，"かはたく"应为"かはかたく"。

# 后　　记

　　与《山海经》结缘是在台湾政治大学高莉芬老师的神话学课堂上,她在学期初让学生定好一学期读完一本书的计划,每周提交一页单面A4纸的读书报告,我所选择的书目就是《山海经》。如今尚能回忆起2015年3月的那个傍晚,我从中正图书馆借阅了袁珂先生的《山海经全译》、马昌仪先生的上下两册《古本山海经图说》和郭世谦先生厚厚的一本《山海经考释》,像蚂蚁搬家一样吃力地背着包爬山回宿舍。政治大学依山而建,陆生（从大陆来的学生）可以住在学校条件最好的自强十舍,宿舍很新,不过位于山顶。住在山上确实风景绝佳,但出行难免有些不便,上下课可以乘坐按班次发动的校车,但若时间不合适,就需要徒步爬山。那时我幸运地申请到单人宿舍,过着晚睡晚起的独居生活,很喜欢在夜晚伴着虫鸣阅读。3月的台北尚不燥热,打开窗子可以呼吸到山中植物潮湿的气味,我就在这样新鲜而微苦的气味中摊开了《山海经》,进入了这个光怪陆离的世界。

　　回忆起在台北读书的三年,总觉这是迄今三十余年人生中最快乐的时光。我从小生长在北京,大学也在北京就读,离家路程不算远,因此大学四年非但周末要例行回家,就连平时也经常不住宿。那时我虽已成年,却仍未脱离父母的庇护与照顾,从未体味过独立生活的酸甜苦辣。而在小岛上,我终于开始尝试照顾自己,学会在生活、学习、娱乐与人际交往中找到平衡。我放意肆志又了无牵挂地呼吸着自由的空气,常和几位同来的陆生相约出游,去小巷深处探寻当地的美食,还曾驱车南下拥抱垦丁的海风,赴东部观赏花莲的碧海青山。更重要的是,我终于找到了发自内心的热爱,想要一生为之奋斗的事业——成为一名大学老师,一位纯粹的学者。那三年,我在上课、阅读与写作中不断修炼,快乐非常。大约是那种可以毫无羁绊、心无旁骛专注于自己所爱之事的状态,让我第一次体会到了什么是真正的自由,灵魂上的自由。

　　说回《山海经》的阅读,尤记得那些断续的夜晚,我一边逐字阅读原文,一边对照注释、译文，反复观看不同版本的怪物和神祇图像。有时合上书页站在窗边远眺，总觉不远处那座黑漆漆的峰峦像是夜色中蛰伏的怪兽，甚至凝神恍惚间疑它正在轻轻地颤动。一瞬间我仿佛与数千年前的先民发生了思维的连接，在苍茫的天地之间，万物皆有灵，又有什么不可以被赋予生命呢？

那个学期我按计划读完书，又在期末撰写了读书报告，最终拿到了不错的分数，也因此备受鼓励。后来硕士毕业，我想继续深造，高老师就推荐我报考陈连山老师的博士，说他是当代学界将《山海经》学术史梳理得最清晰、研究得最透彻的学者。于是我拿着推荐信跑回北大，在人文学苑的办公室里初次见到了陈老师。

在此后读博士的四年之中，我几乎每学期都会与陈老师在办公室里讨论一次学术问题，后来对老师办公室已熟门熟路，但第一次敲门时的忐忑与紧张却始终记忆犹新。老师微笑着听我介绍了自己的求学经历与研究兴趣，和蔼地鼓励我好好读书、认真备考，还说了一句让我至今铭记在心的话："做学问，要先做人。"当年并不能完全理解这句话，甚至觉得此言有些突兀，但时隔八年后的今天再细细品味，对应半只脚踏入学术圈后的所见所闻，已经能够体味出一些话语背后的重量。老师这些年教会我的不仅有治学之术，更有不少人生的道理，我和同门在一起闲聊时，总戏言称老师做学术不是为了学术，而是为了天下的公理。虽是笑谈，但也是真情实感。我从老师身上学到了要始终做一个赤诚的人，无愧于天地，亦无愧于自己的心，抱持这样一颗诚心来做学术，才可能写出真正的好文章。

在我正式成为老师的学生后，他建议我可以发挥日语系本科出身的语言优势，研究《山海经》在日本的传播与影响。在撰写的过程中，老师又建议我进一步关注《山海经》在整个东亚地区的流播和接受情况，尤其是相较韩国而言，《山海经》在日本的接受几乎畅行无阻，这背后的原因值得探究。只可恨我天资不足，又难以全然放弃生活中的娱乐，故而恐怕一时无法交出一份令人满意的答卷。不过所幸我仍有一颗求好之心，定下的目标也能坚持到底，故在此可以套用老师的一句话聊以自慰——"做学问是一辈子的事"，那么我姑且将超出能力之外无法解决的问题悬置，来日方长，好好保养身体并争取更多的时间用来阅读、思考。

感谢北京大学大成国学研究生奖学金的支持，助力我顺利完成博士论文的写作，并于2021年获得文学博士学位。感谢我的博士后合作导师丁莉教授，她是日本古典文学研究领域的著名学者，也是我本科时的日语启蒙老师，她的慷慨接纳让我收获了北大博士后的宝贵经历。从博士阶段起我就旁听丁老师的课程，她总能敏锐地看出文章中的硬伤所在，委婉却又一针见血地指出问题，她始终温和地鼓励着我，默默地托举着我，静静地陪伴着我。她是女性力量的化身，也是我想努力成为的样子。在博士后的三年半之中，我不仅从学生成长为一名老师，也成为一位母亲。这本书又何尝不是我的"孩子"呢？从孕育到生育，几多艰辛，几多幸福，偶尔彷徨却始终坚定，学术写作也是一样的。

  这是我的第一本书，它能够加入叶舒宪老师所主编的"神话学文库"，是我的幸运！感恩一路上提携、帮助过我的老师、同门和学友们，你们的教导、关爱和鼓励是我一生的财富。感谢编辑老师。感恩我的父母、爱人和女儿清晏，你们的爱意、支持与陪伴是我最坚实的后盾，也是我前进的不竭动力。

2024 年 12 月